始于一页，抵达世界

鹤见俊辅

SHUNSUKE TSURUMI

[日] 黑川创 ○ 著

夏川 ○ 译

传

鹤見俊輔伝 / 黑川創

广西师范大学出版社
GUANGXI NORMAL UNIVERSITY PRESS
·桂林·

图书在版编目(CIP)数据

鹤见俊辅传 / (日) 黑川创著；夏川译. —
桂林：广西师范大学出版社，2021.7
ISBN 978-7-5495-8093-4

Ⅰ.①鹤… Ⅱ.①黑… ②夏… Ⅲ.①鹤见俊辅
(1922-2015) – 传记 Ⅳ.①K833.135.1

中国版本图书馆CIP数据核字(2021)第076860号

著作权合同登记号桂图登字：20-2021-187号

HEJIANJUNFU ZHUAN
鹤见俊辅传

作　　者：［日］黑川创
责任编辑：张　涛
特约编辑：任建辉
装帧设计：COMPUS·汐和
内文制作：燕　红

广西师范大学出版社出版发行

广西桂林市五里店路9号　邮政编码：541004
网址：www.bbtpress.com
出 版 人：黄轩庄
全国新华书店经销
发行热线：010-64284815
北京华联印刷有限公司印刷
开本：880mm×1230mm　1/32
印张：18.5 字数：380千字
2021年7月第1版　2021年7月第1次印刷
定价：88.00元

如发现印装质量问题，影响阅读，请与出版社发行部门联系调换。

哲学的日常性

孙歌

　　第一次去日本的时候，是上个世纪八十年代末。有位日本友人送了一本书给我，书名为《竹内好：一种方法的传记》，作者是鹤见俊辅。

　　那个时候我对日本很无知，对日本现代思想也不得其门而入。滞留期间，我借阅了竹内好的著作，总觉得是隔雾看花。鹤见的这本竹内好传给我提供了一些线索，但自己的程度有限，看得到字面，看不透纸背。当然，对鹤见这位特立独行的作者，也没有产生更多的关注。

　　与思想人物遭遇，需要契机。

　　后来，我经历了各种挫折，在精神上慢慢成长起来，不期然的契机促使我接近了鹤见俊辅。记得大概是上个世纪九十年代末期，我在日本做博士论文，整天泡在图书馆里翻阅战后日本的大小杂志。有一天读到一篇发表于 1957 年的论文：《自由主义者的试金石》，作者是鹤见俊辅。这篇论文说的是美国的麦卡锡主义如何迫害进步知识分子的事情，处理了当时轰动一时的日本教授都留重人出席参议院听证会的事件，尖锐地分析了日本传媒在报道此事时暴露的问题，对当事人都留重人进行了分寸得当却不失严厉的分析，并从中提炼出自由主义者如何在现实政治中选择盟友、实用主义与逻辑实证主义的学理在现实中面临何种陷阱等问题。

这篇论文给我留下深刻印象，可能与当时中国的思想状况有关。那时正值左派与自由派论战之际，我一直无法理解自由主义为什么会被简化成一些符号，并且捆绑在美国的战车上。在种种困惑中，鹤见的论文帮我打开了眼界，我这才体悟到，需要撇开皮相的对立，审视历史过程中活的思想。

鹤见讨论了麦卡锡主义在现实中的运作机制，并用具体事例指出，美国具有一种奇特的性质：它是民主主义的，同时也是法西斯主义的。记得我读到这段话的时候，感觉受到很大的冲击。通常我们习惯于把民主和法西斯对立起来，并且把这种对立绝对化；然而，这种民主与法西斯共存的特征，却一直是美国社会的基本结构。由于冷战意识形态的干扰，特别是冷战结构解体之后冷战意识形态的单极化趋势，这个基本事实竟然很少被思想界讨论。美国政治与社会生活的某些侧面被孤立起来神圣化，甚至变成了判断事物的潜在标准。直到 2020 年新冠病毒在全球肆虐，美国某些政客撕下各种伪装，露出流氓政治的霸道真相，鹤见这个发表于大半个世纪之前的断言才真的有可能进入我们的感知系统：我们今天终于有可能理解，民主主义并不必然通向公理，它需要配合多种要素，才有可能转化为正面价值，并且需要在历史过程中不断将其重新打造，否则，它将会名存实亡；民主的抽象化与直接价值化，往往会遮蔽它有可能成为法西斯主义帮凶的基本事实。

鹤见的这篇论文在六十年代被日本知识界评选为"创造了战后日本的代表性论文"之一，可见它在当时的影响力。鹤见说自己是自由主义者，说自己是实用主义者和逻辑实证主义者。他从这样的政治与学理的立场出发，在麦卡锡主义旋风席卷美国并波及世界的时刻，指出了一个耐人寻味的事实：自由主义不可能找到直接对应的现实政治形态，所以自由主义者既可以与资本主义结盟，也可以与社会主义结盟；在不同的社会背景下，自由主义受到的压力不同。例如，在资本主义社会中与共产党人结盟的自由主义者，需要照顾到处于比自己更不利状况中的盟友，不能只是独善其身。麦卡锡主义时期的美国，就把这个考验推到了自由主义者面前。鹤见说，在他分析的个案中，可以观察到自由主义与实用主义以及逻辑实证主义在现实政治中所面临的陷阱——这些在学理的世界中试图面对现实中最棘手问题的思想流派，在遭遇到流氓政治的时候，却没有施展拳脚的余地。鹤见深感作为真正的自由主义者，需要对这些问题进行反思。

我读完这篇论文之后一直有一个冲动，就是把它介绍给中国的读者，但是一直无法完成这个工作。毕竟这篇论文背后有一块难啃的硬骨头，那就是鹤见在青年时代所受到的实用主义哲学和逻辑实证主义训练。而我对这个很"硬核"的部分实在缺少知识准备，对这篇论文中那些省略了来龙去脉的断语只能望洋兴叹。于是这事情就一直搁置到了今年，直到新冠疫情给了我更充裕的时间，我才得以阅读鹤见对他早年求学的回忆以及他对美国哲学的介绍和讨论，并完成了三联中读的音频课程《思想巨变中的日本》。这个课程虽然介绍了六位思想家，并且从不同角度讨论了战后日本的思想课题，但其实灵感就来源于鹤见的这篇论文，可以说，它是这个长达三十六节的课程的核心。以这样的形式把鹤见介绍给中文读者，虽然说不上深入，但也算是初步了却一桩心事。

在完成了博士论文《竹内好的悖论》并且出版了日文版之后，我不期然有幸遇到了鹤见俊辅本尊。记得那是二十一世纪最初十年里的某一天，在一个关于竹内好的学术研讨会上，鹤见先生出席并作了报告。那真是一次非常难忘的经历。鹤见在报告中谈及竹内好在1943年初发表的那篇政治不正确的《大东亚战争与吾等的决议》，这样解释道：竹内好是个自毁之人，他也试图通过支持日本国家继续推进战争，让日本国家走向溃灭，这个期待是包含在他的目标设定之中的。要是换个通俗易懂的说法，鹤见想说的意思是：竹内好有自杀倾向，所以他希望日本国家也自杀。

记得当时我很难接受这个新鲜的说法。竹内好对生死的看法固然与鲁迅有相通之处，即他从年轻的时候就学会了"向死而生"，然而说他有自杀倾向，总觉得有些夸张。直到又过了很久，我从鹤见本人的著述中看到他谈到自己从小就有抑郁症，总是计划自杀，甚至说他一辈子都考虑自杀，并且无法理解怎么有人一辈子都没有想过自杀的时候，才意识到他对竹内好这篇宣言的解释里包含了一些他的自我投射。不过，与鹤见并没有被抑郁症压垮这个基本事实相关，他对这种精神疾患的体验并没有在医学意义上以及他的个人经历中了结——在鹤见一生不时提起自杀的方式中可以清楚地观察到，它已经被转化为更为深广的文化要素了。在鹤见所经历的剧烈变动的时代里，与其说这些要素是象征性的，不如说它们是哲学性的。

鹤见俊辅是一位接受过严格训练的哲学家。在他留学哈佛的时候，正是实用主义哲学的巅峰时代。作为实用主义哲学的发祥地，哈佛大学在这时聚集了一批优秀的哲学家，而受到纳粹法西斯的迫害逃亡到美国的维也纳学派逻辑实证主义哲学家们，又进一步充实了这个阵容。鹤见在刚刚进入大学的时期就有幸直接跟随大师学习，并在大师云集的环境里养成自己的思考习惯，这是至关重要的。但这还不是唯一的条件。鹤见从小养成的离经叛道的习惯，进一步帮他把从大师那里获得的训练转化成自己的精神营养。

鹤见从哲学大师那里获得的，并不仅仅是一些概念和推论。他以自己独特的敏锐，发现了在实用主义哲学与逻辑实证主义背后所隐藏的对于现实的巨大关切。产生于对南北战争的反思的实用主义，在德国纳粹的迫害之下流亡到美国的逻辑实证主义，都把思考的根基设定在战争之下的"日常"，都把对于形而上问题的思索与人的现实行为结合起来。鹤见俊辅引用实用主义哲学家的话说："八卦"和哲学是从同一个日常生活的素材中产生的，它们之间的不同只在于，处理相同的素材时视野的深浅程度不同。对日常生活的哲学性关注，让鹤见并不回避泛滥成灾的"八卦"，他的著述往往从八卦中打捞出日常生活的素材，把它转化为哲学。

正是在这样的"日常"当中，与竹内好同样经历了日本对外侵略战争的鹤见俊辅，思考着"自杀"的含义。它已经超过了个人结束自己生命的范畴，成为一种文化选择的可能性。我由此联想到竹内好在日本战败时的心理状态：他希望日本不接受战败，于是导致美军登陆日本，在日本内部产生主战派和主和派，政权分裂，人口减半，军队失去统帅，革命席卷全国。竹内好憧憬着通过这种"自杀式"的革命重新缔造新的日本，以此为契机实现共和制。这位连骑马行军、搬运器材都无法完成的不合格士兵，居然幻想着思忖自己将要参加哪一部分的游击队才能参与承担这个历史大任。沿着竹内好的这个思路回溯他在太平洋战争爆发之后的兴奋，我意识到鹤见俊辅的"竹内好日本自杀论"并非空穴来风。日本自杀，其实就是彻底地进行推翻天皇制的革命。

还是在那次竹内好研讨会上，我亲身体验到了鹤见俊辅为人的大度。那时我刚刚出版了《竹内好的悖论》，里面不经意地提到了鹤见，甚至对他略有微词。在近年来对鹤见逐步加深了理解之后，我渐渐感觉到自己早年对鹤见的判断是皮相的，不准确的。不过在那次会议休息的时候，我还没有来得及意识到这些。

我跟鹤见打招呼并且自我介绍，不想他劈头拿出了我的这本书，里面还夹了大大小小的标签。看来老先生是细读了这本书，我大感意外，不禁有些汗颜。但是鹤见似乎并不介意我对他的评价，他甚至还在发言的时候拿出这本书引用了几段。后来又过了几年，我们还做过一次关于竹内好的对谈，在讨论相关问题的时候，他也对我在书中提出的论点做出自己的回应。鹤见这种坦荡的态度给我留下深刻的印象。这是一位学界前辈对后进的宽容，不过它的意义还不止于人格的宽厚，这是一种重要的思想品质，让我对他一路走过来的那个时代的思想有了更深刻的理解。

在鹤见俊辅那一代经历过战争的知识分子里，这种不计较他人对自己评价的大度，保证了他们在论战时有能力通过激烈交锋保持问题的思想含量，而不会陷入个人恩怨。与鹤见一样，竹内好也具有这样的品质。或许正因为如此，他们才能犀利而有说服力地对同时代思想状况进行批评乃至发起论战，却并没有因此影响思想界的文化生态。

鹤见在《自由主义的试金石》里中肯地批评了都留重人，他的批评也是很"实用主义"的。实用主义开创了"人需要在错误中成长"的视野，不信任未经质疑的完美主义——鹤见把这种认识论称之为"可错主义"。他对都留在听证会前后所做的错误判断进行分析，特别是指出了都留并没有在作证时如同他保护自由主义者诺曼那样保护美国共产党员，这些批评是切中肯綮的。同时，鹤见强调说，自己对都留的批评有一个前提，那就是都留所犯的错误，自己也有可能会犯。当时日本传媒对都留出席听证会进行了铺天盖地的指责，鹤见认为批评者让自己立于道德高位，对被批评者进行居高临下的审判，这是不可容忍的。但是鹤见并没有因此无条件地替都留辩护，也没有避重就轻地简化都留的错误。相反，通过都留的这个错误，鹤见找到了反省自由主义的契机。正因为他与都留是多年的朋友，这种坦荡的批评姿态赢得了学界的尊重，更赢得了都留本人的认可。几年之后，当鹤见主导的《思想的科学》遇到危机的时候，正是都留重人首先出手援助。

说起来，鹤见俊辅与竹内好似乎属于比较相近的类型，他们一生都没有建立自己的"学派"，都拒绝"追随者"，都不适应大学这种学术体制，以至于竹内好在安保运动中一劳永逸地辞职，鹤见则以同样的抗议姿态先后从东京工业大学和同志社大学辞职。

与鹤见在大学里的不适应相呼应，他在体制外却发挥着巨大的能量。从五十年代创办思想的科学研究会，组织"转向研究"这一大型的合作项目，到六十年代安保运动时参与"无声之声会"，再到支持反对越战的组织"越平联"的活动，以及保护反战的美国越战逃兵，还有今天的中国人都有所耳闻的"九条会"，鹤见俊辅都是关键人物。他的低调，他的坚持，他的包容与亲和力，使他获得了广泛的信任。

说实话，对我而言，鹤见俊辅至今也不是一位容易把握的思想人物。这当然首先是因为我缺少相应的实用主义与逻辑实证主义哲学修养，对鹤见的行为逻辑无法进行深层解读；但是更重要的是，鹤见是不按常规出牌的哲学家，所以他对美国哲学以及哲学这个学科领域的理解不同于学院派的一般理解，他更关注那些通常被学者们一笔带过的要素。

鹤见的一个关键词是"日常"。有一段小小的逸事，说明了他使用这个词汇进行思想生产的方式在日本思想界的影响。六十年代，他的一本文集结集出版的时候，曾就书名的设定征求丸山真男的意见。鹤见自己想定的书名是《日本思想的可能性》，丸山觉得不好，建议他改为《日常性思想的可能性》。丸山并且说：日常性思想这个范畴，还是我从你那里学到的啊！

我曾经在2011年秋季赴京都大学讲学，寄宿的京大国际会馆离鹤见宅邸不远。抵达之后我给鹤见先生发出了明信片，希望能够在逗留期间见到他。鹤见回了一张很亲切的明信片，说他正在找一家合适的餐馆。几年前我曾经在东京与老先生共进午餐，他居然还记得我当时随口说的"不喜欢日本的中华料理"，特意在明信片里注明他不会选择中华料理店。但是，不想他几乎立刻就病倒入院，我再也没有机会见到这位可亲可敬的前辈了。

鹤见重视日常，并不能简单地等同于注重生活。这是一种哲学态度。他在大学期间倾注了大量精力攻读实用主义创始人皮尔士的著作，并且受到了很深刻的影响。皮尔士从小受到数学家父亲的特殊训练，不仅掌握了众多自然科学领域的知识，更在感觉上受到了精细的培养。他被训练识别声音、颜色、气味、味道等感官产物的细微差别，据说可以准确地辨别香水的气味，也长于品酒。这种对微妙事物的感知能力，在皮尔士转向哲学思考之时起到了巨大的作用。他注重哲学假说与现实事物之间通过"试验"建立关系的必要性,追问信仰不被质疑的暧昧粗杂状态,并且坚决摈弃绝对化的终极价值。这些努力与他敏锐的感受力都有直接关系。用鹤见的话说,自古以来几百亿的人各自从生活中体验着自我的经验、物的经验、实在的经验,要想从这些已经被磨平了棱角的经验中提取出新的真理,没有超乎常人的感觉怎么能行呢?所以鹤见认为,哲学教育一直试图脱离对感觉的锤炼,这是个错误。

鹤见先生曾经送给我几本他的书,其中有一本是作家黑川创主导的系列访谈,书名为《偶然地出生到这个世界上》。访谈的重点是鹤见俊辅在1950年出版的《美国哲学》。这本书由世界评论社初版时只印了两千本,而且其后不久出版社就倒闭了,鹤见没有得到稿酬,只得到一些书。但是在其后的五十年里,这本书被不同的出版社不断再版,在黑川组织访谈鹤见的2006年,这本书已经卖出了五万六千本了。在日本战后为数众多的美国哲学研究里,这本《美国哲学》独树一帜,它从几位实用主义哲学家的人生谈起,简洁却深入地介绍了实用主义的主要观点以及结构,特别是结合实用主义哲学的认识论特征,切近现实地讨论了它在改变思维方式上的可能性。鹤见在这本并不厚的著作里树立了一个榜样,那就是把人与思想结合起来认识,从具体状况出发,挖掘出俗语的哲学性——这是个相当困难的课题。黑川以这本书作为话题,组织了由不同领域的知识人和文化人参与的访谈,堪称独具慧眼。在前后四次的访谈中,黑川统领全局,不断以提问的方式整理问题,他扎实的学风与广泛的兴趣都给我留下很深的印象。

现在，中文世界又得到了黑川创多年在鹤见身边工作之后倾情书写的《鹤见俊辅传》。这是一本不可多得的作品，对理解鹤见的精神世界有着重要的意义。鹤见的一生，特别是他战后在日本思想界的经历，有了这部传记，才能够看得清楚。作者黑川创有着文学创作经验和理论工作能力，加上他对传主的熟悉，在理解鹤见俊辅精神世界的时候，是一位不可多得的合适人选。由于黑川也是鹤见创办的思想的科学研究会的成员，这个研究会以及杂志《思想的科学》的一波三折，在这部传记里得到了相当充分的介绍，这是十分珍贵的史料线索。

我阅读了这部传记，获得了不小的收获，从思想史的视角来阅读，可以设身处地地体验这本书所提供的关于战后日本社会知识活动的很多具体状况，这些状况令人信服地揭示了鹤见之为鹤见的秘密——他属于一个剧烈转变的时代，他给我们提供了进入那个时代的一把特定的钥匙。

我相信，即使是不研究日本，甚至不从事学术文化事业的读者，也可以从黑川的这部著作中获益。

目 录

1

长于政治家庭

1922—1938

第一节 女性与"平原城堡"

1923 年（大正十二年）3 月末，清晨。

福冈县门司市出身的十八岁少年秋山清，刚刚开始送报纸。为了考学，他前往东京，住进了麻布区（今港区）[1] 六本木的报纸商店。秋山知道有岛武郎的《该隐的后裔》《与生俱来的苦恼》，正怀着切实的感受反复阅读。

当时的报纸商店，挂着"办理各类报纸"的招牌，包销东京日日、东京朝日、时事、报知、都、二六、大和[2] 等各类报纸。因此，送报员要记住各家订购情况，送去特定报纸。

1　括注内容均为原书内容，编辑时调整字体以使阅读。原书正文中亦有括注出处，
　　编辑时删除，请参照"主要出处"查看。另，本书脚注如无特别说明，均为译注。
2　上述报纸全名依次是《东京日日新闻》《东京朝日新闻》《时事新报》《报知新
　　闻》《都新闻》《二六新报》《大和新闻》。

秋山清负责的配送区域从樱田街区（今元麻布三段、中国大使馆附近）到天现寺一带，有近百家订户。沿着六本木十字路口至霞街区的路，途中左拐进入通往樱田街区的上坡路[1]，就可以看见左侧东京市长后藤新平（1857年生）子爵的宏伟别墅。从站有门卫的大门望向府内，前庭方便汽车出入的道路围绕着假山，壮丽的日式主屋及西式洋楼并立在假山后面。以之为中心，前庭左右都建有气派的日式房屋。

送报纸的这位年轻人，喜欢看《改造》杂志上陆续登载的大杉荣的《自叙传》。因此，每次从这里经过，他都会想起大杉前往后藤新平家，巧妙求得三百日元的片段。那时候的后藤应该是内务大臣吧。

正因为是政治家，这家订购多达五份报纸。送牛奶的人看上去来得更早，十五六个牛奶瓶已经摆好。秋山清悄悄从中顺走一瓶，向着下一家跑去。

刚出生九个月、名叫"俊辅"的婴儿，此刻应该在府内某处酣睡。或许就在庭院右侧、被府内人称作"南庄"的日式房屋里的某间屋内。（此处宅邸所占的地块也包括了与樱田街区接壤的其他街区的土地，"南庄"是三轩家街区53号。）

---

1 霞街区、樱田街区后来被划入西麻布、六本木而不复存在。日本的门牌不按街道表示，如某某街某某号，而是按区域。他们将一片区域划分为一个街区，日语称作"町"，之下再分成小区域，即段，日语称作"丁目"，然后再标记该处房子所在的区域。

后藤新平、鹤见祐辅、鹤见俊辅关系图

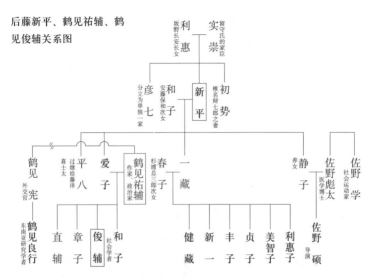

实崇（留守氏的家臣）— 利惠（坂野长安长女）

初势（椎名辨七郎之妻） 新平 和子（安藤保和次女） 彦七（分立为单独一家）

鹤见宪（外交官）— 鹤见良行（东南亚研究学者）

平八（喜士太） 爱子 鹤见祐辅（作家、政治家）— 春子（杉浦总三郎次女） 一藏

静子（养女） 佐野彪太（医学博士） 佐野学（社会运动家）

直辅 章子 俊辅（社会学者） 和子 健藏 新一 丰子 贞子 美智子 利惠子 佐野硕（导演）

后藤新平及其家族。前排左起依次为佐野静子（养女）、后藤和子（夫人）、后藤利惠（母亲）、椎名初势（姐姐）、鹤见爱子（长女），后排左起依次为佐野彪太（静子之夫）、后藤新平、后藤一藏（长子）、鹤见祐辅（爱子之夫）

俊辅的父亲鹤见祐辅，时年三十八周岁。作为铁道省运输局总务科科长，此刻他正在中国，拜访第三次在广东建立革命政权的孙中山。母亲鹤见爱子时年二十七周岁，是后藤新平的长女。

此次祐辅前往中国出差，有出于体察岳父后藤新平意愿的动机。在寺内正毅内阁担任外交大臣时，后藤亲自决断的西伯利亚干涉战争（1918）失败，此时尚未妥善解决。对此，他深感自己有责，因此抓住本年1月苏联远东代表越飞访问中国的机会，发电报邀请其赴日。虽然时为东京市长，但后藤试图以私人交流的形式，打开日苏之间的局面，以建立外交关系。越飞响应，很快抵达日本。之后，他在日本停留，持续与后藤接触。

另一方面，越飞在赴日前夕的访华期间发表了《孙文越飞宣言》，表明苏联对国民政府北伐统一中国的支持态度。越飞前脚赴日，鹤见祐辅这位有能力的中坚官僚后脚便前往中国，迅速寻求与孙中山会面的机会，这背后自然可以看到后藤的想法，即提前试探《孙文越飞宣言》发布后孙中山一方的方针。

因为是这种政治家的住处，后藤府邸也出现了闹事风波。

这年2月5日，一位反对后藤新平转向与苏联建交路线的"防止赤化团"成员闯入府内，粗暴地打砸家具、玻璃等。此后过了大约三周，右翼暴徒再次闯入日式主屋门口。当时，后藤新平的长子后藤一藏（爱子之兄）正要出门会见他人，被暴徒用木屐殴打头部，身负重伤。俊辅的姐姐、满四岁的和子也在场。她受外祖父新平宠爱，多在主屋生活。这些事件被禁止报道，不见于国内报纸。不过，国外报纸广泛报道，世人迅速得知。

1923 年，关东大地震前夕。此年，母亲鹤见爱子二十八岁、俊辅一岁、姐姐和子五岁

在两次暴徒闯入事件中间，同月 26 日，在府内一起生活的后藤新平的老母亲后藤利惠，以虚岁九十九的高龄去世。新平自己也马上要六十六周岁了。孝顺的他想让年迈的母亲住到带电梯的西式建筑的二楼，因此请捷克籍建筑师安东宁·雷蒙德设计，可惜该建筑此时仍在施工，没能让老人住进去。不过，后藤仍按照原来的计划让这座西式建筑完工，并将其用作与络绎不绝来访的客人会面之处。电梯则仅仅作为孙子孙女的玩具。

后藤新平的夫人和子于五年前的 1918 年（大正七年）4 月去世，享年五十一周岁。新平生于小藩（留守氏）的贫穷家臣之家，住在岩手的水泽城城下街。胆泽县大参事[1]安场保和选了年少的他作为学仆，而和子便是这位恩人的次女。妻子去世两个月后，长女爱子与女婿鹤见祐辅之间有了女儿，是其长孙女。新平认为这个孩子是亡妻"转世"，同样起名为"和子"。这个家族拥有即便是女孩也将其视作"继承人"的态度。

府内还有一位老年女性。新平的姐姐初势虽然未与水泽的婚家椎名家离婚，但很早就回到娘家，照顾一家人生活，此时已经七十六周岁。因为是亲戚，她将一位在东京帝国大学法学院上学的年轻人椎名悦三郎收为养子，这位青年有时也来府里玩。

这样，武士家养育的女性守护着拥有官爵的家长后藤新平。她们明白官员家庭中朴素、清廉便是财富，即便家长权势达到顶峰，自己也不染指奢侈或贪污。她们只是尽心接待来客。现在，

---

1 日本最高一级地方机构称作"县"，相当于中国的省。大参事是明治时代初期地方行政制度中仅次于地方最高长官的职务，相当于副省长。

1924 年，六岁的姐姐和子和两岁的俊辅

长女爱子继承了这一家风，努力做好一族的主妇工作。以主屋为中心，周围并立数间房屋的宅邸结构，让人想到乡间水泽城延续下来的大家族的平原城堡。

比新平小八岁的弟弟彦七一家，住在从门口看过去的庭院左侧、叫作"北庄"的日式房屋中。虽然他之前也是官员，但因为在财政上不规矩，被新平勒令辞去公职，负责府内事务。他们是子孙满堂、人丁众多的一家。

新平的长子一藏从美国哥伦比亚大学毕业回国，之后进入实业界、结婚。这年，他的第一个孩子利惠子出生。当时也是新平的母亲利惠去世不久，于是就给她起了这个名字。这一家人也住在府内。

此外，还有两位管家、数位常驻的秘书及书生[1]、门卫、司机、女仆等。在主屋东北方的花坛那里还有一位老园丁。如果有客人来访，后藤家会从有名的日式、西式或中式饭店请厨师来，在宽敞的厨房做饭。

后藤新平有喜欢孩子的一面，甚至接受了日本童子军总会的首任总裁（后改为总长）一职。西式建筑的宽阔庭院时常开放给童子军，孩子们在里面绕着跑。新平本人也乐于穿着童子军的制服"健儿服"出席仪式等活动。

不过，在南庄酣睡的婴儿，为什么叫"俊辅"这个名字呢？

1　日本明治、大正时期，住在他人家中，一面帮忙干杂活一面学习的年轻人。有权势的人家常常有多位书生。

自然，这是效仿其父亲祐辅，得到了"辅"这个字。[1]但也有其他因素，即日本首任总理大臣伊藤博文（1841年生）青年时代的名字是"伊藤俊辅"。

父亲祐辅1885年（明治十八年）出生，一直都是优等生。他在冈山中学以第一名的身份毕业，在第一高等学校也是，在东京帝国大学法学院很可惜地没有拿到首席毕业生的银怀表，只获得第二名。因此，他对第一的执念可能更严重了。早在第一高等学校时代，他就进入辩论部磨练口舌，怀抱着在不远的将来作为政治家出世的"青云之志"。目标当然是日本的总理大臣。因此，儿子的名字也是"俊辅"。换句话说，对父亲祐辅来说，这个名字不如说也是他壮志的表现。

伊藤博文在担任韩国统监[2]时，享有日本唯一一位皇族之外被称作"殿下"的地位。韩国统监享有如此大的权力，也表明了这种地位。父亲祐辅就是在这位人物被视作立身处世最高峰的时代，度过自己的学生时代。

从东京帝国大学法学院毕业后，祐辅经内阁的开拓殖民局，转到铁道院任职（后藤新平在此兼任铁道院总裁、开拓殖民局总裁，是他的上司）。在此时期，他随同大学时代的恩师新渡户稻造，不断前往

---

1 日本在平安时代形成了姓名使用雅字，并将名字中的一个字传给后代的做法。如足利幕府将军姓名多有"义"字，江户幕府将军多有"家"字。

2 1897年，统治朝鲜半岛的李氏朝鲜高宗，将国号改为"大韩帝国"，沿用至1910年朝鲜被日本吞并。因此涉及这一阶段时，"朝鲜"、"韩国"（即大韩帝国）两词均指整个朝鲜半岛，"韩国统监府"便是管理整个朝鲜半岛的机构。这与二战后的朝鲜民主主义人民共和国、大韩民国分立不同，还请留意。

美国乃至欧洲公务旅行（1911—1912）。这种经历对鹤见祐辅自身来说，也是他后来被视为"公共外交先驱者"（上品和马语）的华丽履历的序曲。结束漫长的旅途回国后不久，通过新渡户夫妇的牵线，他迎娶了后藤新平的长女爱子为妻。

后藤新平与伊藤博文之间渊源颇深。伊藤任韩国统监的时期（1905—1909），与后藤就任满铁[1]首任总裁的时期（1903—1928）重叠。其间，后藤多次找机会拜访自己一直追随其政见的、长自己十六岁的伊藤。特别重要的时间点是 1907 年 9 月，两人抓住从任地（伊藤在朝鲜汉城，即现在的首尔；后藤在大连）回日本本土的时机，在广岛的严岛进行了两日一夜的会谈。在会面中，后藤向伊藤提出了基于其一贯主张的"新旧大陆对峙论"的建言。

就任满铁总裁时，后藤构想的铁路蓝图是建立横贯亚欧大陆的"国际铁路"大动脉，即从日本的下关，经铁路渡轮与朝鲜的釜山连接，由此经纵贯朝鲜的铁路（当时的统监府铁路）、南满铁路与中国东北连接，进而经俄国经营的东清铁路、西伯利亚铁路与欧洲相连。借此，通过铁路连接的日本、俄国、欧洲的"旧大陆"诸国联合并紧紧包围中国，与新兴的美国这一"新大陆"国家在中国的扩张行动"对峙"。这便是后藤的"新旧大陆对峙论"。

在严岛的会面中，后藤更深入地向伊藤直言具体行动，那就是希望他辞去韩国统监之职，以自由身份周游欧洲诸国，协

1　全称为"南满洲铁道股份公司"，是日本在中国东北成立的铁路运输企业，同时也在当地大量投资，如同近代侵略亚洲的"东印度公司"。

商建立起以对中国态度为支柱的"东洋和平的根本对策"。

……后藤描述的这个"画大饼"似的世界地图框架,到十几年后邀请越飞时,仍基本未变。

这一晚的会面,在伊藤博文这位老练的大政治家胸中,似乎也留下了深刻的印象。

近两年后,1909年夏天。这次是伊藤向担任第二次桂太郎内阁通信大臣的后藤寻求意见。"我已辞去韩国统监,终于要周游欧洲,协商中国问题了。你觉得如何?"

后藤回答说,不说那个,他还有个主意。"你想和俄国的科科夫佐夫会谈吗?"

后藤承诺,如果自己写信邀请科科夫佐夫到哈尔滨的话,这位沙俄的财政大臣会前往远东。伊藤起初有些半信半疑,怀疑后藤是否已经拥有如此强的国际关系。不过,后藤行动后,此事不久就顺利实现。

当年秋天,10月26日,上午9点。

搭载伊藤博文一行人的火车专列,于夜晚从长春出发,沿着东清铁路缓缓驶入哈尔滨车站。会谈对象、俄国财政大臣科科夫佐夫前来迎接。列车抵达后,科科夫佐夫进入车内,在二十分钟的首次见面寒暄后,两人一同下车,在月台举行欢迎仪式。仪式刚结束,穿着西装、戴着平头帽、披着外套的男子从警备队伍中走上前,持手枪向伊藤开枪。

……首先开了三枪,全部命中伊藤。之后又向随行者方向开了三枪,中者也都负伤。几名俄国士兵按倒犯人。这时,男子用俄语喊出"韩国,万岁"。大约三十分钟后,伊藤去世。据说,伊藤在弥留之际听闻犯人似乎是韩国人，不禁说出了"愚蠢的家伙啊"。

媒体报道犯人是为祖国独立而奋斗的韩国义兵，名叫安重根时，是稍后的事情了。

伊藤遇刺的消息给后藤新平带来沉重打击。尊敬的老政治家因为自己建议的行动，在目的地被暗杀身亡。

虽说如此，包括后藤本人在内的明治国家建设者，对这位暗杀者并未有特别强的憎恶。之所以如此，是因为他们自身也是在拼命抵抗欧美列强压迫的心情下，致力于在东洋一隅的本国建成社会。换句话说，他们的胸中也依然存有同为暗杀者的情绪。

作为明治国家建设第一代人的伊藤博文自身更是如此。他曾与年轻同伴（山尾庸三）一起，刺杀被视作佐幕派的国学学者（塙次郎），并成功将其暗杀，也曾在英国公使馆的建筑内纵火，将其烧毁。可以说，伊藤自己就是作为反抗的恐怖分子而生。他也目睹过被逼入绝境、要以切腹告终的同伴的惨状，次数多到不忍再看。即便已经高至明治元勋的地位，那些画面烙印在他眼帘中仍未消散。换句话说，他过去也是一个"安重根"。因此，"愚蠢的家伙啊"——如果在绝命间隙，他真的这样吐露心境的话——应该也包含了"你真正应该视作目标的对象，并不是我"的想法吧。在明治政府的当权者中，伊藤确实属于对吞并韩国持慎重意见的一派。至少在这里，似乎有着暗杀者本人才理解的感情交流。

当然，后藤新平心中也回荡着类似的情绪。虽然并没有亲手杀人这种经历，但他也因涉嫌谋杀而被投入牢狱。

担任内务省卫生局局长的三十五岁前后，他因为"相马事件"牵连受罚，将近半年被囚狱中（1893—1894）。原相马藩主被以罹患精神病为由禁闭在家，在以此为发端的家族纷争中，原本是医生的后藤，从法医学的观点对此抱有怀疑，支持尝试救出藩主的原家臣。不久藩主突然死亡，甚至出现了毒杀说。最终，人们开棺，确认从遗体中能否检查出毒物，不过未找到下毒证据，这下原家臣反而被控诬告罪。受这一事态发展的连累，后藤也被关入锻冶桥监狱署（今东京站八重洲口附近）。当时正是他顺利地出人头地、长子一藏也刚刚出生的时候。

他在狱中咏出了这首寄托心境的和歌："醒来方知是偏念，但任难波葭与苇（好与坏）。"

此外，他也写汉诗。依据《庄子》的"庄周梦蝶"，他作了下面这首诗：

> 来来去去蝶身轻，
> 人向庄周梦里行。
> 露宿云游本自在，
> 无须一心向前程。

"庄周"是庄子的名字。"前程"是预先设定的计划。

自己这样一意孤行，才成为狱中之人。长子一藏刚出生，顺利的仕途也无奈遇挫。

"准备遵照自己的想法，自由地行事，不知道未来会变成何种结局。"这逞强的话，只是在鼓励自己吧。

不久，地方法院下达了无罪判决，即便检察院一方提出了上诉，但他仍通过保释出狱（1894 年 5 月）。同年 12 月，二审判定其无罪。

后藤不觉得这次入狱是件丢脸的事。当然，在社会上，有很多人从他身边离开。不过，母亲利惠连眼睛都没眨一下，坚信儿子无罪，支撑着父亲去世后的家庭。她向其他家人宣告新平是为别人而入狱，要求他们更加节俭地生活。妻子和子也是如此。而岳父安场保和在此事上从未露出嫌弃的脸色，多年后后藤依然对此感激。后藤新平盘根在一家人的"平原城堡"而对抗天下的态度，便是通过这次经历形成的。

很久之后，他仍自豪地向孩子们讲述牢狱的经历。长女爱子不久成为母亲，其孩子和子、俊辅也听外祖父讲过这件轶事。爱子并不因父亲有地位、有名声而尊敬他，反而因他是入狱也不畏怯的家长而敬服。她蔑视诏媚他人地位的态度。即使是高高在上的家长，也要警惕内心生出对待家人的自负。这一点也是亡母和子一直对她言传身教的事情。

与鹤见祐辅不同，妻子爱子并不希望丈夫能成为总理大臣之类的人。不过，作为旧时武家养育的妇女，她什么时候都支持丈夫，希望实现他的愿望吧。

与英俊的丈夫祐辅对比，妻子爱子瘦高。实际上，与丈夫并排站立时，她还稍微高一点。因此，她和孩子说自己身高时会报矮一些，一家人一起出去，也会故意在稍微后面的地方慢一点走。

等到俊辅接近学龄时，她对儿子一说"以后，你要成为总理大臣"之类的话时，就露出悲伤的表情。作为小孩，俊辅也知道如果说"我要开个针线铺什么的，过实实在在的生活"，就会让这位母亲开心。

此处存在道德性的双重束缚。父亲自己单纯地希望成为总理大臣，连给孩子起名也起了寄托这种心思的名字，母亲爱着丈夫，但又视政治家的野心为虚物。

在这样的双亲膝下长大，特别又是长子，父母的期待沉重地压在俊辅身上。然而，如果按着父亲的积极价值观随口说话，就会让母亲悲伤。因此，儿子身上一直同时踩着刹车和油门，内心很痛苦。

这位母亲极其严格，从未嘴上说着理想，自己却躺着偷懒。她是全心全意地坚持言行一致、自我奉献的正义人士。

总之，伊藤博文遇刺事件到这时已经过去了十几年。在1923 年这年，已经老迈的后藤新平亲自要做的，仍是与过去向伊藤建言的一样，亦即基于"新旧大陆对峙论"的政治行动。只是，以前的合作对象沙俄在 1917 年的十月革命中被推翻，变成了苏维埃共和国。不过，后藤新平似乎不认为这两种体制之间有本质性区别。

"日本别无选择，只能尽早与苏联建立外交关系，构筑起围绕中国的旧大陆整体的安定关系，最终与扩张的美国这一新大陆势力对峙。"后藤新平认为，自己必须要完成伊藤未竟之业。于是，在与越飞的长期交流中，为了集中精力打开外交局面，他辞去了东京市长的要职（同年4月），与请求伊藤辞任韩国统监的做法一样。

对于得名"俊辅"的这位婴儿来说，出生在这样的家庭本身就是一种机缘所定吧。

父亲鹤见祐辅在自家居住的南庄，每月举办一次被称作"周二会"的聚会。

新婚不久，他们住在后藤新平府后街的宫村街区一处特别小的房子内。第一高等学校辩论部的后辈聚会的"周二会"，就是在那间屋内开始的。活跃、广泛的交际是祐辅的天赋，他邀请日本银行理事深井英五、法制史学家泷川政次郎、《朝日新闻》记者杉村楚人冠、满铁理事松冈洋右、国民新闻社总经理德富苏峰等人为主讲人，并以西式点心招待，众人一直讨论至深夜。每次，几十位参会者挤来挤去，让人担心二楼的地板都会掉下来。

搬到宽敞的南庄后，"周二会"再次举办（1922），参会者超过百人。重开之后的首位主讲人是岛崎藤村。此后各色主讲人持续不断，包括有岛武郎、小山内熏等。

参会者中也有女性。比如，以推进计划生育运动而知名的石本静枝（石本惠吉，男爵夫人，后来的加藤静枝）。对祐辅来说，这是大他很多岁的亲姐姐的女儿，也就是祐辅的侄女。此外，还有《妇人公论》的记者波多野秋子。

每天早晚，作为送报员仅从这里路过的秋山清，并不知道自己崇拜的作家有岛武郎也会进出这里。

不久，秋山清辞去了送报纸的工作。

因为4月刚过不久就有日本大学预科的入学考试，他向店里请求休息两天，但是老板坚决不同意。心烦意乱的时候，资格老的店员又强横地把多余的工作推给他做，最终还甩了他一巴掌。好啊，他下定决心，一脚将对方正在枕着的枕头踢飞，在对方慌忙起身的时候又补上好几脚。事情闹大后，他被店里赶了出来。不过，这下秋山就可以参加日本大学的预科考试，也能够入学了。

话虽如此，还是要打工。秋山清新找的工作是在京桥的第一生命大厦做电梯员。当时，那里是作为实业使用的、东京最高的七层高楼。

到了夏天。7月的某个早上，他正在开电梯，大厦中一位租户阿姨和他说："有岛为情自杀了，据说身体都生蛆了。"

有岛武郎在轻井泽的别墅中，与有夫之妇、《妇人公论》记者波多野秋子殉情。两人上吊，近一个月后才被发现，腐烂的尸体上无数蛆虫翻涌。这一传言的表述方式强烈地印在这位年轻人心中。

秋山清在盛夏时一度回家，返回东京是在8月31日。

从翌日的9月1日起，他再次回到第一生命大厦的工作岗位。上午，他操作大厦后侧的员工专用电梯。在有员工食堂的四楼，早早吃完午饭的男女职员吵闹地涌入电梯中。接着，他要转动操作把手时，电灯灭了。"停电了！"的声音响起，大家鱼贯而出，只剩秋山清自己留在电梯轿厢中。

瞬间，电梯出现了剧烈的上下颠晃。紧接着，它疯狂地左右摇摆。秋山清拼命抓住轿厢的铁框。剧烈晃动终于停下，他几乎爬着走到四层的地面。瞬间，第二次剧烈晃动到来。整个钢筋混凝土建筑发出嘎吱嘎吱的声音，歪向一边。秋山清匍匐在地上，总算支撑住。地震刚刚平息，秋山清向食堂里面看去，女职员或是互相抱着，或是扎堆坐着，大声哭喊。有人指向窗外，于是他跑到跟前一看，目之所及的东京街头被灰尘笼罩。木结构加上砖瓦的西式风格建筑坍塌成饼状，在那里也扬起了黄色的尘土。

"是大地震。"这个时候，秋山清首次想到这一点。

他沿着楼梯跑到七层建筑的房顶。屋顶谁都没有，只有他孤身一人。

应该是浅草、南千住的方向升起了数道黑烟。似乎发生了火灾。日比谷公园靠近这边的地方也有黑烟升起。此时，第三次剧烈晃动袭来。——日后，这被称作"关东大地震"。

隔着东京站的神田小川街区，耸立着佐野内科精神科医院带有尖塔的气派建筑。那里的尖塔也持续大幅度左右摇晃。不一会，火舌从病房内窜出，尖塔被烧毁倒塌。

医院的创立者佐野彪太博士（1873年生）、妻子静子这一家人，也是后藤新平的家人。新平还是单身时，曾作为公立爱知医院院长在名古屋工作，与一位亲昵的艺伎生下一位女儿，即静子。同年，新平迎娶安场保和的次女和子（二十六岁，1883年）。不久，他就将静子作为养女接回。换句话说，新娘和子首先抚养了养女静子，结婚十年后才生下长子一藏，再两年后生下长女爱子。养女静子于1904年（明治三十七年）嫁给了在中国天津的日本租界内担任日本共立医院院长的佐野彪太。之后，彪太自费前往德国、奥地利留学，学习了精神神经科（脊髓脑神经系统学）的医术后回国。被送到甲午战争、日俄战争前线的士兵在现代战争的杀戮中，很多都遭受创伤而产生精神障碍症。这种患者激增的社会背景，也对这一医疗新领域的开拓提出了需求。

佐野彪太、静子夫妇生育了五个孩子。长子佐野硕生于1905 年，这时已经离开家庭，进入住宿制的浦和高中并组建戏剧研究会，沉迷于排演新剧。母亲静子也很喜欢歌舞伎及演艺活动，很擅长"仕方话"[1]。佐野硕小时患过结核性关节炎，右脚不方便，一直需要手杖，但他举止极其敏捷。在戏剧研究会中，他既一手包揽作曲，也参加演出。后藤新平特别疼爱这个虽说是庶出的长外孙，让他自由出入府内。

在地震翌日成立的第二次山本权兵卫内阁中，后藤新平就任内务大臣。地震刚刚停止，他就开放府内院子，烧饭赈济灾民。受灾的佐野彪太一家也寄身这里。佐野硕在交通手段断绝的状态下，从浦和步行前往东京，稍后也在此团聚。另一方面，佐野医院的住院病人在上野的树林里避难。硕开着自家的车，拼命搬运必需的物资，鼓励病人并照顾他们。

佐野彪太还有一个幼弟佐野学（1892 年生）。作为东京帝国大学法学院的研究生，他参与了新人会的创立（1918），之后任职于满铁东亚经济调查局，并参与组建第一次日本共产党（1922）。1923 年 5 月，佐野学为了逃避逮捕而亡命苏联。至于他在那里

1　日本传统曲艺，类似于一种带表演的相声。

的逃亡生活，据说后藤新平通过赴日的越飞提供了援助。（不过，佐野学之后回国，并再次组建日本共产党，不久就任中央委员长。1933年，他在狱中与锅山贞亲一起发表"转向"声明，引导党员大规模转向，奏响了日本共产党崩溃的序曲。）

在地震后立刻发布的戒严令之下，自卫团在各受灾地持续杀害了据说有数千名朝鲜人，也出现了军方杀害社会主义者的"龟户事件"。

丸山真男（1914年出生）这时住在四谷区（今新宿区）爱住街区48号，是四谷区立四谷第一普通小学的四年级学生。九周岁的他在受灾之后，用铅笔写下了题为《回忆让人恐怖的大地震大火灾》这篇文章，并保存了下来。其中这样写道：

> 今天早上起来。大火好像还没有停。房子也在烧着吧，爱住街区那一带的。我们走的时候，说爱住街区正在烧，现在大概已经烧光了。
>
> （……）
>
> 之后，又有朝鲜人投炸弹，或者好像那样做。市内的警 jiè[1] 更严了，据说他们就向这边的东中野来了。我们逃到了这里，如果被炸弹炸到，会变成灰吧。这样想，身体忍不住抖。等到白天，火彻底灭了。（9月3日）

---

[1] 小孩写的日记，很多汉字还不会，用的是日文拼音。另外，原文也有漏字或语义模糊之处。

　　　　　　　　　　　　　　　　　　　　　　鹤见俊辅传

爸爸拿着棍棒，嘎啦嘎啦地在路上警 jiè。那是因为朝鲜人做坏事。

每夜每夜，他都和附近的人轮班，发现可疑的人［就问］对方是谁要干什么。(9月5日)

丸山真男的父亲是记者丸山干治。在1918年的"白虹事件"(寺内内阁压制言论事件)中，他与鸟居素川、长谷川如是闲一起从《大阪朝日新闻》辞职。此时他四十三周岁，是《读卖新闻》的经济部部长。

前引9月3日一文中有"东中野"一地，是因为丸山母子等十几人寄身在东中野的长谷川如是闲家中(父亲丸山干治在爱住街区的自家留守)。根据丸山真男日后的回忆，长谷川如是闲当时也拖着嘎啦嘎啦的长铁棍在四周巡视。

9月5日一文中，丸山记下了他们返回位于四谷区爱住街区自家附近的井上龟六(舅舅、政教社社主)家的事情。

一段时间后，周围的大人似乎也回归了冷静，大约是到了10月初的时候，少年丸山又写下了题为《附录二：民防团的暴行》的文章，批判性地重新理解震灾下的自卫团暴行。

地震、火灾之后，朝鲜人扔炸弹的事情被过分热议了。因为那样，为了防备诸多朝鲜人，只靠警察就绝对没法防住。之后，叫作"自警团"的民防组织就出现了。不过，这次的自警团并没有发挥它的作用，什么样的朝鲜人都会来。大家不能总想着把他们全部打死。

朝鲜人并不都是坏人。其中有很多好的［朝］鲜人。然后，这次有两百多朝鲜人被打死。其中坏的［朝］鲜人只有极少数。因此警察们更忙了。因为那样，此次自警团四处施暴，之后的调查发现，其中有人胡乱打杀［朝］鲜人，警察反而要逮捕朝鲜人，甚至警察之中也出现残忍行暴之徒。如果是这样的话，有没有他们都一样。或许反倒是没有他们更好。如果是这样的话，让自警团消失更好。

说起自警团，像前面说的，是因为只靠警察无法防止，于是才出现了这一民防组织，它不是为了杀朝鲜人而存在的。

秋山清此时十九岁，他从一开始就完全不相信朝鲜人来袭的谣言，并尝试说服街区的民防团，说怎么会有袭击这种事情呢。他也一直拒绝夜里出警巡逻。这件事成为话柄，地震后不到十天，麻布区龙土街区33号（今港区六本木街区七段）的房东告诉他近邻不满，因此将他赶了出去。

9月16日，大杉荣与同居伴侣佐藤野枝、外甥橘宗一（六岁）在位于东京郊外的淀桥街区柏木（今新宿区）的自家附近被宪兵带走，关押到麹街区宪兵司令部，音信断绝。同月19日，被杀害的三人的遗体在一处古井中被发现。报社立即接到不准报道的命令。等到禁令解除后，《读卖新闻》报道称，在当日的内阁会议中，内务大臣后藤新平高声诘问这种不法行为，说"这是践踏人权"（同年10月9日版）。

继有岛武郎之后，大杉荣也这般去世了。这两人的死，震撼了秋山清这位年轻人。以这些事为契机，不久他就开始写作《似诗之物》。

刚一周岁多的鹤见俊辅没有对大地震的记忆。不过，此后每年9月1日的午饭，一家的饭桌上都会摆上做好的烤寿司，这成为新增的一项家庭仪式。从孩童时期开始的这个习惯，使烤寿司成为他一直喜欢的食物。

后藤新平创建的家庭和血脉，此外还有一支。

有一位叫河崎纪美的女性，在东京长大，比后藤新平年轻三十九岁。1910年（明治四十三年），十四周岁的她以"桃千代"为名踏入新桥的花柳界，不久就遇到后藤新平。十七岁时，她获赎身退出花柳界，被安置在赤坂，开始在那里生活。这一年（1913），她生下了第一个孩子三郎（夭折）。第一个孩子却被起名为"三郎"，是因为后藤与正妻和子之前生了长子一藏，之后又和别的女性生了次子平八（之后成为藤泽喜士太的养子，改姓藤泽），所以这个男孩就是第三个儿子。

此后，纪美与后藤新平之间又有了六个孩子，1925年（大正十四年）出生的小五郎是幼子。这是个比外孙俊辅还小三岁的孩子。

在此期间，新平的妻子和子于1918年去世。之后，在府内一同居住的老母亲利惠、姐姐初势，都觉得把河崎纪美视作后妻也可以。这大概也是因为她们之间已经有了一定程度的交往，建立了相应的信赖。

不过，后藤新平有爵位，这一地位让他结婚时需要宫内省的许可。如果没有相当大的决心，很难做到这种地步。实际上，老母亲利惠去世后（1924年左右），纪美一家未办理相关手续，只是把住处搬到了后藤府内。

从府内日式主屋、西式建筑所在的小高台出发，穿过屋后的小门，沿着长满款冬的斜坡下到东南方，为纪美一家准备的小屋子就建在那片谷地的一端。每天，纪美从那里前往主屋，新平在的时候就一直照顾他到深夜。幼子小五郎，就是来此之后出生的。他和哥哥清（1923年出生）一起，被带在纪美身边，在这座府内长大。小五郎入了新平的弟弟彦七的户籍，作为他的儿子。

纪美与新平之间，自第三子武藏（1920年出生）之后，几乎每年有一个孩子。那时刚好是计划生育运动的提倡者玛格丽特·桑格来日期间，热心的支持者石本静枝也来到纪美身边，劝她控制生育。这是为了母亲的身体健康。不过，她也是后藤一族的亲戚（鹤见祐辅的侄女），纪美会不会感觉到类似压迫的东西呢？

新平的姐姐初势也在1925年（大正十四年）3月去世。

在此前后，还发生了另一件事。

作为继承新平地位的儿子（爵位继承预定者），一藏惹出了麻烦。他觉得把小妾接到自家府内居住不正常，大发怒火，将父亲新平推倒了。新平暴怒，宣布要废除这个不孝子的嫡长子地位。

一藏的妹妹爱子（鹤见祐辅之妻、俊辅的母亲）强势地居中阻止，总算打消了父亲废嫡的想法。不过，新平的愤怒并未消散，他将一藏一家赶出府内，罚他闭门思过。

分给他们（此时有一藏及其妻子春子、长女利惠子、次女美智子）的闭居地，是麻布十号街的小屋子，在河谷对面，临着荞麦面店。

他们暂时就这样生活。等到父亲新平的怒气渐消后，爱子计划将一藏一家叫回后藤府内。也就是，她让出自己住的南庄，让一藏一家住在那里，与之交换，鹤见一家搬到河谷对面荞麦面店前的小屋。那好像只是很短的一段时间，一家之主的祐辅那段时间也一直在美国游说，并不在家。因此，在此生活的只是母亲爱子、姐姐和子、俊辅三人。在这片平民区生活时，俊辅看到了来这附近的纸洋片画剧，并留下了印象。

另一方面，比他大四岁的姐姐和子也产生了另一种感情。从这个小屋前往后藤府邸时，弟弟俊辅被误认为是"门卫的孩子"。俊辅记得姐姐曾为此大哭一场。

1925 年 3 月快结束时，还发生了这样一件事情。

即将六十八岁的后藤新平，踏上了为期一个月的中国东北、朝鲜之旅。官方目的是出席位于哈尔滨的日俄协会学校（后来的哈尔滨学院）的毕业典礼。

随行人员以日俄协会干事田中清次郎为首，总计十七人。1909 年，伊藤博文在哈尔滨车站月台遇刺时，田中曾作为满铁理事随行，并被安重根开枪打伤。当时三十七岁的他，现在也快满五十五岁了。两年后的莫斯科之行也是由田中随行，晚年的后藤新平出国，这位人士一直发挥左膀右臂的作用。

此外，刚通过东京帝国大学法学院考试的、二十周岁的佐野硕也加入一行人中。似乎是作为考上帝大的奖赏，新平令爱孙同行。

回程时，一行人经停朝鲜京城（日本吞并朝鲜前的汉城，今首尔），在视察京城童子军之后，出席斋藤实总督在朝鲜总督官邸举行的晚餐会。斋藤实比后藤小一岁，是他幼时在乡间的水泽城一起长大的好友。

在中国东北时，后藤在往返北部哈尔滨的路上经停奉天（今沈阳），与奉系军阀张作霖进行了两次会谈。

会谈中，后藤新平抛出的话题主要是以下两点：

第一，后藤以自己担任内务省卫生局局长、台湾总督府民政长官（最初是民政局长）的经验和成绩，提供了关于鸦片专营制度的建议。后藤劝他采取自己在台湾时的渐进政策，即一边从中获得某种程度的税收，一边慢慢地推行全面禁止。

第二，尝试说服张作霖克制向北京扩张的政治野心，专心东北地区的发展。

对于鸦片政策，张作霖明显表现出被后藤建议说服的态度。不过，对于第二点，他最终也没有露出明确的反应。

第二节　外祖父新平与父亲祐辅

1924 年（大正十三年）2 月，鹤见祐辅辞去铁道省监察官之职，时年三十九周岁。在此之前，他已在任十四年。

祐辅不可能忘记自从加入一高辩论部起怀抱的宏志——作为政治家在天下国家中实现理想。1911—1912 年随恩师新渡户稻造访美，在那里看到总统竞选，让祐辅此后对伍德罗·威尔逊长期钦佩不已，而这位已卸任的美国总统，刚好于该年 2 月 3 日去世。对于抱着宏愿，即希望终有一天以内阁总理大臣身份掌握国政的俊辅来说，威尔逊一直是体现理想主义、自由主义以及国际精神的令人仰慕的国家领导人形象。

第一次世界大战之后的国际秩序会走向什么方向，并形成怎样的格局？鹤见祐辅这位年轻官员抱着这样的课题，自 1918 年（大正七年）9 月至 1921 年 5 月，近三年持续前往美国、欧洲出差。基于这种经历，他提出了"新自由主义"这一个人政见。

与强调个人绝对权威的旧自由主义相对，这是"不否定国家和社会"的新的自由主义。这个时候，不知他有没有想起威尔逊曾在 1912 年总统选举中提出的"The New Freedom"的标语？

另外，鹤见祐辅的妻子爱子这一期间，也在欧美停留。她在 1920 年 7 月前往巴黎与祐辅会合，暂时一起行动，同年 9 月又单独前往美国。这是一位能独自承受国外航路的漫长旅途的女性。爱子十几岁在学习院女学部[1]学习时是优等生，好像也担任向皇族解说实验等任务，并能说英语、法语等几门语言。

抵达美国后，她留在马萨诸塞州的卫斯理市，进入以优雅校风而知名的女子学校卫斯理学院就读。同年 11 月，丈夫祐辅也前往美国，不过他在纽约等地有职务，在一起的时间应该不多。翌年 5 月，夫妇一起回国。

此时，这对夫妇已经生下了长女和子（1918 年 6 月出生）。换句话说，爱子把刚满两周岁的长女放在父亲新平的府内近十个月，去了国外。

此后，在祐辅等人全力组织的太平洋会议中，爱子也再次作为女性代表参加（第一次是 1925 年于火奴鲁鲁，第二次是 1927 年于同地）。这是国际性非政府组织太平洋国际学会（IPR）举办的活动。此外，祐辅前往美国、加拿大、中国等地时，爱子也会同行。

即便如此，追溯一家人的经历时，爱子的这种社会性活动几乎不见直接记载。这大概是因为她并不看重自己的这种行

1　学习院女子大学前身，该校与学习院大学属于同一系统，均是为皇族、贵族子女教育而创立的教育机构。

动吧。确实，太平洋会议上的"女性代表"这一身份，被期待的也主要是一种会议场外的"社交"角色。如果是这样的话，这和她平时承担后藤家族的主妇职，苦心经营家族的任务并无二致。

反而是祐辅，从一开始就考虑掌握这种在未来国际舞台上所需的欧美式夫妇相伴的社交艺术，至于在卫斯理学院的短期留学，大概也是他提前让爱子完成这种准备的一项安排。毕竟，这所"优雅女子大学"的校风，似乎最符合他的意向，后来长女和子前往美国留学时，他也推荐了这所学校（不过，和子选择了同为女校但校风更自由、反战运动更活跃的瓦萨学院）。

如果丈夫有需求，那就给他帮助。爱子的那些社会活动大概就是出于这种动机。虽说如此，举重若轻地做好如此勇敢的行动之中，有着她惊人的能力。独自一人搭乘海外航线，穿越重洋，在陌生的异国小镇独居更是如此。孜孜不倦地努力学习课程、语言等，原本就契合爱子的天性。

在平日的生活中，她似乎是不会享受闲暇之乐的人。

亡母培养女儿像武士一样忍耐贫苦。面对政治家庭这种浮沉频繁的生活，这是必要的心理准备吧。因为父亲新平身居高位，内心不为世间诱惑所动的坚毅，就变得更加必要了。

较之社会性活动，爱子自己更喜欢家庭内部的事情，尽心照顾丈夫与孩子。她的爱好是茶道，也喜欢修剪花草庭木。父亲也好、丈夫也好，都是时尚且外向的人，因此在属于自己的时间里，她倾向于在寂静中寻找一种安闲。另一方面，她喜欢照顾他人，一遇到可怜之人，就会忘记自己体质虚弱而四处奔走。

丈夫开始选举之后，她便尽心支持。在孩子的眼中，这也是她健康受损的一大原因。

后藤新平、鹤见祐辅都不怎么喝酒。即便是在府内为来客提供酒食时，性急的新平也是催促下人"哎哎，再给我加点饭"，然后迅速吃完。这两位在精力充沛、夜晚或清晨认真读书这些点上是共通的。

女婿祐辅又精于书法，善写文章。就算是学生时代留下的听课笔记，字迹也漂亮工整，内容丝毫不漏。隐于书斋之中，他可以终日不停地书写，四百字满页的稿纸一日可写七十张左右。准备演讲时，他也会将全部内容写在本子上，并站在镜子前面摆正身姿练习。

祐辅考察东南亚各地时记录的《南洋游记》(1917)获得好评后，几乎每次出国后出版的作品（出版社多是大日本雄辩会讲谈社）都不断加印，最终达成了《期待英雄论》(1928)销售五十万册、小说《母亲》(1929)销售二十四万册的超级畅销书纪录。《母亲》迅速被改编成戏剧、电影，祐辅自己更是将其翻译为英文在美国出版（1932），甚至在当地的社交界举办了华丽的出版庆祝派对。

不过不容否认，这些作品全是依照通俗的老套路迅速写就。鹤见祐辅本人具有丰富的教养和不凡的审美，并有细腻的感情。很难理解，这与他允许自己飞速写出那种粗糙作品的态度如何能在心中共存。即便说他心中有类似疯狂的东西，但似乎完全看不到这种痕迹。

或许他无论在什么地方，都是非常正常的人。

他是稳重顾家的人，是在母亲严厉地持续痛骂孩子时，会介入并阻止的温柔父亲。虽然是英俊、炫目的有名人士，但他并没有在外面惹来男女关系方面的风言风语。

祐辅父亲（鹤见良宪）的性格似乎有激烈的一面。不到二十岁的时候，为了和喜欢的姑娘在一起，他断然卖掉备中黑岛（今冈山县高梁市）的士族身份，前往北海道当屯田兵。在增产兴业的时代，他返回日本内地[1]，在群马县新街区担任纺织公司的厂长，祐辅就是在那里出生。当时，父亲被当地人奉承地叫作"官大人"，在家庭之外也被女性围绕。后来，他又从那里离开，在小田原窘困地去世，留下的孩子四散各处。祐辅把离散的家人聚集在一起，之后站住脚跟，因此对肆意的生活方式的克制及警戒，一直在他心中发挥作用。

后藤新平虽然把女婿鹤见祐辅当作年轻的"左膀右臂"来重用，但一直采用"亲兵更要待遇差"（自己的孩子反而要更差地对待）的做法，在其仕途上一直给予冷遇。这是当权者自己在远离腐败上的见识。不过，当时的祐辅似乎有不满的表现，在家里说"我们家老爷子把自己想象得真是伟大啊"。这种想法或许也推动了他放弃公务员之途，开始向政治家领域进军的决心。

1924 年（大正十三年）5 月，鹤见祐辅首次参加众议院选举，作为冈山七区（真庭郡、久米郡）的候选人，打出了"为了新自由主义"的口号，但是落败了。冈山县虽然是父亲的故乡，但冈山七区的真庭郡、久米郡距离父祖的出生地备中街区很远。向政

1　日本的内地，相对于冲绳、北海道，指的是本州；相对于后来的朝鲜等殖民地，则指代相当于目前日本领土的区域。

界的转身，就这样暂时以失利告终。

不过，在接下来的 6 月，另一个好机会到来。

美国《1924 年移民法》生效，实质上全面禁止了日本向其移民。祐辅受邀在马萨诸塞州威廉姆斯学院召开的演讲上对此问题发表演讲。接下来，纽约的哥伦比亚大学也发来演讲邀请。祐辅抵达美国后，在最初的威廉姆斯学院的演讲受到好评，于是更多的演讲邀请蜂拥而至。结果，从 1924 年 8 月到第二年 11 月，祐辅在近一年四个月的时间内，向全美各地的听众开展"公共外交"，呼吁以符合"国际正义"的方式解决世界性人口问题。

祐辅用英语做的演讲气度不凡又幽默，广受好评。他瞬间成为美国社会中最著名的日本人，之后也每年进行演讲旅行。

不过，他仍想作为政治家立于日本的国会议事堂。1926 年，祐辅仍在冈山七区参选，在众议院候补议员选举中获胜，但再次落选正式议员。不管在新闻界多么有名，在以日本农村为背景的选举中仍然困难。此后，待在日本的时候，他更加认真地不断前往冈山游说。最终，1928 年（昭和三年）2 月，祐辅将选区改到冈山一区，首次当选众议院议员。他在第一次普选的总选举中，以最高票当选。然而，听闻消息后的后藤新平喃喃地说，"最高票不太好啊"。这是作为知道政界这一行危险的人的见识吧。

此后，鹤见祐辅虽然是光鲜亮丽的名人，但在选举中仍然持续着苦战。

这里提前列出鹤见祐辅此后全部选举的成绩：

1930 年（昭和五年）众议院选举，同样在冈山一区参选，落选。此时，因为后藤新平去世（1929 年 4 月）后不久的"明政会事件"[1]这一政局交往的受贿嫌疑,祐辅受流言牵连,竞选形势不利。后藤新平对上次选举结果留下的担忧成为事实。

1936年（昭和十一年）众议院选举,转移到有后藤新平遗产的岩手二区,当选。加入民政党。此后,1937年（昭和十二年）、1942年（昭和十七年）共三次连续在同一选区当选。

战后,被开除公职,1950年（昭和二十五年）被解除公职限制。1952年（昭和二十七年）众议院选举,仍在岩手二区参选,但落败。

1953年（昭和二十八年）参加参议院全国区选举,当选。

1959年（昭和三十四年）参议院选举,在岩手地方区参选,落败。

——以上,自1924年以后的三十五年间参加选举共十次。其中当选五次,落选五次。此外,参选区域也多次转移,共计五处区域。其中,1940年（昭和十五年）米内光政内阁时期,鹤见祐辅担任内务省政务次官,但这届内阁短命,仅持续半年。战后1954年（昭和二十九年）鸠山一郎内阁时期,祐辅成为厚生大臣,但仅一个半月后,鸠山首相就使出了"天音解散"[2]这一招,祐辅只得离开这一职位。换句话说,祐辅作为职业政治家的功绩几乎为零,以"笨手笨脚偏爱做"（鹤见和子语）而告终。

对于幼小的鹤见俊辅来说,最初的记忆是什么呢？如果是

---

1 1929年4月后藤新平去世。1930年初,创立明政会并对其有巨大影响力的鹤见祐辅被指控通过弟弟鹤见定雄收受贿赂,以在国会中反对弹劾田中内阁的提案。初审判处鹤见定雄有罪,二审宣布无罪。

2 1955年1月24日内阁总理大臣鸠山一郎解散众议院的俗称。在问及为何当日解散时,鸠山称"因为听到上天的声音",因而有此称呼。

关于书的话，在还不认字的时候，家里有本英语书《姜饼男孩》，男子离开住处的画面留在了他的记忆中。

宫尾重男的《团子串助漫游记》（大日本雄辩会讲谈社出版）出现在 1925 年（大正十四年），俊辅此时三岁。一开始可能是让人读给自己听，不过书上有画，也标有读音，因此很快就自己看了。俊辅反复阅读，把封面都看掉了，过些天，他反而觉得印象模糊了，就在地上挖个洞，把书埋进去试试。等到想以新鲜的心情阅读时，他挖出来一看，书已经湿了，还有蚂蚁在爬，觉得悲惨极了。不过，俊辅还是把书放在日光下晒干，之后再次读起来。

他还记得自己给国旗日章旗别上黑纱那天。那应该是大正天皇去世的 1926 年（大正十五年）12 月 25 日。

在外祖父后藤新平的家里，每天都有客人来拜访。

每天早上很早的时候，一定有一个人乘着黑色的大型汽车前来。男子留着小胡子，戴着蝴蝶领结，瘦瘦的，看上去已经是老人了。府内的书生暗地叫他"星星"。这位应该是星一（星制药的创始人）。大概是利用会面的机会，他放了很多自己公司的产品，鹤见一家生活的南庄的洗漱间也摆了各种各样的药品，连便秘药、治疗腹泻的药、胃药、香皂都有。

星一在后藤新平担任台湾民政长官时期被提拔，靠着吗啡的国产化获得成功。不过此时，在加藤高明内阁之下，他反过来因违反台湾鸦片禁令而被问责、严厉批评，其公司也如风前之烛。已经辞去公职的后藤也没有搭救之术。不过，星一一旦说起药品就停不下来，如今仍每天早上拜访后藤说个不停。

到了 1927 年（昭和二年）12 月，在这座西式建筑的二楼待客间，

父亲鹤见祐辅及其兄弟姐妹。1925 年于轻井泽别墅的院子里。后排左起依次为鹤见
祐辅、定雄（二弟）、良三（三弟）、宪（幼弟）。前排最右为广田敏子（大姐），中
央为矢崎千代（二姐），其左侧是女儿和子、妻子爱子及儿子俊辅

后藤新平的孩子们（静子、一藏、爱子）及其配偶、孙子外孙一个不落地被叫到这里。鹤见俊辅五岁了。姐姐和子对此记得很清楚。

"接下来爷爷要去苏联。还不知道能不能活着回来。这个给你们大家。"说完，外祖父把用笔写着"kairo之金，新平"的袋子交给每个人。

"kairo"是什么？因为是渡海前去，所以是"海路"吗？是寄托平安回来之祈祷的"回来"（kaero）吗？

当时，她只记住了那个场面的紧张气氛。外祖父新平已经因为脑出血而两度昏倒。复发的话，会很危险。特别是前往严寒的苏联，主治医师认为这几乎是胡来而阻止，但是外祖父最终带着主治医师一起踏上前往苏联的旅程。

kairo汉字写作"蕹露"，指的是降落在蕹叶上的露水。据说会立刻滑落，因此被用来指代生命的无常。不知道"蕹露之金"这种风俗是否普遍。较之死后分赠遗物，这反而更近于过奈何桥时的过路费，可以说是一种惜别的仪式吧。

田中清次郎在这次前往苏联的旅程中，仍担任首席随行。

不过，在后藤新平和田中义一首相商议这次莫斯科之行的计划时，田中首相提议，可否让与其亲密的政治商人久原房之助（久原矿业创始人）同行。后藤轻快答应。

但是，后来知道此事的田中清次郎说久原既是实业家，也是资本家，表示强烈反对，"必须要断然拒绝"。如果说起出身，田中自己也曾是三井物产的长崎、香港分部部长，在满铁创立（1906）时，副总裁中村是公向总裁后藤新平推荐，将其提拔为满铁理事。因此，田中对国际商人的盘算很敏感。此时，他对久原同行一事的反对特别强硬，亲自前往田中首相处直接谈判数次后，最终使其撤回这一安排。结果，久原放弃与后藤新平一行人同行，却又几乎在同一时期另行访苏。

在此阶段，我们知道的事情就只有这些。不过，参考21世纪以后的新研究，如驮场裕司的《日本海军获得北桦太油田权益的工作》等，就会发现田中清次郎当时的判断似乎极其正确。因为这个时期，在日本军队解除保障北桦太的占领（1925）后，久原房之助围绕确保该地的石油权益之事，加强积极行动。特别是1926年成立的北桦太石油股份公司，自其前身北辰会以来，就是由久原房之助带领的久原矿业与日本海军合作，担任核心成员而推进的事业。后藤新平一行在莫斯科与预定的苏联要员进行的会谈，带有在西伯利亚干涉战争，以及与其相关的为保障北桦太地区而进行的占领行动结束后，协商两国今后合作方式的性质。从久原的立场出发，他肯定想在该决策中插一手。

正因如此，看透这种心思，在它尚未出现的时候就切断祸根的田中清次郎，实在是慧眼之士。另外，也可以说，正是因为拥有提拔这种人物的眼力，后藤新平才成为后藤新平。只要看起来有意思，无论是谁他都会亲切地接见。后藤对人的旺盛的好奇心培养了这种观察能力。

顺便说，如前文所述，1909年伊藤博文于哈尔滨火车站站台被安重根暗杀时，田中清次郎作为满铁理事随行，也受到枪击，脚跟负伤。

不过，后来被问到"在您目前为止遇见的所有人中，包括日本人，谁最伟大？"时，他立刻回答道，"是安重根"。接着，他又加了一句"虽然很遗憾"。（提问者是安藤丰禄，当时任职于在殖民地朝鲜开展企业活动的小野田水泥公司，战后不久成为该公司的总经理。）

根据田中的回忆，哈尔滨火车站事件发生时，他听到枪声后回头，看到倒地的伊藤旁边站着安重根。面对要扑过去的俄国士兵和警察，那位男子把手里的手枪高高举起，用姿势表明枪内仍有一发子弹，以唤起对方的注意。

另外，此次陪同后藤新平苏联之行后，田中清次郎被古巢的三井物产叫回去，重新担任商社管理人员。但后来，松冈洋右就任满铁总裁（1935），断然大规模地扩大满铁调查部，再次热情邀请回田中。新职位是副总裁待遇的调查部部长。田中此时已经过了六十五岁。

虽然由作为"枢轴外交"主心骨的松冈洋右总裁请来，但是田中清次郎始终对这一外交路线持严厉批评的态度，谋求扩充调查部人员。其中尤为特殊的是作为调查部最高顾问而招入满铁东京支社的尾崎秀实。

结果，尾崎因佐尔格事件引起的间谍嫌疑被捕（1941年10月），田中清次郎引咎辞去了满铁调查部部长一职。之后，调查部内多人相继被捕（满铁调查部事件），这一组织实质上走向了消亡。

关于后藤新平与尾崎秀实一家的关联，可以追溯到1901年（明治三十四年）后藤担任台湾民政长官时期。这一年，秀实的父亲尾崎秀真被聘为后藤创刊的《台湾日日新报》汉文栏目主笔。被家人带往台湾的秀实，此时只是刚出生五个月的婴儿。不过，在台湾这片土地上的成长，无疑培养了他作为记者的面向亚洲的视野。对日本殖民地统治，乃至对东亚近代史的概观，也都能在这种错综复杂的家族史上把握。

总之，1927年（昭和二年）冬，后藤新平一行人的莫斯科访问要具体协商的事项有以下三点：

第一，在中国问题上与苏联达成一致。

第二，对于日本人及朝鲜人向苏联东部沿海州移民一事达成一致。

第三，因田中首相委托而新增的，即解决日苏之间的渔业问题。

从日本出发是在该年12月7日。他们乘船从神户前往大连，又从大连乘火车至哈尔滨，于同月12日抵达。次日傍晚，在哈尔滨官民的欢迎宴会上，后藤新平虽然喉咙疼，但还是发表了追悼伊藤博文的演讲。

14日夜，一行人从哈尔滨火车站出发。铁路横穿广阔的西伯利亚，于22日晚8点抵达莫斯科。

同月26日正午，后藤新平在莫斯科西郊的修道院墓地拜扫越飞的墓。前些年受自己邀请到日本并进行交涉的苏联远东代表越飞属于托洛茨基派，此后在政治斗争中下台，又受病痛折磨，这一年11月17日在家中用手枪自杀。在寒风中，后藤新平摘下帽子，脱去外套，向着崭新的墓碑鞠了一躬。

过完年后，后藤新平分别在1928年1月7日、14日与苏联最高领导人、苏共总书记斯大林会面。

作为翻译而陪同的八杉贞利留有证言：

"秘书坐在旁边。（后藤）伯爵被安排坐在桌子的正面，我坐在旁边。刚才带路的人走到门入口后就回去了。在一侧待着的是别的人。斯大林的衣服是常规的那种军装似的服装，就像照片中看到的那种对襟衣服。

"至于他谈话的态度，我将伯爵说的话翻译传达过去后，老是没有回应。他稍微考虑之后再断断续续地回答。不是舌灿莲花或者精力充沛的一类人。如果用日语说法来说，那种说话方式就叫絮絮叨叨，而不是在人潮面前进行演讲的人的风格。本来，我也不知道他是不是厉害的演讲家。我听过两三次契切林（外务人民委员，相当于外交部长）讲话，他是演讲家。

"前后两次会见中，第一次在中国问题上花了很长的时间，大概有三十分钟。第二次以所谓的渔业条约问题为主，在事务性的谈话中，花了五分钟或者十分钟就结束了。两次的印象没有变化。

"总之不是一个讲话很干脆，而是带点阴险感觉的人，作为个人来看，那次会面完全不会让人感觉到他是伟人。他脸色青黑，是非常不显风采的瘦弱男子。虽然现在听人说稍微胖了……不管怎么说，不是照片中看到的那种堂堂的印象。"

在和斯大林的会面中，后藤新平被问到如何看待张作霖，他回答说："去年（确切地说是1925年）于奉天会见张作霖，论及不可向北京扩张，然其时已晚。"

之后接着说："余思张作霖之政权已不长久。然倒彼而代之者仍需同种之人。勿论，吾人早望中国出现一稳固政权，与之交涉，然近未来无此希望。"

而在第二次会面时，后藤询问斯大林如何看待张作霖。

斯大林这样回答："他不理解世界之大势，一直行反动政策。然而亦是一种爱国者。"

接着说，"他有统一中国之志，因此或在日苏之间，或在日英之间，或在苏美之间行欺瞒政策。然这并非为强化自己一身，仍是一种爱国心。他恐惧冯玉祥。他担心苏联会帮助后者。"

日本报纸在号外中报道张作霖乘坐的火车被炸毁，是在距此不到五个月的1928年（昭和三年）6月4日。当后藤新平的几个书生打开报纸，众口说着"是日本人干的"，同月六周岁的鹤见俊辅刚好在场。不久，张作霖被报道死亡。实际上，爆炸后不久他就去世了。

幼小的俊辅心中对"日本人"是什么还不是很清楚。不过，他深刻记住那是这样杀人、做坏事的人。

不过，在此也可以管窥到后藤新平这位政治家不可估测的能力。

1923年（大正十二年），他亲自邀请越飞来日，尝试解决西伯利亚干涉战争这一自身的政治性失败。在此，他设想的解决方向是建立日苏之间的邦交，于两年后的1925年年初缔结的《日苏基本条约》实现了这一目的。

不过，在中国各军阀势力争斗的持续混乱局面之下，他当初设想的"新旧大陆对峙"这个构建远东和平的基础无法形成。

因此，1925 年春，他为了请求张作霖克制而前往中国东北与其会面。

然而，政治中总有自己必须放弃的时刻。从 1927 年年末至 1928 年年初，他主动前往冬季的莫斯科会见斯大林。当时后藤已经因脑出血昏倒两次，这趟旅程是被视作生命最终阶段的长旅。旧大陆要实现安定局面，日苏中三国间的合作不可或缺，但现在的中国没有政治中心，因此必须日苏之间先团结合作，完成促使中国参加的姿态。为此他前去劝说斯大林。另一方面，他也催促苏联参加鹤见祐辅等参与的"太平洋会议"。在此，对于过去自己向伊藤博文提出的"新旧大陆对峙论"，后藤显现出根据每时每刻的现实状况不断更新的态度。

接着，张作霖死了。

这样，政治这种东西运行了。而在此之中，可以看到伊藤和后藤两个清晰的身影的重叠。

翌年，即 1929 年（昭和四年）春，后藤新平前去位于四谷的宅邸，拜访竹马之友斋藤实，说："我已经没什么希望了，所以如果您得拜大命，一定要鞠躬尽瘁，将此列入重要国策之中并实现它。"

随后，他向斋藤展示了写在纸上的关于"电力、保险、酒类"三项国营的方案。

这次他不似平日的豪爽气度，而是用沉寂且内心没有底的语气说话。在门口告别后，他那相当不自由的步态映在斋藤的眼中。

同年 4 月 3 日夜，后藤新平为了在冈山的演讲，从东京火车站乘坐夜行火车的一等卧铺出发。随行有秘书小野法顺、书生飞田金次郎。小野坐的是旁边的二等卧铺车厢，飞田坐在后藤伯爵卧铺对面的座椅上照顾。

第二天早上7点多，火车到达米原站附近，后藤新平想走到包厢外面去时，突发第三次脑出血倒地。他在京都站被抬下，住进鸭川河畔的京都府立医科大学附属医院。虽然意识恢复，但是暂时失去了语言能力及手足活动的能力。同月12日夜，后藤陷入病危状态。第二天早上5点半，七十一周岁的后藤停止呼吸。

其遗骸被运至东京，同月16日于青山殡仪馆举行葬礼，葬于青山墓园亡妻和子的墓旁。

四十九天的法事结束后，河崎纪美和两个幼子也从后藤府内的小家离开了。

后藤新平一生中过着几乎与积累财富无缘的生活。围绕着事业或选举，各式各样的人在他身边进进出出，屡屡有大规模的金钱流动。内务大臣时代的部下正力松太郎（原警视厅警务部部长）想收购《读卖新闻》，向他商量能不能借十万日元，后藤同意此事，告诉正力两周后来取，之后就将钱给了他（1924）。不过，后藤去世后，长子一藏才从正力那里得知，那是用麻布区府邸的土地抵押借的钱。

在乡里水泽，后藤新平出生的家庭，在那个小藩的全部家臣中，属于前四分之一的小姓头这一级别。至于家境，一家通常吃的大概是粟米饭，如果加上一片用盐腌的鲑鱼，就是最好的美味了。衣服是棉制土布做的，没有炭，只能靠厨房的残火、房间内用的烧菜籽油的灯笼取暖。

新平的祖父、父亲都是有学识的人士。父亲节俭地开了一家私塾。天亮起床后，他就早早地前往私塾内早读。在这种生活中，少年时期的后藤新平赶上了明治维新。随之颁布的是"定居归农"这一法令。家臣面临选择，要么移居北海道，保留士籍，要么留在故土，归于农户。父亲后藤实崇选择留下，并落至平民地位。

虽然过的是清苦的生活，但是有来自武士身份的天生的自尊心支撑。不过，后藤回顾时也说到，迅速失去佩刀权之后，与商人、百姓为伍，让他感受到极强的落魄之痛。

据说被家人责备胡乱借钱给他人时，后藤突然正色地说道："怎么了？既然回到了原来的水泽百姓身份，钱什么都无所谓了。"这番激烈言辞指的是失去武士身份的事情。将那视作自己的原点，些许金钱的进出就不值得担忧。在保存那种地方的记忆这一点上，存在后藤这个人的优点。因为有了那种经历，在废刀令（1876 年 / 明治九年）颁布后，他也能做出不失望、不狼狈的姿态。

关于麻布的府邸土地，1918 年（大正七年）3 月 8 日，时任寺内内阁内务大臣的后藤新平在议会面对众议员（宪政会的田中善立）的提问详答如下：

　　我想多说一点，希望能占用议会几分钟时间。我成为一级选举民（在当时的限制选举制度下，市议会议员选举中，参选人根据纳税额而有一级、二级之别），是因为在麻布区有两万三千平方米的土地。这个宅子是什么时候花了多少钱买下来的呢？是我在明治二十八年买的。至于花了多少钱大家都很清楚。明治二十八年是我因为相马事件连坐后出狱的那年。在那个时候，各地同情之人皆一起尽力助我一臂之力。（……）即最初在麻布新网街区中的土地，花了三千二百日元购买（长女爱子就是 1895 年 7 月出生在新网街区的这座房子里）。这相当清楚了。我是托阿川光裕（安场保和担任胆泽县大参事时，作为史生负责后藤的教育，曾用名冈田俊三郎）的照顾而买的。——这下可以了吧。还需要再稍微说一下吗？（有人喊着"洗耳恭听"）之后，在登记所说那可以卖所谓三千万日元。之后，现在所有的两万三千平方米土地，即六千六百平和一万六千多平中，一万六千多平是在 1928 年以一万日元的价格买的。最初是安场保和买的，因此也就是他直接转给我了。当时的一万日元等于今天的也就三十五万日元，大家也很清楚。

这也就是靠造物主的力量得到的。

换句话说，在旧江户市内，麻布区属于偏僻之处，到明治中期还没有开发，土地便宜。明治后半期以后，那里的地价不断升高，变成如今这样高价的土地是神才知道的事情。最初一万日元买入的土地，现在成为"三十五万日元"，之后继续升值，在他去世后，据正力松太郎说卖到了"五十万日元"。即便如此，仍有五万日元的借款未还完。

继承人一藏通过出售这片广阔的土地来整理资产时，立下的方针是仅将数处土地分割留给后人，确保各自的住处。留给妹妹鹤见爱子的是樱田街区 38 号地，也就是后藤府主屋东北侧一角被视作"花田"的高台。另一方面，一藏一家继承了三轩家街区 53 号地，也就是南庄的土地。剩余的大部分土地被一起卖掉，不过当时已经是世界经济危机逼近的时期，并没有立刻找到买主，暂时租给了德川义亲侯爵。不久，日本和伪满洲国建立联系，此处被卖掉，变成了伪满洲国大使馆。战后，这里成为中华民国大使馆，之后又由现在的中华人民共和国大使馆继承。

至于同河崎纪美一起生的清、小五郎，后藤新平提前就给幼年的他们留下可供生活的资本。他去世后，这部分被放到信托之中，收益供河崎一家生活。

此外，新平在面向叶山海岸的地方准备了一处别墅，以供纪美一家生活。不过，纪美考虑到孩子们上学，觉得现在还不能在湘南过着隐逸生活，就暂时在三田纲街区（今港区三田街区二段）租房生活。不久，她委托一位信赖的人将叶山的别墅卖掉，反在东京郊外的杉并街区（今杉并区）阿佐谷购买土地新建房屋。

在祐辅于 1928 年总选举中首次当选后，鹤见祐辅一家暂时离开后藤新平府邸，搬到了麹町区（今千代田区）元园街区。这时，次女章子也出生了。

"鹤见夫人感叹说，并不知道政治家的妻子如此辛苦。在狭窄的家里，夜里有大批政治家前来，要把已经睡着的孩子叫起来，空出房间来接待。"（北冈寿逸《回忆鹤见祐辅先生》）

1929 年（昭和四年）4 月，长女和子升小学五年级，从成城小学转到青山区的女子学习院。这个时候，鹤见家又搬到了目白区。

和子入学的时候，成城小学在牛込区。不过，之后它搬到了郊外的砧村（今世田谷区），从目白区的家里前去上学，以小孩的体力来说负担太大，所以不得不选择转校。

作为大正自由主义教育的中心人物之一，泽柳政太郎广为人知。由其创立（1917）的成城小学既不奉读《教育敕语》，也不齐唱《君之代》，自然也没有仪式，甚至和子连御真影都没有见过。[1] 而且，泽柳也在太平洋会议中，担任学会成立之初的日本代表。这个会议的举办方为太平洋国际学会，它被鹤见祐辅作为国际非政府组织而发展。

和子转到女子学习院后不久，就到了天长节[2]（4月29日）。前一天，父亲祐辅问她明天要不要去轻井泽的别墅，和子回答说"去呀"。于是母亲爱子便让她带去写了这个事情的请假条。这样，爱子就没去参加学校的仪式，而是一家人去了轻井泽。

后来，这件事情在学校成为问题，和子被说成"不忠之臣"。老师要她道歉，和子却问为什么，因此母亲爱子被叫到学校去。她也是学习院女学部（女子学习院前身）毕业的。

之后和子问事情怎么样时，母亲平和地说："说起来很多，

1　《教育敕语》是1890年明治政府颁布的教育文件，内容是强调道德教育，以纠正当时过于偏重欧美的状况，但随后被提升到绝对神圣化程度，要求学生强制背诵，其国家主义、强调忠孝等内容都助长了军国主义；《君之代》是日本国歌；"御真影"是天皇的照片或画像，当时仍宣传天皇是神的后代，因此以这个词指代。

2　庆祝天皇生日的节日，此时是昭和天皇在位，因此是4月29日。

不过我说我们家孩子没有学过没觉得自己做错事就道歉啊。"

到了暑假，许多老师要求她道歉的信还是寄到和子家中。因为母亲没有回应的意思，和子就放弃了，自己写了"是我错了"的道歉信，并盖上印章后交给学校。之后，她以优等生毕业。

在和子日后的判断中，母亲很伟大，在这件事情上，母亲比父亲更有勇气。

另一方面，弟弟鹤见俊辅这年春天进入东京高等师范学校附属小学。学校在小石川区大塚窪街区（今文京区大塚街区三段）。为了进行实验性授课并能够对比，学校在编制上分成只有男孩的学校与男女混合学校，俊辅属于混合学校。在班里的男女生之中，他体重最轻。同班亲密的朋友有岛中鹏二（后来的中央公论社总经理）、永井道雄（后来的教育社会学者、文部大臣）等。这个班级人很多，是男生女生各二十一名的四十二人的班级，一直到六年级都没有换人，班主任川岛次郎老师也一直负责。

同级不同班的人中，还有中井英夫（后来成为作家）。

校长是四十多岁的佐佐木秀一老师，他在每天早会上的讲话非常短。

列队好的全校八百名师生都戴着三角帽，毛线穗子从帽子的侧面垂下。一、二年级学生是红色的穗子，三年级以上是白色的。

"在这所学校，如果发现红色穗子和白色穗子在打架，我觉得不管原因为何，也是白色穗子做得不对。"

有时他只说一句"今天天气很好啊"，就从讲台上下去了。

有时也会说"我看休息时间，大家玩的战争游戏太多了"。

上：1929 年 4 月，俊辅进入东京高等师范学校附属小学就读。校服中的三角帽带有标志，其中一、二年级的是红色毛线做的穗子

下：1931 年 3 月，小学二年级学期末最前排左起第二人是鹤见俊辅，第四人是岛中鹏二，第五人是永井道雄。最后排右侧是班主任川岛次郎老师。在邻接校园的占春园落英池附近拍摄

这是一位在操场等处擦肩而过，会叫出每个人的名字并打招呼的老师。

这个时期，鹤见俊辅想到自己会死这件事，害怕得要命。等到秋天，他家又搬到了上大崎街区，因此要和附近的同学一起乘坐省线电车回家。电车接近目黑站时，鹤见决心打开心扉："我每天都在想，睡着了会不会就是死了，害怕得不得了。"这句话一说出口，他的体温瞬间升高，脉搏也加快跳动，很难忍受。不过，这位朋友只是回应说"哎哎"，就结束了。接着，两人在目黑站下车，各自回家。鹤见心中生出一种不该随意信任他人的后悔之意，决心此后再也不向别人打开心扉。

1930 年（昭和五年）10 月，大连星浦公园中竖立了担任首任满铁总裁的后藤新平的铜像，为了参加揭幕式，后人代表也前去那里。从人员构成上，我们也可以看到这个家族内部类似排位的东西。

继承伯爵爵位的是长子一藏，但是他并未带着妻子，只带了七周岁的长女。相反，与其相伴的是妹妹鹤见爱子及其长女和子、长子俊辅（鹤见祐辅在美国出差）。

也就是说，在这个家族中，得到新平深厚信赖并支撑他的是长女爱子，哥哥一藏接受这一点，通常都退让一步。因此，爱子的长女和子、长子俊辅在后藤一族中，也一直"耍威风"。

祐辅、爱子夫妇共有四个孩子。和子（1918 年生）、俊辅（1922 年生）、章子（1928 年生）、直辅（1933 年生）——四人之中受到家族特殊对待的只有长女和子及长子俊辅。兄弟姐妹之间好像也会说出"长子、长女，其余是垃圾"之类非常自嘲的俏皮话。

总之，一行五人（一藏、爱子及孩子们）启程参加在大连举行的后藤新平铜像揭幕式时，先乘关釜渡轮抵达朝鲜釜山，再从那里乘坐朝鲜总督府铁路（鲜铁）的火车顺路抵达京城，首先拜访了朝鲜总督府。因为那里有连任朝鲜总督的"斋藤叔叔"，即马上要迎来七十二周岁的斋藤实。在那所拥有壮美穹顶的建筑大厅里，他想必眼中噙泪地慈祥地迎接着这一行人。

他们从这里再乘坐火车穿过鸭绿江铁桥，进入中国东北。一行人上层日本人的模样，正是膨胀的大日本帝国的完美展现。

虽然是在奉天附近的活动，他们乘坐的汽车仍由持有武器的士兵围着。这时，俊辅已经知道了"日本人"就是自己。因为学校就是教导这些的地方。这位少年觉得，张作霖被杀，那么张学良的士兵憎恶自己这些日本人是自然而然之事。

另一方面，次女鹤见章子此时两周岁，大概是放在舅舅一藏暂时不在的房子那里。过了近八十年后，她仍能回忆起当时的情景：

"我懂事的时候，后藤新平府内叫作南庄的建筑物中的宽敞厨房是我的城堡。

"沿着厨房东侧的台阶爬上四五级后，有一间用人住的四张草垫[1]大小、没有包边的铺席房间。我和用人花子在那里快

---

[1] 日本在屋里铺设草垫，即"榻榻米"作为地板。它有固定形状和大小，因此可用张数来计量房间面积大小。不同区域内的大小有轻微差别，常见的有 1.45 平方米、1.54 平方米、1.62 平方米、1.82 平方米等，因此此处无法确切换算。东京等东部多用 1.54 平方米的，京都、大阪等西部要更大一些。

乐地生活。我的必需品全都在这间屋里。我的天地就是宽敞的厨房，以及从出入口出去后所在的井边。平日接触的是花子、照顾姐姐的穗、照顾哥哥的光三人。我不记得见过父母、姐姐、哥哥。不可思议的是，穗的长相我现在都还能清楚地记起。（……）

"虽然到现在也不清楚是为什么，不过我当时不能到'里面'去，而是和花子生活在用人的房间。里面似乎有父母、哥哥、姐姐，但我只知道南庄的厨房及用人房间。哥哥告诉我，南庄特别大。"

这位女士到老了，遇到他们的时候，还管和子叫"姐姐大人"，管哥哥俊辅叫"哥哥大人"。

鹤见一家频繁地东搬西迁，似乎也与父亲祐辅的选举结果所致的沉浮有关。他们在青山南街区、麻布区笄街区也住过。

俊辅上学时，要乘市铁或省铁多次换乘。回来的时候，他会和朋友一起绕远路之类的，特意花很长时间回家。这样做也是为了躲避在家里等待的母亲的严厉教育与几乎过剩的感情，以得到片刻休息。

小学三年级左右，俊辅和附近的中学生开始组团偷东西。母亲的教育方针是不让孩子有多余的钱，因此俊辅希望能有自由使用的零钱。同伙中有很多都是这种家教严格的家庭的孩子，也有人出自军人之家。

某天，从学校回家的时候，他特意当着同年级学生的面从车站的小卖部偷糖果，让对方看到并告诉班主任。因为这件事，他在班级内被孤立，休息的时候也只能在校园角落一个人度过。

作为社会关注的名人家庭的少爷，鹤见俊辅经常出现在少年杂志、妇女杂志上。这是登载在《日本少年》上的照片

这种状态持续了整整一个学期。

四年级后，他被高年级学生叫出去，要惩罚他。不过，新当选为班级委员的同级学生中，有一个为他说话的朋友，这时站在稍远的地方一直看着他们。高年级学生注意到后就离开了。这位新的班委就是永井道雄。

不过，俊辅多次欺负这位朋友，还把他弄哭。虽然对他的感谢之念清楚地留在心中，但他还是做了那些事情。

俊辅和岛中鹏二在文艺方面有共同的兴趣。两人每天蹲在校园一角，头挨着头长时间聊着《贞操问答》《朝日之铠》《阿传地狱》之类的报纸连载小说，有种秘密结社的感觉。到了高年级以后，学生间流行起办内部传阅杂志，他们班也出了四种。岛中主编《旭日》，不过也向俊辅的杂志投了中篇小说《怪盗X团》。

到了这个时候，顺路去神田的古书店街看两个小时左右的书，成为俊辅放学路上的新增乐趣。特别是在神保街区一角的严松堂店，他感觉自己站在世界最大的知识宝库面前。

负责班级的川岛老师，鼓励学生自己组成团体并举办活动。因此俊辅提出"读书会"这一提案，但老师有点为难的样子，说"读书会"这个名字不太好云云。虽然这是很简单的小事，但是俊辅一直到后来才意识到，"读书会"是旧制高中"RS"（Reading Society）的替换词，被认为是学习共产主义的组织。小学五年级，也即 1933 年（昭和八年），日本已经进入连小学生团体的遣词造句都要小心的时代。（这是亲戚佐野学在狱中以共产党干部的身份发表转向声明，日本的共产主义运动开始瓦解的时期。）

1934 年（昭和九年）秋，在过去后藤府邸一角，即有花田的樱田街区 38 号，新房建好，一家人回到这里居住。前一年，幼弟直辅出生。按照俊辅的计算，这个时候鹤见一家已经搬十次家了。

第三节　爱欲与国家

首次参选众议员而落败，是父亲鹤见祐辅的失意时期，但偶然自美国发来了演讲邀请。以此为契机，1924 年（大正十三年），他开始了在全美各处的演讲旅行，与反对"排日移民法案"这一明确主张联系在一起，瞬间为其建立起荣耀四射的形象。

"排日移民法案"此时在美国国会通过的背后，是 20 世纪初期以来，日本向美国西海岸的移民数量激增的事实。在明治维新以后的半个多世纪中，日本国内人口几乎翻了一倍，这个现实加速了海外移民的增长。正因如此，后藤新平心中一直抱有一个计划，即日苏建立邦交后，将苏联沿海州作为日本的移民地。

对于如何解决日本的人口增长问题，鹤见祐辅在美国的演讲中，提出了以下措施并加以论证：获得新的领土、移民、海外贸易、通过国内法律缓解贫富差距、计划生育……

从中他推论出，要解决这种人口问题只能依靠"外交"一途，否则就是敲响了违反"国际性正义"的警钟。他向美国社会的有识人士呼吁，"解决世界人口问题的方法，必须在持续垄断世界利益的白种人的自省中寻找"，煽起了演讲的气氛。

作为政治家，后藤新平与鹤见祐辅之间的巨大差别，除了经历与地位不同，还有一点是，后藤是不依靠"选举"的政治家。后藤从医疗业开始其从政生涯，不久通过担任台湾民政长官，展现出作为政策通才的才能，此后开始向铁路、内政、外交等擅长的领域扩展。而且，他很早就成为敕选议员，获得了贵族院中的永久席位，无须为此烦恼。

无须参加"选举"，在发表政论时就不用说伪善言论。换句话说，他不必说那些难以实现的冠冕堂皇的话语。在他那里，好的政治是什么呢？直截了当地说，就是把实现更少人受苦受难的社会作为政策方向而作出判断。

在必要的时候与谈判对象直接会面并谈判，是政治家后藤的基本风格。如此，在谈判之中，就需要立刻对有谈判可能和没有可能的事项进行区分。比如，在访苏谈判时，斯大林政权的外务负责人加拉罕对后藤提出的日本人、朝鲜人向苏联沿海州移民的方案不感兴趣。因此，判断接受这一现实、着手实现下个计划这些后藤做起来都很迅速。

对于面向大众的传媒走向成熟的趋势，后藤并非不关心。比如，他喜欢把自己的演讲刻录下来并分发下去。更重要的是，以时髦照片频频亮相于报纸上的后藤自身，就是勃兴初期的媒体社会的符号。不过，他被记录下来的口才，与模式化的雄辩术相距甚远，只是带有东北方言的本真的"讲话"而已。可能在他的想象之中，这些录音盘应该在各家的客厅之类的地方播放。换句话说，他的政治行动的基本形态仍是面谈。

另一方面，鹤见祐辅可以说是"选举"成为政治的时代的宠儿。从一高时代开始他就进入辩论部，打磨演说技巧，以备作为政治家未来立世之需。他甚至热心地要把这种演讲的技巧传给儿子。（长子俊辅在小学四年级的文娱节中，讲述胜海舟作为"咸临丸"船长前往美国的场面时，一边将右手大弧度向下挥动，一边说"大风暴来了"。这让高年级学生觉得"那家伙很狂啊"，成为他被欺负的肇端。）

不管是用英语还是用日语，鹤见祐辅都很擅长一边持续舌灿莲花地演讲，一边自如地控制现场气氛，或是让全场密密麻麻的听众哄然振奋，或是让他们回归沉郁的安静。在选举战中，可供依靠的也是这种口才之力。他自己大概也迷上了这样抓住听众时的喜悦和陶醉。

正因如此，鹤见祐辅所说的政治语言，与日常语言稍微不同，带有很多技巧性。它包括了方便讲演者的意义错误。他写的文章也是如此。比如，他在台上说"国际性正义"的时候，实际上是为了让人更舒服地接受类似"日本的国家利益"这种意思的一种手法。不过，在讲演者自己的意识中，也很难一直保持对此处所含伪善的自觉。

作为畅销书作家，而且在世界上有知音的名人，维持这种声望也是政治家祐辅的生命线。因为他在沟板选举[1]中存在弱势，

---

1 在选举中挨家拜访以寻求支持的俗语。在过去选举中，参选人走过各家门前小沟上的挡板以寻求支持，因此得名。

只能靠在大众化的媒体社会中，持续登上名声的舞台来弥补。此外，在著作中，他不断记录与世界各地名人的"会面"。在某些人看来，这也可以说是某种明星议员的先锋。

鹤见祐辅在家庭中极为奉行自由主义，富有知识和见地，性格温厚，感情细腻。不过，同一个人一旦作为政治家站在公众面前，那些特点就被作为技巧的语言替换，如同被稀释了一样。

在这个家庭中长大的长女和子、长子俊辅这些孩子的敏锐头脑，应该会更加清晰地感受到这种差别。因为他们在生活中，就是隔着餐厅的一面墙听着父亲与其他政治家在电话中的高谈阔论。

比如，1932年（昭和七年）8月，鹤见祐辅在数月的欧洲旅行途中，拜访了负责纳粹宣传的全国负责人戈培尔（之后他也想见希特勒，但未实现）。在该年夏天的大选中，纳粹党升为德国国会第一大党，马上就要掌握政权。总之，他们是吸引世界关注的"时代之子"。

不过，鹤见祐辅在这次旅行中也拜访了精神分析医生弗洛伊德、传记作家安德烈·莫洛亚、剧作家萧伯纳、昔日的革命家考茨基。其中，弗洛伊德、莫洛亚是犹太人，考茨基也处于被纳粹驱逐的地位。

自然，政治家并不一定只会见与其信条一致的人。在这一点上，祐辅熟悉世界上各种各样的潮流。不过，比起那些，更让人在意的是他想要和这些会面对象聊什么。然而，对此的记录一点都没留下。看起来，他只是为了展示自己在世界名人面前吃得开，而一味地追逐。

"我不接受别人的采访，所以……"

面对在治疗室兼书房中作势要离开的弗洛伊德，鹤见祐辅说道："不，我绝对不想让您困扰，因为我不会在报纸或杂志上写您。我仅仅是为了表达对伟人的敬意，而到您这里巡礼。"

通过这种巧妙的戏剧似的台词技巧，他牢固地抓住对方心理。然而，之后继续的只是东拉西扯的侃大山。

关于为何因为想见希特勒而在柏林停留长达十天，他这样写道："我是爱默生'一切伟大事物的实现都离不开热情'这句格言的信奉者。人生中不朽的大事业，都是喷涌的热情所生。批评希特勒的运动的学者及评论家，异口同声地认为他的政治纲领矛盾百出。但是，我的感觉是，希特勒打动德国大众的不是他有逻辑的政治纲领，而是他全身心的热情。然而，他为什么能够将自身的热情移植到一般大众身上呢？我想知道这一点。"

鹤见祐辅虽然性格稳重，作为政治家却无法摆脱焦躁。他的"新自由主义"宣传口号，也是某种硬要模糊现实主义与自由主义之间界限的话术，并随着日本政府的施政而不断修改。

北冈寿逸（1894年生）算是鹤见祐辅一高辩论部的后辈，也是他开放自家举办的"周二会"最初的成员。一直以来，他都很敬爱鹤见这位前辈，是其优秀的理解者，因此也是冷静的批评者。日后，他这样说道：

"一句话评价鹤见先生的政治生活，那就是他内心追寻高尚的理想，而身体追逐现实的政权。1934年（昭和九年），我因麻布区樱田街区38号地在建造新宅而前去拜访时，鹤见先生外出不在，夫人带我参观。因为书房、接待室乃至报社记者的会见室都有了，我就说'可以在这里组阁了'，夫人笑着说：'是啊。好像都已经在这间屋里宣读阁员名单呢。'游历世界各国、会见过众多国内外政治家、熟读古今历史、知悉政治表里的鹤见先生，似乎一辈子也没从大臣病、总理大臣病中脱身。"

1936 年（昭和十一年）2 月 26 日，就读初一的长子鹤见俊辅在大雪之中，前去目黑区柿本坂的学校（府立高级中学寻常科）上学时，得知了陆军部队发动政变、暗杀重臣的消息。广播尚未播报这件事，这一天应该都是口口相传的信息。

真是可怕的事情。

天明之前，外祖父后藤新平的总角之交、时任内大臣"斋藤叔叔"斋藤实，在位于四谷区仲街区三段（今新宿区若叶街区一段）的私宅被袭击，当场身亡。

父亲祐辅在六日前的众议院选举中，于岩手二区参选并当选，现在正在麻布区的家中。作为后藤新平的女婿、自由主义式的国际派政治家，他自然想到暗杀的枪口也会指向自己。片刻之后，他秘密留下遗书，写下自己的葬礼以禅宗的方式举办等安排。

去年春天，鹤见俊辅从东京高等师范学校附属小学毕业，但并没有直接进入该校的附属中学就读，反而硬是重新考试，进入七年制的府立高级中学寻常科（相当于初中）。鹤见俊辅自己也说从原来的学校中"被放了出来"。

在附属小学就读期间，鹤见俊辅因为身材矮，坐在教室最前面一排。上音乐课的时候，他便坐在最靠近三角钢琴的下面。

那里位于暗处，弹钢琴的老师看不到，鹤见利用这一点，把脚放在钢琴的背面，表演脚戏剧（将鞋看成人偶，并配上台词），把后面的学生逗笑。教音乐的井上武士老师注意到这个情景，转到钢琴背面要抓个现行，而鹤见完全没有注意到。生气的井上老师批评他说，"如果那么讨厌音乐的话，就不要来了"。接着，这个儿童就造反地说道，"那我之后就不来了"。音乐课的时间有六个小时，因此一到这个时间，他就擅自放学回去或者做别的。与井上老师的这种对立，一直顽固地持续到放弃升学到附属中学时。

鹤见的回忆中，六年级最后的考试成绩是"倒数第六"，如果是那样的话，在成绩前80%就能内部升学的东京高等师范学校附属小学中，这也是相当没希望的名次。顺便一提，这个时候的井上武士老师，以《大海》《大象》《郁金香》等小学音乐和童谣的作曲者而知名，也作为岩波文库《日本小学歌曲集》的编者之一而留下业绩。

总之，鹤见此时重新考试并考上的七年制府立高级中学（旧制的课程，中学五年、高中三年，此时改成寻常科四年、高等科三年，比通常短一年，即七年就能毕业），入学考试更是汇集优秀学生的难关考试。看起来，似乎是他反抗而交了白卷或者做了其他同类的事，所以在附属小学的成绩才会差，也被学校一方抛弃。不过，如果认真的话，他似乎也能考出好分数，从而改变升学道路。

"因为（府立）是七年制，到毕业的时候就比从附属中学升到高中的同学还早一年。我心里还是有要这样做让他们看看的流俗意识。"

1936 年正月于麻布区樱田街区的家中。左起依次是俊辅、母亲爱子、弟弟直辅、父亲祐辅、妹妹章子、姐姐和子。十三岁的俊辅已经是混混的表情

鹤见有点害羞似的笑着回顾道。

他偷偷收集各种猥亵图书，喜欢柳宗悦早期的宗教研究，以及比亚兹莱之流的妖媚绘画，对心灵研究、神秘体验也有兴趣。上中学以后，是每周一次军事训练的时代。学生会被驻校军官打脸、用军靴踢。秘密似的书本世界，关闭了与这种外界相连的通道，为他构建了一个只有自己的孤城一样的空间。俄罗斯文学的普希金、屠格涅夫、托尔斯泰、陀思妥耶夫斯基这些人的作品也是如此。

初一时，他主动要求请汉语老师，从赖山阳的《日本外史》开始读到汉诗集、《史记》列传中的前十篇。父亲祐辅是"英语人"，因此他想知道与父亲不一样的世界的想法也在此发挥了作用。

与黑色封面的柳宗悦的宗教研究书籍相遇，是在家庭教师和田周作（1916年生）租住的房子里。和田当时是一高学生，也是祐辅"周二会"的参加者。此外，每周六下午，他会作为家庭教师来到俊辅家里。后来，他担任过驻葡萄牙大使等职。

"二二六事件"两个月左右后，即1936年5月中旬，出现了对他更具冲击性的事件。俊辅此时已经升到初中二年级了。

中年女性阿部定（实际年纪是三十岁）在荒川区尾久的茶室与一位男姓住一起，之后掐死对方，并切下阴茎逃走。这个报道让十三岁的少年感到战栗。很晚回家的时候，他总是害怕家附近的电线杆背后会有中年妇女窥视，会立刻冲上来袭击他。

这个时期，俊辅内心如被暴风雨撕碎一般，学校也一学期没去。应该就是这个时候吧，据妹妹章子回忆，哥哥俊辅拒绝上学后，母亲爱子代他前去学校，听一整天课，回家后在家里的日式房间拼命地教他。等到夜深，她让附近的面店送来清汤热乌冬面，让他一边吃一边教他学习。章子还记得，大概是在生物这一科的理科笔记中，母亲亲手画上了精致的斑马。不过，母亲的努力并未奏效，7 月，俊辅从府立高级中学寻常科退学了。

之后的 9 月，俊辅参加编入府立第五中学（今小石川中等教育学校）的考试，再度被编入初中二年级而入学。不过，这次也没有持续多久，翌年 7 月 7 日，他也从这所学校退学了。在此期间，俊辅两度自杀未遂，加这一次，共三度进入精神病院（亲戚佐野开的医院）。

和年长女性的肉体关系，迄今也有数次了。他们在涩谷闹市的百轩店附近的茶室等处幽会。不过，这种关系从一开始就纠缠着鹤见自我厌恶的想法，也不可能持久。另外，从小学开始的长期胡乱读书也产生了恶果，他的眼睛出现问题，连读书也不能像之前那样了。

俊辅交往的女性在咖啡或酒吧里工作。他完全不能喝酒，只能在店里点奶油苏打水或红茶。在这种店里喝下大量卡尔莫钦（安眠药）后，俊辅在闹市街边之类的地方失去意识，突然倒地。交警把他带走，大力拍打并送往医院，让他将胃里的东西都吐出来。家人被叫过来后，交警发现来的是知名政治家鹤见祐辅一家，往往又惊讶又困惑。

不过，这和世间说的"放荡生活"不一样。他迷上美丽的年长女性，性欲难忍，出入花街等地。但是，他在和女性交往中，追求的并不是用钱购买性服务。在这一点上，他也可以说是纯爱意识（romantic love ideology）的俘虏。从俄罗斯文学到细田民树那种无产阶级小说、梅原北明等人的"禁书"之类，所有的女性形象密密麻麻地充斥在他脑海之中。然而，他一到关键时刻，就暴露出还不具备以真正的女性为对象并与之建立实质性关系的经验、社会智慧乃至厚脸皮。因此，他在花柳街根本无法应付，也做不到在街上调戏普通女性，最多就只能去咖啡馆或酒吧，慢吞吞地以在那里工作并服务客人的年长女性为对象。

她们之中有些会温柔地关心人。他有时会感觉到，在工作和金钱范围之外，自己确实被人接受了。

不过，俊辅心里也有难以对人言说的烦恼吧。那就是"鹤见俊辅"这个名字。即便是像无产阶级小说中出来的女性，也听闻过"后藤新平""鹤见祐辅"这些名字。自己难道只是靠着这个特权来勉强她们吗？不对，正好相反，她们并没有看到我，实际上是出于对"后藤新平""鹤见祐辅"的好奇心或企图，才和我交往吧？一旦陷入这种心灵迷宫后，他便郁结其中，徒然集聚自我毁灭的冲动，却找不到出口。

日后回顾患抑郁症的阶段，鹤见经常说"我没法写自己的名字"就是这个意思。

只要写下"鹤见俊辅"这个名字，就像有后藤新平、鹤见祐辅在自己的身后，如压身鬼一样站着。

不仅如此，只要回到家里，还有像"认真"这个词的活化身一样的母亲，为他的堕落而苦恼，极度困扰后，又对他强烈谴责。鹤见知道她给予自己强烈的爱。然而，他希望母亲放手。爱是痛苦。连父亲给予的充满体谅的爱也是。他一点都不知道我心中的蔑视、憎恶……

姐姐和子写下了弟弟俊辅在家中试图自杀的那一晚的记忆。

"母亲的这种严格的训练，数次将俊辅逼上自杀未遂的地步。即便现在，每次看到宫城前松枝漆黑的影子，都能清晰地回忆起那天夜里，在把濒死的弟弟从麻布区的家中送到骏河台医院的车上的不安、祈祷的心情。或许，这就是俊辅最初的'濒死体验'吧。"

这个时候，儿子俊辅看到父亲祐辅用英语的百科词典之类的书，努力地查隔代遗传相关的事情。外祖父后藤新平及祖父鹤见良宪，在男女关系上（在祐辅的眼中）都是超出常规的人。俊辅觉得，父亲是在烦恼这种倾向会不会通过隔代遗传（也就是跳过祐辅），再次强烈地表现在儿子身上。

不过，这位父亲到那时仍是不变的慈父。最终，他看不过去儿子的状态，也只是这样建议道：

"我们在轻井泽有块地，你在那里和那个女人一起住，养养蜜蜂之类的怎么样？

"十四岁结婚虽然违反法律，不过我们就睁一只眼闭一只眼吧。"

然而，俊辅没有能力通过结婚踏实地同对方建立起与日常接轨的实质关系。那位女性此后不需要读书也能继续过日子。而自己除了通过读书得到的思绪以外别无他物。如果不谈论那些，如何能和眼前这位对象度过今后漫长的时间呢？回到家中喃喃地说着"啊,今天也是大脑疲倦的一天",之后睡觉。在自己心中,还没有以此方式度日的人生的实质。

事实便是如此。

俊辅瞒着父母,在郊外的杉并区久我山,租了一间小置物间。虽然每个月只有十五日元的零花钱,不过房租也在这个范围内,可以负担。

他也会收拾一下这个空间,不回家而在此住一晚。在那里,俊辅一直都是孤身一人。他用固体燃料点火,热一些简单的食物吃,在那里看些书或者做其他事度日。周围森林里挺拔的树木,保留了武藏野的风情。

从大自己五岁的堂亲石本新（石本惠吉、静枝夫妇的长子）那里得知并阅读克鲁泡特金的《革命者回忆录》（大杉荣译）,也是这个时候。在公爵家庭成长的克鲁泡特金,拒绝了父亲希望他加入近卫军的人生道路,选择前往西伯利亚服役,继续自然科学的学问,不靠父母提供金钱而生活。这里大概也有与此时俊辅的愿望重合之处。

不过,即便如此,拯救还是靠着父亲的劝邀而出现。

1936年9月,俊辅从第二学期编入的府立第五中学校园内,在几乎挨着院子的地方,有一座小石川浸礼宗教堂的建筑。父亲带他过去,引见给一位叫熊野清树的牧师。他是九州人,当时应该刚过四十五岁,但是已经秃顶。即便俊辅是在说各种不道德的行为,这位牧师也温和地倾听。在试图自杀的时候,他也一直陪在旁边。事后俊辅回想时说,因为有他,自暴自弃的自己才勉强地被留在生的一侧。

熊野清树牧师1890年（明治二十三年）出生于熊本市，1971年以八十周岁高龄逝世于东京。十几年后，前教会成员整理了他的传教集《舍弃一切》。虽然这是很后来的事情，不过在其中的一些段落里，我们还能看到接触年轻的祐辅时的牧师容貌吧。

母亲非常乐观开朗。而且，她给了我贫穷但有趣的生活。（……）哎，也有很多事情。有时候，连晚饭都吃不上。那时姐姐也在。今年（1957年）7月，必须在京都的医院里做非常麻烦的看护。这个姐姐还没有出嫁。这让人很操心啊。

我和妈妈说，"妈妈，今晚怎么办啊？"于是妈妈说："清树，你看看针线盒的抽屉。我记得，那里应该放了两钱铜板……"

我打开看，是两钱铜板，很大的铜板，放在里面了。有现在的十元硬币一倍左右大。

"有，有。"

"那，你拿着它去买烤红薯吧。"

觉得很奇怪吧，我拿着两钱去买烤红薯时，必须要带着包袱皮。于是，就买回了裹在包袱皮中热乎乎的烤红薯。这样，晚饭的代替物就解决了。啊，好吃，好吃。大家美味地吃着红薯。接着，妈妈说：

"看看现在，总有一天，这将会成为有趣的故事，我们会开心地笑着说出来。"

母亲这样说着，和我们一起吃烤红薯。在这种气氛中，母亲把每日的贫困生活过得好像露营生活一般。

这个时期，在鹤见俊辅这位少年的心中，也持续发生另一个转变。

那么令人恐惧的阿部定被逮捕后，他便开始意识到内心正在萌生变化。他将阿部定这位女性，视作紧抱自身具体性欲与执念不放，并对后果承担责任而生存的人。这个人的形象，变成人世间还有自己喜欢的人的意识而浮现出来。

另一方面，父亲鹤见祐辅也这样说道：

"我们家的俊辅（长子）很不像话。十二三岁的时候，有了所有成为混混的品行。我偶尔从美国回来一看，他好像把家里的书拿出去卖掉，买东西、买吃的，任性而为。被附近的孩子唆使的呗。这要怎么才能改正呢？他是反对日本社会啊。到了初中二年级时，他告诉我说之后不去学校了。我试着问原因，他说是因为反对日本文部省的教育方针才不去了。那样的话就没办法了呀。我想这就没法在日本教育了，因为要去澳大利亚演讲，就把他和和子一起带上。那样的话，他就会说'我余生在这里过'吧（笑声）。"

转入不到一年，俊辅就在 1937 年（昭和十二年）7 月，在初三第一学期时从府立第五中学退学了。

由父亲祐辅相伴，俊辅和姐姐和子、兼任家庭教师的井口一郎（原新闻记者，1910 年生）一起前往澳大利亚也是在 7 月。恰好

1937 年 10 月，乘坐"堪培拉丸"从澳大利亚回日本的途中。中间是五十二岁的父亲祐辅。左侧是十九岁的姐姐和子。右侧是十五岁的俊辅

是该月 7 日，中日两军在中国北京郊外发生武装冲突，卢沟桥事件爆发，两国进入全面战争时期。轮船抵达悉尼港时，当地是冬天。

留在日本家中的母亲爱子，此时接受了小石川浸礼宗教堂的熊野清树牧师的洗礼。本来，她是信仰天理教的。不过，俊辅并没有想接受洗礼的样子。

在澳大利亚，父亲有各地演讲的邀约，和子也要在亲睦会等场合展示日本舞蹈。俊辅选择和他们分开行动，由井口陪伴，经墨尔本到达阿德莱德。他喜欢这个城市，停留了很长时间。井口为完成祐辅委托的当地调查，单独四处漫步，制作报告书。这种时候，俊辅就一个人过。阿德莱德的街上几乎没有日本人，不过他靠着仅有的一点点英语闲逛时，当地人都对他表现出善意。这样的生活，和在日本的时候不一样，俊辅也感觉到内心舒畅一些。10 月初，他再次与父亲、姐姐会合，乘船从布里斯班回日本。此时，他们带着两只澳大利亚独有的小鸸鹋——这是一种类似鸵鸟的大型鸟类。回国后，他们将其捐给了上野动物园。

在日本的俊辅，从此没有再进入任何国内的学校。

同年 12 月，父亲祐辅出行再次带上他，这次是乘船前往美国西海岸。他们从那里经横贯大陆的铁路抵达美国首都华盛顿。在那里的日本大使馆担任驻美大使的斋藤博，是祐辅东京帝国大学的同级同学。他性格坦率，喜欢喝酒，精通英语。儿子俊辅寄食在大使馆的客房半个月，经眼科医生的检查，接受了恢复视力的手术。诊断表明并不是很严重的症状。此后，至翌年（昭和十三年）3月约三个月的时间里，俊辅主要待在华盛顿。

实际上，在1937年这年的12月12日，出现了一起动摇日美关系的严重事件。日本军用飞机误炸了中国长江上的美军炮舰，并将其击沉，包括美国普通民众在内，死伤者众多（"帕奈"号事件）。据当时美国的舆论调查，中日战争开战后，"支持日本1%、支持中国59%、中立40%"，对日感情极度恶化（同年10月发表的美国舆情调查协会的调查）。

事件发生后，斋藤博大使未等外务省指示，就买下了大约四分钟的全美广播时段，用英语发表了道歉演讲。驻美大使带有诚意内容的演讲，总算在到达决堤临界点之前，将美国走向对日战争的舆论趋势止住。

斋藤博大使在和俊辅吃饭的时候，也用直率的语调，对外交官同事发表不客气的短评。

他说："通过电报（外交电报）能信任的人，只有驻英国的吉田茂大使和驻俄国（苏联）的重光葵。"重光虽然是个坏家伙，但电报通常是确切的。他不被自己的感情歪曲……另外，对于驻奥地利公使谷正之（之后东条英机内阁的外务大臣），他给出的评价是"谷就是狗仗人势，完全不值得信任"，等等。

年轻的鹤见俊辅很惊讶。这种态度和父亲祐辅的完全不一样。斋藤对眼前状况所作的判断与行动，以及体现的勇气，都和父亲的不一样。

另一方面，这个时候，父亲祐辅主要在纽约，为建立日本信息图书馆的准备工作奔波。日本太平洋国际学会设立之时，涩泽荣一（1840—1931）担任核心角色，此后的联系继续，这个信息图书馆也由涩泽财团提供资金。驻美大使斋藤博也积极支援此事。

他们要在纽约创建并非向美国舆论进行谋略性"宣传"，而是能够提供、传播关于日本社会公正、综合性"信息"的高功能图书馆。它是知美派知识分子鹤见祐辅可以发挥本领，为文化间的相互理解奠定基础，并帮助构建安定的日美关系的项目。在他的构想中，馆长应该由"大使级别的人物"担任，不过私下里应该认为这一人选就是自己吧。（最终，优先短期性成果的外务省因为缺少理解而撤销了这个项目，运营上的中心人物也替换为前天多门，令鹤见祐辅很失望。）

1938 年（昭和十三年）春，鹤见祐辅陪着儿子俊辅去马萨诸塞州剑桥市，拜访一直关系亲密的哈佛大学美国史学家老阿瑟·施莱辛格（1888 年生），主要是为俊辅进入哈佛大学完成手续一事。换句话说，父子之间此时应该已经就在美国留学这一基本方针达成一致。

阿瑟·施莱辛格这个时候，前后对两位日本年轻人进行了个人面谈。当时美国的名门学府，在判断是否录取时，特别看重这种个人面谈的考试。施莱辛格首先面谈了近卫文隆（1915 年生），时任日本首相近卫文麿长子，之后是鹤见俊辅。他判断近卫可以去普林斯顿，而鹤见适合去哈佛。因此，他好像将此意见的报告送到了各个大学。

此后紧接着发生了一件事。

施莱辛格给在哈佛大学经济学院研究生院读博士课程的都

留重人（1912 年生）打了电话，因为"自己想见见鹤见祐辅"，所以邀请他在分配给自己的宿舍楼达姆茨楼一起吃午饭。此时，儿子俊辅并未同行，仅有父亲祐辅一人。

被叫过来的都留重人，此时二十六岁，虽然在研究生院还未毕业，但已经在太平洋国际学会负责写作事宜，而且在学院担任拿工资的研究助理，与在该大学燕京学社就读的日本历史学家赫伯特·诺曼（1909 年生，后来的加拿大外交官）等人关系亲密。当然，他也知道鹤见祐辅这位名人。

在接近漫无边际的饭桌欢谈结束时，鹤见祐辅向他打招呼说，"这次我儿子俊辅将会在哈佛大学读书，请多多照顾"。都留擅自理解为，这个人的儿子在东京帝大或者同类学校毕业后，为了镀金来这里接受一段施莱辛格教授的指导呢。

不过，之后没过几天，施莱辛格再次来电话，希望他立刻到自己家里去。

"去到之后，那里有一个面色红润的美少年，带着若有所思的表情看着教授。经过介绍后，我知道那就是俊辅。现场气氛很不寻常，我在纳闷发生了什么时，教授立刻说明了事情概况，'真是麻烦，俊辅无论如何都要坚持从小学开始接受教育。希望你想办法说服他'。

"（……）这是出人意料的事情，在了解详情后知道，俊辅坚持认为，如果要在美国接受教育，不从小学开始学习就不知道真正的东西，他觉得最重要的是集体中的经历。我说，我觉得在十九岁赴美进入大学本科学院一年级以后，通过与同龄美国人交往也能得到宝贵的经历，至少上小学这个想法还是算了，以此来努力说服他。

"当场并没有说服成功，之后我记得又谈了一次，总算改变了俊辅最初想要从小学上起的念头，而改成先在中学读一年后进入哈佛大学就读。"（都留重人《都留重人自传：回顾诸多歧路》）

本书开篇出现的送报少年秋山清，在关东大地震后被从出租房赶走，之后和同伴商量并开始出版小型诗刊。工作方面，他还在报社开电梯，并阅读克鲁泡特金的《革命者回忆录》。战争时期，他在木材通信社、东京红谷合板工业合作社、日本木材、比岛木材合作社等公司，专门做各种木材行业的工作，并迎来战败。

鹤见俊辅与秋山清的首次见面，在1956年（昭和三十一年）11月28日老无政府主义者石川三四郎的守灵会上。鹤见三十四周岁，秋山五十二周岁。

此后不久，在鹤见俊辅等人的转向研究会仅出版了《共同研究：转向》上卷就陷入僵局时，秋山清加入他们，写出了针对岩佐作太郎（1879年生）等人的文章（《无政府主义者——岩佐作太郎、荻原恭次郎》），帮助该会活动。

该文罗列了明治时期前往美国西海岸活动的无政府主义者岩佐作太郎在回到日本后写下的支持战争的文章，分析其中曲折的道路。此时，岩佐仍然健在，在战后重新开始无政府主义者的活动。

"岩佐老先生最近没什么精神啊。我想让他变得有精神起来，就写了这篇文章。"在把稿件交给鹤见时，秋山这样说道。

之后，时间再次流逝。

1985 年左右，两人在神保街区不期而遇。

很久没见啊，鹤见说道。秋山清则回答，"得了疱疹，有一阵没出门了"。

秋山清八十岁之后糊涂了的传言也传到鹤见那里。不过，两人短暂地一起向着九段方向走的时候，聊起了大正末年秋山认识吉行荣助时的事情。之后，秋山说起荣助的房间在妻子亚久里的美发店（麴街区五番街）楼上，可以不经过美发店而从外面的铁制楼梯上去之类的轶事。

"记得很清楚啊。"鹤见说。

"那也是要有人来问才行呢。"秋山回答道。

鹤见感到不好意思，如芒在背。虽然是对于大正时期的事情多少还记得一些的人，他觉得有必要挖掘此人的记忆。

秋山清是位坚守平常心而度过战前、战时、战后的人。不过鹤见说，这个人对时代也确实抱有一种恐怖主义者的心态。

秋山也一直抱有对远离恐怖主义、多少有些天真的有岛武郎的同感。后者过去在留学地美国阅读了克鲁泡特金的自传之后，也曾感受到深刻的共鸣，甚至最终拜访其位于伦敦郊外的住处。老年的克鲁泡特金接见了年轻的有岛，提到日俄战争期间主张非战论的日本的堺利彦、幸德秋水，打听他们现状如何。

之后有岛自己说，发表记载这一经历的《克鲁泡特金》（《新潮》1916 年 7 月号）这篇文章，成为超出同人杂志《白桦》交际范围之外的"我对文坛的采访"。

在伦敦的家中会面时，克鲁泡特金将自己的著作《田野、工厂和工场》签名赠送给有岛，并补上一句，如果你能在日本将其翻译出来，我会很开心地委托给你。不过，因为有岛去世，这件事并未完成。年轻的有岛武郎不受限制的持续学习生活，是靠着父亲这位北海道开拓农场的不在地地主的财力支撑，对此他有着不安宁的情绪。因为在札幌农学校学习过，他知道一切都被剥削光、无法从贫穷中脱身的佃农的生活。另一方面，他也知道父亲是为了儿子生活安定而从事开荒事业。这种亲人间的爱意让人痛苦。然而，父亲健在时，他无论如何都坚守沉默，忍耐这种痛苦。

父亲去世后，他写出《该隐的后裔》《与生俱来的苦恼》两部作品。它们是新生的事物，作为对漫长的沉默岁月的补偿。妻子也已经去世了。不过，在写出自己想写的东西后，他又活了数年。

死前一年（1922），四十四周岁的有岛最终断然"解放"了位于北海道狩太（今新雪谷街区）的有岛农场："我最终不知道自己的土地解放导致了何种结果。不过，我希望大家能理解，我这么做绝非为了使自己获得尊敬或装作仁人义士的样子，它只是为了安抚自己的良心而不得不做的一件事。"

当《白桦派文学》的作者本多秋五问"能认为有岛是无政府主义者吗？"，秋山清回答说："我觉得是的。"

"我觉得他虽不是行动派，但可以说是能够实际做事的人。"

2

美国与战场之间

1938—1945

第一节　佐野硕

1938 年 9 月 21 日，被记载为 20 世纪初期的大飓风袭击美国新英格兰地区的日子。

年轻的东亚研究者埃德温·赖肖尔（1910 年生）此时刚刚在马萨诸塞州波士顿近郊剑桥市的哈佛燕京学社就职，待在那间外壁发黑的陈旧研究室中。赖肖尔是传教士之子，在东京出生并长大，这种暴风雨天气唤醒了他在日本屡次体验的"台风"的记忆，内心隐隐有些激动。甚至冒着暴风雨，回到怀孕中的年轻妻子等待的霍桑街公寓，都令他觉得快乐。虽说如此，接近查尔斯河的霍桑街的柏油路，瞬间被倒下的树木堵住。工人奋力将其再次开辟出来，花费了接下来一周的时间。

同一时期，十六岁的鹤见俊辅穿过暴风雨，到达寄宿制男子预科学校米德尔塞克斯中学。该中学位于剑桥市西北约二十公里处的乡下小镇康科德。近一百名男生，从十二岁到二十岁左右，在此努力完成进入大学的准备。在狂风暴雨的天气里，校园满是紧张的空气。

他到达学校的时候，有父亲鹤见祐辅陪同。不过，在必要的手续和寒暄结束之后，父亲就离开了。夜晚停电了，人们点上了蜡烛。在宿舍的房间里，只有一张桌子、一个书架。俊辅一人留在简朴的房间里，躺在床上。

清晨后，学校院子一侧的大树倒叠在一起，本日的课程停止。学校动员高年级学生将被吹倒的树切成若干份搬走。

整个学校只有他一个留学生。英语对他来说自然是很头疼的事情，对教职员来说也是。即便想和他说什么，这个戴着眼镜的小个子少年只是彬彬有礼地回答"Yes，Sir"（是的，先生）。他们也不知道他有没有理解谈话的内容。因此，老师没法判断把他编入哪个年级的课程会比较好，也就一直没有编入某个具体班级。

在这所严格保持清教徒传统的学校，每周日早晨，校钟剧烈响起，学生们以黑色西装、硬领白衬衫配领带的打扮前往小教堂。校园中随处可见做着祈祷姿态的人，赞美歌的歌声以及朗读《圣经》的声音四处回响。

康科德当时虽然只是人口三千人左右的乡下，但在新英格兰地区的历史中有特殊地位。小镇所在地区本身就是打响美国独立战争第一仗的古战场（列克星敦和康科德战役，1775 年）。另外，被称为"美国文艺复兴"（由文艺批评家弗朗西斯·奥托·马西森命名）的19 世纪中期闪耀的作家群之中，爱默生、霍桑、梭罗都在这个乡镇生活。

在距离学校不远处的瓦尔登湖畔，梭罗建造小屋并生活的遗迹，变成一处土洼并被保存了下来。爱默生的家、霍桑居住的旧牧师之家此时还都在。与他们同时代的《小妇人》作者路易莎·梅·奥尔科特也来自这个镇，其父是以开明教育者而知名的埃莫斯·布朗森·奥尔科特。

鹤见俊辅入学后不久，广播中播放依赫伯特·乔治·威尔斯原作改编、由奥逊·威尔斯制作的《星际战争》。从中间开始听的人，以为那是火星人真的开始攻击地球的新闻，引起了四处奔逃甚至出现死伤的骚乱。这件事情在宿舍的洗漱间也变成话题。

"什么事情？"俊辅勉强用英语问。

一个学生回答说："就算告诉你，你也听不懂。太复杂了。"

于是另一个人开口说："不，慢慢说就能懂。"

两人之间开始辩论。

他靠这种程度的英语完全不能上课。因此，考试的时候总是交白卷。在日本，俊辅是故意对抗老师而交白卷。在这里则是完完全全的无可奈何，他深感自己被看成傻子。

俊辅选择了美国史、近代欧洲史以及英语（实际上是英语文学）三门课（高级、中级、初级），但都听不懂。对于外国人来说，英语课并不是班级越初级就越简单。高级班中使用的从乔叟、丁尼生到哈代的选集，俊辅更是完全啃不动。中级班使用的是托马斯·潘恩的《人的权利》及《埃德加·爱伦·坡著作集》。初级使用马克·吐温、莎士比亚的著作。他试着数了一下托马斯·潘恩书的一页中不认识的单词有多少个，结果是十五个。那是一本三百页的书。接着，他数了爱伦·坡的《莫斯肯漩涡沉浮记》，有三十九个。一次上课要学三十页。即便是查字典，他也没法跟上。

父亲鹤见祐辅拜托某位老师留心，让俊辅不要过度学习，务必每天要运动。然而，不久老师就知道这是很难实现的要求。

他前往俊辅的房间，说服他已经到了睡觉的时间了。然而，后者一定会恳求他更早地叫自己起床。

每天晚上，鹤见制作白天不懂的单词的一览表，接着一边查字典，一边要求自己每天晚上背诵五十个。

即便如此，他心里仍然不安，取出从日本带来的考试之神"小野圭"，即小野圭次郎的考试参考书，每天天还没亮就开始反复背诵基本句型。从小野圭和托马斯·潘恩两个方向开始挖掘的地道，想必某天会迎来接通的时刻。

在午后的运动时间里，他一个人在学校的后山走走，然后下到池塘边。下雨天时，树干上可以清晰地看到地衣类植物，树根上的苔则染上了明亮的色彩。他和女老师们说了这件事，被建议说不如制作一个庭院式盆景如何。俊辅开始在镀锡的铁面包盘和深钵中制作日本风格的庭院盆景。这样之后，他心中似乎也得到了安宁。

周六午后，他走三千多米的路程到达镇上的杂货店，在那里喝半瓶五分钱的可口可乐，然后再沿原路走回宿舍。那家店的女老板是挪威人，总是说起同样出生挪威的滑冰女王索尼娅·海尼的事情。

庭院盆景完成后，被收入学校的博物室。那里也展示着梭罗做的精致、完美的铅笔。梭罗的父亲在康科德经营铅笔制作行业。梭罗自己虽然靠着测量土地生活，但也帮助父亲做铅笔。据说他设计了使用质量上乘的笔芯（黑铅）制作的铅笔，帮助了父亲生意的发展。

父亲鹤见祐辅这一年（1938）比儿子俊辅早一年从日本出发，同年6月开始与妻子爱子、长女和子一起待在纽约一流的皮埃尔泰姬陵酒店。他身负"国民使节"的任务，艰难地为缓和日益紧张的日美关系而努力，并宣传日本在中国问题上的立场的优势与正当性。

抵达美国后不久的7月13日，他在皮埃尔泰姬陵酒店招待美国主要媒体，召开了气派的记者会。不过，内容上只是模仿了第一次近卫文麿内阁的官话，没有过去吸引全美听众的那种激昂的气氛。

日本没有无止境地介入中国内地的抗争。日本的对华政策，也就是日本的扩张是有限度的。到目前为止，日本仅为防御苏联，以及取得物资、原材料而对中国东北地区主张权利，并不执着于对中国东北以外地区主张权利。日本无意吞并、管理中国，也不参与对中国的地域性侵略。然而，鉴于中国、苏联两国的抗日态度，我们无法进行和平的交流。（上品和马《公共外交先驱者：鹤见祐辅》）

停留期间，长女和子作为观察者，出席了在瓦萨学院召开的世界青年会议，被其自由的校风吸引，决定从下一年开始前往该校留学，攻读硕士。

另一方面，妻子爱子在这次旅行中另有打算。异母姐姐佐野静子偷偷给了她一些珠宝，嘱托她如果有机会，就交给继续亡命的长子硕，供其换成钱使用。

比鹤见俊辅大十七岁的表哥佐野硕，在进入东京帝国大学法学院（1925）就读后，更鲜明地展现出了自己左翼戏剧人的姿态。他开展了移动剧场"行李箱剧场"等活动，作为独创性剧作家也好评日增。二十四岁（1924）时，他和同行中的女演员平野郁子（本名高桥二三子）结婚。不过，他因为涉嫌违反《治安维持法》而被逮捕，之后也再次面临被逮捕的危险。1931年（昭和六年）5月，佐野硕将妻子留在佐野家，独自一人通过美国船舶逃亡国外。（当时八岁的鹤见俊辅还记得在这几天前，硕来自己家打招呼。俊辅在玄关门口邀请他说"进来坐坐怎么样？"一只脚不方便的硕回绝，说道："不用，在这里就可以。"就在那里等待俊辅的母亲爱子出去，两人坐在门前地板上谈话。）

他从美国抵达德国，再从那里进入苏联，不久就作为莫尔托（即国际革命戏剧同盟）专门的书记局员而获允在苏联居住，定居在莫斯科。莫尔托支付给他生活费。1933年（昭和八年），他与莫尔托的职员加林娜·维克多罗芙娜·鲍里索娃同居，给日本的妻子二三子寄信回来，表示想离婚。之后，他和加林娜之间生了女儿丽夏。同年，他成为国立梅耶荷德剧院的研究员，担任导演梅耶荷德的助手。不过，在斯大林体制下，苏联不久就增强了对梅耶荷德形式主义、审美主义、象征主义的批判。1937

年（昭和十二年）夏天，佐野硕和同在莫斯科的剧场担任导演的土方与志一起，被驱逐到巴黎。苏联甚至不允许妻女（加林娜和丽夏）同行。硕希望独自前往美国，但因日本外务省阻碍，总是拿不到进入美国的签证。

1938年（昭和十三年）5月28日，《读卖新闻》以"回国归心似箭"等标题详细报道了佐野硕的事情。这个时候，他仍在巴黎。报道中也刊载了母亲静子的谈话，似乎这位母亲和孩子之间还保持着相当频繁的联络。

"挂念爱子安危的母亲静子（五十六岁）突然收到佐野氏与莫斯科诀别的消息。那是从去年7月开往巴黎的船上发来的。佐野硕频繁向母亲诉说'想经美国回日本'的归国意向，也是在这个时候。

"静子母亲回应说'一定要回来啊，如果回来的话立刻就给你汇旅费'，不过他之后的信件中未提旅费的事情，只说自己健康地过着戏剧研究的生活。"

文章刊载的前一天晚上（1938年5月27日），记者也同静子见面，并且刊载了如下的话：

"他到国外以后，我们一直保持书面通信。但是，往复需要两三个月之久，因此内容总是很简单，详细的事情我一点都不知道。

"他的妻子（原左翼话剧女演员平野郁子）按照自己的希望要回家了。我也问了警察，好像没有任何问题，因此现在只期待他早点回来，让人安心。"

因为有这一情况，佐野静子听闻鹤见祐辅一家要前往纽约，觉得硕也许有可能刚好就在欧洲船舶入港的纽约，所以给理解其心情的爱子一些容易换钱的珠宝。（在此期间，佐野硕留在莫斯科的两岁的女儿丽夏夭折。那是 1938 年 7 月的事情，据说是因为白血病。）

到了 9 月，佐野硕给待在纽约皮埃尔泰姬陵酒店中的鹤见祐辅一家打去电话。他乘坐从法国勒阿弗尔出发的船只抵达纽约，但在这里也因为日本外务省的逮捕令，只能待在湾内埃利斯岛上的联邦移民收容所而无法外出。不过硕的声音依然意气昂扬，他在电话中对祐辅说了下面这些话。

"纳粹德国和日本的勾结进一步加深的话，世界就会陷入更加危险的境地。所以我想和你这样的自由主义者合作，发起对抗它们的人民阵线一样的运动。"

然而，佐野硕脑中的"自由主义者"鹤见祐辅，是他过去还在日本时亲身接触的大正时期的祐辅。现在，五十过半的鹤见祐辅已经是不反对纳粹德国的政治家了。佐野没有得到如意的回答。

马上要前往米德尔塞克斯中学就读的长子俊辅，晚一些从日本渡美，同样在 9 月上旬于皮埃尔泰姬陵酒店与家人会合。表哥佐野硕给父亲打电话的事情，他立刻就听到了。

母亲爱子在考虑另外的事情，即如何将佐野静子托付的珠宝交给硕。俊辅不记得母亲用了什么手段。不过，既然是母亲那样的人，不管怎么样肯定能把它交给佐野硕吧。埃利斯岛就在咫尺之遥的海湾上，如果直接前去谈判的话，美国政府也没有理由拒绝吧。

不管怎么样，在这年 9 月上旬，母亲爱子和长女和子一起

　　　　　　　　　　　　　　　　鹤见俊辅传

返回日本，留下丈夫祐辅、长子俊辅在纽约。

另外，俊辅少年时代前去佐野家玩耍时，见过还留在夫家的硕的首任妻子二三子，记得她是个美丽的人。公公佐野彪太、婆婆静子应该都很满意这位儿媳。对于二三子，他们建议没有亲戚的她在确定去处之前暂时别走，因为就算继续从事左翼戏剧，在被逮捕的时候，"佐野"的户籍也会更有用（即作为后藤新平的亲属）。

前文所引《读卖新闻》中佐野静子所说的，"他的妻子（原左翼话剧女演员平野郁子）按照自己的希望要回家了"便是指这件事情。也就是说，自佐野硕单方面通知"解除婚姻关系"五年后，二三子也定下了再婚对象，这年4月最终要恢复自己的姓氏了。

二三子和再婚对象前往中国东北时，佐野静子前去东京站给两人送行。日后她向爱子说道，那时，"二三子开心地走了"。

不过，被关在纽约湾埃利斯岛上的佐野硕之后如何呢？最终，靠着在纽约居住的朋友石垣荣太郎（画家）、石垣绫子（记者）夫妇等人的奔走，在该年10月左右，他终于获允登陆美国。接着，在整六个月的期限内他都待在纽约。翌年4月，他踏上前往下一个目的地墨西哥的航船。

以纽约的酒店为地址，米德尔塞克斯的教职员与父亲祐辅之后也持续通信，详细谈及十六岁的鹤见俊辅的情况。

看起来，俊辅的英语能力确实开始迅速提高。父亲祐辅11月自纽约出发，将之后的事情委托给学校，经华盛顿、洛杉矶、旧金山回到日本。

冬天来了。

临近岁暮，某天夜里，鹤见俊辅在宿舍房间中睡觉，觉得整个身体慢慢被压住，眼看着自己就变小了。他想到这样下去自己会消失，就站起来，打开了房间的灯。他在房间里漫无目的地走动，感觉自己的状态不对。要到外面呼救吗？然而，英语还不行的自己突然把其他学生叫起来的话，这件事本身就会被认为是脑子不正常吧。索性把头塞到马桶里，靠冲击来回归正常怎么样？

接近无法忍受的临界点时，突然，有金色的沙子从眼底开始落下。沙沙、沙沙地落下。等到全部落下去后，身体变小的恐惧就消失了。

第二天，俊辅在上课时发起高烧，连动都不能动了。老师将他送到离宿舍稍远处的医院。

那里的英语俊辅也不懂。按照清教徒的习惯，大便、小便等所有身体机能的词汇都使用其他词语间接代替，因此他不能理解护士们（都是中年以上的女性）在问什么。虽然高烧四十多度，但并没有给他开药。医生诊断是流感，只让大量喝水（有时是橙汁），等待退烧。

等到他出院重新回去上课时，就懂英语了。

一直关注其状况的哈佛大学，不久决定让鹤见俊辅参加美国史、近代欧洲史、英语文学三门课的大学统一考试，其他科目则认为他以日语水平来说具有相应的学力，予以免除（之后，考试科目再稍微减轻，在近代欧洲史、英语文学两科之上加美国宪法、《独立宣言》内容的考核）。

不过，在米德尔塞克斯中学将近一年的学习中，一直到最后他也没有被编入某个班级，所以既没有班级照片，也没有毕业合照。这所学校没有留下任何显示鹤见俊辅在此学习过的照片。

正式定下进入哈佛大学就读时，鹤见俊辅十七岁了。

米德尔塞克斯中学的同岁朋友查尔斯·杨格的母亲，家在哈佛大学所在的剑桥市，因此她和俊辅说，可以在正式入学前的夏季小学期租房子给他。不过，这位查尔斯反而没有取得理想成绩，已经决定在米德尔塞克斯中学延迟一年毕业。

杨格一家在剑桥市的住处，是一处狭小、朴素的公寓，一家五人（算上俊辅六个人）在三个房间生活。至于生活方式，长女南希、杨格夫人、其母亲亨特夫人三位女性使用靠里的一间屋子，次子查尔斯平时住在米德尔塞克斯中学的宿舍，放假回家时就和俊辅共用卧室。刚刚从哈佛大学政治学系毕业，不久就被该校聘为助手的长子肯内斯，在餐厅兼客厅里放上折叠式的简易床，在大家都回屋后在那里睡。

在这间将肯内斯的折叠床放在一边的房间里，杨格家常常举办茶会。狭小的房间里聚满了人，他们喝着红茶，吃着杨格夫人做的橙子面包，喧闹地聊天。哈佛大学远东语言学系主任谢尔盖·叶理绥教授夫妇也曾来过这里的茶会（肯内斯在该校担任助手时，也曾向该系的赖肯尔学习过汉语）。言论界旗手麦克斯·勒纳也来过。在派对期间，这家人从未解释过自己家里太小。当时，从事保险推销员工作的杨格夫人正在办理离婚手续。

俊辅在夏季小学期中学习近代哲学史，成绩是 A。这下他有了信心，在秋季学期开始的注册时，选择跳一级、可以三年就毕业的课程。日本侵华战争爆发后，日本收严外汇管理办法，很难指望在留学期间追加汇款。这样的话，自己的学费不知能够维持到什么时候，俊辅觉得不安，选择了跳级。杨格夫人劝说他从秋季开始的新学期仍在她那里住。俊辅自然求之不得。

他告诉都留重人说入学后仍要选哲学系，后者不赞成。按都留重人的说法，所谓哲学，是人们埋头于各自的人生课题之中，超越当前必要而浮现出的感想。也就是说，相比在大学选择哲学作为专业，通过学习其他专门的学问而思考哲学会更好。说完这些之后，都留没有翻出书就讲了以下的故事：

某天，哲学家威廉·詹姆斯去郊游。在一个人短暂散步后，他回到同伴中间，那里正在讨论。

"现在，有一只松鼠，我们想更清楚地看它，但是松鼠围着树干跑，我们根本无法看见它的身影。即便如此，我们可以说自己在围绕这只松鼠转圈吗？'[1] 詹姆斯听完后，这样插话。

"如果你把'围绕'定义为在这只松鼠的北面、东面、南面、西面的话，那么你就在围绕松鼠转动。但是，如果把同样的词定义为依次站到松鼠的前面、侧面、后面，再次回到前面，那么你就没有围绕松鼠转动。"

---

1 詹姆斯原文中提出的问题是，如果一个人隔着树干与松鼠相对，以同样的速度和方向围着树干跑，那么这个人是不是在围绕松鼠转圈。日语引文与詹姆斯原书有出入，可能是鹤见引用的都留的话里有一些理解或者表述的差异。

这是詹姆斯的《实用主义》中出现的小故事。

对俊辅讲完这个故事后，都留说，好不容易来美国，如果选择哲学系的话可以学实用主义。此时，他刚刚和东京帝国大学和田小六教授的长女正子结婚。暑假的时候，二十七岁的都留暂时回国，办完和正子的结婚仪式，这次夫妇一起回到剑桥市。都留本身当然是经济学研究者，不过鹤见俊辅将他当作"老师"的地方并不局限于经济学。

两人认识不久，都留曾问过他："你是佐野硕的表弟？"鹤见点头后，都留说了下面的事情。

过去，在第八高级中学（名古屋）的学生时代，都留有一段时期加入了反帝同盟这一左翼学生运动。因此1930年（昭和五年）12月，他因为涉嫌违反《治安维持法》而被集体起诉，之后受到八高的开除处分，而这也成为他前往美国留学的机缘。

那时，逮捕他的警察带着嘲笑的味道说教道："不行啊你，这么简单就被抓了。看看人家佐野硕。"佐野硕虽然只是一介年轻的左翼戏剧人，但是做出用一个皮箱就把衣服都装进去的"行李箱剧院"这种移动剧院，一次次开展崭新的、总有些令人尊敬的活动，在当时被附会了许多传说。比如有这样的故事：他虽然一只脚不方便，但很敏捷。被警察追捕到逃入公共厕所后，他迅速变装成梳着圆髻的女性出现，躲过追捕人的眼睛。当然，这种传说也一定和以"吹牛皮"而知名的著名政治家后藤新平的孙子这一流言相关。同样的联想也围绕着"鹤见俊辅"这个名字，正因为如此，才会出现了"你是佐野硕的表弟？"的询问。

总之，就这样，都留建议他学实用主义，俊辅也觉得和自己所想一致。十六岁离开日本之前，他读了古在由重的《现代哲学》一书，深受感动并反复阅读。古在虽然是马克思主义哲学家，但在这本书中扎实地精读了实证主义、逻辑实证主义原典，并加以总结、批判，以清晰明白的文章解说。其中他也提到讲坛哲学学者不理解实用主义的开放性特征。作为一位年轻的读者，俊辅也感受到作者在书中公正、合乎道理的态度。

鹤见俊辅传

第二节　"第一病"的开始与结束

1939 年秋天开始，鹤见俊辅成为哈佛大学哲学系大一学生，选择了鲁道夫·卡尔纳普的"分析哲学入门""经验论的原理"两门课程。两门课都是小班，只有十几二十个学生。卡尔纳普此时四十八岁。作为维也纳学派的领袖人物之一，他在四年前为了逃避纳粹前往美国。

俊辅努力地听懂他带有德语口音的英语，并用笔记记下来，当天再誊写清楚。他对符号逻辑学的演算十分着迷。现在，自己竟突然能这样向古在由重《现代哲学》中都提到的世界一流逻辑学家学习。老师的一言一语原封不动地直灌入他的心中。

到了后期，他也选择了从芝加哥大学来的客座教授查尔斯·莫里斯的"实用主义运动"课程。接下来是皮尔士、詹姆斯、乔治·赫伯特·米德乃至杜威的课程。

英语之苦，在此期间仍在继续。大一上学期的英语写作（English

1939 年，于剑桥市藤代真次博士家中，众人围着《蝴蝶夫人》公演后的歌剧演员小池寿子。后排最右侧是藤代博士，右起第三人是都留重人。中排最右侧是都留的夫人正子，正中间是小池寿子，最左侧是鹤见俊辅。前排最左侧是本城文彦（后来的东乡文彦）

A) 课程中期考试中，俊辅没有及格。一直到很久之后他才知道，那时房东杨格夫人曾独自前去问负责的讲师为何给他不及格。这不仅仅是袒护，更是想让授课老师清楚地理解他是外国学生而采取的行动。

从这个时候开始，俊辅每天白天给这家最年长的亨特夫人读两个小时的书。两年之间，他读了七八册大部头的书。与此同时，英语能力也提高了。

第一学期期末考试，英语写作的成绩上升到"C"，到第二学期时为"B"，对俊辅自己来说，靠这个年度总成绩，总算以优等成绩通过了整个大学期间最难的科目。

某天，以外务省在外研究员身份在哈佛大学研究生院学习的本城文彦（后来的东乡文彦），前往杨格家见俊辅。他非常喜欢这一家人快乐生活的状态，便拜托杨格夫人说自己也想租住在这里。这一愿望被接受。他好像比俊辅付了更高的房租，之后杨格一家也带着两位租户，搬到更宽敞的公寓里去了。

本城文彦向鹤见俊辅提议的事情还有一件。"都留说的话，即便是杂谈也有参考价值，所以你去当他的住家弟子吧。"本城去拜托都留，这件事也实现了。他们约定每周去两次都留家中，在那里吃午饭，闲聊一会儿然后散会。本城好像说，"我出钱，鹤见只要吃就行"。每次，正子夫人都给他们准备午餐，饭后喝茶，之后告别。这成了一种习惯。

阅读皮尔士的全集，是俊辅上了大二，蒯因成为他导师的时候。"要读什么呢？"蒯因问道。"皮尔士全集如何？"鹤见回答说。"啊，那可以啊，我还没读过呢。"此时，蒯因三十二岁。

他说过，"当今世界上能够区分事物与语言的逻辑学者只有三人。波兰的塔尔斯基、德国的卡尔纳普，以及美国的我"（当时三人都在哈佛大学）。俊辅有点怀疑这是不是真的，不过后来哈佛大学哲学会邀请伯特兰·罗素进行题为《无限的事物，不可测量的事物》的演讲时，罗素开口第一句话说的是"关于这个问题，蒯因更清楚"。这让俊辅更惊讶了。罗素那时差不多已经七十岁了。

每周他与蒯因单独见面，开始读皮尔士全集中的《实用主义与实效主义》一卷。

他在阅读康德的同时阅读卡尔纳普的著作。两者在同一条逻辑线上。卡尔纳普的命题分类法受到康德分类法的支持，又增强了后者的效力。俊辅由此沉迷于康德分割善与真的方法上的区分，并和都留说，后者立刻回以"是我的话，就从恶出发"的评论。

俊辅过着极端节约的禁欲式学生生活。要么在学习，要么在睡觉。晚上9点半以后去大学图书馆，可以不限册数地借出图书至第二天早上。于是，他过着借出参考书，在天亮之前看完并归还的生活。

父亲祐辅提前放在监护人阿瑟·施莱辛格那里的国债，每个月发放五十美元到俊辅手中，作为儿子的学费和生活费。即便如此，因为对未来的不安，他更加注重朴素的生活。当然，这里面也肯定有耻于大户人家子弟身份的情绪。随着日美关系持续恶化，为了完成学业也须勤俭节约。这种紧张感更加严重。

在学校附近的便宜食堂吃炸鸡肉饼，饭后如果喝一杯红茶需要多花十美分，所以他就不喝。在有钱人子弟汇集的大学校园，俊辅的着装也显得又脏又劣质。于是，走在校园里更加让人难受。他也意识到自己个子矮。因此，执着于成绩第一的情绪更加高涨了。

某天，俊辅在食堂里注意到，面前正在吃饭的老人是美国法学史的传说人物罗斯科·庞德。现在自己竟在这样的地方。一种责任感和光荣油然而生。不过，因为被要成为第一的执念附身，竞赛式的生活一直很艰苦。

十八岁那年的秋天，他在哈佛大学的"威廉·詹姆斯讲座"中听到伯特兰·罗素共计十回的系列讲座《关于意义与真理》（讲座内容以《意义与真实性》为题目译为日语）。此时罗素六十八岁。

第二年春天，他在哈佛大学神学院"英格索尔灵魂永生讲座"中，听八十岁的怀特海的讲座《关于永恒》。

"没有离开此世此刻而不灭的东西。在此刻展现出的价值的方向性中，有超越此刻的东西，在那里可以确认永恒之相。"

怀特海的脸苍白而宽阔，声音柔弱轻微，仿佛某一刻就会停止。即便如此，他依然持续地讲了近一个小时，之后从讲台上走下来。最后一刻，他用更细微的声音喃喃地说了什么，然而俊辅没法听清。（经过了漫长的年月后，鹤见拿到了此时的演讲文本。阅读之后，知道最后一句话是"Exactness is a fake"———"精确是谎言"。）

大一下学期开始，俊辅也选修了远东语言系系主任、教授谢尔盖·叶理绥与讲师埃德温·赖肖尔开的日本研究讨论课。

叶理绥此时五十一岁。他曾作为东京帝国大学日本文学专业首位外国学生在东京学习，也是夏目漱石的学生。作为陀思妥耶夫斯基小说中也出场过的圣彼得堡高级食材杂货店"叶理绥商店"的二公子，他留学柏林大学后前往日本。极具语言才能的叶理绥连日本的单口相声、歌舞伎都通晓。草书体的书信之类的文书他也能流畅地阅读。

自日本回国后，叶理绥在俄国待了一段时间。不过，故国发生了社会主义革命，一家人再次逃到欧洲。在巴黎大学执教多年后，他前往美国。

某天，鹤见俊辅接到母亲爱子的信。信是用草书体写的，很难读懂。好像写了亲戚消息的手写信件中，鹤见看到"入狱"两个字，吓了一跳。因为在政治家庭长大，他立刻想到是不是发生了行贿受贿之类的事。紧张感传遍他全身。不过，他对文意仍不甚了解，为了保险，他将信件拿给叶理绥看。叶理绥告诉他那不是"入狱"，而是"入伍"。换句话说，这是告诉他某个亲戚入伍参军了。就像这样，对鹤见俊辅来说，叶理绥和赖肖尔也是他日语的老师。

他也跟随叶理绥，接受一对一授课。父亲祐辅在一高时代上过英语老师夏目漱石的课。这样想的话，和祐辅一样，叶理绥也是拥有日本明治时期教养的人士。他从藏书室拿出了京城帝国大学的纪要，给俊辅看语言学者时枝诚记（1900年出生）批评索绪尔的论文。对俊辅来说，这时是他第一次接触时枝的"语言过程说"。日语学者山田孝雄对五十音图的历史式考察、保科孝一的日语史也是这时候接触的。

俄国的日语研究从漂流民开始，也是叶理绥告诉鹤见的。他们是靠着乘坐萨摩船只漂到勘察加半岛的少年冈萨的语言，制作了俄国最早的日语词典（冈萨编，安德烈·伊万诺维奇·博格丹诺夫指导《新斯拉夫日本语词典》，1738 年）。因此，这本字典之中还留有这位少年成长的故乡的方言。

这些故事变成了种子，一直埋藏于鹤见的心中，之后也让他写出了漂流民约翰万次郎的传记（《一个人出生了》，1972 年所收）。不过，不管是十几岁漂流到美国的少年鹤见俊辅，还是失去故乡、在世界各地流浪、刚步入老年的叶理绥，这个时候把他们联系在一起的，大概也是他们都认为自己是漂流民的真实感受。

叶理绥在大学中使用的英语，是他继俄语、法语、德语、日语之后掌握的第五种语言，已经四十多岁的他对此并未精通，因此在哈佛大学未受到特别的尊重。实际上，他和后起之秀赖肖尔们不同，没有学过中文，即便在讲《庄子》时也是用日本汉文式的读解顺序符号来读解[1]，并予以讲解。这种已经"落后于时代"的学者的履历，在唐纳德·基恩（1922 年生）那种通过更新方式开始学日语的年轻俊杰面前，难免有一种无法忍受的知识停滞之感。

1940 年（昭和十五年）暑假，鹤见在短暂回国期间，前往目黑区驹场拜访柳宗悦。数年前，柳宗悦开办了日本民艺馆，他们一家人就住在斜对面的房子里（今日本民艺馆西馆）。柳此时五十一

1　日本人阅读中国古文的一种独特方式，使用普通句读及调整字词前后顺序的特殊符号，直接将汉语古文变成可理解的日文。比如"渡江河"会标记成"度₌江河₁"，读起来则先读小"一"符号前内容，后读小"二"符号前内容，即"江河を渡り"，从而完成了相当于翻译的行为。

1940 年，于纽约州波基普西市瓦萨学院附近。左侧为鹤见俊辅，中间为本城文彦，右侧为鲁丝·玛丽。汽车是本城的，不过他把它作为抵押从鹤见那里借钱喝酒，所有权就归了鹤见

在姐姐和子留学的瓦萨学院中，与她的同学在一起。后排右侧为和子，前排左侧为俊辅

岁。穿过石屋顶的长屋门后，左手边有个小房间，会面就是在那里进行。鹤见似乎是想问柳宗悦自年轻时就持续的对威廉·詹姆斯的兴趣，以及对威廉·布莱克诗歌的共鸣。此时他开始考虑写一篇系统论述詹姆斯的论文。

鹤见在大一时也去哈佛大学神学院上课，听"组织神学"这门课程。在主张一神论自由主义神学的课堂上，他接触了爱默生的泛神论、梭罗对印度教的亲近感、桑塔亚那经由天主教转而主张的无神论。对于鹤见来说，自小学开始就熟悉的不区分神与佛的柳宗悦，在此重叠并浮现出来。在这种日常的神秘之中，也仍有一条通向实用主义的道路。

按时返回美国开始 9 月的新学期时，俊辅选择了途经洛杉矶的海路。在船停岸的洛杉矶港圣佩德罗移民局，因为没有向办理入境手续的行政官员说"Yes, Sir"的谦逊措辞，他被扣上傲慢自大的帽子，关进了拘留所。对鹤见来说，这是第一次入狱。虽然迅速被释放，但这次经历给后来更正式的拘留的时候，带来了可谓预防针的效果。

返回大学后，从 1940 年夏季末到秋天，俊辅协助叶理绥、赖肖尔编写日语教科书。姐姐鹤见和子整个夏天一边参加哈佛大学的夏季小学期，一边全程担任这项工作的助手。本城文彦和俊辅也稍后加入，帮助通读校样，进行校对及推敲文字。

这本日语教科书《大学初级日语》(哈佛燕京学社, 1941 年 5 月)没有对话，在编写中聚焦于掌握日语阅读能力这一目的。换句话说，它的开篇不是仅有假名的儿童式课文，而是立刻出现汉字、假名混用的一般日语文章。这是一套学完一系列（包括课文篇、单词、语法、附注篇，共两册）后，连候文等日语文言文都能阅读的教科书。课文虽然很多，不过都是从《普通小学读本》（文部省）和《普通学校国语读本》（朝鲜总督府）中选取的。所谓"普通学校"，是指在殖民地朝鲜主要面向朝鲜儿童（而不是日本人）的初级学校。此外，叶理绥也新写了一些文章。（在《大学初级日语》初版叶理绥、赖肖尔共同署名的"序文"中，列举了鹤见和子、本城文彦及鹤见俊辅的名字，注明各人贡献的内容并对此表示感谢。）

这套教科书受到好评，在增补版（1942）、加印版（1944）都进行了修订。赖肖尔作为更年轻一代的研究者，对叶理绥新写的文章中散见"女大十八变"这种古老的俏皮话感到不满，每次都会将这些内容替换掉。不过，更有必要进行根本性修订是因为另外的事情。1941 年 12 月 7 日（美国时间），日美之间开启了战争。

开战一下子增加了学习日语的学生。它不仅仅意味着学生人数的增加，也代表着内容的变化。

战争迫切需要的，不是能"阅读"对方国家的文学作品，而是能和对方国民及俘虏"对话"的语言知识。

美国海军的日语学校，由东部的哈佛大学和西部的加州大学伯克利分校迅速组成。哈佛的日语学校虽然委托叶理绥负责，但仅仅一期之后就被废止了（1942 年 9 月）。伯克利的日语学校，也在 1942 年 6 月之后转到了科罗拉多州博尔德市的科罗拉多大学。

为了满足迅速学习日语对话的需求，美国海军的日语教育项目负责人要求选择在东京出版的长沼直兄《标准日语读本》。美国驻日大使馆的日语教室也使用这套教科书。不过，叶理绥顽固地拒绝，坚持使用自己编著的《大学初级日语》作为教科书。最终，海军判断那种日语教育法与军事目的不符，废止了哈佛的日语学校。

另一方面，伯克利的海军日语学校的迁移，是因为日美开战后，在西海岸居住的日裔人员被强制转移到内陆（根据1942年2月19日发布的总统令）。虽然新兵都是白人，但教师大多是日裔后代，必须迁走。顺便一提，作为伯克利海军日语学校第二期学生，唐纳德·基恩是1942年2月报名入学的优秀学生之一。同年6月，该校搬到博尔德，基恩共接受十一个月通向情报军官（在战场等地担任口译、笔译）的日语速成教育。他使用的教科书就是前文提到的长沼直兄的《标准日语读本》。

另一方面，美国陆军也开设了日语学校。这所学校位于首都华盛顿近郊、弗吉尼亚州的阿灵顿，聘请赖肖尔为负责人。教科书依然是他和叶理绥编的《大学初级日语》。不过，在1944年新修订的版本中，为了能够让没有学会假名、汉字的学生也能使用，这套教科书增加了用罗马字母标记的文章，并分成三册，书名改作 Elementary Japanese for College Students。换句话说，原来的两册版本中"大学生"是"University Students"，但新的三册版本则是"College Students"。（这套三册版本增加了吉桥武彦这位日裔第二代移民，作为新的编者。）

第二学年下学期，即1941年春天，鹤见俊辅开始准备以威廉·詹姆斯为题的优等生论文（毕业有优等生资格的人要写的论文）。指导教授准备请哲学系泰斗拉尔夫·巴顿·佩里（1876年生）担任。佩里是詹姆斯的直系弟子，是其遗稿《彻底的经验主义》的编者，也是两卷本传记《威廉·詹姆斯的思想与性格》（1936）的作者。这部传记获得了普利策奖。

同一时期，也是姐姐和子在纽约州瓦萨学院研究生院哲学系，费心完成基于马克思主义观点批判杜威的硕士论文时期。她告诉俊辅，要像优等生那样，选择"关于……""以……为重点""从……方面的考察"等加上各种限定词的论文题目。俊辅对这种老套的想法感到焦躁，讽刺地写信告诉她自己在准备的论文是《特别强调没有特别事物的非存在论》。不过，认真的姐姐又回复了一封信，意思是即便是姐弟，但很佩服他写出了非常不同的论文。顺便说，同年6月，鹤见和子在瓦萨学院取得硕士学位的论文题目是《作为社会科学方法的历史唯物主义与工具主义的比较研究》。

同年7月，美国政府最终宣布冻结日本在美资产。留学生们获取学费的手段被切断，必然加深了被逼入困境之感。

这年夏天，俊辅没有回日本探亲，而是想自己能赚一些是一些，拜托前田多门担任馆长的纽约日本文化会馆日本图书馆，在暑假期间做搬送书籍的兼职。薪资是一周十六美元。在此之前，他去纽约都住在基督教青年会，不过如想更加节俭，就租住在贫民区哥伦布圆环中一处没有电梯也没有浴缸的特别便宜的顶层房间。

快到9月的时候，南博（1914年出生）这位比他大八岁的青年，从京都帝国大学文学院哲学系心理学专业毕业，前往纽约州的康奈尔大学研究生院留学。

在叫作国际公寓的留学生的聚集区（姐姐和子也在这里住着），俊辅与南相识，迅速熟悉并聊得很投机。南主动说，难得如此，我们要不要一起翻译呀？有什么好玩的书吗？俊辅提到了还没出版的弗朗西斯·奥托·马西森的大作《美国文艺复兴》。

另外，俊辅也聊到了乔治·赫伯特·米德（1863—1931）。虽然他觉得很有意思，但也感到内容很难。米德的综合性著作只有去世之后出版的四卷讲义录，俊辅以其中查尔斯·莫里斯编的《心灵、自我与社会》一卷为例，详尽客观地说明棘手的地方。于是，南博一再佩服地说道："那本书京大图书馆有，但是没人看。原来真有人看啊！"

另外，这个时候，图书馆的兼职同事还曾围着海伦·凯勒说过话。当时她六十一岁。告诉人想听宫城道雄（盲筝曲家）的《春之海》，因为耳朵听不见，海伦·凯勒把手指放在留声机上，通过振动想象曲子的调子，然后通过翻译表达了"非常有意思"的感受。接着，她询问"这里的人都是什么人啊"。于是大家都介绍了自己，鹤见说："哈佛大学的学生，大二刚刚结束。"海伦·凯勒回应说："我是旁边的拉德克利夫学院的学生。在拉德克利夫我学到了很多。不过，自毕业以后，就必须把在那里学的很多东西 unlearn 了。"

俊辅此时第一次听到"unlearn"这个词。那时他没有深入思考该词的意思。不过，这个词一直留在耳边。

后来回想时，他也觉得那不是"忘记"的意思。又过了很长时间之后，他觉得硬要说的话，它应该是"松开知识"的意思。

这年秋天，鹤见俊辅离开杨格家，租住到剑桥市欧文街 43 号一处木制三层楼的阁楼，开始独自生活。因为杨格家的长子肯内斯成为美国国务院的官员，定下来前去华盛顿工作，一家人便将次子查尔斯独自留在剑桥市，搬到华盛顿了。没有朋友来俊辅房间找他，因此俊辅一个人闭居这里，继续着"第一病"的学习生活。

俊辅从这时开始咯血。有时几天一次，有时一周左右一次。不过，他没有和学校说。说了的话，明年 6 月就不能毕业了。他没有能再支撑一年学习生活的资金了。

11 月下旬，日本驻美公使若杉要的亲笔书信寄达美国东部的全部日本留学生。其内容是，随着日美关系恶化，强烈建议大家乘坐近日从西海岸洛杉矶出发的撤侨船"龙田丸"返回日本。

接到信件后，留学生之间开始秘密讨论。

俊辅一直都觉得日美开战是无法避免的事情。现在也觉得如此。因此，他老实地写下理由，将拒绝回国的信件交给若杉公使寄回，其内容是自己现在因肺结核而咯血。因此，不充分利用所剩的时间，就失去做学问的机会。

姐姐和子也在纠结。她转到哥伦比亚大学研究生院哲学系，现在正在定博士论文题目。如果现在自己选择留在美国，会使政治家的父亲的立场陷于麻烦境地吧。父亲也联系他们，劝他们尽快回国。不过，和子表示想继续学习的想法后，家里通过纽约的总领事馆发来电报，"如果想留下的话就留下来，按照自己觉得好的方式做"。她也决定留在美国。

另一方面，南博从纽约州寄来的明信片，这个时候到达了剑桥市的俊辅身边。其中只写了"你要怎么做？我思考了一下，决定不回日本"。在这封有内在含义的信中，南清楚地告诉俊辅，作为某种意义上的共产主义者，他做好了心理准备，就算战时也要留在马上就成为日本交战国的美国社会。

最终，大部分留学生都告诉若杉公使，在当前状况下要留在美国。不过，也有人停止大学学籍，搬出租住处，横穿美国大陆并抵达西海岸的港口。然而，大使预告的"龙田丸"入港一再延迟，最终在船抵达之前的 12 月 7 日，日美之间开战。

（战后，撤侨船"龙田丸"的航班计划，被用来作为日本军方不会对美开战的伪装一事大白天下。本来，"龙田丸"预定在 11 月 20 日从横滨出港，但在海军的主导下，出发日期一直延迟，一直到 12 月 1 日的御前会议决定开战之后。载满准备回国的美国人的"龙田丸"，最终在 12 月 2 日出港，但 7 日开战的通知一出，它立刻掉转船头，全速返回日本。换句话说，从结果来看，连若杉公使对留学生的真心考虑，也被卷入了军部的计谋之中。）

拜响应若杉公使劝告所赐，一位学籍、住处都丢了的青年（原阿默斯特学院的山本素明）不得已搬入鹤见俊辅租住在剑桥市的阁楼，暂时只能寄食在那里。不久，在波士顿开办牙齿矫正诊所的藤代真次博士收留了他。藤代博士通过苦学而在当地获得成功，是抱着帮助日本留学生这一笃志的当地名士。

开战当天的 12 月 7 日，鹤见俊辅也只是整日学习。他前往大学附近的便宜食堂吃饭，此时顾客稀少。之后，他像往常一样吃了酿菜椒，为了省钱没有喝红茶，就直接回到住处了。

爬上阁楼后，俊辅注意到房间里好像有人。打开门。在米德尔塞克斯中学时代相处三年的查尔斯·杨格一个人坐在椅子上。他站起来，面向俊辅这样说道：

"战争开始了。接下来就会变成互相憎恶了吧。不过，让我们祈祷克服它的时刻来临。"

俊辅并不理解查尔斯的感情。他自己不会恨美国人。因为他相信整体来说美国更正确，所以没有恨它的理由。但是，同时他也想到，如果日本在这场战争中失败的话，那时候自己一定要在日本。

本城文彦虽说在哈佛大学留学，但他是日本外务省官员，因此作为交战国外交团的成员要被拘留。他和其他外交官及其家人一起，被送到弗吉尼亚州山中的疗养院温泉村，开始了在该地酒店中的软禁生活。

藤代真次博士在剑桥市的家中为他们举办了告别派对。不过，本城在派对结束后与众人告别，一个人夜里绕远路，步行来到鹤见的房间。

鹤见回忆起，"那大概是两人最后一次互相敞开心扉聊天"。

<small>（后来本城文彦成为外务大臣东乡茂德的女婿，改姓"东乡"，战后历任外务审议官[1][1972]、外务事务次官[1974]、驻美大使[1975]等。）</small>

1　日本行政制度中，后文的"事务次官"是公务员层级中最高官职，之上便是大臣、副大臣等特殊官职，外务审议官是日本外务省仅次于事务次官的官职，参与制定外交计划、对外交涉等。

1941 年年末，鹤见给日本的家人寄信，告诉他们自己大三上学期的成绩居于前列（即占前 5%）。按照《日内瓦公约》，交战国之间的信件委托给国际红十字会来传递。文章要用欧洲语言等二十五国语言书写。这封信抵达日本的老家需要花费几个月时间。

过完年后，1942 年 3 月 24 日，傍晚。

在剑桥市欧文街 43 号的租房内，鹤见正在睡午觉，没有敲门声房门就被打开了，三名身穿制服的男人进入微暗的房间，自称是联邦调查局人员。鹤见想从床上起身，感觉到两个膝盖打颤，像发出声音一样不断地撞在一起。之后近五个小时，三名人员一直在房间内搜查。

他们打开书柜，注意到了德语词典。

其中一人问道："你用这个和德国人通信吗？"

桌子上放着黑檀木的耶稣十字架雕像。这是离开日本时，小石川浸礼宗教堂的熊野清树牧师赠给他的。

"无政府主义者，却带着耶稣雕像？"另一个人又说。

俊辅想对此回应什么的时候，忽然开始明白他们为什么现在闯入这里。

去年 12 月 7 日开战以来，除去与外务省相关的人，住在波士顿周边的日本人基本上没有被拘留（这一点和纽约周边情况不一样，那边随着开战，国际商人［商社员工、银行员工等］及记者相继被带走）。作为敌国人员，虽然旅行必须有政府的许可，但日常学习及其他生活依然自由。总检察长在广播上说"除了扰乱治安者以外，不会逮捕敌国公民"，被理解为美国不会逮捕普通留学生。

不过，鹤见俊辅身上有一件与此相关的特殊事情。

去年（1941）秋，在搬到欧文街43号时，他要进行外国人登记，并接受问话。因为前年（1940）美国国会通过了《外国人注册法》，规定所有十四岁以上的境外人士，每年需要注册、采集指纹，在变更住处后也要通知政府。

而到了今年（1942）4月，在美生活的敌国人（日本人、德国人、意大利人等）被叫到移民局，接受"敌国公民登记"的调查。当被问到如何看待这场战争时，鹤见这样回答道："我自己心里是无政府主义，所以这种帝国主义战争中哪个国家都不支持。"对自己判断力不足的悔恨，现在变成尖锐的痛感，掠过心底。

即便如此，因为想到开战之后很快就可能被捕，他原本已经提前把日记等东西放到朋友家中了。不过，三个多月过后什么也没发生，俊辅在数日之前刚刚将它们拿回来。搜查官现在将那些和从日本寄来的信件一起取出来，在面前摊开，准备带回去。

"我把它们放到这个行李箱里拿走可以吧？"一名搜查官指着柳条箱说道。

未完成的优等生论文、用记事本记下的二十册日语日记，也一件接一件地被放入两个柳条箱中。（后来俊辅知道，受联邦调查局委托，赖肖尔看完了这些笔记本。）

"那么，一起走吧。"对方催促道。

鹤见问要到什么时候。

"那就不知道了。"

床侧面的窗户旁边，放着一大瓶十四美分的牛奶，还剩四分之三左右。

"牛奶还留在那里，我喝完之后走。你们要吗？"

"不必了。"对方如此回答。于是，鹤见将牛奶倒成三杯，慢慢地喝完。这个时候，他注意到腿已经不再战栗了。

他们沿着幽暗的楼梯从三楼下来。房子的女主人站在正门口。那是一位叫伊丽莎白·拉塞尔的老年女性。不过，搜查官没有允许他郑重地打声招呼，就让他上了面前路上停着的押送用的别克车，之后汽车开往位于波士顿市的联邦调查局总局。

后来鹤见听说，他那间散乱的屋子由都留重人、山本素明、在纽约居住的姐姐和子帮忙收拾。其中山本素明已经没有学籍，晚一个月左右也和鹤见一样入狱了。

据说，房屋女主人伊丽莎白·拉塞尔之后很生气邻居对她租房给敌国人说三道四，为鹤见这位年轻日本人辩护，虽然这位老太太不是亲切的人，除了付房租时，俊辅基本上没和她打过交道。

总之，预科学校一年、哈佛大学两年半，鹤见人生之中的"第一病"时代就这样随着日美开战而唐突地结束了。

不过，两年前，他已经有被关入洛杉矶港圣佩德罗移民局拘留所的经历。因此，这天夜里很晚才被送到波士顿移民局的拘留所时，俊辅并没有特别惊慌失措。

被拘留的人都已睡着了，鹤见得到了一排上下铺中的一个床位。房间完全黑暗，也不知道旁边睡的是什么样的人。只有厕所的灯亮着。

横躺在床上的时候，俊辅回想今天一天发生的事情。他感到马上就要睡着，这件事值得开心。而且，他也有一种不再学习也可以的解放感。

第三节　牢狱之中

　　拘留外国人，不使用一般的公安系统的拘留所，而是用移民局的机构。因此，除了涉嫌违反移民法的人，被指控杀人、诈骗等各种罪行（对美国来说）的外国人都在这里。鹤见是在夜晚结束，到了第二天早上才知道这些。被收押的女性则被分开隔离，不允许彼此交流。

　　上午和下午，都有报童穿越铁丝网来卖报纸。鹤见买了报纸，慢慢地阅读，到傍晚天还亮着的时候就吃饭。主食是意大利面和通心粉，比此前鹤见在外面吃的东西更好。之后就是在床上闲躺着。在消磨时间中，有人唱起了德语歌曲，于是牢房里都在传唱。被关押的人几乎全是德国人和意大利人，直到将近一个月后山本素明进来，才有其他日本人。在这样的生活中，不久鹤见的咯血也好了。

　　对于写到一半的优等生论文被扣押，鹤见半觉遗憾，半觉放松。不过，在写信将此事告诉指导教授拉尔夫·巴顿·佩里后，后者立刻与联邦调查局交涉，将写到一半的论文从拘留所取出给了他。鹤见很早就表达了应该与纳粹德国开战的见解，警察对他比较有好感。

事已至此，就必须在狱中继续写论文了。然而，白天大家待的房间太吵闹，没法写作。因此，鹤见尽量白天一整天发呆，等到晚上大家都睡着而安静后，就在厕所把马桶盖当桌子，直接跪坐在瓷砖地上写。写好的部分送给纽约的姐姐和子，请她用打印机打好再送回这里。俊辅校对之后，再寄回去。姐姐将终稿寄给哈佛大学，总算在限期之前提交了论文。

不久，到了期末考试时期，大学甚至将监考官派到拘留所，让俊辅在铁丝网内接受考试。哈佛大学一直到最后都贯彻原则，选择独立于国家的判断。（本次考试鹤见没有取得足够毕业的成绩，不过在5月下旬召开的毕业资格审查的教授会上，有人提出不将鹤见此次提交的论文视为完成毕业的优等生论文，而是作为补足大三下学期没有上的课的论文，并发放毕业证书。此项建议得到同意。这也是考虑到他大三上学期取得了名列前茅的成绩。因此，鹤见的毕业成绩不是最优等［Summa Cum Laude］。）

4月下旬，决定是否继续这样拘留鹤见俊辅的聆讯召开。监护人施莱辛格教授作为特别辩护人出席，陈述了以下辩护意见："希望各位注意，从调查书来看，当事人基于自己的信念，主张对帝国主义战争的各方均不支持，在比较日本与美国的战争目的后，认为美国更稍微正义。所以他不该被拘留。"陪审员有三人，分别是天主教神父、哈佛商学院教师、普通公民（纳税人）代表。在决定释放还是拘留的评议中，出现了1:2的结果（哈佛商学院教师选择"释放"，天主教神父与公民代表选择"拘留或类似措施"），于是法院下达将鹤见作为"被拘敌侨"的判决。

决定拘留后，为了带着号码牌拍照，鹤见俊辅被铐上手铐乘坐汽车，前去隔了好长一段距离的照相馆。经过查尔斯河畔时，可以远远看到哈佛大学校内教堂的尖塔。这是这所大学留在他眼中最后的景象。

同年5月13日，鹤见从连续拘留约五十天的东波士顿移民局拘留所，转移到纽约湾埃利斯岛的联邦移民收容所。四年前的秋初，被关进此处的表哥佐野硕就是从这里给鹤见一家住的皮埃尔泰姬陵酒店打电话。

从东波士顿移民局的拘留所出来时，俊辅的袜子开了一个洞，一个小混混模样的德国年轻人注意到后，给了他一双新的。鹤见说自己到了外面社会，生活就不会有困难了，推辞不要，但是对方并不相信。

在埃利斯岛的监狱只待了两晚，同年5月15日，鹤见就和其他十六名日本人一起被转移到马里兰州的米德堡收容所（根据此后乘坐交换船时鹤见亲笔写的"调查问卷"）。这个机构负责将被拘留的日本人集中起来，3月中旬之后，包括纽约的商社员工在内的近一百五十名日本男性都被收押到这里。

不久，被拘留的日本人之间就一直谈论政府会进行"日美交换船"这一话题。5月7日，美国与德国、意大利之间的交换船"卓宁霍姆"号已经载着德国外交团近六百人、意大利外交团近三百人等，从纽约出港驶向交换地里斯本。因此，他们的讨论更密集了。

日美之间开通交换船的事宜，自开战（1941 年 12 月 7 日）不久之后，就在双方的中立国利益代表（日方是西班牙，美方是瑞士）的撮合下反复交涉。

在美国与德、意之间开通交换船的 5 月 7 日左右，第一次日美交换船的实施计划概要，也已经在米德堡收容所的被拘留者之间传开了。

> 交换船与美国政府签约。北美、加拿大、墨西哥、中美、南美，即西半球全部侨民中约一千五百名，乘坐中立国的瑞典－美国蒸汽船公司载重一万二千吨［注：准确地说，是一万八千吨］的"格里普斯霍尔姆"号首批回国。其中，外交官约五百人，普通人，包括国际商人、学生和一时旅居他国者等约一千人。6 月 10 日从纽约出发后，该船在南美洲的里约热内卢再搭载约五百名同胞，自此横穿五千海里的大西洋，绕过好望角，在葡属洛伦索马贵斯进行日美两国公民的交换。

（星野治五郎《美国生还记》）

换句话说，这是不限外交团体及国际商人，而是将普通的民间人士也包括在内的更大规模的交换。

关在拘留所的人中，有近一百二十人提出了希望乘坐首次交换船回国的申请。被拘者自治组织的委员们也一边与美国政府官员交涉，一边开始着手取回各人家中留下的财产等事宜。

不久，鹤见收到哈佛大学的信件。前文提到的认可其毕业的教授会决定，就是这封信告知的。不过，这份通知仅以非常冷淡的语气，写了以下内容：

"在东波士顿移民局拘留所进行的毕业考试，结果是不及格，而且提交的论文也无法作为优等生论文，不过教授会认可它是授予理学学士（即未修希腊、拉丁文的学位）的参考资料。"

能看到的就这么多。对于鹤见来说，他内心依然觉得不安，不知道这下自己能不能毕业。

这所收容所中有很多日本人，以及过去曾是日本人的男性。

有一个中年男性在稍微高一些的、存放物资的场地一角，一个人练习倒立走路。他是杂技团团员，如果不这样锻炼，放松下来，就不能做回之前的工作了。因此，这种运动每一天都不能少。

所谓交换船，并不是每个日本人都必须乘它回国。搭乘或不搭乘基于个人的决定。不过，如果留在美国，到战争结束之前可能要一直被拘留在收容所中。如果接受这一点，留在这里也可以。不断练习杂技的男子大概从一开始就没想过要乘坐什么交换船。

此时还有一位叫作"阿拉斯加久三郎"的男子。他本名斋藤久三郎，是在因《排日移民法》（1924）而使日本移民严格受限之前，就前往美国开始工作的那一代劳工。第一次世界大战时，他作为美国士兵，在阿拉斯加担任边境警察。他经常会说起那个时候的事情，所以这就成为他的中间名，被称作"斋藤阿拉斯加久三郎"。

他是个即使洗衣服，也会自己慢慢考虑清楚顺序之后再做的人。英语不是很流利，但他会依据自己的水准来推测单词的意思，之后使用它。某天，他说作为被拘留者领袖而忙来忙去的人（野田岩次郎，日本棉花纽约分店店长），"真是英特耐雄纳尔的人啊"。

从日本的大学毕业后来到美国的公司职员听到后，带着戏弄的语调问他："英特耐雄纳尔是什么啊，斋藤？"

阿拉斯加久三郎毫无畏惧地回答道："是胸怀宽广的人啊。在不慌不忙地环顾世界后进行思考的人。"

实用主义运动，便是从清楚定义语言含义的动机开始的。如果这样的话，尽力支撑这种人生活的语言中，也可以看出许多经过打磨后的定义集。

教导俊辅如何干净地打扫厕所的白发老人上山先生，听说鹤见是学哲学的，便说自己十几年前曾带着佐佐木秀一这位教育家去见过约翰·杜威。

这位佐佐木秀一，是鹤见的小学（东京高等师范学校附属小学）校长。那时鹤见读过佐佐木老师的一本书。在这本《黑伟人故事——力行龟鉴》（1931年，厚生阁书店）中，创办最早黑人学校的布克·华盛顿（1856—1915）的传记（由其自传改编）印在俊辅心中。这位佐佐木老师居然有与杜威相关的研究经历，俊辅来到这所收容所才第一次知道。

根据记载，"为了教育学特别是与道德教育相关的研究"，佐佐木秀一曾公费前往英国、德国、法国及美国留学两年，出发是在1925年（大正十四年）1月。其间又被允许半年的自费停留，在1927年（昭和二年）6月回国，复任东京高等师范学校附属小学校长。他于1874年（明治七年）出生，因此是五十多岁出外留学。

也就是说，此次研修留学回国后，佐佐木老师开始写黑人教育家布克·华盛顿的传记作为成果，而该书在出版不久后的1932年（昭和七年），被小学四年级的鹤见俊辅读到。不过，此时距离他在马里兰州的收容所，得知整件事情的经过还需十年的岁月。

鹤见与大河内光孝相识，也是在米德堡收容所。关于这个男人的传说，鹤见在东波士顿移民局的拘留所时，就从之后被关进来的日本人那里听说了。大河内也被叫作小光，是个有气度的人。他没有后台支撑地在纽约周边生活，在平民阶层的日本人中间似乎很受信赖。

大河内光孝据说是大河内辉耕子爵的小妾生的孩子。自然，渡美并在那里生活的他，并不会亲口说这些事情。

儿童时期，他在学习院初等学科（之后的初等科）上学。学校有个比他低两三年级的很可爱的男孩。他做好糖球后，两个人就开心地吃。那个孩子是迪宫，也就是后来的昭和天皇。不久，给那个孩子糖果的事被视作问题。此时，学习院院长是乃木希典。父母恐惧无措，就让孩子从学习院退学，去街区的小学上学了。此后，他走上歪路，因为不想和正室的孩子争继承权，就前往美国，在那里加入世界最大的马戏团——玲玲马戏团。他负责的是幕间剧的柔道戏，与原本是力士的人演对手戏。扮演恶汉的力士，要诱拐一位女性（实际上是力士的妻子）时，小个子的大河内光孝就出场，用柔道的招数轻易地将对方扔出去。他们在全美各地这样巡回演出。

他还做过像魔术一样的扑克牌表演，也做过走江湖，卖假货的行当。

此外，还有这样的故事。

"如果你和年轻同伴一起在山中遇险，这样下去没有生还的希望，那么要怎么办呢？如果是我的话，就把尚存的食物全部给年轻的同伴。这样的话，年轻同伴可能有生还的希望。所谓自我的觉悟，就是这些啊。"

1942 年 5 月 29 日，指定乘坐第一次日美交换船的归国人员名单公布。

位于指定归国者名单上的人，按照英文字母的顺序，一个接一个地接受管理收容所的美军大佐的说明。不过，名单上仍有很多不周全的地方，繁杂的交涉仍在持续。

在吵闹之中，鹤见俊辅也被美国政府派遣的官员叫出去，并被告知"现在有日美交换船，你是乘它回国，还是留在收容所，按自己的意愿选一个吧"。鹤见回答说，坐船回国。

另一方面，住在纽约的姐姐和子在 6 月 1 日收到美国国务院的电报，"请二十四小时之内回电，告知是否乘交换船回国"，并决定回国。

在剑桥市哈佛大学继续讲课及调查研究的都留重人，收到交换船的通知也是在 6 月 1 日夜里。都留这边提前就递交了大意是希望夫妇一起乘坐交换船回国的申请书。

"因为要不晚于7日（周日）中午之前出现在埃利斯岛，只剩下周二、周三、周四、周五和周六五天。（……）每人三百美元，船舱内可放行李的地方不超过三十二平方米。"（都留重人《回归日记》）

实际上，在去年12月开战前夕，日本外交当局围绕鹤见姐弟出现了小争论。在战争不可避免的局势之下，纽约日本文化会馆定于11月末关闭，整理核心设施的日本图书馆也得到当地日本侨民的帮助。那时，驻纽约总领事森岛守人在致辞时，以难忍其做法的态度说，"像鹤见姐弟那样没国民本分的人，即便接下来有船出发也不回去"。

森岛总领事当时四十五岁。对于鹤见姐弟的愤慨，应该是指此前两人谢绝驻美公使若杉要劝说乘撤侨船"龙田丸"回国的事。不过，只是拒绝的话，大多数留学生也是如此。但鹤见姐弟——特别是鹤见和子这边，如前文所述，父亲鹤见祐辅通过让纽约总领事馆中转的方式，发电报告诉纠结是否归国的她，"如果想留下的话就留下来，按照自己觉得好的方式做"，让受命居中传达的总领事森岛，在面对作为外交官大前辈的若杉公使时，非常有损颜面。这样，鹤见祐辅对家人的过分偏袒，难免在和周围同事的关系方面也惹起风波。

如果考虑直面开战的驻纽约总领事这一职责所带来的重压，那么森岛的愤懑也有值得同情的地方。森岛痛骂自己孩子的消息，很可能传到在日本的祐辅的耳边。

此后的1942年3月26日，外务大臣东乡茂德发来的电报（寄给驻西班牙公使须磨弥吉郎），在关于乘日美交换船回国的留学生优先顺序中，特意增加了手写的一条"让鹤见和子及俊辅优先"。能想到这一条，并且有办法让外务大臣追加内容，除了鹤见祐辅以外很难有其他人了。

作为应对森岛总领事愤怒的对策，这或许就是他要保护自己孩子安全的方式。鹤见祐辅这种公开的偏袒态度很坚定，对此，儿子俊辅的烦躁更加难以平静。

被拘留在米德堡的日本人中，有三十人左右选择放弃乘坐交换船，留在美国。担任被拘日本人发言人及领导的野田岩次郎，以及将他评价为"英特耐雄纳尔的人"的斋藤阿拉斯加久三郎等都留下了。另一方面，大河内光孝决定和留在家中的日裔二代移民妻子玉代在纽约会合，然后乘坐交换船回日本。

不过，此后野田岩次郎也乘坐1943年的第二次日美交换船独自回国，留下了美国人妻子和女儿。战后，他负责拆解财阀的实际工作，之后成为大仓酒店（当时叫作大成观光）的首任总经理。

1942年6月9日，米德堡收容所的被拘者在晚饭后汇聚一堂，举行送别会（约三十名留下的人之后被转移到蒙大拿州的米苏拉收容所）。

翌日凌晨，包括鹤见俊辅在内的归国者从米德堡站出发北上。列车的窗户降下了百叶窗。到达曼哈顿的宾夕法尼亚站是六个小时之后了。在看热闹的群众的围观下，他们进入移民局指定的集合地宾夕法尼亚酒店。从各地来的归国者已经抵达，酒店内一片混乱。7日，从剑桥市来的都留夫妇也在其中。

酒店成为移民局进行检查和办理出国手续的地方，因此一旦进入就不允许再出去。带入船舱的行李，每人限两个行李箱，检查也很严格。移民局官员细致地进行身体检查，甚至让他们全裸。

被拘留在西弗吉尼亚州白硫磺泉镇的日本外交团一行三百多人，11日正午之后到达霍博肯站（4月上旬，他们从弗吉尼亚的温泉镇转移到此）。他们穿过长长的站台，在码头通关后，沿着舷梯登上"格里普斯霍尔姆"号。白色的侧舷上醒目地写着"DIPLOMAT GRIPSHOLM SVERIGE"，也大大地绘上蓝底黄色十字的瑞典国旗。这时开始下起了雨。

在他们之后，从米德堡收容所移送过来的一行人也登上了船。其间，装载体量庞大的行李工作持续不断。除了维持漫长航程的食物及水、归国者的行李以外，还包括给在日本统治下的美国俘虏、被拘留人员的救济物品（加上从加拿大、南美寄来的东西，共六千九百九十一件，约两千吨）。

傍晚，轮船终于离开泊位，开始沿哈德逊河往下，在骤雨之中离开宽阔的海湾。右侧的埃利斯岛、自由女神像，左侧的曼哈顿高层建筑缓缓退向远方。船只在纽约港的海岸，靠近斯塔滕岛的地方临时停泊。

都留夫妇因为行李检查拖延，晚了一天，在12日日暮时分才乘船。他们从码头乘坐四十分钟左右的汽艇，抵达船上。

在这艘船上，抵达的都留重人告诉鹤见俊辅"你确实毕业了哦"。前一天的6月11日是哈佛大学毕业典礼的日子，按照惯例，当地的报纸会登载全部毕业生的姓名，有近千人。都留看过，确认上面有鹤见的名字。

又过了数日，从中美洲及夏威夷移送过来的人陆续登船，到 18 日凌晨前,"格里普斯霍尔姆"号终于起锚,从纽约港出发。关于至此的乘船人数,日本外务省的资料是日本人一千零六十六名,泰国人十七名(泰国虽然是独立国,但在日美开战之时,被迫和日本一起发布了对美宣战公告,因此也被当成轴心国成员。在实施交换船计划时,泰国人最初有近百人准备乘船,但是全部官员放弃,仅十七名留学生[之后修订为十八名]乘船。这些学生多是王族或政府要员的子女。在洛伦索马贵斯交换乘船者后,这一行人在停靠港昭南岛[新加坡]下船,前往泰国),共一千零八十三名。不过,确切的细节仍然有很多不清楚的地方。

从纽约港出港时,船只遭遇海上漂浮的鱼雷危险最高,因此从起锚开始,船上空气就紧张起来。一直到该月 20 日,船上都是"一级警戒"状态,所有人穿着救生衣,随时准备登上救生艇。

鹤见俊辅在船只出港一周之后,即 6 月 25 日迎来二十周岁生日。姐姐和子也在临近出港的 6 月 10 日年满二十四周岁。

第四节　通向战败故国之旅

"格里普斯霍尔姆"号建造于 1925 年，约一万八千吨，是一艘瑞典船籍的大型客船。

船上的房间按照在美国所属的社会层级，分成六个级别，从野村吉三郎、来栖三郎（两任驻美大使），若杉要（驻美公使），前田多门（日本文化会馆馆长）等人住的最上层的高级房间，到没有窗户、几乎在船底的蚕棚似的四人间。鹤见俊辅他们被安排的是最底层的房间。屋内通风不畅，而且非常热，因此除了睡觉的时候，他们多是在甲板上度过。对于这种待遇，他们在闲聊解忧时自称"第六阶级"。

这处最底层的房间被称作 E 甲板，由三十名左右的留学生、年轻研究者和普通商铺员工一起住。其中，彼此心境相合的同人自然而然地聚在一起。研究者有普林斯顿高等研究院的数学学者角谷静夫（1911 年生）、细胞生理学者神谷宣郎（1913 年生）。这两位已经是在同行研究者中拥有知名成果的人。学生里面，有在哥伦比亚大学学习宗教哲学及思想史的武田清子（1917 年生）、同样在哥伦比亚大学研究生院哲学系读博士的鹤见和子（1918 年生）、刚刚从哈佛大学哲学系毕业的鹤见俊辅（1922 年生）。经济学者都留重人（1912 年生）由夫人陪同乘船，交际圈广，在船舱内待的时间很少。

就算对鹤见姐弟这样的外行，角谷也不在意地持续说着数学的事情，一点不厌烦。有大的无限和小的无限，无限之间也可以比较……神谷对生物的原型这一问题感兴趣，经常说起黏菌。为了回国之后的研究，他用手帕包起黏菌带着，但很遗憾在乘船检查时被没收了。

1942 年 6 月 25 日，鹤见俊辅二十周岁生日，为了纪念，各人写一封信放在瓶子里扔入海中。为了让写的内容在瓶子漂到的世界任何地方都能被看懂，各人都大费苦心。角谷自己说，他写了自己发现的定理。

"如果火星上有某种理性的生物，和他们通信时，作为地球上的人类，要怎么写才好呢？使用任何语言都没有用，所以在地面上画一个大大的三角形，在上面加上表示勾股定理的符号才可以吧？"（鹤见俊辅《交换船上的地球半圈》）

乘船者中有很多著名人士，因此除了留学生之间聊天外，鹤见也多和熟人一起消磨时间，或者到图书室看书。那里的书架上有很多《彼得·潘》作者詹姆斯·马修·巴里的书，鹤见一本本地阅读。也有很多德语书，施尼茨勒、霍普特曼、托马斯·曼等，为了不忘掉德语，鹤见俊辅也看这些书。

7月2日夜，客船停靠在巴西里约热内卢。人们不准下船。从甲板眺望，遥远处尚有微弱光亮的山上，竖立着安有电灯的十字架，可以看到巨大的基督像。街区在丘陵上蔓延，灯火很漂亮。

翌日早上，船只开始装载食物、行李。到了午后，这里的乘船者开始登船。巴西来的有三百六十九人，巴拉圭来的有十四人。包括驻巴西大使石射猪太郎在内共三百八十三人在此上船（7月6日，驻西班牙公使须磨给外务大臣东乡的电报）。加上从纽约出发的乘船者，此时总计一千四百六十六人。4日下午，船从里约热内卢出发，驶向作为交换地的东非葡属洛伦索马贵斯（今莫桑比克首都马普托）。

在南半球的航程继续。离开里约热内卢的时候，还是初秋一样的气候，但随着沿大西洋继续南下，寒意渐增。双翼展开，看起来足有三米的巨大的短尾信天翁盯着船上的垃圾，在船尾处不停地翻飞。路上也看见过鲸群缓缓游动的样子。不久，大海变得汹涌，在远远地绕道非洲大陆南段的好望角时，云层从很低处掠过，有时混着雪渣的寒风呼啸。即便这种时候，船上仍有训练。夜里，走廊上响起铃声，人们前去上层的甲板进行求生训练。从高高的侧舷向下看，深不见底的黑色海水汹涌。

绕过好望角后的客船将船头调整向东北方，寒意总算渐渐消退。天空也放晴，回到初秋似的气候。

到达东非洛伦索马贵斯港这处交换地，是在7月20日。从纽约港出发，已经经过了一个多月。

从日本一方出发向此处航行的、载有约一千五百名归国者的"浅间丸""康提凡蒂"号进入港口，是22日的事情了。

日美双方的归国者各约一千五百人，逐一在此地交换。之后，各自的船载上各国的回国者，返回各自的出发地。

从日本前往洛伦索马贵斯的船只是"浅间丸"、"康提凡蒂"号两艘，这是因为日本一方的乘船者不仅在日本（包括其殖民地朝鲜等），而且零散分布在中国大陆、东南亚地区。因此，日本采取的基本方针是，在日本及中国东北居住的人在横滨登上"浅间丸"，在中国华北、华中、华南各地居住的人在上海乘坐"康提凡蒂"号。而且，"浅间丸"途中停靠香港、西贡、昭南岛（新加坡），让该地的乘客登船。不过，两艘船在从洛伦索马贵斯返航时，都经昭南岛抵达日本横滨港这一目的地。

"格里普斯霍尔姆"号抵达洛伦索马贵斯的第二天，即7月21日，乘船者获得下船许可。将近上午11点，都留夫妇、嘉治真三（经济地理学者、日本文化会馆职员）、角谷静夫、鹤见和子及鹤见俊辅一行人从船上下去，时隔近一个半月之后踏上陆地，在这个富有东非殖民地风情的海港城市散步。

22日早晨，从日本出发的"浅间丸"、"康提凡蒂"号终于入港。看到船只靠岸后，都留夫妇与公使若杉要、嘉治真三等人一起前往城市。傍晚时分，都留重人和其他人分别，独自快速返回"格里普斯霍尔姆"号靠岸的码头附近。为了准备近在明天的乘船者交换，船上人员的大型行李已经卸下搬到码头的仓库中。这个时候轮到都留值班了。

傍晚6点半左右，从近处的"浅间丸"下来五六名穿着衬衫的白人男性，从正在值班的都留面前走过。好像是加拿大驻日公使馆的外交官，高高的故交赫伯特·诺曼也在其中。诺曼那边也注意到了都留，两人走向对方。

赫伯特·诺曼 1909 年出生于日本的轻井泽，是一位加拿大传教士的儿子。同样生于东京且是传教士儿子的埃德温·赖肖尔，是诺曼少年时代在避暑地轻井泽的网球伙伴。

诺曼在剑桥大学三一学院、多伦多大学研究生院长期学习后，自 1936 年开始在哈佛燕京学社研究日本史及中国史，在此期间与都留重人相识并熟悉。两人在两个方面有共同的兴趣。第一，诺曼选择的学位论文主题是"明治日本时期的现代国家成立"，而都留计划中的学位论文包含"日本资本主义的生成过程"这一部分，二者在研究对象上有很多重合的地方。第二，两人对于当时的中日关系都有强烈的危机感。

诺曼以学位论文《日本现代国家的成立》获得博士学位。在论文评审时，担任主评审的是叶理绥，副评审是赖肖尔。不过，即便授予了他博士学位，诺曼仍带着强烈的愤懑和都留说，担任评审的两位研究者都不具备足够的日本近代史知识来完成这种评判。

之后，诺曼进入加拿大外交部，作为外语官员在驻日公使馆工作。日美开战后，他被持续拘留在东京的加拿大公使馆内。最终，等到这次包括加拿大外交团的日美交换船项目开启时，他才乘"浅间丸"到达这里。

那个瞬间，都留说出了早就想要对诺曼说的话，关于留在剑桥市的藏书。

"日本经济史相关的藏书，我想给你，已经拜托了塔什斯（洛里·塔什斯，经济学者、时为斯坦福大学讲师）。"

赫伯特·诺曼的传记作者中野利子说这花了"三十秒左右"，都留重人则说"大概十秒左右吧"。虽然是偶然出现的瞬间交汇，但给很久之后的两人埋下了巨大祸根。（注：《都留重人自传：回顾诸多歧路》中，将此记为"7月21日"的事情，不过通过他的《回归日记》等可以确认，正确的时间应该是7月22日。）

7月23日，日美双方终于开始交换归国者了。

如同将码头上的"格里普斯霍尔姆"号前后夹住一样，"浅间丸"在其船首、"康提凡蒂"号在其船尾分别靠岸。上午10点之后，他们收到开始交换的指示，"格里普斯霍尔姆"号的"第六阶级"的学生、研究者也带着随身行李，排成一列，从接近船底的E甲板开始登上台阶。

下到船外后，沿着船身方向铺设的铁轨上，约三十辆货运火车停成一排。从"浅间丸"及"康提凡蒂"号分别有美国（也包括加拿大）归国者下来，沿着火车靠海岸的一侧，排成前往"格里普斯霍尔姆"号的一列。从上海来的"康提凡蒂"号上有六百三十六人（6月21日，驻上海总领事堀内干城给外务大臣东乡的电报），从横滨来的"浅间丸"上有九百一十人，其中除了从横滨乘船的四百一十九人，还增加了驻香港的美国总领事等三百七十七人、驻西贡的美国领事等二十三人，以及从泰国登船的美国驻泰公使等九十一人（此外，在昭南岛应该也有日本军人乘船、下船）。

在对侧，日本人沿着火车靠陆地的一侧走过去。北美上来的人前往左手边的"浅间丸"，中南美上来的人前往右手边的"康提凡蒂"号，各自排为一列，提着随身行李登船。

在这样的交换期间，因为有火车的遮挡，双方归国者看不见对方，不过从车厢消失的地方开始，他们就可以清楚地看到对方的容貌。天正下着小雨。在日本时的旧识威廉·马克斯菲尔德·加罗特传教士从美国人队伍中，向鹤见俊辅打招呼。

"浅间丸"和"康提凡蒂"号返航日本（横滨港），比预定晚一天，在 26 日午后时分出发。很多美国归国者从稍晚出发前往纽约的"格里普斯霍尔姆"号上下来，聚在码头，目送两船出港。不过，也有人没有乘坐这两艘船，而是在洛伦索马贵斯停留了一段。受命转任欧洲地区的十六名日本外交官，包括接到转任驻葡萄牙公使调令的驻纽约总领事森岛守人，加上他们的家人共二十三人留在此港，等待前往欧洲的航船。

从洛伦索马贵斯出港的"浅间丸"、"康提凡蒂"号，途中停靠日本实施军政管理的昭南岛（新加坡），之后前往横滨。

鹤见俊辅等从北美出发的归国者乘坐的"浅间丸"，几乎一从洛伦索马贵斯出发，船上气氛就与"格里普斯霍尔姆"号的截然不同。从第二天起，在船上遥拜皇宫、合唱《君之代》、野村大使敬读圣旨等活动就开始了。野村大使"敬读"的，大概是在轰炸珍珠港当天发布的《对美英两国宣战之大诏》。

在"格里普斯霍尔姆"号上，不管被分配到什么房间，食堂供应的是同样内容的瑞典风格食物。然而，在"浅间丸"上，船上房间分为一等、二等、三等之别，食物也与之相配，有等级差异。留学生、研究者们被分到的，自然是第三等的房间。

8 月 9 日，"浅间丸"与"康提凡蒂"号抵达昭南岛近海。

快艇靠近，上面的军舰旗飘扬。它将两艘船引导到扫雷通道（已经拆掉鱼雷的海上通道），"浅间丸"在前，"康提凡蒂"号跟随。

被置于英国殖民统治之下的新加坡，在1942年2月15日的日军攻击下沦陷，改由日本实行军政统治（2月17日改称"昭南岛"）。自军政统治不久的2月下旬左右，岛上开始了对华人的大规模屠杀。日本以华裔居民被人举报是抗日组织成员的名义，将十八岁以上的男性居民（一部分地区也包括更年轻的男子及女性）关入指定的狭窄区域，接受宪兵、辅助宪兵的粗暴"检查"。到3月上旬，有五千或远超此数的被视为有"敌性"嫌疑的当地人民，未经审判便被杀害。这并非军队进攻时的战斗误伤，而是实施军政之后对普通人的持续的、大规模的屠杀。

下午4点，"浅间丸"抵达昭南港泊位。"康提凡蒂"号也稍晚停泊。

昭南港快速从日军进攻造成的战斗破坏中复兴，散发着活力。入港的时候，在码头上并排站着的日本人，冲着船只兴奋地挥手。一群皮肤晒得发红的被俘白人士兵，穿着卡其色短裤，似乎在从事强制性的劳动。

次日早晨，有人前来迎接前田多门、鹤见和子、鹤见俊辅。是永田秀次郎（青岚，1876年生）。在鹤见姐弟的外祖父后藤新平任东京市长时期（1920—1923），永田与前田多门一起辅助他，其作为俳句诗人的雅号"青岚"也广为人知。而且，鹤见姐弟的父亲祐辅与前田多门本来从一高辩论部至东京帝国大学的学生时代都是盟友关系。

永田秀次郎这年被任命为陆军军政顾问，2月赴任南方军司令部所在的昭南岛，在交换船经停此处时，为了慰劳旧友前田及鹤见姐弟，就将他们请到自己的官邸中。其余约十名留学生也一起受邀。在介绍了市中各处之后，他们抵达了位于郊外丘陵的气派官邸。

永田性格温厚，不过这个时候一直在说"傻一点吧"、"傻一点吧"。鹤见和子留下诗歌，记有那时的状况。

> 那人说"人傻一些好，傻一些"
> 而风越过贵人肩膀，吹过棕榈叶

以及

> 棕榈叶间风恣意，大院看守同我笑

作为陆军军政顾问，对于同年2月下旬至3月上旬持续的屠杀华人事件，永田应该不会不知道。不过，即便地位很高，他也不过是文官，只能建言，对军队行动并没有实质上的发言权。他说话的时候，语调透着对自身无力的自嘲。

在那晚的船上，听到前田多门等人这天的收获后，都留重人记下了这样的日记：

"昭南一日，去街上仅两三小时，却好像强烈地撞上了某种现实。好像会再来这里。前田氏似乎对永田氏说，'官邸过于宽敞，总让人觉得好像是替谁看门啊'，不过这未必只是因为官邸宽敞。又听说，当前统治最麻烦的是菲律宾，接着是马来亚、印度尼西亚。又听说，自 1937 年以来的战争中，被认为最强的仍是中国士兵，像英国士兵那样的军队，在马来亚一被包围，就把枪扔出去投降了。"

8 月 11 日早晨，"浅间丸"与"康提凡蒂"号一起从昭南港出发。不久，船只贴着台湾岛南段通过巴士海峡。两船沿着琉球群岛东侧北上，向着横滨进发。

19 日一早，船只停靠在东京湾入口的馆山海岸。上午 10 点左右，横滨海警署的三十名警察、横滨宪兵队的十名宪兵，以及税务官员、银行职员等乘坐小型船只登船。警察官员对包括留学生在内的三等船舱的乘船者进行了严格的调查，每人都由三人轮换持续不停地问话。而且，他们以内务省警保局及宪兵司令部的名义，给每个人发了记有各项事宜的"注意书"，比如对于在外国见闻的战争爆发前后的外交关系、战况等，今后绝对不能对其他人说，如果说了或者写了这些事情，将会以《国防保安法》及陆海军刑法惩处。

此时只是这些。不过，当时谁也不知道，此时的严格调查日后最终导致了被称为"横滨事件"的大规模冤案。

当天晚上，船只暂时停在横滨港外，翌日早上 8 点前，"浅间丸"、"康提凡蒂"号两船最终船舷靠到横滨码头。对于归国者来说，这是从纽约登上"格里普斯霍尔姆"号后近两个半月的漫长旅途的终点。

或许是因为限制进入码头，从船上看下去，来迎接的人身影零星。不过，沿舷梯下去后，在隔离绳的码头外面，迎接者人潮涌动。

码头的火车站，已经准备了上午 10 点 17 分开往东京的临时火车。野村、来栖、石射三位大使乘汽车前往东京。约一千五百人的归国者，比想象中更迅速地各自散去。

都留夫妇和来迎接的亲戚互相打招呼，在码头对面的新格兰酒店吃完午饭后，乘汽车前往东京上北泽的家中。鹤见和子、鹤见俊辅这边是父母开车来接。在前往东京麻布区樱田街区家中的车上，父亲祐辅以非常认真的表情说着"神风吹起了"的话，让俊辅怀疑起自己的耳朵。那似乎是指轰炸珍珠港，不过此时并不是被警察监视的场合，他完全是自发地说出那些话。俊辅认为父亲处境很危险。不过，他没想到父亲会变到这个程度。

回到家中，这种冲击也如影随形，让他内心不得安宁。四年前学习英语的时候感觉很痛苦，不过这次要回到日语中也依然痛苦。日本的社会，是比美国的监狱更可怕的监狱。

告知麻布区政府军事科自己回国的事情后，俊辅被告知赶上了今年最后的征兵检查。他在回到日本五天后就接受体检。虽然胸部明显有因结核而导致的骨疡，但结果还是"符合"第二乙种。他想着要在日本人中间接受战败，便这样一路回国。不过现在，那似乎是过早的理想主义。

第五节　恶的问题

> 战争给了我新的字典。就像《新约》之于《旧约》一样，它将我拥有的诸多概念赋予了新的意义。

——鹤见俊辅《战争给的字典》

考虑到反正要被迫参与战争，与其等着被陆军征召，不如去海军工作，那里的环境大概更算"文明"。因此，他利用自己在哈佛大学学的德语，作为文职的德语翻译，报名参加了海军。1943年（昭和十八年）2月初，鹤见出发前往南方的日军占领地。

俊辅从神户港秘密坐上德军的"布尔根兰"号突破封锁船，历时三周抵达印度尼西亚爪哇岛的雅加达。同行有三个日本人。其中两人是年轻的女打字员。另一人是被任命管理爪哇日本海军附属庄园的老人。四人之中，会德语的只有鹤见俊辅一人，因此他被视为其他三人的"上司"。比如，在船被击沉的时候，他要考虑如何让大家都活下来。对于只有二十岁的俊辅来说，将他人的生命交到自己手上是很大的重负。

在笔记本上，俊辅用英语写下自己的备忘书。

比如，从日本出发时，他这样写道：

Keep silence about ego.

Learn to speak slowly, carefully. Do not talk much.

Forget about the school and schoolwork. Never say anything about your American education. When, in Japan, American education is ignored, do not try to glorify it. When you are looked down upon in any way, never try to talk back.

In Japan, speak Japanese.

［不要说自己。

学会慢慢说、小心翼翼地说话。不要多说话。

忘记学校和学业。绝不要说自己的美国教育。当美国教育在日本被忽视时，不要试图美化它。被人看不起时，一定不要试图顶嘴。

在日本，要说日语。］

任职地点是雅加达在勤海军武官府。那里有近百名职员，不过海军军官只有一位大校和一位中校。有两位一等水兵。其他都是文职人员。

鹤见的任务是收集信息，比如收听同盟国一方的短波电台，将其中宣布的战果及受损、粮食情况、士兵的士气状态等材料，做成每日"报纸"。依靠日本大本营的信息源，就会偏向相信不合理地夸张己方战果的消息，无法帮助制定基于现实的作战计划。

鹤见在夜里听广播并记下笔记，稍微休息一段后上班，写出这一天"报纸"的原稿。两位女打字员用日文打字机将它打出来。

听闻自己从神户来雅加达时搭乘的德国"布尔根兰"号突破封锁船，在巴西里约热内卢海岸与盟军军舰交战之后被击沉的消息，也是在这一工作之中。

此外，他还有其他工作。

譬如从武官府各个房间收集废纸并将其烧掉。为了防止间谍活动，这件事不能让当地的用人来做。鹤见住的职工宿舍，也用作高级军官处理紧急事务的集合地，铃声一响就准备好早餐，接到命令的话还要拿避孕套什么的。有时他也要去街上，给军官找做这种工作的女性。

那里也有被称作军官俱乐部的、给军官使用的慰安所。同作为爪哇首屈一指财主的华人女性交涉后，军队征用了其宅院作此用途。这也是鹤见他们所属的"涉外科"的工作。付款使用当地流通的荷兰盾，名目则是军队的机密费。他就像机器一样，一心地勤奋工作。不管哪一件事，都是生来首次的经历，因此他清清楚楚地意识到自己现在处在和以往完全不一样的身份之中。不过，这些工作总比杀人好。

鹤见自己从十多岁开始，就过着放荡子弟的日子，十六岁时，以前往美国为契机才离开了那种生活。然而，他没有想着要去占领地的慰安所满足性欲。那时也可以拿出一部分工资，买一个当地年轻女性作为在那里的妻子，不过他也依然止步不前。在他的心里，仍有对过去接纳自己的成年服务行业女性的热切感谢之情。因此，他内心中抵抗这种以国家或军队的权势为靠山，借着它们的权威与女性发生关系的事情。"性"（sex）和"国家"（state）在他心中变成无法相容的事物，互相对立。因此，他反而刻意不看周围的女性，压抑内心的反应，勉强维持自己内心的秩序。

俊辅平时穿着海军的白色制服。某一天，有人问他"你的衣服为什么腰带下面变黑了"，鹤见感受到仿佛被看透了内心一样的恐惧。变黑是因为在和别人说话时他非常紧张，无意识地养成用手紧紧揉腰带下面的衣服下摆的习惯。

从军队拿的月薪是六十五日元。其中三分之二汇给在日本的母亲。他通过这样的形式，证明自己的生活没有崩溃，让母亲安心。剩余的三分之一就用来买书看。雅加达（旧称巴达维亚）在日军进攻之前，一直都是荷兰殖民地的首都，因此书店、二手书摊有很多欧洲书籍。他对路边二手书摊上的斯特林堡全集及叔本华全集抱有亲近感。康德全集、泰奥菲尔·戈蒂耶全集他也买了，不过这些就离他远了。其他还能够引起同感的是哈维洛克·霭理士、爱比克泰德、马可·奥勒留、塞涅卡、老子以及卡尔·曼海姆、马林诺夫斯基等。

鹤见发现了盗版的阿道司·赫胥黎新作《天鹅死在许多个夏天之后》，很开心。虽然已经看过，但他又读了一遍。人类如果能拥有永恒的时间，那就可能成为无限的退步的时间。反而是苍老、衰退的肉体所感受到世界的变化，更能支撑生存的确定感吧？这种想法掠过刚刚二十周岁的鹤见心中，然后又消逝。太阳下山，夜的时间开始，雅加达的街上总是传出从某处响起的佳美兰音乐。

日本海军的制空权已经被美军夺去，太平洋上的各处岛屿都遭到空袭。因此，有了新的任务下达，让鹤见收集关于适应这些岛屿自然条件的伪装用植物的信息，某天，他前往位于爪哇岛布滕佐格（今茂物）的东亚唯一的植物园。

这个机构现在也由荷兰转到日本手中，当时由原东京帝国大学教授、植物分类学者中井猛之进担任植物园园长。同时，他也是享受陆军中将待遇的陆军司政长官[1]，在爪哇岛上的地位排第二。中井温和地接待了只不过相当于下士的文职人员鹤见俊辅，给他讲了两个小时左右的课后，还收集并给他提供了必要的伪装用的植物幼苗及种子。

以讲义笔记为基础，鹤见制作了名为《关于太平洋上的伪装用植物》的小册子，与种子、幼苗一起送给南洋各岛屿的部队。不久，这些部队就陆续送来了隐藏在三角梅花影下的高射炮的照片，以及感谢信。当时，鹤见自己没有注意到，中井猛之进就是小学时代同级学生中井英夫的父亲。

1943 年（昭和十八年）8 月 3 日，他在秘密的笔记本中这样记道：

1　日本占领东南亚地区后，军队司令官负责地方管理，设立军政部或军政监部，其下由司政官辅助。天皇任命的司政官称为司政长官。

此战结束之时，那个时候，我对美国的战争就开始了。他们的 race-snobbishness, self-satisfiedness, materialism & capitalism, spiritual, uniformitarianism, disregard of other cultures［种族自负、自我满足、物质主义和资本主义、精神同质化、无视其他文化］。

在同一天记述的前半部分，也写着后来没有做就不了了之的事情。

作为工人的学习。艺术和个人的 range of experience［阅历范围］问题。对建设的确信、决心、determination［决心］。

现在没有说话的心情。

我的情况，要再做两年学习，还有几个月——一年的工人生活。

深夜，为了例行的制作报纸工作，他在自己房间里打开收音机，听到了诗人艾略特关于詹姆斯·乔伊斯《芬尼根的守灵夜》的讲座。这是从印度新德里播放的 BBC 的节目。

"……第一次读这本书的时候，觉得这是优秀的作品，但是很难读。但之后，当我把书读出声来，原来的艰涩消失了……"

艾略特的这种声音持续了近一小时，在战争正酣时，听到这样的内容令人高兴。到战后很久，鹤见才知道这个广播节目的制片是作家乔治·奥威尔。而且，参照后来发现的奥威尔的信件，他知道艾略特的讲座是在 1943 年 9 月左右播放的。

在陆海军新闻报道相关者一起的酒宴上，鹤见见到了被征召为报道班成员而来到爪哇的记者大宅壮一的身影。鹤见从末席站起来，端着酒敬了一圈，但是大宅完全不喝酒，只是一味地讲荤段子，将陆海军的军官卷入话术的旋涡之中。在此之中，他一次也没有说过对军人的谄媚之语。

如果美军从澳大利亚方向登陆此岛，自己就不得不亲身参与彼此的杀戮。鹤见想在那个时候要先自杀，就从享受鸦片的军人们那里偷了一些，藏在小瓶子里带着。不过，他并不知道确切的致死量。万一到那个时候，因为服用太多鸦片而呕吐，未能自杀怎么办？他对此感到不安。

过完年的 1944 年 3 月，鹤见遇到了一桩残忍的事。

这个时候，日本海军西南方面舰队司令部计划破坏印度洋上同盟国一方的贸易路线。换句话说，就是攻击并击沉普通民众乘坐的商船。实施作战的是归属第十六战队的重型巡洋舰"利根"号。它从雅加达港口出发，同年 9 月在可可斯岛西南海域炮击从澳大利亚墨尔本前往印度孟买的英国商船"贝哈"号，并将其击沉。船只虽然沉没，但日军救下了生还者，一百一十一名（确切数字也有另外的说法）获救船员、乘客成为"利根"号上的俘虏。不过，后来日军好像觉得其中六十五名俘虏多余一样，秘密在舰上将其杀害。战后，此事在乙、丙级战犯审判（英军香港审判）中被起诉，当时的第十六战队司令官左近允尚正少将（后来成为中将）被判处绞刑、"利根"号舰长黛治夫上校被判七年有期徒刑。

不过，此事也仍有不明之处。如前文所述，从被击沉的"贝哈"号上救到"利根"号上的一百一十一名船员、乘客中,有六十五名在舰上被杀害。剩余四十六名好像在屠杀之前就被命在雅加达港上岸。对于这些人的信息仍有不清楚之处。

鹤见俊辅与此的牵连,是与那些从雅加达港上岸的俘虏之间。某天,几名白人女性及约二十名体格壮硕、皮肤褐色的似乎是印度人的男性被带到职员宿舍。鹤见听说日本舰队俘获了从澳大利亚开往印度的商船。宿舍的马厩被匆忙改造成监狱,将俘虏们收押其中。

他和其中一名四十岁左右的澳大利亚女性搭话。本来是旅行者,突然就这样沦为囚徒之身,让人觉得挺可怜的,但她自己没有特别觉察危险迫近的样子。这个时候,鹤见把自己带着的威廉·萨洛扬的小说集赠送给了她。(我问过鹤见本人,书名似乎是 *My Name is Aram* 〔《我叫阿拉木》〕,不过也不太确定。)

此后,被关入匆忙建造的监狱中的褐色皮肤男子中间,出现了传染病患者,好像是一位下级船员。他们将此事报告给军医,得到的回答是,普通人员现在的药品都不够,没有给印度俘虏的药品。杀了他吧。

然而,患病的男子原籍是葡属果阿。换句话说,他和英属印度的印度人不一样,是中立国公民。即便在战争法规中,也明显不允许杀害这种身份的人。

即便如此,总之还是变成了杀掉算了的处置。奉命杀掉俘虏的是鹤见隔壁的文职人员。执行后,鹤见从他口中听到了如下经过:

这位男文职人员,带着毒药和手枪,将患病的印度人带到

在爪哇岛雅加达的海军武官府一起工作的人们。前排左起第二人，是担任雅加达医科大学校长的板垣政参（板垣征四郎的哥哥）。后排右起第二人是鹤见俊辅

1943年，于雅加达在勤海军武官府。前排中央是前田精海军大校。倒数第二排右起第三人是鹤见俊辅

指定的地方。那人以为是将自己转到医院，还表示感谢。途中，他被命喝下毒药，但是没有死。男子口吐白沫，痛苦不堪。抵达指定地方后，海军的士兵挖好了埋尸体的坑在那里等着。

不得已，他们将还活着的男子推入坑里开始盖土。即便如此，男子依然没有死，发出呜呜的呻吟声。那人没办法，就用手枪不断地射击，于是土里的呻吟声停止了。

男文职人员回来后，神色消沉地和鹤见说了这一经过。

至于其他印度人俘虏乃至白人俘虏之后怎么样了，鹤见都不知道。本来鹤见就并不知道"'贝哈'号事件"的全貌。该事件被冠以这一称谓，并逐渐展露出全貌，还是近些年的事情。

一艘从澳大利亚开往印度的英国商船被日本军舰"抓获"，其中大概有很多人因为日军"消灭证据"而被杀害，战后，英国在香港举行的战犯审判对此进行问责，将左近允尚正中将判处绞刑——鹤见自己知道的就是这种程度的事情。

再往前追溯，鹤见对于自己乘坐的日美交换船成行一事，也没有在知识上把握其全貌。作为当事人，体验历史事件也会受困于被限制的视野中的事情吧。在战争这样的事态之下尤甚。

目前关于"'贝哈'号事件"，还有少许新近清楚的事情。

比如，英军在香港举行的关于此事件的战犯审判法庭（1947年9月19日—10月29日）上，"贝哈"号五位幸存者提交了书面供词。这些人都是被救上"利根"号的一百一十一人之一，之后先被转移到旗舰"青叶"号上，接受一定的调查之后，成为首先获允在雅加达港登陆的十五人（"贝哈"号船长、两位同盟国军官、三位空军驾驶员、一位中国医生、两位英国籍女性乘客以及白人高级船员）之一。换句话说，幸存者是社会地位高、被日军视为情报来源而受到重视的俘虏。这些人大概没能全部返回同盟国。另外，当时还是英联邦成员国的澳大利亚颁布《1948年国籍及公民籍法令》之前，因此，鹤见在雅加达搭话的四十岁左右的澳大利亚女性，可以推测出就是"两位英国籍女性乘客"之一。

另一方面，之后继续在雅加达登陆的印度船员、乘客（因生病而被杀害的葡属果阿的印度人也包括在内），一般被认为共计三十一人，其下落仍然不明。鹤见觉得，其中很多人后来被日军秘密杀害也不足为奇。

顺便说，鹤见在战后十多年的1956年（昭和三十一年）发表了《战争给的字典》（《文艺》，同年8月号）这篇文章，其中提及了在战时雅加达杀害印度人的经历。不过，就像鹤见自己也称之为"小说"那样，这篇文章表达委婉，不可认为全是事实。以下解释一下原因。

稍稍快进一下。战争末期，鹤见从南方的日军占领地回到日本本土，悄悄地写了《敌之国》《瀑布深潭附近》两本手记。这是他想记录自己的战时经历，以及围绕这些经历思索的成果。不过，这两本手记一直放在手边，直到晚年他亲手废弃都没有发表。《战争给的字典》是以这两本手记为原型，像是一点点地拉开距离，经过几次重写而完成的。

为什么要选择迂回到这种程度的书写方式呢？因为与那位印度人被杀害的事情强烈相关。对鹤见来说，这个事件是无法放下的记忆。——在那个时候，杀害俘虏的命令是偶然下到自己隔壁的同事。然而,如果命令是下达给自己的,他要怎么办呢?他能想到就是自杀吧。但是,可能自杀也来不及。如果无法逃脱,自己也还是有可能杀掉俘虏。如果是那样的话,作为在战场上杀过人的人,自己在日后如何生存呢?

对鹤见来说,在战后的生活中,这个自问成为永不停歇的问题。

而且,它也派生出角度稍稍不同的问题。

日军杀害了葡属果阿的印度人。鹤见觉得这个事实不应该仅仅是自己的切身经历,还应该在某处作为记载留下来。同时,战败后的七年间,日本被置于同盟国军(由美军直接管理)的占领之下。换句话说,世事变幻,在过去是敌国的同盟国举行的战犯法庭上,杀害俘虏被判处重罪。因此,如果鹤见不在意地讲述这一事实,实施杀害的前同事就会被送到战犯审判法庭上,可能也会被判死刑。从鹤见的角度来看,他一定要避免出现这种事情。

在战争体制下的军队命令之下,说到底,前同事是在国家的名义下被强制前去杀害印度俘虏。对于这件事,现在以别的国家的名义进行审判,果真就正当吗?考虑到这一点,以自己发表的一篇文章为肇端而导致前同事被逮捕,也是让人觉得不可原谅的事情。

因此,鹤见不再直接重新核对《敌之国》《瀑布深潭附近》这些笔记,反而是远离其中展现的些许具体事实,之后数次重写并完成了《战争给的字典》原稿。这篇文章写完,并在杂志上发表出来的时候,已经是盟军结束占领日本的时期了。

《战争给的字典》作为鹤见这种心情的记录，值得阅读。

在战时的雅加达持续工作期间，暂时感觉痊愈的胸壁结核又开始恶化，不久就产生了异常凸起，出现了空洞。他在雅加达市内西基尼的海军医院接受了两次手术。麻醉药都不足，不过在护士的鼓励下，鹤见忍住了痛苦。手术结束时，年轻的护士说"请抓住我的手"，帮助非常衰弱的他将身体从手术台移到担架上。

在这所医院期间，医院征集俳句及和歌，位列首位的是下面这首俳句。

今宵繁星静守兵

作者是医院里知名的一位刚强的女护士，有个逸闻说，她会用病危患者能听到的声音说"这个人还活着呀"。鹤见心中涌现出感慨，觉得能够表达出这种人温柔感情的定型诗，真是不可思议。

住院期间，叔叔鹤见宪（1895年生）来看望他。他是父亲祐辅的幼弟，本来是外交官，不过这个时候是马来西亚马六甲州州长兼陆军司政长官，刚好前来爪哇岛出差，就顺便看一下侄子俊辅。鹤见宪的长子鹤见良行（1926年生）留在东京，这年春天没有考上一高，刚刚入读东京外国语学校。

鹤见宪坐在插着黄色中将旗的汽车来到医院。一个下士待遇的年轻文职人员，居然会有那样的汽车来探望，因此这成为医院热议的事件，之后俊辅的待遇甚至都变好了。

总算出院后，军队决定将其送回日本本土。年长他四岁的文职人员、因肺结核而住院很久的前银行员工上村与其同行。

他们刚刚抵达昭南岛（新加坡），就被命登上运输船"君川丸"。两人待在船底的船舱。不过，小威廉·哈尔西（美国第三舰队司令）率领的机动部队在近海活动，他们动弹不得。好不容易要出港，但依然未成行而返回。这种事情重复了好几次。一墙之隔的船舱中，一群朝鲜随军慰安妇聚在一起。不过，鹤见早已形成面对女性连眼珠都不动一下的固习，所以他也没想着去搭话。

轮到打扫在运输船甲板上匆忙搭建的厕所时，鹤见突然来了精神，摆动着软管。在湛蓝的天空下，俊辅冲刷着甲板上的屎尿。

新加坡浅海上的烈日火辣辣，屎尿和精液形成纹路，像河一样流动。流着汗喘着气的鹤见目不转睛地盯着它看，觉得这正是当前阶段一塌糊涂的战争的写照。

军队不会让会英语的鹤见和上村一直这样玩下去，不久就让两人下船，加入当地的海军通信队，做翻译工作。

某天，他在通信室听短波广播时，军港遭到B29轰炸。汽车一辆接一辆地出发，有身份的军人都到安全的地方避难，只有他俩和一位日英混血的二十一岁一等水兵这三位翻译人员，被扔在通信室不管。在不知周围状况的情况下，三人被猛烈的爆炸声音困在那里，一动不动，倍感恐怖。

在昭南岛上，鹤见逛二手书屋，发现并买下了泰戈尔的《人生的亲证》）这本英文书。[1]

在序言中，作者泰戈尔说，从印度传统教义体验中浮现出的有生命的语言，其意义永远不会被某一逻辑阐释体系详尽无遗地阐述清楚。后文接着说，那只能通过每个人的生活经历不断予以说明，并在新的发现中增加它们的神秘。

鹤见被这种介于意义与解释之间的定位所吸引。在美国的大学中学习符号论，之后立刻被卷入这场战争，因此他很困惑自己接受的学术训练与面前的现实状况之间的偏离。而此时，他以泰戈尔的书为基础，能够思考自己的问题了。无限允许逻辑性分析的日常的神秘感觉，显示出与只有日本皇统是万世一系的、不可置疑的国体论正相反的东洋思想面貌。

比如，在第三章《恶的问题》中，泰戈尔这样写道：

> 生活中为什么存在恶的问题，正像为什么存在不完美性。换句话说，它和为什么存在创造的问题是一样的。（……）我们必须承认创造一定是不完美的，一定是渐进的。

泰戈尔说，生命在死亡面前欢笑、舞蹈、游戏、建造家园、贮藏、相爱。只有把死亡的事实作为单独的事实切割开来考虑时，我们才会看到它的空虚。

然而，死亡并不是最终的真实。它看起来是黑暗的，有如

1　下文涉及《人生的亲证》的内容，部分引用宫静译本（商务印书馆 2007 版）。

天空看上去是蓝色的。但是，死亡并不是将生命变黑，正像蓝天并不会在鸟的翅膀上留下它的颜色。

不道德就是不完全的道德。正如虚假的东西在小范围内是真实的一样，否则它甚至不能是假的。不去看是盲目的，但错误地看只是以盲目的方式看。人类的自私是看待某种联系、某种生活目的的开端。

（以上，美田稔译）

在第三章《恶的问题》的空白处，鹤见俊辅写下了这样的读后感。

通过对现实构造的分析，加入了——应该说必须要加入不可证伪性命题，作为无法在这种结构中隐藏的要素。立足于行动之中的伦理判断。立足于观念之中的美学判断。为支撑它们而集聚在周围的神话群。植根于未来不可预见性的宗教判断。至少这三者在现实构造中有基础的人类行动中不可或缺的符号作用。这种符号作用受到不同于纯真伪基准的规范支配，而且和后者一样，也是正当的符号作用。贯穿这些符号作用的根本规范，在人类史上是超越时代的。至于维持这些规范的神话故事，仅有准正当性的资格，而且在各个历史社会中不尽相同。但是，要强调我们必须暂时赋予这些神话某种现实的资格，否则，人类就无法生存。

虽然是"要强调"，但是当时他也只是一个人以泰戈尔为对象进行强调而已。

即便如此，鹤见马上就要回日本国内，在战争持续之中，他开始偷偷地写最初的小书《哲学的反省》的书稿了。其中心论点就是立足于此处评论的东西。

另外，那大概已经是四年前的事情。

在哈佛大学读哲学系的学生时代，有一段时间他沉迷于康德分割真与善的方法上的区分。都留重人来了一句泼冷水的评论："是我的话，就从恶出发。"

好像确实是这样……此时，都留的评论也在鹤见的头脑中复苏了。

精选可证伪的命题，在此之上积累精确的逻辑构造。他从世界前列的逻辑学者卡尔纳普那里学到了这种方法。

然而，在围绕战争的诸种现实中，没有与这种精确性相呼应的东西。如果被命令"杀了他"，就会不说废话地杀了他。如果要求"找个女人"，就只是从某处带回女人。在这样的场景下，就算有支撑作为士兵的人的概念，也只是"什么是美""这样做正当吗""活着的价值是什么"这种无法证明的命题。要不然，就是"诚惶诚恐谨遵皇道之道""正因陛下御心牵挂……"之类毋庸多言的铁棒般的动员话语。

被卷入这样的现实之中，作为逻辑实证主义地基的确定性崩塌了。不过，在其中——用不完全的方式看待，等于知道某种程度的真实——他遇到了泰戈尔的接近无限的认知的连锁。鹤见的概念之林中，此刻出现了类似《新约》替换《旧约》的事情。

他潜入其中，再次浮出水面并返回的体验，给他的哲学带来"重生"（威廉·詹姆斯语）意义上的转机。

1944 年快结束时，鹤见终于坐上"香椎"号训练巡洋舰返回日本。这是艘船速仅十三节的破旧军舰，连护卫船都配备不齐，独自开往门司。

进入门司港是在 2 月初。鹤见腹中空无一物，发现有晾着的面条就走近去，然而仔细一看，原来只是挂在杆子上的鞋带而已。

回到日本之后，同月 18 日，他突然浮现了一个计划，即将转向研究作为日本思想史来探索，以此作为世界思想史中的一个范型思考："这是一个将大众价值观的变动与知识分子思想的变动合在一起记述的两卷本计划。"

第六节　写作《哲学的反省》

鹤见必须静养。

在轻井泽的离山南麓，父亲祐辅有一座别墅。鹤见暂时一个人到那里生活。

最初是外国传教士避暑地的轻井泽别墅区，在气候转凉后，平时鲜有人迹。不过，在战争败色渐浓时，从城市疏散到此地别墅的家庭增加了。而且，这里也作为留在日本的欧美人的强制性疏散地，连中立国、非交战国的大使馆、公使馆也都搬迁至此。

那是过完年，1945 年（昭和二十年）春天刚刚开始时的事情。鹤见在离山东麓云场池一带散步时，听见女性的声音喊"鹤见！"。这一带有很多酒店出租的简易木制小屋。鹤见循声望去，看到大河内光孝的夫人玉代站在那里。交换船"浅间丸"回到横滨，在那里与他们分别后，已经过了两年半左右。

"那之后我们可是吃了大苦。也请见见我丈夫吧。"

在美国出生并长大的玉代，用不太靠谱的日语说道。鹤见跟着她，在非常近的简易木制小屋中，与大河内光孝意外再会。

"都不知道为什么，就被警察带走了，遭了大难。

"让孩子去了这里的国民学校，不过因为不太会日语，就被欺负了。这样的话，就算战败了，日本也不会好的。"

不过,他照旧不畏缩地前去小屋后面砍柴,精力充沛地生活。

1942年（昭和十七年）6月，交换船"格里普斯霍尔姆"号从纽约出港时，大河内光孝亲笔写的调查问卷被保存了下来（外务省外交史料馆所藏）。父亲的名字没有写，家庭地址是"东京市品川区大井出石街区（今西大井街区三段），大河内照子，母亲"。妻子大河内玉代的调查问卷也在，写着此时的年纪是三十二岁。

另外,同年8月19日,交换船"浅间丸"进入横滨港的前一天,官员在馆山海岸进行的调查记录也留了下来。根据记录，大河内光孝的职业是"司机"，年龄"四十四"。调查概要是，"三十八岁向领事馆提出缓期征兵的申请，其后放置不管。在美期间自称是大河内子爵的孩子，需要注意其言语动向"。

不过，这并未结束。此时接受询问的一位男子，被命令从乘船名单中列举出在美国从事左翼运动者的名字，大人物已经先回去了，他便提到约一年半之前从美国回国的川田寿。以此为发端，大约三个星期后的9月11日，担任世界经济调查会资料室室长的川田寿及妻子定子，被神奈川县特高警察[1]带走，并被逮捕入狱。他们自己完全不知道这回事。即便如此，这种"嫌疑"仍被编造成川田夫妇接受美国共产党指令，为进行间谍活动潜入日本这一涉嫌违反《治安维持法》的"美国共产党员"事件。作为共犯，翌年，即1943年（昭和十八年）1月，从未见过川田夫妇、包括第一次日美交换船归国者大河内光孝在内的七人被逮捕（大河内此时在住处品川区担任大厦的管理人）。这种虚构的"事件"逐渐连锁性地扩大，不久甚至发展成为至少六十三人被起诉的太平洋战争时期最大的陷害事件——"横滨事件"。

到了战后，川田寿毅然起诉当时的特高警察时，留下了"对完全未知的美国归国者大河内夫妇进行的反人道践踏、对其他五六人进行的同样的行为，完全是疯子行径"的"述状"。不过，战争仍然继续时期的大河内光孝夫妇，仍旧对自己究竟惹上什么嫌疑，进而遭到刑讯，然后又被放出来完全无知。

战后，关于大河内光孝一家没有确切的消息。不过，根据记者中川六平的调查，大河内夫妇1960年左右迁至夏威夷（独子辉孝留在日本），而根据熟人的证言，两人不久后均逝于当地。

1945年（昭和二十年），随着开春，鹤见俊辅多次经历空袭。

2月25日夜晚的空袭中，他和妹妹章子正一起从轻井泽返回东京，火车在大宫站停下让乘客下车。他们换乘其他车抵达涩谷，在大雪中走回麻布樱田街区的家。在青山高树街区那一块，

1　特殊高等警察，由高等警察分出的日本秘密警察。

他们与从自家所在方向走来的一群房子被烧后无家可归的人擦肩而过。活下来的安心感，让大家互相搭话，那种不把身无一物视作问题的明朗声音，让鹤见非常感动（这或许是不合适的感动，但至少鹤见的内心中出现并回响着这种声音）。

将麻布十番街的商业街烧毁殆尽的那场空袭发生时，鹤见在自家屋顶上，看到 B29 从头上飞过。姐姐和子也上来了，说"敌机来了"。突然，鹤见应道，"那不是敌机"。他不觉得那是自己这一边。不过，日军是敌人的感觉更强。

不久之后，鹤见的身体稍微恢复。不过，海军已经没有将他再送回南方战地的准备了。因此，军队命令他前往设立在横滨庆应大学日吉校区一角的军令部翻译部门工作，自 4 月开始在那边住宿并上班。正因为越收集情报，就越能看到战局不利，办公室的大房间在无言之中为厌战情绪占据。5 月 29 日，横滨大轰炸出现时，他也在这间办公室。

又过了不久。

此时在外务省附属楼（政务局第六课）工作的都留重人，奉命担任给莫斯科大使馆及海参崴总领事馆递送文件的外交信使，5 月末刚刚从前往苏联、中国东北的三个月旅程中返回。

继意大利之后，纳粹德国也崩溃了，欧洲战线上的战争结束。听闻都留回来后，鹤见俊辅前往外务省的附属楼请求会面。那天是海军中被称作"半舷登陆"[1]的休息日，鹤见分到了两个大饭团，作为外出的饭。

1　本义是左右舷兵轮流休息，指代休息。

都留对鹤见这样说道："战争马上就要结束了。"

"日本统治阶层以保留天皇制向同盟国妥协。如何处理天皇制要看活下来的日本人了。"

都留重人是内大臣木户幸一亲弟弟和田小六的女婿。乃木神社附近的木户宅与和田宅邻近，这年 5 月 25 日的空袭将木户宅烧毁，连木户幸一也一起搬到和田宅，与之前就暂住此处的都留夫妇一起住在这里。而且，都留和木户很早就有联系，如果木户要求，都留就会把自己的所见所闻告诉他。因此，认为此时都留向鹤见说的预测，也含有从内大臣木户那里来的信息应该是妥当的。

与都留分别后，鹤见一个人走到户山原。这是他小学高年级时，每年学校远足要去的地方。虽然是宽阔的练兵场，但是士兵都上了战场，此时空无一人。鹤见一个人坐在那里，吃着从军令部得到的大饭团。

他不知道之后自己能不能活着迎来战争的结束。但是，在还活着的时候，他想写书，至少写一本。

于是，回到日吉的军令部后，他开始写作。这就是前文提到的《哲学的反省》。

在开篇附近，马上就要二十三岁的他这样写道：

> 所谓古代的哲学，虽然可以说是今日所有领域的学问的基础论，但此外，它也包含今天已经不再称作学问的各类思索，即关于"什么是美的""什么是正当的""神是什么"这样的问题的思索。

（……）

物理学、天文学、社会学、心理学这样今日的具体科学，相继从哲学分离。现在仍然留在哲学领域之内的东西——形而上学、伦理学、认识论、美学、宗教哲学等，如果仔细探讨的话，反而很多以应该属于社会学、心理学、逻辑学、语言学等各学科的问题为研究对象。有人呼吁把这些与具体科学重复研究的问题，全部交还给适合的各自具体科学中，仍剩下的各类思索，不管怎么说，都属于真伪无法决定的种类的东西，至少应该从学问这个范畴剔除，放入如文学、政治等行动的各领域之中。这种呼声很高。如果这种主张正确的话，从希腊时期的过去持续下来的哲学的传统，至此就会全面崩溃。

之后，鹤见略述了当前卡尔纳普派的逻辑句法（Logical Syntax）的样貌。

通过仅以认知命题为对象，它维持住了自身的严密。这一方式在理解人类所处世界的方法上，引起了很大轰动。然而，人的意识中也包含很多认知命题以外的命题，以我们的生活整体为对象的哲学，不能在此驻足不前。

鹤见如此论述，进而呼吁踏出走向新哲学阶段的一步。

称得上认知之名的各种命题，有含蓄体或指示体，具有通过逻辑—经验的实验确认其真伪的性质。他们论定，缺乏这一条件的一切命题，都不配认知之名，不足以成为这一学术的组成分子。

我们的意识流动之中，包含很多认知命题以外的命题，我们的日常生活提出了很多认知以外的问题。然而，上述思想家将其视为他们这种认知者行动半径以外的东西，拒绝解决这些问题。（……）

他们彻底从作为认知者的立场出发，始终给人类的思索加上符号论式的批判，但是通过这些批判，他们给我们的处世方针带来了非常大的波澜。他们是亲自向水中投入一枚石子，对它产生的波纹并不负责任的人。但不仅止于认识，而要全面生活的人，无法停留在这样的态度之中。

写这些的时候，战争还没有结束，不过鹤见他们在战败前后，创办《思想的科学》杂志，是在仅仅十一个月之后的1946年（昭和二十一年）5月。准备创刊的第一次编辑会议在同年2月举办，因此是战后仅八个月之后就启动了。不过，此时应该谁都还没有想象到那些事情吧。

稍微把时钟拨快。《思想的科学》以最年轻的鹤见俊辅（1922年生）为中心，此外还有六位创刊成员。按年龄大小，分别是渡边慧（1910年生，理论物理学者）、武谷三男（1911年生，理论物理学者）、都留重人（1912年生，经济学者）、丸山真男（1914年生，思想史学家）、武田清子（1917年生，思想史学家）、鹤见和子（1918年生，社会学者）。

对于鹤见俊辅来说，这个班底之中此时已经见过面的，只有作为美国留学生一起乘第一次日美交换船回国的都留、武田及姐姐和子三人。至于其他三人（渡边、武谷、丸山），他第一次与其见面都是战后的事情了。

那么，如何能快速以这一班底组成编辑体制呢？

实际上，在战时，当服役的俊辅被战争东追西赶时，姐姐和子正在稳步地结成同世代的新的人脉。1942年夏，乘交换船回国后没多久，她就在津田英学塾的学姐盛民子的介绍下，前往丸山真男（时为东京帝国大学法学院副教授）的研究室拜访他。同一时间，她也开始跟随渡边慧的夫人渡边多萝西娅学习法语。而且，在渡边慧（东京帝国大学第二工学院副教授）的介绍下，她每周去一次东京文理科大学听武谷三男（理化学研究所仁科芳雄研究室助手）的科学史课程。换句话说，经历战败，到1946年上半年就迅速创刊的《思想的科学》，很大程度上要归功于因为女性身份而免于被纳入征兵体制的鹤见和子的活动。

回到正题，在《哲学的反省》稍微靠前的地方有这样的记述。这部分也大概符合不久在《思想的科学》创刊号（1946年5月）由鹤见俊辅起草的《创刊的主旨》（无署名）的内容。

> 我们可以回答，新的哲学具有以下两点过去哲学所不具备的地方。
>
> （一）新的哲学以仅以逻辑—经验方法所明确组织的符号论系统为背景，能够在必要的时候借用其智慧。
>
> （二）新的哲学一直伴随着明澄的符号论式自觉，

因此耽于纯认知性思索以外的思索时，也不会像旧时一样，将它与纯认知混同，带来各种混乱。

6月，结核菌又在体内扩散，腹膜炎恶化，鹤见俊辅从军令部停职。这时，鹤见家将麻布区樱田街区38号的房子租给伪满洲国大使馆，自家疏散到热海温泉街的租房中。父亲祐辅、姐姐和子住在这里，每天祐辅前往东京内幸街区的太平洋协会，和子前往那附近的太平洋协会美国研究室，持续着长距离通勤的生活。

另一方面，母亲爱子得了血栓，在次女章子的陪伴下在轻井泽别墅里疗养。祐辅的弟弟——鹤见良三与鹤见宪——两家也疏散到这处房子，三个家庭拥挤地生活在一起。良三和宪都在外务省工作，从这里坐汽车前往设在三笠酒店的外务省分处。

幼弟鹤见宪位于目白区的房子，在这年5月的空袭中被烧毁，他和长子良行一起搬到这里。良行上了一年学后，这年春天从东京外国语学校退学，重新进入水户高级学校学习。不过，在这样的战况下，学校的教学基本都停止了吧。

俊辅的弟弟直辅自去年开始，因为随爱子一起"亲友疏散"[1]，在住处轻井泽的国民学校上学。当时他五年级。不过，到了六年级后的6月，政府下令各个学校对学生进行集体疏散，直辅身体病弱，但也被迫从母亲身边离开，跟随之前所属的东京高

1　与"集体疏散"相对，当时日本政府倡导自行前去亲友家而从城市疏散开。

等师范学校附属国民学校全部师生，搬至新潟县鱼沼郡的学校宿舍。

妹妹章子这年年初，成为女子学习院中等科四年级学生。春季快到毕业典礼时，她已经通过了东京女子大学的入学考试。不过，2月母亲病倒，父亲求她"虽然很不忍心，不过希望你从学校回来，去轻井泽照顾母亲"，因此也来到这里。她还必须照顾亲戚，并要砍树劈柴、耕田施肥、饲养山羊和小鸡，甚至亲手种植土豆、白菜、黄瓜来做菜。

另一方面，在热海住处的俊辅过着另一种生活，平日除了白天做些午饭外，其余时间尽可能地卧在床上。身体允许的时候，大概就在写《哲学的反省》。

他一边这样，一边考虑如何迎接应该会到来的日本战败。不久，美国就会开始登陆日本本土作战吧。他想在战争结束时在战败者一方，于是从美国回到日本。但同时，他也不想提前投降。现在虽然还患着隔膜炎，但总还是能动。不久自己就会被命拿着竹枪东跑西窜吧。他觉得大家应该都差不多，一边进行这种无效的战斗，一边逃向内地更后方。

日本战败的那天，是 1945 年（昭和二十年）8 月 15 日。

前一天俊辅就从父亲那里听到，这天正午会有天皇的广播。当天，俊辅依然一个人在热海的房子里待着。

屋里坏掉的收音机被他带到车站前的收音机店里请人修理。之后，他和收音机面对面地坐着，听天皇的广播。

音质很不好。不过，还是听到"敌用新型残虐之炸弹……"这些内容。此时他还不知道"原子弹"的存在。

因此，他觉得日本天皇竟然能说什么"残虐"的话，强烈地愤怒起来。

《哲学的反省》的稿子到这时大体写完了。这是鹤见俊辅迎来的日本战败的岁月。

3

创立《思想的科学》的时代

1945—1959

第一节　从编辑开始

1945 年（昭和二十年）8 月，战争结束，鹤见俊辅变回了普通的二十三岁年轻人。

从美国哈佛大学毕业之后，他乘坐交换船回到战争时期的日本，再作为海军文职人员经历东南亚占领地区生涯后，迎来了战败。不过，俊辅作为所谓"社会人士"而在社会上工作的经验依然为零。

好在母亲爱子将他从南方每月寄送回的、相当于文职人员薪资三分之二的钱都以他的名义存了下来。薪资是每月六十五日元，再加上在战地工作的补贴。另外，海军也支付了复员费。这些加在一起，约五千日元。在战败不久急速的通货膨胀中，这些钱迅速贬值，不过此时仍是相当于盖一栋新房的钱。它成为之后俊辅他们创刊、经营《思想的科学》的原始资本。

前文也提到过，紧邻战败的 5 月，鹤见一家将东京麻布区樱田街区 38 号的房子租给伪满洲国大使馆，疏散到热海的温泉街。战败后的日本，进入盟军（实质上是美军）的占领之下。伪满洲国这一政治体也消失了。因此，同年 10 月，樱田街区的房子被盟军总司令部接管，开始作为它们的办公楼使用。父亲鹤见祐辅、姐姐和子一直寄宿在日比谷内幸街区的幸大厦中祐辅的事务所。这处办公室用作处理祐辅创立的太平洋协会的事务，但协会在战后解散。不过，六十周岁的祐辅期待自己终于要在新时代的政界中活跃，意气昂扬地在 11 月组建了日本进步党，就任总干事。

自从患上血栓之后，母亲爱子就不再露出严峻的态度，温和地接受孩子们的照顾。当然，这里应该也有对已经成人的长女、长子满意的心情。

鹤见祐辅的幼弟鹤见宪，本年 9 月末从外务省辞职。10 月初，他就任热海市长。当时市长一职还不是由公选决定。市议会推荐候选人，由内务大臣提交给天皇裁决后聘任的制度在战后仍然持续。说起来，鹤见宪自己说，"（自己）前往外务省就职也好，战争结束后立即从外务省辞职并就任热海市长也好，都是听哥哥（祐辅）的建议"。祐辅大概这次也在住处热海发动人脉，帮助了他。另一方面，鹤见宪的长子鹤见良行在旧制水户高级学校的课程重新开始，就结束了在轻井泽的疏散生活回到那里了。

不过，鹤见宪在担任了一年半左右的热海市长后，突然于 1947 年 4 月辞职，转而在当地经营实业。而鹤见祐辅一家，在同年 9 月于东京世田谷区成城购买了一栋整装的独户楼房并搬过去。自战时疏散以来，他们首次在东京拥有了一家人可以一起生活的住处。这处房屋就在柳田国男宅邸斜对面。

战败之后数年，鹤见俊辅都没有去任何地方任职。虽然有美国哈佛大学哲学系毕业这样优秀的学历，但他还是没工作。当时能看懂英文的知识分子很多，但能够自如地说英语，并能担任翻译的日本人很少。盟军总司令部民政局自然知道俊辅从哈佛大学毕业，因而屡次请他帮助。然而，他内心情绪是尽可能地避免这种事情。只要回想起在南方日军占领地的经历，他就无法在战败后的日本，站在胜者巨人的肩上，洋洋得意地保持自足的心态。他无法睁着眼在社会走动，从同时开始运转的战后社会中滑落的想法每日都在增加。

结核的症状仍在持续。因此，借着疗养，俊辅经常一个人在父亲祐辅拥有的轻井泽别墅中生活。在那里的话，访客也很少。快到战败之年的冬天也是如此。战时疏散来的人，大部分都已经回到市内，被稀疏树林包围的建筑地周围，又恢复之前的农村景色。

与哈佛时代的恩师们的通信也相应地持续。战后不久，卡尔纳普就写信过来，"有五个日本人购买了我们出的杂志 *Erkenntnis*（《认识》，逻辑实证主义的杂志），我想请你告诉我他们现在的住处"。信中写了大江精三、平野智治、石本新这几位哲学学者、逻辑学者的名字。他也持续与查尔斯·莫里斯通信，后者之后也顺路到了日本。

另一方面，姐姐鹤见和子开始考虑某个计划，能不能做一本由弟弟俊辅担任核心、成为符合新时代的知识交流场所的杂志。

从小时候开始，她就一直照顾小四岁的俊辅。对于严苛挑剔的母亲，和子会毫不退让地明确反驳。面对持续严厉叱责自己的母亲，瘦瘦小小的弟弟则不会顶嘴，而是一声不吭地忍耐。和子害怕这样下去会导致无法挽救的事情，一直介入其中，帮助弟弟。不过，一旦开口，弟弟就准备了直戳根底的观点，如刮脸刀一样锋利。和子虽然感觉到被嘲笑，但最终也和年幼的弟弟一样，作为瞎帮忙的人而被讨厌了。

战争之下，姐弟乘交换船回到日本后，父亲祐辅曾想让俊辅担任太平洋协会出版部的"总经理"。结果俊辅作为海军文职人员前往南方，这一想法未能实现。不过现在又重提这件事了。

因为战败，此前受压抑的知识好奇心的盖子被一举掀开，开始出现杂志、书籍出版的热潮。只是，印刷纸张不足是个难题。不过，鹤见祐辅的太平洋协会出版部与军方关系密切，在战争时期也能获得和大型出版社同等的配给量。战后，这种配给份额也原封不动地由其后身太平洋出版社继承。然而，因为策划不足，那里并没有能发挥充足配给的目标。和子就和父亲说，这样的话，让俊辅做他喜欢做的事情如何。她知道父亲不会反对。

1945年12月，和子与俊辅商量此事。大体意见达成一致后，这一年也又要过去了。

年末，鹤见俊辅又回到轻井泽的山庄。一位未曾想到的访客来临。菲利普·塞尔兹尼克（1919年生）这位占领军伍长，利用圣诞节假期特意来见他。一开始，他和同僚一起拜访在热海住处的祐辅。战前的祐辅作为知美派，拥有自大正时期就参与国际性非政府组织太平洋国际学会活动的知名经历，也能流畅地说英语。因此，占领军当局经常拜访他，寻求在日本的智慧和门路。塞尔兹尼克也这样做了几次，渐渐也想与和子、俊辅聊聊。不过，他这次反倒是更想找俊辅，因此就前去轻井泽。

后来，塞尔兹尼克成为知名社会学者。不过，当时的他在完成关于罗斯福新政中设立的田纳西河流域管理局的博士论文中，中断学业参军。在鹤见俊辅的眼中，他有一种作为新经济政策世代末尾的年轻知识分子的社会主义式感情，又带着抑止此感情的态度而使之相对化的神学家莱因霍尔德·尼布尔的影响。塞尔兹尼克说他想写一篇分析苏俄的语言的论文。这和俊辅正在构思的关于战时日本政治语言的分析框架（不久之后成为论文《关于语言的护身符式用法》）有交叉的地方，两人聊得很起劲。在特别寒冷的天气中，俊辅用从附近农家得来的南瓜做了汤，两人整晚一边喝着汤，一边持续讨论。

这个时候，塞尔兹尼克给俊辅看了他带来的小杂志 *Inquiry*，是他和另外几个人办的。其中有一篇格特鲁德·耶格（1915 年生）的论文《初生者的哲学》。她是在芝加哥大学跟着卡尔纳普学习数学的研究生，也是塞尔兹尼克的未婚妻。

论文中的"初生者"是指约翰·杜威。换句话说，耶格对杜威的批判，是将作为杜威哲学特征的对人类社会未来的乐观性，放入威廉·詹姆斯宗教分析中使用的"onceborn"（初生者）和"twiceborn"（重生者）这两个类型之中，认为它与以健全心态（healthy-mindedness）为宗教基调的前者重合。

"初生者"过于强调基于健全心态的宗教侧面，成为否定或者无视其中暗含的罪的人。另一方面，"重生者"成为要求宗教考虑恶的存在的人。

詹姆斯相信恶的存在。不过，继他之后的实用主义思潮，整体表现出像是要故意努力不看世界的黑暗面的倾向。

杜威的哲学，从对健全人性的乐观主义出发，最后却导向无限制地主张任何社会都能通过人的努力而实现。不过，在詹姆斯看来，人类并不是那么具有可塑性的。人类有顽拗性（recalcitrance）。这或许也可叫作"不可操性"，即只能称人类是"无可奈何的"生物。就像竹子一样，在一定程度内可以弯曲，然而，如果要求再弯一些，就折断了。人性也有这样的地方，它连接着罪这一事物。

耶格提出也要注意人性的阴暗面，这可能是受到神学家尼布尔的影响。在塞尔兹尼克和耶格吸收、学习关于世界的许多知识的罗斯福新政时期，社会充满更激进的希望。然而不久之后，时代之中的理想应有状态移向了透着"恶"的另一侧，在那里的社会面貌带上了阴影。

在和塞尔兹尼克谈论的时候，他的话中屡次出现的"recalcitrance"（顽拗），以及理想中附带的"euphoria"（欣快）等词汇，也让俊辅觉得打开了视野。

如果我们的杂志某天能出版的话，我想把格特鲁德·耶格的《初生者的哲学》翻译并刊载——他向塞尔兹尼克提出了这样的希望。

另一方面——

"你觉得日本保留天皇制会更好吗？"塞尔兹尼克突然问道。而且，他也说了自己的推测。关于俊辅的父亲祐辅，"我想，他马上就会被开除公职"。

听到这个的时候，鹤见突然想到，自己此时说的话会如何传到占领军那里呢？后背一阵寒意袭来。这让他自己也觉得意外。

至于这个时期的父亲祐辅，他组建了日本进步党，担任总干事。他专心致志地想着在战后政界的跃升。作为也受占领军欢迎的人，他心里大概强烈地回荡着符合自己的时代现在才算到来的想法。

不过，过完年后，塞尔兹尼克的预测迅速变成现实。1946年（昭和二十一年）1月4日，盟军总司令部将鹤见祐辅列入开除公职对象，禁止他参加任何政治活动。理由是他曾参加战时东条英机内阁下的翼赞选举[1]，以及担任翼赞政治会及大日本政治会职员。事实经过确实如此，不过祐辅本人不怎么觉得自己是"战争协助者"，因而受到的打击也很大。

他立刻写了请求盟军总司令部撤销开除公职的请愿书，其中这样写道："小生历来以文章、言论及政治活动主张国际合作，宣传自由主义，特别是为日美问题的和平解决，献上了三十余年的岁月。"

1　1942 年日本的众议院议员选举。在此之前，各大政党均宣布解散，统一组成了"大政翼赞会"这一团体，因此参选者均以大政翼赞会成员参选，这场选举也被称为"翼赞选举"。

直到1950年10月公职限制才解除，这中间的四年零九个月，即从六十一周岁到六十五岁，祐辅作为政治家无所事事地度过。

鹤见祐辅被开除公职仅三天后，即1946年1月7日，鹤见和子、俊辅姐弟在太平洋协会出版部所在的银座昭和街山叶大厦三楼，决定了接下来的安排。出版部门的负责人、资深编辑天田幸男，是之前父亲祐辅从与自己关系密切的大日本雄辩会讲谈社挖过来的。以战败为契机，太平洋协会解散，因而他们将其名称改为"太平洋出版社"，继续从事出版事业。天田下面本来还有同样从讲谈社来的清水泰十郎编辑，但他在战争中被征召，死于战场。其夫人清水（旧姓牧野）三枝子也在这里工作，在丈夫去世后仍继续负责会计的事务。妹妹牧野和子也是同事，负责和代销杂志的公司沟通等事务。姐姐三枝子比鹤见俊辅大有近十岁，妹妹和子比他小好几岁，所以她们的年纪几乎差了一轮。

太平洋出版社不久就将事务所搬到日比谷的市政会馆。这是鹤见俊辅的外祖父后藤新平担任东京市长时主导进行开工建设的设施。竣工时后藤已经逝世，不过此后那里设有后藤新平传记编撰会事务所，收集了数量庞大的各种资料，并拥有泷川政次郎、泽田谦、井口一郎等优秀的社内作家，最后以鹤见祐辅作为最后一棒完成大著《后藤新平》的写作。正因为关系如此密切，在祐辅商量之后，他们就有了包括四楼大房子在内的多处可使用房间。

和子和俊辅在创办新杂志的时候，得到了太平洋出版社的帮助。换句话说，他们把出版新杂志的出版社（不久就起名为"先驱社"）放在太平洋出版社的地址上。前者只是有门牌的空壳公司一样的机构。而且，事务性的人员及确保用纸配给的安排，都仰仗太平洋出版社员工的协助。必须从父亲祐辅那里获得如此多的方便，令俊辅觉得既欠情又屈辱。不过，作为"父亲的女儿"[1]的和子只是平常看待，丝毫不在乎。在俊辅看来，至少希望杂志运营的直接经费要以自己手上的五千日元来支付。

2月6日下午，准备创办新杂志的第一次会议，在市政会馆四层的大房间里举行。出席者四人。据鹤见俊辅在一次回顾中称，是理论物理学者武谷三男、思想史学家丸山真男、美国留学期间在瓦萨学院以从马克思主义立场批判杜威的论文获得哲学硕士学位的鹤见和子，以及鹤见俊辅自己。不过，在别的回顾中，这四人变成了武谷、丸山、鹤见俊辅，以及在纽约协和神学院跟随莱因霍尔德·尼布尔学习，乘交换船回国后担任基督教青年会工作人员的武田清子。

对此，武田清子本人也留下了证言："关于杂志的名字要怎么起的事情，可能是在市政会馆内的事务所商量的，记不太清楚了，不过记得是在某个地方聚了一下。有人说想用'先驱社'的'先驱'，俊辅觉得'先驱'这种词不行呀。大家吵吵闹闹地讨论，就变成了'思想的科学'还可以。"因此，她大概是出席了。实际上，当时的参会者加上鹤见和子，可能总共是五个人。

不管怎么说，因时间上不合适而无法出席这天会议的理论

1　荣格提出的概念，意思是超越亲子关系，受父权制强烈影响的女性。

物理学者渡边慧，以及从外务省调至盟军总司令部经济科学局担任顾问的都留重人，也都给出了参加新杂志的内诺。不过，鹤见俊辅尚未见过渡边慧。

参加当天会议的武谷三男，战时在理化学研究所从事原子弹研究，但被怀疑有反战思想，两度被逮捕。至于丸山真男，自从一高读书时因前去听唯物论研究会举办的长谷川如是闲的演讲而被抓捕、羁押，直到就任东京帝国大学法学院副教授，也一直有特高警察来访、被传唤到宪兵队之类的遭遇。另外，他作为二等兵应征参军期间，在广岛的宇品遇上了原子弹爆炸。总共七人的创刊成员，在这一点上是共通的，即在战争时期从未对战争表达过赞意。

在会议上，要决定新杂志的名字时，武谷说，"科学评论"这个杂志名怎么样。另一方面，丸山提出了"思想史杂志"、鹤见俊辅提出了"符号论研究"，三个人的提案都只得到自己的一票，没法决定。（关于杂志名的提案，鹤见俊辅也记有"先驱"这一名字。根据武田清子的说法，这或许也是他自己的提案。）

在此会议之前，鹤见俊辅前去与经济史学家上田辰之助（1892年生）商量杂志名的事情。以研究托马斯·阿奎那的经济思想而知名的上田，在战争时期与太平洋协会有联系，也在很早之前就与鹤见和子相熟。上田理解鹤见俊辅持有的"符号论"的考虑方式。从这里得出"art of thinking"（思考的艺术）这句话，又衍生出"sense of thinking"，再转换得到了"art of sort"。于是，上田建议说，"这和你们考虑的杂志名字的感觉不一样吧"。最终，创刊成员同意这个方案，到2月末决定了"思想的科学"这个名字。

此后，市政会馆最上层相当于塔楼部分的七层的小房间，就作为《思想的科学》的事务所使用。鹤见俊辅离开轻井泽到达东京期间，以此为根据地，忙着给别人写信求稿，或者穿过留着烧毁痕迹的东京街区拜访作者。他每天乘早上最早的火车从轻井泽出发，晚上则乘坐从上野发车的夜班汽车回去。赶不上的时候，就在事务所的地板上铺上报纸暂时睡一下。

比如，他在前去美国留学之前的十几岁时，读过儿童心理学者波多野完治（1905年生）的著作《文章心理学》（1935），留下深刻印象。读小学时，他常在回家路上去神保街区二手书店严松堂店里看书，那就是这个家族经营的书店。因此，他前去波多野完治的家中拜访，拜托他说，因为想创办一个着重符号论研究的杂志，所以想请他告知一些能够对此有理解的作者。波多野立刻明白了他的意图，列举了近二十个名字，查了一下住址并写下来，并对各人的业绩及特征做了说明。这份列表中包括了从民俗学者柳田国男、语言学者小林英夫，到性心理学的望月卫、发展心理学的乾孝、精神病理学的宫城音弥等广阔领域的人选，甚至也有主张生活写作运动系统的小学老师们的名字。

《思想的科学》创刊号，出版于同年5月15日。虽说加上封面仅三十六页，但从发起人第一次碰面到杂志出来，只用了三个月。这是因为在编辑杂志开始的时点，担任核心的鹤见俊辅应该心中就已经有了清楚的方向吧。发行册数是一万册，"定价二百钱"，也就是两日元。出版单位是先驱社（地址为东京都麹町区日比谷公园市政会馆内）。封面由知名版画家恩地孝四郎设计，他是由名义上的编辑兼出版人天田幸男引介的。

创刊号的目录如下：

哲学论

武谷三男《哲学如何能恢复有效性》

语言

上田辰之助《思想与表达》

鹤见俊辅《关于语言的护身符式用法》

杜威论

耶格《初生者的哲学》

鹤见和子《杜威社会哲学批判笔记（1）》

图书闲谈（1）及（2）

评索尔斯坦·凡勃伦《和平论》

评雅克·马利坦《民主论》

当时，出版物要经过占领当局的审查。

审查完毕的校正样及审查文件保管在美国马里兰大学普兰奇文库，参照这些可以知道，《思想的科学》创刊号登载的论文中，在审查中被命删除、修改的是上田辰之助的《思想与表达》、鹤见俊辅的《关于语言的护身符式用法》两篇文章。

上田辰之助的《思想与表达》，是精通拉丁语、英语的作者讨论自中世纪到现在的语法用例。其中，他论及了英语，特别是美式英语从礼仪性的形式中解放出来，强化了民主主义倾向，在语法本身中不再有封建性、身份性的区别。

"不知道 Your Excellency 和 Your Majesty 区别的美国人大有人在。据说，在华盛顿的某次会议中，某位外国的高官被主持人介绍为 His Majesty，感到很不好意思。"

这一小段被全部删除。理由是"对美国的批判"。

换句话说，从作者上田辰之助来看，他是介绍了一个轶事。美国没有封建性的身份制度，所以在语言习惯上对这种语法的记忆也就淡薄。因此，他们不区分对一般高官的敬称 Your Excellency 和只用于最高位的国王的 Your Majesty，在公共场合介绍外国高官为 "His Majesty（国王陛下）"。这被判断为"对美国的批判"，并被删除。（在占领当局之下，负责这种判断的审查官员是日本人。此处留有"Miura"这个负责审查者的名字。换句话说，审查官员三浦读到这一段，大概猜想这样嘲笑美式英语会对美国国民不礼貌，就判定为"对美国的批判"，命令将其删除了。）

另一方面，鹤见俊辅的《关于语言的护身符式用法》中，有一段说"在说明将全部有色人种从美英的铁锁中解放出来才是大东亚战争时，日本使用了'鬼畜美英'这一词语"，作为说明"标题语言的煽动性用法"的例子，但被全部删除了。理由是"对同盟国的批判"。

而且，文章中说"语言的护身符式用法"并不是仅限于战争时期日本的东西，"在国体的名义下、在'民主主义'的名义下、在'唯物'的名义下"都会出现，不过其中"在'民主主义'的名义下"被删除。理由是"反民主"。

另外，所有出现"大东亚战争"的地方，都被机械性地修改为"太平洋战争"。此处甚至没有写理由。

虽说如此，如果将在"大东亚"，也就是在"大的东亚范围"名义之下进行的战争，机械性地替换为"太平洋"，也就是跨越这个海洋间的日美战争，可以说这里才存在有意识的"误译"这一歪曲。至于原因，是因为将"大东亚战争"自动修改为"太平洋战争"的看法，将彻底忽视这场战争是以"侵华战争"，也就是对中国的战争为开端的事实。

鹤见的《关于语言的护身符式用法》这篇论文，最初是从下面的想法开始写的。

在日本的军队里，殴打部下的时候，会用头腔共鸣的高音说出诸如"诚惶诚恐谨遵皇道之道……""正因陛下御心牵挂……"，在长久说完陈词滥调的演讲后才猛然打下去。听着那样的演讲，鹤见自己利用从卡尔纳普那里学习的分析手法，抱着"这真是独特的句法啊""如何分析这种动员话语比较好呢"等讽刺的想法。不过，这种语法眼看着也被战后的社会继承，甚至"民主""自由""和平"等语言也仍被作为"护身符式"的咒文使用……

说到底，作为这篇论文原型的文章，在1945年秋天，由鹤见投稿到《朝日新闻》，但是未被采用。于是，在将《关于语言的护身符式用法》发表在《思想的科学》创刊号后，日本《读卖新闻》上立刻出现了批评，称这位"鹤见祐辅"的论文内容陈腐，"期待之后的文章"等等。匿名批评者完全无视文章中新介绍的卡尔纳普、奥格登、瑞恰慈的分析模型，而且错看成是明治年间出生的作家鹤见祐辅的文章。不过，这也反映出这个社会的批评水平。

《思想的科学》创刊号的栏目中，构成另一个特征的是"图书闲谈"这个连载栏目，即通过对原著的书评介绍欧美思潮。此处对《有闲阶级论》的作者凡勃伦的《和平论》(1917)，以及站在天主教立场上的法国作家马利坦近来一连串的民主论，都以批判性态度给予了短评。

创刊成员七人中，从最年轻的鹤见俊辅（二十三岁）到最年长的渡边慧（三十五岁），当时大部分都还是未出世的年轻研究者。不过，从立刻翻译并登载前文提到的耶格的《初生者的哲学》可以看到，在杂志内容上，即便处于这个新时代，他们仍是脚踏实地地考虑事情的态度。

杂志开头刊载了《创刊的主旨》。

　　1　本杂志以在思索及实践的各领域中采纳逻辑实验的方法为主要目标，并检讨与之相伴的方法论上的诸问题。

　　2　本杂志专门将与上述方向相同的世界思潮移入我国，作为出发点，首先尽力介绍英美思想。

　　3　本杂志在介绍英美思想时，注意不仅仅止于介绍，还要维持批判性态度。更进一步，也思考将其作为分析及批判日本社会的工具使用的可能性。

　　4　本杂志开设专栏，刊登读者的批评来稿，及作者对此的答复。我们希望通过读者和作者之间活跃的讨论，将本杂志的代表思想逐步详细展开并深化。

给自己的主张找到"理由"。在这里，它被称为"逻辑实验的方法"。

如果学习鹤见在美国直接受教的卡尔纳普等人的话，应该称为"逻辑实证的"，但考虑到不在这种影响之内的武谷、丸山、渡边的立场，就使用了维尔弗雷多·帕累托（意大利社会学者、经济学者）的"逻辑实验的"（logical-experimental）这一术语。

另外，在构成杂志运营方针特点的第四点上，他们选择了重视读者"投稿"，要从他们之中再找"作者"的编辑态度。这与同时代创刊的杂志《近代文学》采取同人志的方针形成对照（该杂志的创立人是山室静、平野谦、本多秋五、埴谷雄高、荒正人、佐佐木基一、小田切秀雄七人，创刊成员的年龄大致是三十到四十岁，和《思想的科学》创刊成员相比稍微大一点，全部成员作为社会人士也都有某种工作经历）。换句话说，《近代文学》的创办是为了给成员提供一个写作场所。与此相对，《思想的科学》的成员不仅自己写，更自觉地强烈意识到以编辑身份发挥作用。他们的态度是通过这样，持续向外部开放评论，促使还未谋面的发言者参加，以形成基于多元主义的讨论广场。这种构想之中，也有美国时代的鹤见受到身旁卡尔纳普等人的杂志《认识》，以及卡尔纳普、查尔斯·莫里斯、纽拉特等人的《统一科学百科全书》的编辑活动，也即提倡"作为智性生产的编辑"运动的影响吧。

鹤见俊辅大概也受到了记者式作家的父亲祐辅的影响，从小学时就热衷于编辑内部传阅杂志（其对手是中央公论社总经理岛中雄作的儿子，即他的同级好友岛中鹏二）。武谷三男则有参加在京都出版的反法西斯杂志《世界文化》（1935—1937）的经历。这份杂志也受到汤川秀树、坂田昌一的帮助，他们是武谷在介子理论等方面的共同研究者。而丸山真男的父亲是著名的新闻记者丸山干治，年长的亲密友人是长谷川如是闲。换句话说，汇集在《思想的科学》上的众人，虽然总体来说比较年轻，但都是在都市文化正中心成长的人，对媒体编辑这一行为有足够意识。

完成《思想的科学》创刊号后，鹤见俊辅每次一百本地自己搬运、配送，甚至送到有乐街区站与新桥站的铁路弘济会商店。想必他对此是很开心的。不过，虽然麻烦了著名装帧设计师恩地孝四郎，但做出来的成品好像并不能让人满意。

在有乐街区站购买了其中一册的市井三郎（1922年生），去年秋天提前从大阪帝国大学理学院化学系毕业前往东京工作，担任盟军总司令部的科学论文翻译官员。市井当即将《思想的科学》创刊号全部看完，给编辑部写了一封信表达感想。接着，在信封上写地址时，他突然注意到出版社就在附近，就直接带着那封信来到市政会馆七楼小屋子里的编辑部。大概是傍晚6点左右，只有鹤见俊辅一人在屋里，两人聊了一会。不久，市井也参加了在这间屋内举行的会议。逻辑学者石本新曾在这里与市井见面，记得他在低声介绍自己时穿的是国民服。翌年6月出版的《思想的科学》第4号，登载了市井对李约瑟的长篇新论文《科学和社会变化》，以及卡尔纳普最新的小论文《理论和预测》的书评，由此他成为第一位从读者转为杂志作者的人。不久，他也从作者转为编辑。

回到主题。杂志创刊后不久，某天傍晚时分，鹤见俊辅看到笔记本，才注意到一件已经晚了约定时间好几个小时的事情。

这天午后，他本来要去拜访承诺加入《思想的科学》创始成员但尚未见过面的渡边慧。他觉得对方可能已经不在了，不过仍匆忙穿过日暮时的道路，前往东京工业大学稻村耕雄（无机化学学者）研究室。

东京工业大学建筑物的走廊已经黑了，不过鹤见找到稻村研究室并推开门后，屋里明亮，仍是活跃的讨论氛围，以房间主人稻村为首，宫城音弥、矢野健太郎（数学学者）、佐藤辉夫（法国文学学者）等几位比鹤见大一轮多的前法国留学者都在那里。

对于《思想的科学》创刊号，封面设计不好这件事被热议，渡边慧就提出拜托这里的稻村如何。后来出版《色彩论》（岩波新书）的稻村，此时已经担任了《技术文化》杂志的封面设计，鹤见看过之后觉得很有意思，当场就拜托给他。从这年8月出版的《思想的科学》第2号开始，封面改由稻村设计，变成轻盈的样式，每一号都由不同颜色的细条点缀数字。这是不考虑权威、匆忙换成无名设计师的年轻杂志风格的开端。

之后，在市政会馆七楼的小事务所时常召开的《思想的科学》研究会上，渡边慧由宫城音弥陪着一起出现，引导报告之后的讨论。

在言论界，比如在民主主义科学学者协会等组织中，共产党的领导很突出。不过渡边也好，宫城也好，都讨厌仗着政治权威的讨论，渡边开始在《思想的科学》连载不从马克思而从巴贝夫寻找社会主义源流的《法国社会主义的进化》，不久宫城也写出了《封建性的马克思主义》等。在这种风潮中，翌年的1947年年初，来自共产党的批判增强，当时是共产党员的鹤见和子提出，《民主主义科学》（民主主义科学学者协会的机关杂志，之后的《社会科学》）这一正统杂志已经出现，因此要不要解散《思想的科学》。不过，作为不属于共产党的马克思主义者，在战时被逮捕两次的武谷三男在编辑会议上表明"共产党虽然批判'现代主义'，但是连实用主义这样的思想都无法消化的马克思主义没有意义"的观点，结束了当时的讨论。这种论争给《思想的科学》初期带来了热闹的场面。

也是在这个时候，鹤见俊辅想邀请羽仁五郎（1901年生）赐稿，首次前往他在东京郊外田无市的家中拜访。对方接受后，鹤见松了一口气，但当时郊外交通很不方便，他已经赶不上末班电车了，因此羽仁就让他住下。然而，作为编辑，他意识到好不容易让作者答应写稿，如果再这么麻烦别人，约稿的事情就会被抵消掉了，所以谢绝了提议并离开他家。在田无町站（今西武池袋线云雀丘站），他跳进刚刚滑进车站的火车，那是跑空车，走到饭能市就进入车库。鹤见玩味着应该能约到稿件的快乐，在车库的车厢里一直待到第二天天亮。

第二节　轻井泽

轻井泽是一片回忆诸多的土地。

在战前的少年时代，这里有赛马场。尾崎咢堂（行雄）的别墅就在附近，他的次女品江、三女雪香刚好比俊辅大一轮，是知名的混血美女，骑术很棒。受其建议，和子、俊辅也骑起了马。马是从租马场按小时租借的，俊辅在还马之后，很喜欢和马场员工一起在饮水点一起洗马。因为不舍得马的味道从手掌消失，那一天吃饭之前即便被妈妈责备，他也不想洗手。在竞技大会上，他取得了前几名的成绩，还得了奖牌。

林中的别墅地，原来是继承自后藤新平的别墅地区。因此，作为亲戚，这处宅地与获得继承的后藤一藏家、佐野彪太家的宅地相邻。几家中年级相近的堂亲也经常一起骑马。

战争结束后，时年二十三岁的鹤见俊辅在这里独自生活，某天接到了前田多门的妻子房子夫人的电话。前田多门是父亲祐辅自一高辩论部时代的好友，在后藤新平担任东京市长时，和永田秀次郎分担辅助工作，在仕途上也相差不远。而且，母亲爱子和房子夫人关系很好。在日美开战之前，祐辅热心投入的纽约日本信息图书馆（后来的日本文化会馆）构想，虽然很不幸地由在外务省工作的前田多门抢先担任馆长一职而告终，但他们之前多年的友情并未因此全消失。

前田房子打电话说，现在自己也一个人在轻井泽，想请他来吃晚饭。前田家的别墅同样在轻井泽，位于沓掛附近（今中轻井泽）。从俊辅生活的离山南麓的别墅出发，步行大概需要二十分钟。

房子夫人的家乡是从轻井泽越过碓水崖的群马县富冈市。在俊辅按邀请的时间到访后，她聊起自己少女时代从富冈来到东京时，如何受到俊辅母亲爱子的帮助，似乎也想把这些事情告诉俊辅。

此后，话题也涉及前田夫妇的长女美惠子。

这处轻井泽的别墅，也是女儿刚刚过二十岁时患结核病而休养的地方。母亲房子说，此处的邻居野村胡堂家长子一彦在二十一岁因结核病去世，美惠子是借了他的日记读而感染上的。从医学上来说，这自然不可能。房子知道年轻的两人互相非常爱慕，不过她对此表示强烈反对。不如说是对这种事情的惭愧之念，让房子说了这种没道理的话吧。

总之，为什么这一天前田房子会想邀请鹤见俊辅这位亲近的青年（他比前田美惠子小八岁），特意说这些呢？从前后的事情来看，可以知道这是因为美惠子的亲事有了进展。

情投意合的野村一彦病逝后，前田美惠子的心里生出关于未来的希望。她要成为医生，为麻风病的医疗奉献一生。然而，这遭到父亲前田多门的强烈反对。

美惠子从事麻风病治疗的希望，暂时被封印了起来。之后，她跟随赴任纽约日本文化会馆馆长的父亲一起前往美国（1938年秋），在布林莫尔学院研究生院学习古希腊文学，之后又转入哥伦比亚大学理学院，学习医学专业的预科课程。

前田一家开始在纽约生活时，鹤见俊辅已经身在马萨诸塞州康科德镇的米德尔塞克斯中学，一边艰苦地学习英语，一边开始准备大学升学。

此时他也接到前田一家的邀请，前往纽约。晚饭前还有时间，美惠子便邀请他出去散步。当时她二十四岁，俊辅十六岁。后来，鹤见还清楚记得当时的情形。

散步时，美惠子提到了作家约翰娜·施皮里。在父亲的工作地瑞士长期生活的她告诉俊辅，施皮里虽然是因《海蒂》而知名，但她还有广泛的作品。另外一个话题是少女小说家松田琼子。她是小说家野村胡堂的女儿，换句话说，是早逝的野村一彦的妹妹。一彦去世后，美惠子和小自己两岁的琼子更加亲近。然而，琼子也患上了结核病，在1940年仅二十三岁就去世了。前田美惠子说这些事情的时候，是用同龄人的语气，对小自己八岁的俊辅说的。

不久，前田一家在纽约的生活中，出现了作为美惠子相亲对象的神谷宣郎（1913年生）。

战前，神谷宣郎志在细胞生理学的研究，本来要去德国留学。但是1939年夏天结束时，在第二次欧洲大战最终无法避免的形势之下，他和其他留学生一起，被迫乘坐指定的撤侨船"靖国丸"回国。船从德国汉堡出发，在挪威的卑尔根停靠，之后穿过大西洋途经美国纽约回到日本。此时，朝永振一郎、汤川秀树也在船上。朝永结束了在德国莱比锡大学的留学生活，不得已回国。汤川秀树是为了参加欧洲的学会而乘坐"靖国丸"前往德国，这时第二次欧洲大战开战已成定局，他乘坐的这艘船突然改成撤侨船。因此汤川没能在学会上演讲，就再次乘上这艘船。之后，9月1日在途中的卑尔根停泊时，他们接到了德军进攻波兰，即第二次世界大战开战的消息。

不过，神谷宣郎怎么也接受不了中断学业回国的安排，在船舶靠岸纽约时，大胆地在那里下船了。"靖国丸"停泊在卑尔根期间，他就前往美国领事馆，取得了可以短期上岸的过境签证，而且买了挪威语写的英语口语书。

虽然在美国上岸了，不过他没有可依靠的人，也没有介绍信。神谷只知道在费城有一位著名的原生质学者叫塞弗里茨。在前往纽约的船上，神谷用德语给塞弗里茨教授写了一封长信，详细介绍前后事件，询问能否暂时在他那里学习。在纽约上岸后，他立刻把这封信寄出去。

在纽约下船后的第二天（1939 年 9 月 15 日），神谷宣郎决定不管如何，先试着前往日本文化会馆看看。馆长前田多门听到他的事情后，立刻给塞弗里茨教授打了长途电话，甚至取得了见面的约定。神谷立刻前往费城，在那里的宾夕法尼亚大学请求与教授见面。没想到出来接待的是一位年轻的日本女性，叫浦口真左，正在塞弗里茨门下学习植物学，也是前田多门的女儿美惠子的好友。

最终，经历了这些事情后，神谷宣郎又得以在宾夕法尼亚大学继续度过三年的研究生活，并决定把专业方向变为黏菌这种既非植物也非动物的奇怪生物。

日美开战后的1942年6月，他最终也登上交换船，返回日本。在该船上，日本文化会馆馆长前田多门与野村、来栖两位大使一样，使用最高级船舱——前田的家人在开战前已回国，此次他是独自一人乘船。另一方面，留学生神谷宣郎作为最底层的"第六阶级"，分到了接近船底的多人房间，在那里认识了其他留学生，如角谷静夫、都留重人、鹤见和子与鹤见俊辅姐弟、武田清子等人。在上船的时候，神谷带了很多将黏菌干燥后形成的菌核，但在检查官员询问那是什么时，他老实说明，结果被毫不留情地全部没收了。神谷非常失落的神情，落入鹤见俊辅他们的眼中。

因为这种事情，对于前田多门一家而言，神谷宣郎这位瘦高而温厚的青年研究者，只是过去在美国停留期间认识的人而已，不过好像是母亲最近想到，觉得可以考虑他做美惠子的相亲对象。幸运的是，这桩婚事看起来挺成功。美惠子已过三十岁，在当时被认为是相当晚婚的年纪了。前田房子安心了，心里也很放松，大概因此就有了找两家很早就很亲密的鹤见俊辅说一下过去闲话的心情。

丈夫前田多门在战败后的东久迩宫稔彦王内阁，以及接下来的币原喜重郎内阁都担任文部大臣。不过，和鹤见祐辅一样，1946年（昭和二十一年）1月，他也被确定为开除公职的人员而离开该职位。前田房子和鹤见俊辅在轻井泽一起吃饭，应该刚好就在这个时期。

此外，在接下来的时期，在轻井泽还有另外一件偶然的事情。

1946年5月过半，换句话说，是《思想的科学》创刊号于同月15日出版不久后。

这天，鹤见俊辅依然在轻井泽离山附近的家中独自度日，突然电话响了。是在旧道旁边开诊疗所的立陶宛裔中年医生桑德斯打来的。战争时期，他作为患了血栓的母亲爱子的家庭医生，每天骑自行车前来看诊。

"有个白俄（因十月革命而流亡国外的旧体制派人员）少年，我想是得了麻风病。我想要县里的医务官过来并和他说明。我的日语不流利，要用英语说，所以想请你帮忙翻译成日语。"

鹤见到达医生的住处兼诊疗所后，县里的医务官和少年都已经到了。一位光彩照人的美少年，不过膝关节已变硬、麻痹。医务官听了桑德斯医生的说明，自己也检查后说：

"是癫病。"

在简短的对话之后，他们决定将少年转移到群马县草津的疗养机构。

根据留下来的日记，前田美惠子此时也在轻井泽沓挂的前田家别墅中独自生活。同年7月，她将和神谷宣郎结婚，并在这栋别墅中度过蜜月。在此之前，她似乎决心"在静寂中冥想""想慢慢地和处女的自己告别"。她到这里是在5月24日。

"但是来了一看，却发现早就失去了过去的自己。在这孤独的日子里，N［神谷宣郎］的存在片刻都不曾离开。虽然有必须要写的文章，但迄今为止的大部分时间都花在7月两人到这里

度蜜月的准备上去了。今天也是从早上到现在（下午5点），一直在家里收拾、打扫。"（日记，1946年5月27日）

此时，二十三岁的鹤见俊辅和迎来三十二岁的前田美惠子都不知道对方在轻井泽，分别在各自家中生活。在停留一周后回东京（5月31日）前，她又这样写道：

"我能够清楚地认定，之后我不是孤独之人，和N的结婚实在是巨大的恩惠之事。和他结婚会给chaos［混沌］的我带来秩序和统一吧。那是我最需要的事情。生命力泛滥的我需要限制。即便有修剪此身的痛苦，也必须积极、纯洁地接受这种限制。"（日记，同年5月30日）

鹤见俊辅传

第三节　为了思考的语言

在《思想的科学》编辑部会议上,针对是否采用投来的文章,某天武谷三男提出了这样的原则:"编辑部成员只有登载论文的提议权,而没有拒绝权,这样怎么样?"

比如,针对某篇论文,一位编辑部成员提议说,这是好文章我们刊载吧。他人有不同意见时,通过讨论,提议者撤回的话就没事了。但哪怕只有一个人坚持推荐这篇论文,就不要通过多数权予以拒绝,而是刊载它吧。在这一点上,在共产党拥有很强主导性的民主主义科学学者协会等组织中的讨论,受制于意识形态,总是使用否决权。如果那样做的话,就无法让独创性的论文面世了。

这一原则最初适用的文章,好像是之后武谷推荐的三浦勉的《辩证法解开语言之谜》(《思想的科学》11 号,1948 年 5 月)。关于这篇文章,武谷这样说:"一开始,三浦寄来文章,让不认识他的我看一下。试着读了一下，虽然是庶民风格，但很有意思。我特地去拜访他。是个很有压迫感的男人啊。"

而且，鹤见这样说道："因为武谷三男强烈推荐它，虽然也有反对的意见，不过还是在杂志上刊行了。"

这种柔软的编辑方针的提出，也是基于在战时言论压制下两度被捕、投狱的武谷三男自身经历中的智慧。第一次被捕发生在 1938 年（昭和十三年），翌年被释放，是因为和《世界文化》杂志有关的事。第二次发生在战争末期的 1944 年（昭和十九年），在这个没有任何言论自由的时期，在理化学研究所从事原子弹研究的武谷的"技术论"似乎被认为是马克思主义式的。

在此期间，研究员同事也考虑出支援武谷的对策。特别勇敢地担任这种角色的是渡边慧（时为东京帝国大学第二工学院副教授），他穿着卡其色衣服，戴着军队文职人员那种有五角星徽章的帽子，特意以浮夸的态度不断前往拘留中的武谷接受调查的特高室。然后，他就说"有军事秘密，请特高的人们暂时回避"之类的。渡边慧的父亲是担任过司法大臣等职的渡边千冬（当时已去世），哥哥是知名的大藏省革新官员渡边武。他一边意识到这种现实性的效果，一边贯彻作为自由主义者的信念。

在现实状况之中支撑有效判断的思想，并不是由否决权所选择的孤立不动的观念，而是只能由随时在各人心中发挥作用的、带有多样性的独创性所培育出的想法。参照自身的经历，武谷心中会这样思考。

他心中有着这样的痛苦记忆。

战败之时，作为京都人民战线事件（调查《世界文化》也是其中部分）相关者而死于狱中的京都帝国大学时代的好友布施杜生的妻子岁枝，寄身在武谷家中。布施岁枝欣喜于战争结束，自己制作了用大字写着"前去救出狱中同志"的海报，说现在就要去新桥站张贴。武谷制止了她。他不知道像现在这样的时刻，一个女性去做那些事情会受到什么样的苛责。因此他说："即便你不做，也一定会有人做吧。"

但是过后回想，那个时候谁都没有做。换句话说，自己阻止了历史上唯一的一次行动。即便岁月流逝，这份悔恨都未消失。

取消编辑会议上的否决权这份提案背后，有武谷自身的这些经历。

1946 年 8 月，鹤见俊辅在《思想的科学》第 2 号上发表《基本英语的背景》。

这是俊辅对"基本英语"的讲解，它是由英国语言学家查尔斯·凯·奥格登在文艺批评家瑞恰慈的帮助下考虑出的以八百五十个词语组成的语言。刊载在创刊号上的文章《关于语言的护身符式用法》由旧假名完成，文风晦涩、生硬，但到了《基本英语的背景》这篇则风格一变，使用接近于现代假名的表达方式，简单明快。鹤见俊辅从旧制中学中途退学并前往美国，之后在美国大学学习，因此记住的学术语言全都是英语的。他不知道日语的学术语言，就一边用《岩波哲学词典》一个词一个词地查，一边写《关于语言的护身符式用法》（后来收入著作集时，这篇文章被整体改写成明快的文章）。反省到前作的难读，在随即的这篇文章中就产生这么大的变化，可以窥见二十多岁的年轻人所具有的丰富吸收能力。

与巴别塔传说一样，现代世界上使用的语言据说有"一千五百种"。能超越这种区别、彼此之间可方便交流语言含义的、一般称作的"翻译"，并不能保证正确地传递两种语言的含义。那么，"含义"是什么呢？鹤见这篇文章就是从这一点开始说起基本英语的含义论。这种尝试并不单单是读写的简单化，而是强调将焦点放在如何能够使语言的含义变得明了。

在这一点上，《基本英语的背景》继承了前一号《关于语言的护身符式用法》中的问题意识，要将讨论再向前推进。

鹤见俊辅将《思想的科学》创刊号和第 2 号送给《基础日语》（1933）的作者、英国文学学者土居光知（1886 年生）。当时，土居作为东北帝国大学教授（1947 年该大学改称"东北大学"）住在仙台，独自一人寄宿在同校副教授桑原武夫（1904 年生）的家中二楼。法国文学学者桑原带着家人在此任职。鹤见在信中希望土居阅读自己的论文，因为要策划《思想的科学》"语言"特辑，因此也请他赐稿。

不久之后，《思想的科学》编辑部收到了桑原武夫的来信，其中写道，"我觉得这本杂志很好，随信附上一年的订阅费"。似乎是土居光知看完了《基本英语的背景》等文章之后，也推荐给了桑原武夫。

土居光知的文章以《基础日语与小学教育》为题，刊载在《思想的科学》第 5 号（1947 年 10 月）上。土居战前的著作《基础日语》，自然是受奥格登等人的基本英语的启发而完成的作品，由他选择的一千个日语单词编著而成。在《基础日语》前言中，土居说，在那个讨论针对朝鲜半岛、台湾岛乃至中国东北的当地小孩的日语教育法好坏的年代，如果在使我们能够与他们直接对话方面提供一点帮助的话，也是幸运的，而这也是这份尝试的目的之一。另外，减轻繁杂的汉字使用负担，也是基础日语的目的之一，对此他采用了罗马字母标记的新方案。也因此，必须避开同音异义词，使用一听就明白的词汇。不过，英语和日语在结构上有很大差异，《基础日语》编纂上的整理明显还没到能够实用的阶段。作者土居光知比谁都清楚这一点。

在《基础日语与小学教育》一文中，他也说"没有必要在小学将基础日语作为特殊的语言来教"。基础日语中选择的"实际是知识语言"，小孩子很难理解。与之相比，在平时的讲课中让学生自然地学会这些词类更好。而且他说，反而是"阅读用基础语言写的意义深刻的书"最有收获。"基础日语"的尝试，是为了清晰地选择、思考、表达事物，以资互相之间的正确理解，这种思考方法和奥格登他们的并无区别。为此"准备的话，得先完成基础语的字典，接着针对世界史、经济、社会问题及其他当前时代感兴趣的问题，用基础语写书。……期待能有为基础语而同心协力的人们"。——这篇论文，也是土居光知仅使用自己选择的"基础日语"单词写成的。

如土居光知所述，在这个刚刚战败的时代，"将日语作为全体国民的国语"的气氛很激烈，是假名文字运动、罗马字母运动、限制汉字运动盛行的时期。从明治开国时国家存亡的危机意识充斥的时代开始，关于废除汉字、采用罗马字母或假名的讨论已经持续了八十年。即便是日本政府，在 1946 年 11 月也发布了《现代假名》《通用汉字表》，决心进行明治初期以来最大的"国语"改革行动。

考虑到这一点，进入 21 世纪已经十几年的现在，在明治维新以来一百五十年的历史之中，似乎是社会对改良日语的关心和欲望最淡薄的时代。为什么会变成这样？试着问一下这个问题，也是有意义的吧。

鹤见俊辅本人的语言表达形式，在《基本英语的背景》之后，短时期内又出现了巨大变化。

在《伯特兰·罗素〈西方哲学史〉合评》（《思想的科学》第 3 号）中，鹤见俊辅的前言全部用假名写成。

迄今为止的哲学史，全都原封不动地继承了哲学家的缺点。因此，如果细数哲学家的不足之处，它们也适用于哲学史。比如，除了少数特别睿智的人以外，哲学家都不喜欢身体力行。他们会说"要是尝试做这些事情就会很好"，但不会自己去尝试，只是一动不动地坐在安静的地方看书——而且只看哲学书。正因如此，这些人写的哲学史只是罗列"这个哲学家说了这个，那个哲学家说了那个"，而不去解释这些哲学理论和产生它们的社会环境之间的联系。但是，如果不知道那些话如何与他们的行为联系在一起，以及如果不调查那些话如何与当时的社会状况联系在一起，我们就不知道人们说出的话的意义。即便你一头扎进老哲人的著作，一味地做这种研究，你仍不知道它们的意思。只要我们不清楚哲学家的实际行动和哲学产生的历史环境，那么这种哲学依然没有被理解。[1]

如上所见。鹤见用这种文字表记的方式，发表了实用主义哲学观。

而且，鹤见俊辅在《莫里斯的符号论体系》（《思想的科学》总卷第6号，1947年11月）中彻底使用了表音式假名书写[2]。

如果看开头的话，是这样的写法："'作为思考事物的工具，语言如何发挥作用呢？'这是很重要的问题。"[3]

他坚持这种写法，在日本被占领期间几乎一直这样。

鹤见俊辅最初的大作《美国哲学》（1950年，世界评论社），副标题是"如何解释并发展实用主义？"[4]。

其中所收文章，即便在杂志上最初发表时不是这样的，此时也全部改成这样的拼写。换句话说，对于这个时期的俊辅，

---

1 此处原文全部用假名，可类比于全部用汉语注音符号表示汉字。因注音符号大陆已不再使用，为方便阅读，此处译为通行汉字。

2 日语现代假名中，有一些字母同音但用法不同，比如お和を、わ和は，以及一些情况下的お和う等。鹤见选择彻底表音式假名，是忽略这些区别，全部使用其中一种。

3 原文为"言語が、ものお考えるための道具としてどのよおに働くか？」これわだいじな問題である"，其中第一个お现代假名应为を，第二个お现代假名应为う，其中的わ现代假名应为は。他彻底采用表音原则，不区分两个假名。

4 原文为"プラグマティズムおどお解釈し発展させるか"，第一个お现代假名应为を，第二个お现代假名应为う。

贯彻基于彻底的表音原则的拼写方案，大概是他自己的思想态度的实验。

另一方面，同一时期给《思想的科学》投稿的作者之中，既有使用旧假名的，也有使用现代假名的。这一点任由各位作者选择，杂志上混杂着多种拼写方案，相当热闹。

到了 1947 年（昭和二十二年）时，鹤见担任核心人物，确定了"每个人的哲学"这一长期主题，并设计了调查问卷。哲学并不是知识分子占有的东西，每个普通人活着都需要立足于某种哲学。通过实地调查，找出其面貌，可能有一些统计上的方法。他们带着调查问卷，开始自己了解在各行各业活动的男女老少。于是，在人们基于自身经历而说的内容中，出现了超出调查问卷提问项的部分。而且，正是这部分更深刻鲜明地反映出那个人的"哲学"。

换句话说，给每个人写"传记"的方法在此开始萌芽。发现"每个人的哲学"这一题目，与找出该哲学的"传记"这一方法，在基底上是共通的。民俗学者柳田国男，也是踏上这条道路的前辈。以在美国学习的实用主义及逻辑实证主义为中介开始探索人类精神行动的《思想的科学》，在此与自日本传统之中自发成长的另一种实用主义线路相汇。

鹤见俊辅也和堂弟鹤见良行一起，穿过战争孤儿、站街女、流浪者纷纷扰扰的上野站地下通道，和人面对面询问调查。这个时候也是根据问卷，问"你觉得这个世界是真实的吗？""你死了以后，天空还会是蓝色的吗？"这些问题。

当时，鹤见俊辅写了一篇题为《心中山河》的短文。

"深夜，我要乘上野出发的夜班火车，但人满为患，上不去车。不得已，只能等待早上的火车，看夜变亮。车站的地下通道里，因战乱而无处栖身的孤儿、乞讨的母子、被称作'潘潘'的妓女杂然相处。'潘潘'们也开始了争夺的吵闹，其中一位年轻姑娘吸引了我，就一直看着她。于是，她转过头看向这里，骂了起来。'哎呀哎呀，那个男的真是烦。从刚才就盯着人的脸一直看。怎么了。一副欲求的脸。真是讨厌。'"

这篇文章以"山下行夫"的笔名发表在《文艺春秋》1947年12月号。鹤见在开篇写下"要乘坐10点45分前往米原的夜班车回去"，但这趟火车超员而无法乘坐。不过，他没有明确记下"回去"的目的地是哪里。

火车是"前往米原"，所以也可以理解是沿东海道线回热海的家。不过，出发地是上野站就有些奇怪。查当时的时刻表寻找符合的车次，发现确实有夜里10点45分从上野站出发的夜班车。但是，那实际上是一趟行程很长的车次，从高崎线进入信越线，经轻井泽至日本海沿岸的直江津，再向西沿北陆线继续行驶，经敦贺到达米原站，此时已是翌日夜里8点50分了。换句话说，鹤见当时重复着这样的旅程：结束《思想的科学》在东京的事情后，跳上这趟列车，在快天亮的凌晨4点前在轻井泽站下车。

继续推测的话，"山上行夫"这个笔名，应该是指"回_(轻井泽的)离山附近山庄的男子"吧？不过，他还是想避免写出"轻井泽"这个能让人联想到富家子弟的地名。这也让人联想到当时他那种稍稍窘迫的内心。

1947年这年，在市政会馆七楼《思想的科学》编辑部等地，经常写稿的作者班子汇聚一堂，邀请讲演者开研究会。这种事情逐渐常态化，在杂志上也以"《思想的科学》第×次研究会"这样的形式预告。到了1949年（昭和二十四年）7月，社团法人"思想的科学研究会"成立，这一名称本身则在稍早的时候就开始使用了。

1947年10月至11月，共计十次的"Communication讲座"在每日新闻社讲堂举办（《思想的科学》主办，每日新闻社、通信省协办）。这是在日本公开提出communication一词的极早时期的活动。担任这一时期《思想的科学》总编辑的井口一郎，拜访每日新闻社学艺部部长城户又一，希望能够无偿使用讲堂来举办Communication讲座，城户问"Communication是什么"，在听完说明后决定给予帮助。而且，井口也去通信省拜访担任该省次官的旧友，说"你这个单位是department of communication，所以有为日本首次Communication研究讲座出力的义务"，以相当强势的交涉方式，让对方购买定期听讲的门票。总之，当时没有对应communication的恰当日语，在招募听众上也很费力。据说它被认为是关于通信技术的讲座，有很多电气工程相关者来到会场。这或许是因为井口将通信省哄骗为"department of communication"，硬让他们购买听讲座的票吧？

在渡边慧"开场的话"之后，讲演者波多野完治完成第一回"communication总论"，展现了从视觉艺术、电信机器到交通的宏大示意图（《思想的科学》总卷第10号，1948年4月）。接着，土岐善麿负责诗歌、兼常清佐负责音乐、鹤见祐辅负责演讲、山本嘉次郎负责电影、宫城音弥负责感情表达、柳田国男负责庶民的日常语言、城户幡太郎负责教育、石黑修负责国语改革运动、小林英夫负责文体论，完成该系列的讲座。从担任《思想的科学》编辑核心成员的角度来看，这基本上是年老一辈的阵容。顺便说，在这场系列讲座中，鹤见俊辅想邀请太宰治讲"文学"这一主题，两次前往他在三鹰的家中拜访（当时私人家中的电话还没有那么普及）。但是，太宰治两次都不在，所以未能见到。

这次系列讲座大概也是鹤见俊辅提议并规划的。此时还是连电视都尚未在日本家庭、街头普及的时代（日本开始播放电视节目是在 1953 年）。他从这么早的时期，就关注了"大众传播"。

稍晚，鹤见俊辅在 1949 年下半年以羽仁五郎、长谷川如是闲、宫本显治、高岛善哉、久野收诸位言论界的前辈为对象的"二十世纪思想的特征和发展"（《世界评论》，1950 年 1 月号）座谈会上说了以下这些内容。不过，在场的年长与谈者完全没有听懂。在这场座谈中，鹤见的发言只有下面一次。

鹤见 我想大众传播（mass communication），或许必须和羽仁先生所说的 20 世纪的四个特征（经济危机、战争、革命、殖民地解放）放在一起，作为 20 世纪的重要特征。现代化的大众传播的媒介是收音机、电视机、电影这些东西，但它们在 20 世纪才开始在世界所有地区被应用，而这将给 20 世纪后半期的人的思想带来特别巨大的影响。我觉得 20 世纪的大众传播有两个面向：同时向无数的人传达同一思想的面向，以及综合使用声音、画面、文字等传播信息的面向。究根到底地思考，会想到人类逐渐接近连体婴儿。连体婴儿是指出生的时候背部连在一起或者手连在一起，一直一起生活的双胞胎。那样的话，两个人的心情不仅通过语言，甚至还可以通过体温来传达，血液直接作用于两个人，更进一步的话，甚至也可以考虑接近于彼此神经连在一起的状态。这种交流传播方式繁荣后，抽象能力究竟要走向何处就成了问题。

那样的话，文字（印刷出来的文字）的危机要来了吧。人类已经使用了三千年、四千年文字，但是20世纪后半期会出现文字的危机吗？迄今为止，我们的思维生活都是依靠文字的。但是，这种熟练使用文字的能力被电影、电视消灭。于是，每个人自己彻底思考这件事将变得非常困难。那样的话，我想，20世纪的特征，应该有作为大众自发性思考阻力的大众传播的登场吧。

长谷川　大众传播这个也不是新的现象，而是自原始社会就有的东西，只是方法、手段变了而已吧。像古代歌谣那样的事物也是一种大众传播。（……）

在日本战败后的占领初期，确实有相当多美军相关者请求与鹤见俊辅接触。

某天，埃里克·利伯曼这位哈佛大学时代的同级生来访。在学生时代，他是成绩位于学年前列的人，现在则作为海军军医来到日本。他想知道战前的日本社会被法西斯主义吞噬的过程，而此时也是俊辅自身开始考虑转向研究的腹案之时，因此两人数度讨论。利伯曼是犹太人，对未来的预测是"美国接下来会成为极权主义国家吧"。

另有一天，在设立于占领军民间信息教育局（CIE）下的日比谷的 NHK（今日比谷城）附近，之前只知道名字的文化人类学者克莱德·克鲁克洪过来打招呼，两人站着说话时，对方从包中取出尚未发表的论文草稿，递给鹤见请他看。

此外，与他多次接触的还有负责 CIE 语言关系政策的人。最初是人文地理学者、自战前多次来日的罗伯特·霍尔。接着是其后任、语言学者亚伯拉罕·哈尔彭。

比如，《思想的科学》第 2 号（1946 年 8 月）中翻译了约翰·杜威的《世界政府论》。文章附了译者"前记"（虽然没署名，但能够判断大概是鹤见俊辅），其中写道"这篇论文是题为 'On membership in a World Society' 的杜威近作。感谢司令部民间信息教育局的好意而提供给本杂志"。这应该是指其初期的负责人罗伯特·霍尔给予的方便。

如前文所述，鹤见俊辅在美国留学时期，与姐姐和子一起协助叶理绥、赖肖尔编写日语教科书。鹤见推测，战后 CIE 的霍尔、哈尔彭寻求与他接触就是因为他有这种经历。

（顺便一提，如前所述，在美国留学时，鹤见他们帮忙编纂的日语教科书《大学初级日语》，一部分文章选自殖民地朝鲜的普通学校［面向朝鲜少年的初级学校］的国语［日语］读本。不过，在当时的普通学校，特别是低年级，主要采用表音式的拼写方法［接近后来的现代假名］。然而，在《大学初级日语》引用时，这些文章全部被改成了旧假名。之所以如此，是因为叶理绥的目标是让学生通过自己这本日语教科书学习，能够读懂当时日本社会中使用的普通日语文章［旧假名］。）

第三节　为了思考的语言

1948 年（昭和二十三年）1 月 20 日，"创造一听就懂的学术语言会"讨论会在内幸街区的幸大厦会议室举行（讨论会的记录刊登在《思想的科学》总卷第 15 号，1948 年 11 月），有十几个人参加。这里原本是父亲祐辅的事务所，不过从这个时期开始，《思想的科学》的出版社先驱社，也把地址改到这里。

这次会议的策划是鹤见俊辅，主持是在去年（1947）春天从美国回国的社会心理学者南博。日美开战时，在美国康奈尔大学研究生院留学的南，在交换船项目开始时断然选择不回国，在取得博士学位后，又在该校附属的行动研究所担任讲师等，一直待到战后的 1947 年。

参加讨论会的除了小林英夫（语言学）、大久保忠利（语言学）、宫城音弥（精神病理学）、川岛武宜（法社会学）这几位外，还有在占领军的 CIE 上班的语言学者亚伯拉罕·哈尔彭。

哈尔彭希望在战后日本的学校教育中，导入"可使用且可教授"的罗马字母教育，也是要维持占领当局"只要没有必要就不命令日本人"这一方针的人物。在这次讨论上，当主持人南博询问关于使用罗马字母的意见时，他也只说了谨慎的见解。

哈尔彭　我并没有什么想说的话。因为不知道日本的学术语言，所以今天只想听就好了。在这之前，鹤见（俊辅）先生来我这里时，我们只聊了有没有创作新词汇的原则，所以今天突然之间也没有太多想法，不过如果只说想到的事情，这个问题中的一点，是叫作 purist 吧，就是国语纯化论者那些人，虽然讨厌像套盒一样的语

　　　　　　　　　　　　　　　　　　　鹤见俊辅传

言，但我想还是创造出那样的语言之后，创造日本新的术语的能力才会提高吧。现在的单词中，那种语言的比例很高，因此看到那些，我的语言意识虽然是外国人的语言意识，但是听起来很明白。另一点是，我想，只使用大和语言的话，单词会不会变得很长啊。

在接下来的时间里，他深居幕后，但也影响了鹤见俊辅等人的前进方向。

1948年9月结束，芝加哥大学的查尔斯·莫里斯在给鹤见俊辅的信中，告知自己在前往中国、印度途中，会在日本经停约五天。9月30日，他被邀请到思想的科学研究会，在二十多人的围绕下，回答大家的问题。

在此前的《人生之路》(1942)这本书中，莫里斯在众多诗作中展现出可谓世界宗教的视野。此次前往日本时，他也告诉鹤见俊辅希望能与铃木大拙会面。在思想的科学研究会的集会次日，10月1日，莫里斯在鹤见的陪伴下拜访了在镰仓的铃木。鹤见负责两人之间的翻译。而且，莫里斯还拜访了柳田国男，引介者应该也是鹤见俊辅吧。

第四节　共同研究的经历

这一时期，鹤见俊辅遇到了另一个转机。

1948 年（昭和二十三年），在还可叫作春天的时节中，东北大学法国文学院副教授、教法国文学的桑原武夫突然联系，要来东京见鹤见。之后他说自己近期会回到京都大学，成为人文科学研究所西洋部的主任教授，所以问对方要不要来做副教授。前文提到的语言学者亚伯拉罕·哈尔彭，除了在占领军的 CIE 担任语言改革负责人以外，还担任教育课的人文科学主任，希望在创造新的大学制度方面发挥影响力。

桑原是根正苗红的京都帝国大学出身，也在那里担任过法国文学讲师，但在师生关系上闹了矛盾，就暂时跳到东北大学了。此次总算卷土重来，他干劲满满，想引进鹤见俊辅这位和校内没有瓜葛的青年俊才，利用连旧帝国大学也受到影响的战后改革氛围，做出一番事业。

鹤见问："工资是多少啊？"因为从家里离开，在经济上获得独立是他切实的希望。而且，《思想的科学》的经营也必须有某种程度的支持。

杂志的经营状况急速恶化，在高速的通货膨胀中，他手中的资金也几乎耗尽。然而，负责事务性工作的清水三枝子及其妹妹牧野和子等人都一心一意地工作。俊辅的妹妹章子记得当时哥哥在运营杂志上"苦苦挣扎"。他的神情让人觉得恐怖。

对于鹤见的问题，桑园没法立刻回答。因为他也不知道。——之后了解到，月薪是六千四百日元。

鹤见同意了。

于是，桑原说希望他写一份简历，之后又加一句："没上过大学也没关系哈。"

鹤见惊讶了。这个人是知道自己在日本只有小学学历的情况后，还要自己做副教授吗？

"上过了。"鹤见回答后，桑原好像很安心似的坏笑起来。

只有一件事，桑原提出了要求。不要写在美国进监狱的事。此时还是美军占领下的时代。如果被抠细节的话，没准会出现麻烦。

不过，这件事上也出现了让鹤见内心动摇的其他事情。仅仅一周后，东京工业大学的宫城音弥也来问他，要不要到自己的大学做副教授。

从鹤见来看，此时没有放下《思想的科学》的打算。轻松地接受了来自大学的邀约，如果再放弃杂志，那自己也完了。为了今后仍继续负责《思想的科学》，相比于现在搬到京都，在东京的大学必然更方便。这样重新思考后，他前往桑原的住处表示歉意，取消了之前的允诺。他还搬出自己心律不齐作为理由。

不过，桑原是谋士，偷偷地去找鹤见视作"老师"的都留重人来挽留他。鹤见被都留叫过去，批评了一顿。都留告诉他，"必须看重先约"，鹤见听从了。

桑原武夫说，京都大学人文科学研究所西洋部将在来年(1949)春天开始共同研究。最初的题目是"卢梭研究"。共同研究的会议每周一下午进行。之后，他像灌迷魂汤一样又加了一句："因此，只要能出席研究会，其他时间在东京也没有关系。"

1948年夏，为了能让人文研西洋部在新体制下成立并运作，购买成批西方书籍的资金到位，因此桑原武夫联系鹤见俊辅，要和他一起选定图书书目。桑原特意在周日这天前往日比谷公园附近的幸大厦六楼，也就是《思想的科学》的事务所。鹤见带着美国最新出版书籍的书评杂志作为资料。桑原不由分说地脱了上衣，一本接一本地看，并做下标记。那种生猛的举止惊吓到了鹤见。桑原成为比他大十八岁的上司。迄今为止，在军队等他待过的日本组织中，将全部的事情压到下级身上是正常现象。然而，这位桑原武夫从一开始就持一种学问上人人平等的态度。从美国回到日本以后，鹤见已经忘记这种人际关系很长时间了，而具有这种待人接物态度的桑原给他留下了鲜明印象。

鹤见俊辅第一本大作《美国哲学》在1950年（昭和二十五年）1月，由世界评论社出版。其内容在1948年（昭和二十三年）就全部完成了。最初预定由真善美社出版，不过这家出版社倒闭了，一段时间后，改由世界评论社刊行。（不久之后，这家出版社也倒闭了。在略微减少所收文章数目后，该书改名为《实用主义》，1955年在河出文库再版。然而，河出书房也倒闭了，就再改成《实用主义入门》，1959年在现代教养文库再版。这本书的经历便是如此。）

《美国哲学》是带着"本书的目的是重构实用主义"（第二版《实用主义》前言）的心气写的。执笔是在刚刚战败到先驱社版（第一次）《思想的科学》刊行期间。

1870年代初期，在美国马萨诸塞州剑桥市，有一群往来彼此书斋，饿了就快速填几口麦片进肚子后继续讨论的青年。查尔斯·桑德斯·皮尔士、威廉·詹姆斯、小奥利弗·温德尔·霍姆斯这几位，当时在社会上几乎都还是无名之辈。他们带着多少有些自嘲的口气，将这个自发的讨论场叫作"形而上学俱乐部"。

皮尔士持有一种也可称作可错论（fallibilism）的观点。我们的知识是在重复无数次的错误之中，向着错误程度低的方向前进。因此，错误正是为了我们进步的最佳机会。因此，我们在思索并选择假说时，如果那是可错的话，就应该选择最容易驳倒的假说。

所谓信念是什么？

皮尔士这样考虑：所谓信念，就是遵循它，我们能够预备行动（action、behavior）的思考方式。因此，信念不稳时，就不能遵从它而预备行动，这种就不该称其为信念。因此，就需要再次迅速重建已受到质疑的信念。

这种哲学是为了什么？至少不是为了得到作为职业哲学家站在讲台上讲话的生活。

比如，在霍姆斯那里，他自己选择成为法官的道路，在写判决书以及记录与之相伴的少数意见的行为之中，展现自己哲学上的信念，积极影响社会的实际状况。与之相反，相当于下一代人的乔治·赫伯特·米德深化自身的思索，几乎只专注于在大学课堂上讲述那些思想，其知名的主要"著作"只是去世后他人编辑的集中讲义录而已。

所谓实用主义，绝非通过师徒关系而传承的东西。在互相之间没有直接影响关系的地方，也会孕育出各种各样的实用主义。

鹤见俊辅在《美国哲学》中分出一章讨论的威斯康星大学哲学教授马克斯·奥托，在东方的知识分子世界中不为人所知。他也未受到皮尔士著作的影响。他思考与学历等无缘的普通美国公民身上的哲学。所谓哲学的职业人员，其工作就是将这种"每个人的哲学"向着应视作目标的方向再度推进。

不过，鹤见评价说，奥托的一个缺点来自他过于看重语言的作用。奥托始终认为观念说出了就会被理解。参照事实，我们不能说它符合现实。这一观点和对杜威同样的批判性保留意见一起，构成了鹤见对实用主义的自我批评。

而且，在这些实用主义哲人的传记之外，鹤见也介绍了一些处于邻近领域的不同风格的哲人。比如持唯美主义的桑塔亚那，持似乎也可称作非人类主义的厌世、厌人观的阿道司·赫胥黎。

不过，鹤见指出，在此我们能够反思出，这二者是实用主义式的唯美主义、非人类主义。他说思考实用主义这一概念时，最重要的是它和周边的互动，而这种视角的转换是关键。

而且，作为在日本自生的实用主义例子，他也对都市性大众小说作者佐佐木邦的作品进行了分析。据此，他探索实用主义的自生这个贯穿该书的问题的根源。

这样，鹤见在最后确认并写下该书的初心："接下来是推倒哲学，并将它置换成新的哲学的工作。为了无论如何也要能摆脱在日本社会中广泛运行的哲学式思考法，为了替创造在日本乃至世界上也没有的新哲学做准备，希望各行各业涌现出讨厌哲学的同人，一起将错误变为正确，成为打倒哲学运动的有生力量。"

而且在后记中，他这样写道：

"这本书的思考方法，多受都留重人教导。

"我迄今为止能够在优越的条件下学习，是父亲、母亲、姐姐的功劳。"

1949 年 4 月，二十六周岁的鹤见俊辅，开始作为京都大学最年轻的副教授工作。办公室在大学主校区图书馆侧面一栋老旧的两层研究所内，那是一栋木结构的红砖建筑，部分外墙抹了灰。西洋部在木结构抹灰的地方，其中二层尽头的双人间是纪笃太郎副教授与鹤见共同的研究室。旁边是桑原武夫教授的房间。

租住的地方，是中京区夷川柳马场的商铺二层一间三张草垫大小的房间。房东是七十岁左右的老妇人，早饭和晚饭也拜托她准备。在接下来的几年内，他都和女房东一起吃早餐。

担心鹤见一个人在初来之地的租住生活无聊，她还带他去闹市区的说书场。鹤见第一次看相声现场表演就是在这个时候。之后，他也一个人去看，不久就熟悉了千本剧场这座偏僻地区的说书场的氛围。在周日，他不止一次在这里从早上一直坐到晚上终场。

不过，他写不出稿子的时候，习惯在房间中乱走。妹妹章子从东京来看他时，在楼下房间住着的房东老太太说，"天花板吱呀吱呀地响，烦到睡不着呀"。

京大人文研副教授的正式聘任下来前，还有很多麻烦事。仅二十六周岁的年纪，在校内又完全无师承关系。教员对此的抗议意见甚至开始传到了鸟养利三郎校长那里，之前已同意鹤见任职的校长告诉人文研西洋部主任教授桑原武夫说，"只有这个副教授要再考虑一下"。对此，桑原再次想出办法。

那是 1948 年秋季的事情。为迎接美国来的人文科学顾问团，预计在京都大学召开关西地区联合会议。顾问团一行是美国大学的五位教授、副教授，其中最年轻的是埃德温·赖肖尔。关西地区的大学方面，由汤浅八郎（同志社大学校长）、末川博（立命馆大学校长）、恒藤恭（大阪商科大学校长，该校翌年改为新制的大阪市立大学）、泷川幸辰（京都大学法学院院长）几人迎接。

不过，当时没有能够自由使用英语的翻译人才。于是，桑原通过预先将鹤见俊辅聘为京大人文研研究员的方式，让他作为大学这边的翻译。这是 1948 年 12 月的事情。

另一方面，文部省给美国顾问团派的翻译是学德国哲学的桑木务。他精通德语，但英语不好，听起来滔滔不绝，但内容一直都意思不清。英语、日语都会的赖肖尔开始发火了，走到鹤见旁边要他"你帮两边都翻译吧"。但是，鹤见说"做不到"。会议没能进行有效讨论就那样散会了，不过之后鸟养校长给桑原这边打了电话，"那个翻译很棒"，鹤见就任副教授之事也就顺理成章了。

鹤见俊辅搬到京都后，桑原武夫说"有个很好玩的人在理学院，我们叫过来聊天吧"，就把他介绍给梅棹忠夫（1920年生）。土生土长的梅棹战时在蒙古调查，战后从中国回到日本，返回京大理学院研究生院。此时，他聊起屋久岛的事情，不过话题逐渐扩大，包括了植物、动物、文化、产业等，其中一直贯穿着技术力这一观点。他还在水槽里养了很多蝌蚪，带鹤见他们去看。他每隔一段时间就做观察记录，看看是聚集还是分散。

之后不久，梅棹忠夫成为大阪市立大学理工学院新设的生物学科副教授，不过因为家在京都，所以还在京大理学院附近的咖啡馆"进进堂"，点上一杯咖啡，一次说上几个小时。

梅棹从中国回国后，认为现在正是日本应该果断采取罗马字母的时候，并加入了日本罗马字母会。京大附近有京都罗马字母会的事务所，他也去帮助编制罗马字母教育的教科书。而且，他在京大招募同伴，组建京大罗马字母会，出版《SAIENSU》这本用罗马字母书写的科学杂志。这份杂志因出版社倒闭而在第三期结束，不过得到了汤川秀树等许多实力教授的支持。他也加入了日本世界语学会，能熟练用世界语对话或演讲。

鹤见每次去他研究室拜访，都会待到中午。打字员使用好像是梅棹带来的英文打字机，将他庞大的田野调查笔记用罗马字母打在卡片上。不久，他就以这些为基础，开始持续写出著作及论文。

而同一时期，武谷三男顺路到关西，和鹤见吃晚饭时，叫上了他在京都帝国大学理学院时代结交的朋友朝山新一（此时是大阪市立大学动物学教授，其课程助理教授就是梅棹）。在饭桌上，他们聊起了教小孩不能撒谎好不好的话题。武谷一贯的看法是"不能说谎"这个教育不好，那样的话，人民就不能在国家之下保护自身安全。另一方面，鹤见持保留意见，认为虽然确实如此，但那样也就是对自己撒谎，因此就很难在自己心中树立对此的界限了。

于是，作为当晚东道主的朝山新一喝倒彩说："喂，武谷，你会教自己小孩撒谎也没事什么的吗？"

天生不论时间地点而毫不留情地讨论的武谷，便丢下一句话："在这个地方说不下去了。"就从饭桌前站起来出去了。片刻，鹤见也跟着出去了。

站在有些凉意的路边，武谷继续讨论。

当权者的谎言引发广泛的实质损害，因此必须追究。但是，对于没有权力的人，谎言几乎只是一个保护自己的方法，在小学教育中，国家从孩子身边取消它是错误的。武谷这样说道。

对此，鹤见持保留意见，认为谎言不仅使个人难以维持内心的道德界限，而且在集体内部撒谎以保护某事时，随着时间流逝，内部连接松弛，谎言被揭穿，反而难以保护自己的利益。

武谷的看法，立足于战争时期被作为思想犯投入狱中的警戒心，以及亲朋的生命都被国家夺走的内心痛苦之上。另一方面，从鹤见的看法中也可以窥见他已经在理解当事者的心理之后，深化了与"转向"研究相关的洞察。集体内部的谎言不久就会失效的见解，可能也是他想到了实际例子。

快四十五周岁的桑原武夫，将自己担任领头人而开启的京大人文研西洋部共同研究主题定为"卢梭研究"。研究会使用的建筑是一间好不容易能塞进去十几个人的房间，位于前文提到的红砖木结构抹灰的人文研分馆一层，那层还是木结构，没有抹灰。

事前订立的研究计划，由初看似乎冒失的庞大课题与紧张的日程组成，由军师桑原招揽的优秀人才支撑。在两年后汇集的京大人文研报告《卢梭研究》中所附的编者桑原武夫的"序言"中，我们可以知道其概要。

桑原在此直截了当地说，"我们的另一个目的是提高研究速度"。

"日本过去的人文科学界尊崇'细致的学风'。学术研究自然必须彻底踏实、细致，但是另一方面，我们必须遗憾地承认，在这样的美名之下，多少存在研究时间意识淡薄、学问生产速度极度低下的问题。因此，我想我们实验一下，看看能不能通过共同研究，换句话说，通过从家庭作坊式的手工业变成机器生产，提高生产动力，提高生产的速度。我们抱着这项研究一年就完成的预定出发，不过到整理完毕花了一年半时间。"

此处沿着桑原的整理，说一下这项共同研究的特点。

1　人员构成

人文研西洋部的研究人员最初是七人（桑原武夫、前川贞次郎、河野健二、纪笃太郎、鹤见俊辅、杉之原寿一、樋口谨一）。桑原判断这样还有些人手不足，就申请京都大学以下五人参加：文学院大山定一、野田又夫，法学院田畑茂二郎，经济学院岛恭彦，分校生岛辽一。之后田畑、纪两人病倒，同志社大学法学院的恒藤武二加入。

而且，他也让京都大学研究生院的数名学生以研究生身份参加，作为一种新的尝试。

研究生的选拔考试，由桑原负责法语，鹤见负责英语。通过考试发现多田道太郎（1924年生）这位人才时，鹤见这样记载：

> 虽然是研究生，但因为战争的间隔，很多人的外语理解能力都下降了，很难找到能立刻加入共同研究的人才。随便翻开英语写的卢梭传的一页，让他们翻译成日语，很多学生不知所措，不过有一个人流畅地阅读。鹤见说"比我还厉害啊"，他好像谢绝似的回答说，"因为我看美国文学那些"。之后和桑原说只有一个做得很好的学生时，他立刻说"是多田吧"。

2　研究会

每周五下午的研究会共举行五十九次。除了所内成员外，参与研究的人也都出席，在报告之后还有长时间的热烈讨论。

顺便说，鹤见俊辅单独做报告的研究会共四次，日期及题目如下：

1951 年 2 月，京都大学本部校园内，背靠着当时的人文科学研究所分馆。摄影：加固
三郎

第 18 次（1949 年 11 月 18 日）《爱弥儿》分析

第 26 次（1950 年 2 月 3 日)《一个孤独漫步者的遐想》分析

第 39 次（同年 5 月 19 日）卢梭的交流论

第 59 次（同年 10 月 4 日）卢梭的教育论再考[1]

3　卡片系统

各研究者尝试将各种文献中的摘录记在一定的卡片中，将其共享。完成的卡片已经达到约五千张，分类、保管在研究所内。（前文提及的梅棹忠夫用罗马字母打印出田野调查笔记的卡片，和京大人文研"卢梭研究"的卡片系统的想法重合，之后成为被称作"京大式卡片"的 B6 大小的卡片。另外，鹤见俊辅在记载想法时，终生都使用这种卡片。）

4　完成论文

上述研究会持续近一年时，在协商之后，确定了各自应执笔的论文题目。这些论文初稿完成后，首先传阅并召开讨论会，进行毫无顾忌的批评（他们开玩笑地说那是"批斗"）。执笔负责人充分听取批评、要求后，开始完成终稿。经过这样的流程，任何一篇论文某种程度上都反映了研究会整体的意见。

鹤见俊辅和年龄相近的樋口谨一（1924 年生）、多田道太郎共同执笔完成《人类卢梭》《卢梭的交流论》《卢梭：传信者》三篇论文。其中，鹤见担任最终负责人，最强势地主导执笔全部过程的应该是《卢梭的交流论》。

1　1950 年 10 月 4 日为周三，或为临时调整，或为作者笔误。——编注

第五节　越过转变期

《思想的科学》杂志的经营状况更加艰难。1949年（昭和二十四年），《思想的科学》出版是在1月、3月、4月、5月、7月、10月，随着临近下半年，间隔时间越来越长。到了1950年（昭和二十五年），出版出来的只有4月这一期（总卷第22号）。

在这期间，鹤见每周五下午一定会出席在京大人文研举行的研究会，其他时候则乘坐东海道线的夜班火车，频繁往来于东京和京都之间，埋头《思想的科学》的实际编辑工作。因此，这个时候，他也在世田谷区成城的老家生活。父亲祐辅、母亲爱子、长女和子、长子俊辅、次女章子、次子直辅全都在自家的同一个屋檐下生活，这种机会此前绝不多见。不厌持续不停的旅行、奔波的这个家族，似乎从外祖父后藤新平的生活方式开始就已经是那样了。

1950年4月，妹妹章子嫁给了法学学者内山尚三（1920年生）。

内山刚刚战败就回到学校，在东京帝国大学法学院政治学系参加丸山真男的研讨课，在研究生阶段跟着川岛武宜学习法社会学。这是由姐姐和子介绍而成的姻缘。另外，这年10月，父亲祐辅被解除了公职限制，开始谋求回归政界。

一天夜里，鹤见俊辅烦恼着《思想的科学》的经营问题，踏上了从东京向京都的夜班快速火车。马上到小田原那一带时，他突然想到今天晚上丸山真男应该在热海市伊豆山的某间岩波书店的招待所。虽然已经很晚了，但他坐立不安，就在小田原站换乘普通火车，在热海中途下车去拜访丸山。

这天夜里，丸山提议说，"在全国建立《思想的科学》支部，以此为基地重建活动"。

刚好这个时期，大渊和夫、吉川俊夫两个京大学生偶然前去京大人文研的鹤见研究室拜访。"我们对逻辑学很有兴趣，但是没有教授。京大教的是观念论。"

以此为机缘，1950年秋，研究会"符号之会"在京都开启。研究会的运行方式是每月确定教科书，然后由发言人对此做一次报告。成立最初的会谈者是鹤见俊辅、多田道太郎、上山春平、石本新、大渊和夫、吉川俊夫。之后，大渊、吉川两人在大阪创办了"思想的科学关西支部"（后来被叫作大阪中心、大阪小组等）。不久，诗人足立卷一、港野喜代子等人也加入，并开始出版机关杂志《要不得》。

在大阪的行动稍后，鹤见前往德岛县立图书馆（宪法纪念馆）演讲，认识了那里的图书馆工作人员佃实夫。后者创立了"思想的科学德岛支部"，开始持续送来记录、传记、论文。

这样，思想的科学支部、读者会在全国各地自发产生。即便在东京等地，也有数个自发性研究小组开始活动。此后，《思想的科学》杂志中断出版期间，他们与读者的直接交流也依然继续。换句话说，思想的科学研究会，开始整体带有这种读者同好会的特征。那里有超出鹤见俊辅他们当初构想的东西。

以先驱社为出版社的第一次《思想的科学》，实质上以1950年4月出版的总卷第22号为界停止，此后隔了一年，在1951年4月以油印方式又出版了一期，即总卷第23号而告终。这一号虽然是油印，但封面设计仍同此前一样，由稻村耕雄负责。不过，出版社名称换成了"思想的科学研究会"，而不再是先驱社。发行人姓名变成此前一直负责太平洋出版社实际业务（兼处理先驱社实际业务）的"清水三枝子"。这时先驱社可能已经注销了。

其卷首刊载了一篇署名为"社团法人 思想的科学研究会"，但大概是鹤见俊辅执笔的很长的"通信"。

> 从去年年初开始，经济上的窘困持续到现在。我们没有通信机构，很难维持本会，因此奉上一册油印版的《思想的科学》。

> 自战败翌年我们几人创立《思想的科学》，已经六年有余。虽也受到"旧态依然""陈腐"之类的批评，但不当的批评逐渐消失，相反，《思想的科学》最初介绍的数个思想潮流被其他大出版社采纳并出版了外文书，《思想的科学》最初专注的日本研究角度，在商业性的大杂志上被更有技巧地利用。这样，我们的工作

从更宽阔的渠道传递给日本的每个人，同时，也因此变得不显眼。

不过，《思想的科学》并不仅仅想从海外引进实证思想的潮流，也不仅仅想通过对谈记录或大众娱乐研究，传递一种穿着轻薄和服讨论哲学的风格。莫不如说，它追求的是收集从不同领域接近世界的诸位的意见，通过持续将这些混合在一起，寻求哲学的新生。在这个意义上，我们的目的仅仅实现了其中非常小的一部分。

在这个阶段，思想的科学研究会会员数是一百二十名（其中有七名女性）。

至将近两年后的 1953 年（昭和二十八年）第二次《思想的科学》（杂志名《芽》，出版社是建民社）再度创刊为止，思想的科学研究会进入了没有自己的定期刊物的时期。换句话说，1952 年，随着《旧金山对日和平条约》生效，日本恢复"独立"，在美军占领下出版的《思想的科学》以先驱社版二十二期、油印版一期，共二十三期结束。

顺便一提，父亲鹤见祐辅在 1952 年 2 月开始将内幸街区幸大厦六楼（太平洋出版社、先驱社的所在地）作为自己追求回归政界的事务所使用。儿子俊辅要和父亲的这种活动拉开距离，一有机会就寻求从家里离开。

这种事情也应该和这一系列变化有关。

我们稍稍回到之前。如前文所见，1947 年 7 月，"思想的科

思想の科學研究会々員

有板秀世　川口正秋　杉浦健一　花田清輝
阿部行蔵　川島武宜　関根弘　服部龍江
朝野勉　川島芳郎　瀬川行明　唄孝一
阿部知二　亀井孝　瀬川清子　平野義太郎
青山秀夫　笠松章　園部三郎　平野晋治
飯塚浩二　糟谷伊佐久　高島善哉　布留武郎
井村恒郎　加茂儀一　武谷三男　古野清人
石黒修　嘉治真三　竹内好　伏見康治
伊藤誠　清宮栄一　武田清子　福武直
石本新　菊地謙一　田代正夫　富士川巖
岩渕悦太郎　城戸播太郎　大藤時彦　細入藤太郎
靱孝　大下順二　高木宏夫　堀内敬高
稲村耕雄　桑原武夫　多田道太郎　眞下信一
破田進　日下部文夫　辻清明　丸山眞男
五十嵐寛作　久野収　都留重人　松本正夫
今村太平　江實　塚本哲人　宮原誠一
井口一郎　神野慎一郎　覲見和子　三浦つとむ
市井三郎　甲田和衛　覲見俊輔　南博
磯野誠一　小林英夫　土岐善麿　宮城音彌
幼方直吉　佐瀬仁　中村元　宮孝一
上田辰之助　斉藤静　中村兎巴　水谷一雄
内山尚三　斉藤真　中野卓　宮内秀雄
梅棹忠夫　斉藤道子　仁井田陞　柳田國男
大江精三　佐藤フク子　野間宏　柳田謙正
鵜飼信成　清水幾太郎　林達夫　望月衛
大久保忠利　新村猛　羽仁五郎　依田新
小原敬士　篠原雄　服部之総　渡辺慧
大川信明　潮見俊隆　中井正一　山田信満
岡本太郎　清水博　波多野完治　石村善助
大浜英子　志賀勝　林周二　土居光知

1951年，思想的科学研究会会员名单。摘自仅以油印方式出版一期的《思想的科学》总卷第23号（1951年4月）。当时共一百二十名，其中女性七名。剧作家木下顺二的名字被误写为"大下顺二"

学研究会"登记为社团法人。这时的会长，是东大法学院教授川岛武宜。取得法人资格也有赖川岛他们的努力。翻看研究会章程，在第一章中相当于"目的及行动"的条款记载了以下内容：

"第2条　本会依靠各部门学者的合作组织，以经验科学式地研究人的思想为目的。

第3条　（1）举办研究会、讲座；（2）现场调查；（3）举办研究会及汇报调查结果；（4）为达成本会目的的其他必要行动。"

此处没有关于杂志《思想的科学》的编辑、出版的直接记载。换句话说，这个研究会完全被定为独立的学术研究团体。

这样，《思想的科学》杂志的出版，被放在与社团法人"思想的科学研究会"相同的位置，变成单独的个体，因此在相关者之间似乎也产生了观点不一致的空间。

比如，章程第一章第二条使用了本研究会是"各部门学者的合作组织"这一表达。这和此前《思想的科学》杂志不断表明的、要打破现有制度化的学术框架这一方向相反，有仿效过去公立大学组织的味道。当时有句俏皮话说，"战败也改变不了的是相扑与东大"。

这种感觉上的差异，也导致相关者之间出现矛盾。

在鹤见俊辅的回想中，川岛武宜曾从日本学术振新会给他们申请到了某个研究项目的补助金。鹤见俊辅此时是京都大学副教授，因此成为这个项目的成员。不过，鹤见和子这个时候尚未在大学中任职。

从川岛这边来看，这件事是作为东大教授的自己斡旋的，因此对于获得的补助金也要由自己来主导。但是，鹤见和子不满。她觉得是研究会获得的补助金，川岛那样做的话很奇怪。

类似的事情之后也可能会出现。

她在思想的科学研究会上表示出这种不满后，相比于提出意见的鹤见和子，都留重人和武谷三男反而对川岛更愤怒。他们心中对东大有很强的不信任感。南博也很生气。都留提议将这种通过靠近政府机构获得的钱退还回去，最终就那样做了。

另外，研究会有一段时间接受了洛克菲勒财团的援助。对此也出现了下面这种事情。

在该财团担任文化部长的查尔斯·伯顿·法斯（1908年生），自1949年赴日上任后，就为《思想的科学》提供善意的帮助。他在战前曾在日本留学，关于日本的研究著作也由太平洋国际学会出版。鹤见俊辅也收到他寄送的受教于萨丕尔并推进美国原住民语言研究的语言人类学者本杰明·沃尔夫的著作，乃至福楼拜《庸见词典》的英文版。换句话说，法斯看过鹤见俊辅以《关于语言的护身符式用法》为代表的作品，理解他对语言学方面的兴趣。而且对法斯来说，他很早就熟识的建议人坂西志保的存在也很重要。坂西在日美开战之前，一直担任华盛顿的美国国会图书馆亚洲部日本组组长，在乘坐交换船回国的战争时期，担任鹤见祐辅主导的太平洋协会美国研究室的核心成员。后来，法斯也担任美国驻日公使衔文化参赞，长时间在日本活动。

洛克菲勒财团在资金方面也对思想的科学研究会进行支助。比如，岛根清在《〈思想的科学研究会〉年表（一）》（《思想的科学》1980年3月号）中，将其列入1951年4月。根据鹤见俊辅的原始记载，列有这样的事项：

"以'日语如何影响日本人的思想'为主题的共同研究，经由东京大学，获得了洛克菲勒财团给予思想的科学研究会的补助费。日本民间学术团体从洛克菲勒财团获得研究费补贴属于特例。这一计划之中，中村元所著《东方民族的思维方法》的日本部分英译已经完成，并送到在美国斯坦福大学授课的中村那里"。

这一事项后半部分说的中村元《东方民族的思维方法》的英译工作，指的是为了中村元当时已经定下来在斯坦福大学用英语来讲的课程，由鹤见和子、鹤见俊辅、鹤见良行三人快速将该书部分翻译成英语的事情。没有去过海外的中村在那期间，使用灵格风的唱片，配合着嘴部动作学习英语口语。靠这个，中村抵达加利福尼亚州的斯坦福大学后，能够立刻开始讲课。

在这一过程中，对方也邀请鹤见俊辅去斯坦福大学胡佛研究所担任客座研究员。这里面也有洛克菲勒财团的工作。对方期待他在《关于语言的护身符式用法》之后继续深入，通过分析日本相关的图书，清楚阐释日本战争时期及战后的政治、社会史。鹤见允诺，也得到了文部大臣、京大校长的同意，直至完成护照准备。接下来，就只剩前往神户的美国领事馆获得赴美签证了。

刚好那时京大出现了一场活动。1951年（昭和二十六年）5月的春季文化节上，医学院、理学院的学生举办了关于原子弹的展览。这个行动再度扩大，以医学院学生川合一良等人为中心的京大同学会（学生自治会）于同年7月14日至24日，在京都火车站前的丸物百货店举办了以原子弹的原理、受伤的真实状况为内容的海报展——"综合原子弹展"，吸引了三万人入场观看。此时还是美军占领的时代。有传言说组织它的学生会因违反占领法规而被抓起来，"送到冲绳"（押送到属于美军机构管理的冲绳的监狱）。在这样的状况下，这场展览是做好准备后的行动。

在准备 5 月春季文化节于京都大学校内的原子弹展时，学生传来了希望能够赞同此事的签名单，鹤见签了名。

战败的那天，鹤见曾在天皇的广播中听到了"敌新使用残虐爆弹"的话，只是那个时候还不知道"原子弹"这种武器。

不过，现在知道了。

《思想的科学》的七位创始成员中，武谷三男和渡边慧在战争时期的日本进行原子弹研究，正是站在最前线的人。

渡边慧在欧洲留学期间，以德布罗意、海森伯、玻尔为师，直接听过居里夫人的讲课。武谷三男更直接地在理研全力进行原子弹研究。日美战争期间的 1944 年（昭和十九年）7 月，武谷在遭受第二次逮捕之后，也在东京警视厅特高课的审讯间隙，继续计算核裂变链式反应。当时他的问题意识是，"总之日本是做不出原子弹了吧。但是，一旦从理论上、实验上详细知道如何制作原子弹，就明白了它在什么样的条件下可以被做出来。那样的话，美国什么时候使用原子弹也就清楚了，它就成为结束战争的一个条件吧"。

这样，"……他完成了原子弹爆炸应该以什么样的结构来实现，应该如何使用热引擎的论文，通过特高递交给理研"。

不久，武谷哮喘恶化，同年 9 月被释放，在自己家中休养。

1945 年（昭和二十年）7 月 20 日后，检察官开始审讯他，所以每天都要去练马警察署。最后那天，当时的检察院疏散到巢鸭拘留所，因此前往那里。这天早上的报纸上，出现了"新型炸弹"被投到广岛的消息。

　　"我前一天拜访渡边慧氏时听到了这个消息，我们两个人得出的结论是，这一定是原子弹。我想战争再一周就会结束。我对检察官说，看，怎么样，还是我说的正确吧。检察官也认可，立刻集合其他检察官，让我在黑板面前讲原子弹到底是什么东西。接着，检察官说你赶紧回理研去继续研究吧。

　　"到了理研一看，仁科（芳雄）博士直接坐飞机前去广岛。武见（太郎）博士拿来外务省极密的杜鲁门声明[1]、艾德礼声明。我被这一声明的压力震慑住了。但是，仍有不少人怀疑那到底是不是原子弹。玉木（英彦）氏极其慎重。不久，武见博士拿来了长崎也被原子弹轰炸、苏联参战的消息。

　　"一两天之后，仁科博士寄来了广岛的瓦片、石头、铁屑。我们立刻用木村一治氏的电位计测试，显示出相当强的放射性。绝对是原子弹了。"（《基本粒子论小组的形成》）

　　鹤见俊辅应该从当事人那里听过这种事情，对他来说，应该不可能有拒绝支持学生们的原子弹展而不署名的选项。

　　但是，这件事的影响意外地很早出现了。神户的美国领事馆不给同意前去斯坦福大学赴任的鹤见发放签证。因此，他不

1　1945 年 8 月 6 日晚，美国总统杜鲁门在美军投放原子弹后发布的声明，宣布使用的是原子弹。

能前往美国，也就无法去斯坦福大学赴任，护照没有用上此事就结束了。

此后，他一辈子再未动过去美国的念头。

在此究竟出现了什么事情呢？

初看起来很难理解。不过，"思想的科学研究会"被批准为"社团法人"，也就是作为公共性学术团体而开始引人瞩目，是因为《思想的科学》杂志的经营状况在出版热潮消退、严重通货膨胀扩大之中陷入困境了。而且，这两个组织虽说在形式上持有不同的主旨，但是班底是同样的（社团法人"思想的科学研究会"创立时，此前《思想的科学》的执笔人员，除了表示不方便的以外，全部成为会员）。它犹如双头鹰，虽然头望向不同的方向，但身体是共有的。

作为《思想的科学》杂志的实质负责人，鹤见俊辅因为经营恶化而"苦苦挣扎"，对于活动资金，一定是翘首以盼的。即便如此，同一时期，面对日本学术振新会提供的确定补助费，他仍是爽快地同意了都留他们"洁癖"的原则观点，即如果研究会内部出现意见不一致，那就还回去好了。

在和洛克菲勒财团的关系上同样如此。1951 年，美国政府不允许鹤见俊辅进入美国，前往斯坦福大学做客座研究员也就无果而终。不过，洛克菲勒财团依然有意给《思想的科学》提供补贴。对此，鹤见也说过，那是和"造箱子"[1]一样规模的事情。

---

1 当时的俗语，讽刺日本各地不经详细规划就建造一些公民馆、博物馆等机构，但最终沦为无用建筑，成为"箱子"的政策。

如果是那样的话，或许可以想象那是类似该财团支持的"国际文化会馆"一样的东西。（根据辛岛理人的说法，"1951 年 1 月，访日的洛克菲勒［约翰·戴维森·洛克菲勒］在会见昭和天皇及吉田茂首相以外，还见了松本重治、蜡山正道、鹤见一家［祐辅、俊辅、和子］等日本的国际主义者及美国大使馆相关人员"。）

但是，对此援助，思想的科学研究会内部也出现了退回的论调。这次的急先锋是井上清、奈良本辰也、林屋辰三郎等在当时的朝鲜战争下，属于共产党系统阵营的历史学家。都留重人等人也中途变卦，转而支持这一论调。他们返回了"洁癖"的原则性态度，既然属于文部省系统的日本学术振新会的援助一度引起问题，那么美国方面的援助也退回去比较好。从都留自身的日美人脉来说，应该有很多人与洛克菲勒财团走得近，但在此他仍坚持道理。鹤见此时也与之同调。

换句话说，他在看不见的地方"苦苦挣扎"地运营杂志，但到了外面的场合，就用出奇的声音哈哈哈地笑着讨论，若无其事地赞成"洁癖"的道义。客观地看，这只是加速他通向自我毁灭。

贯穿鹤见一生的受虐似的自我分裂性格倾向，在此再度出现。我们可以称之为潜藏在鹤见心中的分裂人格"杰基尔博士和海德先生"[1]。不过，在此海德先生反而露出奇妙的明亮表情。他哈哈地笑着，一直都赞同道德性洁癖。与之相反，杰基尔博士被这种道德性洁癖带来的债务勒得喘不过气。被经营困境折

1　出自史蒂文森的《化身博士》，主角杰基尔博士发明了一种药水，喝下后变成另一个完全不同的人格，即海德先生。

磨得愁眉苦脸的这位普通人，才正是杰基尔博士。

不过，鹤见俊辅在那种情况中仍能坚持住。他时刻承受着受虐似的自我分裂，自身也因这种癖性而痛苦，但想办法让自己不陷入决定性的自我毁灭之中。即便《思想的科学》倒闭了多少次他也没有放弃，在五十年之间断续出版。他摇摇晃晃地不停奔跑，最终度过九十三年的一生。

为什么能做到这一步呢？自己内心中的"杰基尔博士和海德先生"已经不可能去除，除了与他们交流也没有其他办法。不过幸运的是，他心中拥有勉强将这两个对立的人格维持在一起的第三项。

那是极其世俗性的性格，也可称作节俭的性格。

这几年中，作为呻吟的杰基尔博士这一面，京大副教授鹤见俊辅过着极端节俭的生活，工资大半都投入《思想的科学》的运营之中。

不对，从十几岁的少年时代开始，他独自生活时就过着节俭的日子。至于原因，是因为那对他来说是微小的快乐。住在小小的房间，烧火，热一些吃的东西，自己一个人度过。这种时光是快乐的。在离开与父母在一起的富足家庭，自己寻找更有价值的事情之中，有他作为独立个体的富足。在人生之中，他数次住在那种小房子里。这之后肯定也是如此。

他的节俭多少缓和了海德先生带来的道德浪费癖性的负担，又时刻鼓励着在苦境中挣扎的杰基尔博士。

总之，他一度同意担任斯坦福大学的客座研究员。接着，在前往美国赴任的准备就要结束之际，签名支持举办原子弹展。换句话，在道德上批判美国向日本投原子弹这一政治行动。因此，事情一转，他被以国家的名义拒绝进入美国国境。

这里有国家这一组织带给个人的耻辱。国家以这样的形式，不停地要求人检查思想，甚至怂恿人觉得那是自然的事情。

鹤见在此撞上的就是这个问题，通过思想检查，进入该国的话，这些事情就被遗忘了。接受这一点，是踏上追寻国际精英这一名声的道路的条件。

因此，被拒绝进入美国还挺好的。事后回想时，鹤见应该也这样觉得吧。如果不是那样，就为时已晚了。因此，这件偶然事件可以说是鹤见俊辅生涯中最大的转机。

不过，在那个时候会怎么样呢？当时他大概是想继续去京都的说书场，弄到庞大的笔记，将它们写成从未有过的关于相声的符号论论文，取得博士学位。当然，是在美国的大学拿。实际上，他还是没有放下从学术上对此进行研究的念头。

对鹤见俊辅来说，美国直到此时仍是难以理解的东西。因为那本身已经构成了他身体中的一部分。比如，在日美开战之下让身处牢狱的自己毕业这种美国大学的公正。他很难将融入自己体内的美国作为异物拔出来、查清楚。

不过，以此为界，一切都变了。

首先，他出现了严重的自我厌恶。

在京大校园中行走，他觉得周围所有事物都在嘲笑自己。抬起头就没法走路。自己还自负地想着写出从未有过的博士论文，真是羞耻。恰巧生在优越家庭中的偶然性不断累积，让非常年轻的自己成为副教授。对此，自己要以什么样的表情走在这里才好呢？他想把关于相声的庞大笔记全部扔掉，不过连那都没法做到，只是那样地度日。抑郁症严重后，他连"鹤见俊辅"这个自己的名字都没法写。

已经不能再在这里待下去了。作为最年轻的副教授，自己也没有做出值得骄傲的业绩。他觉得只能辞去这份工作，就到上司桑原武夫的研究室提出这件事。桑原没有直接回答，而是这样说道："你现在病了。生病的时候辞职会走投无路的。生病这段时间，你就默默地领工资，之后再决定吧。"

这样，鹤见俊辅在1951年5月陷入抑郁状态，6月时连稿子也没法写。不过，之后他一直没有让自己走到下定决心去精神病院的那一步。

压在他心里的还有另外的事情。

留在东京的《思想的科学》编辑部的人们要怎么办？特别是一心看着他们的动向，一言不发地完成事务的清水三枝子、牧野和子姐妹。她们已经这样工作许多年了，不能对她们弃之不顾。然而就算这样，《思想的科学》连未来的前景都看不见，接下来再被这样的工作紧缚住，她们的人生会通向何处呢……

在和上野千鹤子的对话中，鹤见提到了当时的事情。

鹤见 ……但是要编辑、出版《思想的科学》呀，和女性的接触就多了。那里有一个只有小学毕业的十七岁左右的女孩，她很多事情都做得很好，非常优秀。在《思想的科学》创刊之前的太平洋协会出版部时期，她就在那里工作，她姐姐也在，两个人都在那里工作，不过都是小学毕业。

然后，小学毕业这个事，正像在我灵魂深处，嗯，钉下钉子一样提醒我。因此，我就坚决不要和她在一起，责备自己。作茧自缚呀。

上野　鹤见先生，那样你就破了十三年的戒，和那个女孩发生关系，但是没和她说结婚吗？对 1950 年代的日本女性来说，即便发生了关系，也很难她那边逼着你结婚吧。她等着鹤见先生你来说。但是你还是没说。

鹤见　不，没有发生肉体关系。我没有提议要结婚。当时我能让自己的身体不出现反应。就装着完全没兴趣的样子呀。因此就不接近那个女孩。那件事引发了抑郁症。

上野　因此就责备自己，就抑郁……

鹤见　唉，说是要断绝对女性的兴趣，但是实际上做不到呀。

上野　嗯。

鹤见　不过，我这样创造自己内心秩序的时期，刚好和战争时期重合了……

上野　嗯。

鹤见　我觉得自己不是正常人啊。但是，自己作为人依然若无其事地活着，这件事是恶的，就是这种罪的意识啊。它就是原因呀。

鹤见的话有时有难理解的地方。此处举例的话，比如"然后，小学毕业这个事，正像在我灵魂深处，嗯，钉下钉子一样提醒我。因此，我就坚决不要和她在一起，责备自己。作茧自缚呀"这里。

为什么"小学毕业"就"钉下钉子一样提醒"鹤见呢？

或许鹤见在此是将"小学毕业这个事"理解为一个人的易受攻击性（vulnerability）。将脆弱、易碎的物品随意地拿到自己手中，会弄伤、毁坏它。他畏惧那样的事。

不过，还不止如此。在"不良中学生"时期，他和比自己年纪大，而且可能大多都是"小学毕业"的咖啡馆、酒吧女服务员有了半吊子的男女关系，陷入无论如何也无法动弹的"作茧自缚"之中，会吞下卡尔莫钦（安眠药）之后突然倒地。父亲祐辅看不过去，放弃了期待，说他们在轻井泽有地，可以在那边养养蜜蜂什么的，和那个女性一起生活，但俊辅连那也做不了。

快二十九岁的鹤见俊辅，几乎仍是十四岁时的样子。

比如，和"小学毕业"的女孩在一起，平日生活中两人要说些什么才好呢？为了不想这个问题，他就原地不动。换句话说，"小学毕业"是一种鲜活地压在他身上的、具有真实生活之重的东西。而且，它以缺乏细节的状态，无止境地膨胀，吞没了鹤见。因此，实际上，这里的易受攻击性，并不在"小学毕业"的年轻女事务员那边，而是在对待真实女性方面"发育不良"的他这边。不过，他当时还不能确切地说中这一点，可能就变成这样的表达方式了。

鹤见　因此，最终她在非常不好的状态下结婚了，后来被杀害了。我买回来了有遇害消息的报纸，但是没看过。那是昭和三十二年之后，过了很久的事情。可是那篇报道，虽然放在某处的行李箱中，但我也没有看过。我不想看。还是受了很大的打击呀。如果和我在一起的话，就不会被杀害了吧。

上野　嗯。

鹤见　为什么之后不管多么苦也还做《思想的科学》，就是在她被杀害了以后，觉得为了她工作过的这份杂志，做什么都没关系。心里有这样的动力。

上野　这件事是第一次说出来吗？

鹤见　没被记下来过。很庆幸的是，听我说过这些事情的人口风都特别紧。我有特别好的朋友们。桑原武夫啊，永井道雄啊，这些人口风都很紧。桑原这个人是个特别喜欢流言的人。而且不会把对当事人致命性的事情传出去，因为这种安全感，所以八卦都汇集到桑原那里去了。桑原的伟大之处就是所有东西都在那里呀。

到了7月，他终于前往精神科医生井村恒郎那里看病。鹤见怀疑自己得了精神分裂症。不过井村在听取同行笠松章的意见后，谨慎地作了下述诊断。

"我想不是分裂症（精神分裂症）。我想是抑郁症，之后就治疗。这样可以吗？"

临近年末，鹤见住院，吃药，在拉上窗帘的病房接受长时间睡眠疗法。

过完年，就是 1952 年（昭和二十七年）。

虽然规定的长时间睡眠疗法期限已经到了，但也许是因为护士人手不足，病房的窗帘依然是那样拉上着的。打开门进来的上了年纪的护士，愤怒地向同事抱怨这让患者（鹤见）太可怜了，猛地把所有窗帘都打开了。日光一下子充满房间，世界恢复了生机。

出院后，鹤见就再未回双亲的家中。他决定今后就离开他们自己生活了吧。

离开父母家的鹤见俊辅，搬去的东京新住处，是位于葛饰区金街区的挂川尚雄家。挂川作为国王唱片的音响导演，家里经常有民谣歌手、乐手等出入，像是底层社区一样亲切热闹。这时其长女恭子是中学生，最小的孩子雅代终于结束了扶墙走的阶段，刚刚开始蹒跚走路。俊辅自己二十九周岁了。挂川给他提供一间朝北的两张草垫大小的小屋子，在里面塞进桌子和铁床。在《思想的科学》工作的清水三枝子的姐姐，是这家的主妇，也就是挂川尚雄的夫人。在战争中失去丈夫的三枝子现在也在这里寄居。

鹤见俊辅当时异常瘦弱，只有目光还炯炯有神。当清水三枝子带着穿着破外套、提着破损公文包的鹤见出现在这个家中时，他介绍说自己体重是"九贯五百钱"，也就是三十六公斤左右。中学生恭子立刻就知道他是"很喜欢漫画"的人。[1]

不久，日本开始播放电视节目（1953），这一家也买了电视，

---

1 贯、钱是江户时代使用的单位，此时已不使用，但以江户为背景的漫画中多见，
　 如前文提过的《团子串助漫游记》。

1952 年 11 月，东京的住处、金街区挂川家的院子里。左后方是鹤见俊辅。
右后方是挂川尚雄。左前方是尚雄的女儿久美子，旁边是女儿雅代

1952 年 8 月中旬，京都的住处、宇佐美家二楼三张草垫大小的房间。摄影：足立卷一

稍后鹤见就在前面占个位置，啊哈哈、啊哈哈地放声大笑地看相扑或武打片。

1952 年春天，美军占领期结束，日本勉强恢复了"独立"（4 月 28 日）。

鹤见俊辅给《新大阪新闻》投了一篇论及此事的短文《在漂亮的占领结束时》。约稿的记者是负责京大的足立卷一。这位诗人和大渊和夫、吉川俊夫等创立思想的科学大阪小组（旧关西支部），不久就开始出版《要不得》这本机关杂志。

在美国留学时期寄宿在杨格一家的温暖回忆持续浮现，鹤见这样写道：

> 今天，我不喜欢美国。但是，我切身感觉到美国人在比我们日本人更高的伦理之下生活。日本的军人、军队文职人员，特别是在中国，无缘由地抢夺、欺骗、强奸、杀人、行暴。就像对自己家以外的人没有关怀一样，他们对本国以外的人也没有关怀。我主要在爪哇，但即便在平稳的那里，也知道和日本的战争无关的第三国人被杀掉的事，并默不作声。只要忘却的力量不强，拥有这种记忆的军人、军队文职人员应该不少吧。做这些事情的日本人，现在都一个个回到家，变成家里的慈父，过着与往日相同的生活，在此之中我们看到了日本的伦理。
>
> 这几年听过很多批评美军占领的事情。"我们在外面也绝对不会这样做。"实际上就是有人说这些话。在

说美国占领军的恶时，日本人经常把自己所见所闻的美国人恶行的具体例子乘以 X。这个 X 的数值是自己在占领地时的恶行频率。他们在无意识中，将美国人看成和自己一样来计算。因此，越是将占领军的恶行夸大的人，其履历也越危险。

美国占领日本，没有背叛美国崇高的国民性。这是从美国历史上可以自然期待的一幕。如同造成"九一八事变"的麦克阿瑟被免职[1]，是占领期间的光辉事件。

我和日本、德国军队中慰安所的创立有关，但是美国军队自始至终都没有类似日军、德军的那种公开卖淫制度，这很优秀。他们也没有很多不讲道理地闯入别人家中拿东西的事情。特别是刚刚战败之后，虽然只是很短的时期，但日本人凭借自己之力向着解放人民的方向推行了尽可能多的改革。

占领结束后，与迄今为止相较，我们更多地按照自己的伦理生活了。但回到和战前一样的状态好吗？现在，作为法律问题的战争责任追究结束，但我们难道不应该自发地通过我们自己的双手（根据个人的程度），追究自己的战争责任，给予自己的伦理道德新的方向吗？仅仅通过把东条作为替身，事情就结束了吗？

1　此处是用"九一八事变"比喻麦克阿瑟挑起朝鲜战争。

第六节　数处土地

对美军来说，占领日本结束了，但朝鲜战争仍在继续。

在占领下的日本，盟军总司令部使用占领法规压制批判政府的大众运动。占领结束后，吉田内阁紧急制定《破坏活动防止法》，作为代替占领法规的后续法律，而在大学等地方对此的反抗运动也升温了。

到1952年春，鹤见俊辅返回京大人文研的研究室。某天，经济学院大三学生西村和义来访。西村不属于任何政治党派，虽然也反对"破防法"，但对校内罢课、在大的集会中心开展的学生运动深感不信与空虚。他认为与这相比，抱持反对"破防法"意志的学生各自回到故乡，不断举办与地方民众的讨论、学习会，与他们连接，才能形成从日本社会根底上的拥护和平、反对再次军备化的局势。因此，他来找鹤见商量，因为现在要开始这种归乡运动，问鹤见能不能作为演讲者加入其中。

此时，鹤见像泼冷水一样地说："西村，无论怎么努力反对'破防法'，这个法律一定会通过的呀。"接着又加了一句："就算推一下帘子，手一松就会立刻回来，耐心地一直推着那个帘子很重要呀。"

这也大概是鹤见自己通过《思想的科学》的出版运动而不断思考的东西。他从1952年夏天开始，加入西村他们的返乡运动，先是在西村的老家鸟取县，次年和其他学生一起走访岛根县的村落或小镇，进行了几十次讲座、座谈会。

在京都，推动对市井之人的访谈的"庶民列传之会"也开始了。出席者除鹤见俊辅、多田道太郎、永井道雄、梅棹忠夫、富士正晴之外，思想的科学大阪小组的大渊和夫、德岛支部的佃实夫，以及在米子市新成立读者会的判泽弘（1919年生）也从远方赶来。判泽是米子市的高中老师，在西村和义带着鹤见在鸟取县各处做讲座时，特意去参加他在渔村的讲座。

"庶民列传之会"当时使用的会场，是河原町街与三条街南边的两层日式咖啡店"千切屋茶寮"的六张草垫大小的房间。来晚的人进不去，只好站在楼梯上。

鹤见在这次集会上，写出并汇报了自己在京都寄宿的女房东的传记。她本名是宇佐美寿惠，但考虑到不能给她造成麻烦，在写成文字的时候用了假名，标题定为《商人之妻——门田禾的生活与思想》（《中央公论》1953年8月号，初出的时候作者鹤见也使用了"杉村七郎"这一笔名。之后，这篇文章被收入思想的科学研究会编《民众之座》[河出书房，1955年]）。出版之后立刻就送给了她本人，后来她去世后，听说也把这份传记带入棺材。

另一方面，京大人文研的共同研究，继"卢梭研究"之后马不停蹄地开始了"法国百科全书派的研究"。在汇集成果的京都大学人文科学研究所报告《法国百科全书派的研究》（岩波书店，1954年6月）"前言"中，编者桑原武夫记下第一次研究会在1950年11月24日召开。之后至1953年10月30日，共举行了五十二次研究会，以及三十五次研讨会。也就是说，这段时间也包括鹤见因抑郁症而近一年的停职期。

鹤见俊辅完成的《百科全书派中的人际关系》（与桑原武夫、樋口谨一共同执笔）和《艺术论》（与桑原武夫、多田道太郎共同执笔）两篇论文均以狄德罗为主轴，并收录到报告之中。特别是前面一篇很出彩。狄德罗平衡多彩且不好惹的百科全书执笔人，以批评来激励，时而替别人收拾烂摊子，时而连哄带骗，想办法努力实现浩瀚的百科全书的出版。自然，这里面多半也反映出鹤见自己作为编辑的经历。

另外，对于从治疗抑郁症的医院出来后的事情，鹤见也这样说道："……1951年1月左右，终于出院了，回到在京都租住的房子，突然又能写出很长很长的论文。因此，我想到'啊，我不是精神分裂'，就觉得很开心。"

不过，从抑郁中浮现并如此到来的万能感，也可以视作这一疾病带来的某种反作用吧。

相当于第二次《思想的科学》的杂志《芽》，在1953年（昭和二十八年）1月创刊。这个时候的帮助来自他们完全不认识的人。

早期的《思想的科学》

左上：创刊号（1946年5月，先驱社版）
封面设计：恩地孝四郎

中上：新设计的第一次《思想的科学》（总卷第4号，
1947年6月）
封面设计：稻村耕雄

右上：《芽》创刊号（第二次《思想的科学》，1953年1月，
建民社版）
封面设计：冈本太郎

中：第三次《思想的科学》创刊号（1954年5月，讲谈社版）
封面设计：阿部展也

下：第四次《思想的科学》创刊第2号（1959年2月，
中央公论社版）
封面设计：真锅博

有一位叫高桥甫的前海军少佐，战败后一边经营土木工程一边照顾复原军人。他创立了自己的出版社建民社，开始做出版，说可以帮助《思想的科学》重新出版，提出要不要见一面。

被这家公司聘为总编辑的加藤子明带来了这样的讯息。

有人表示警惕，觉得他是不是右翼，不过还是决定由鹤见和子、关根弘（诗人，1920年生）从思想的科学研究会前去拜访一下台东区的高桥甫（1913年生）。这是1952年秋天的事情。高桥是个圆脸，笑容不断的人。他从和平运动的观点出发发表军事评论，为了将那些言论变成书，就成立了建民社做出版。

那就多多拜托了。事情就定下来，杂志名定为"芽"。他们在复活"思想的科学"这一杂志名上面，还有些许胆怯和警戒。

《芽》的封面设计师是思想的科学研究会会员冈本太郎。之后，他也设计了大阪世界博览会（1970）的象征建筑"太阳之塔"，其原型就是这个封面插画。目录里也有池田龙雄、富士正晴、桂川宽等人的插画。

编辑制度上，鹤见和多田道太郎在京大人文研的鹤见研究室（自1952年7月开始，京大人文研西洋部及日本部搬到京大正门附近东一条路十字路口西北角的原德国文化研究所）做出编辑计划的初稿，然后送到东京的思想的科学研究会事务所（内幸街区的幸大厦），由关根弘接手推进。鹤见自己也往来于京都与东京之间。作为完成编辑实际流程的兼职员工，关根弘是受到之前在平凡社的芹川嘉久子的邀请。她和关根也是学习俄语的同伴。关根每月去一次台东区的建民社，规划整体流程的调整。

而且，参加一桥大学南博的研讨课的学生加藤秀俊（1930年生），也充分发挥出作为学生报纸《一桥新闻》成员的经验，帮助关根弘的编辑实际工作。不过，关根长期做过印制工人，也有担任杂志《综合文化》的编辑经验，有匠人气质，不满意加藤粗糙的版面安排。"只干过一段报纸摆什么架子。杂志有杂志的做法，重做！"加藤在街区的印刷厂被痛骂得哭出来。不久，加藤被聘为京大人文研日本部的助手，也开始出席京都的"庶民列传之会"。

此外，思想的科学研究会事务所的事务，在清水三枝子于1957年因生病辞职之前，都由她负责。

《芽》的创刊号正文三十二页，定价二十日元。发行数两千册。实际销售一千二三百册。不过，因为没能打开向书店配送的渠道，它只能主要通过思想的科学研究会会员之手送到读者手边。这一问题在《芽》出版期间一直存在，实际销售数量逐步降到五六百册的程度。

大江满雄的《麻风病人的诗》发表在《芽》第 5 号（1953 年 5月）上。

鹤见俊辅遇见诗人大江满雄（1906 年生），是在石川三四郎于战后召开的无政府主义的研究会上。他去大江家拜访，发现从全国的麻风病疗养所寄来的诗稿堆积成山。鹤见在那里读了几篇，是能给人留下印象的作品，因此就拜托大江给诗稿中的几篇加上解读，而这就是《麻风病人的诗》。之后，这些诗稿由大江担任编者，编为《生命之芽——日本麻风病人新世纪诗集》（1953）。

鹤见在将《麻风病人的诗》刊载在《芽》的时候，给各首诗歌的作者写信请求授权。之后彼此通过书信沟通，成为朋友。

他前往濑户内海的长岛爱生园看望麻风病诗人志树逸马（1917年生），也是因为这样的经历。此时，志树说起自己在战争时期的疗养所图书室中读了泰戈尔的《人生的亲证》日语译本，深受感动，用笔抄下了全文。鹤见也在南方的日军占领地遇见《人生的亲证》英文版，内心受到强烈的震撼。泰戈尔获得诺贝尔文学奖的大正时期，其作品在日本风靡一时，但是因为他在到访日本时明确批判日本的国家主义，渐渐失去人气，此时几乎已被忘记。泰戈尔的这部作品，在与世间变化隔绝的麻风病疗养所图书室被志树认真阅读，自己在南方的占领地新加坡也遇到它，让人感觉到不可思议的缘分。

志树逸马之后也给鹤见他们在东京举行的"庶民列传之会"送去了自己记录的病人、护士的口述笔记。这些不久就登载到《中央公论》《新女苑》杂志上，使其收获第一笔稿费。

以这些事情为契机，鹤见随大江满雄一起，数度前去各地的麻风病疗养所，不久就和长岛爱生园出版的月刊杂志《爱生》（长岛爱生园慰安会）搭上了线。鹤见负责在每年这份杂志号召全国疗养所的患者投稿的"文艺节"上，担任批评文章组的评委，并写下评语。自1955年至1969年，他前后担任了近十五年。

作为评委，他在第一次《爱生》文艺节特辑号上选出的是森田竹次的《特权意识与劣根意识——对社会性偏见的反映》。鹤见的评语是特意写的一篇长文，也包含了之后他在评选时的期待：

此次寄送来的批评文章在7月末收到，距截止期限留有一个月左右的时间。在此期间，自己也可能改变评价，我看（原文如此）给出不确定的评价就直接公布作品名字不太好。

自出生以来，我从未担任过挑选他人文章的角色。这又是第一次，所以就更希望自己的评价能达到确定不变。

对于批评文章，能够制定出一个区别好坏的标准吗？对于这个问题，我想我们没有看过认真讨论它的文章。

（……）

我采取严格的挑选方针，选出一篇入选、四篇佳作。对于这个选择的标准，不知道各位能否赞成，我想如果能对收集来的各篇文章，和大家一起商量来确定会更好。那样就能够给出符合新领域，即非专业批评文章作者完成的成熟批评文章这一领域的合适评价。

虽说是商量，但仍有很多不清楚的地方。不过，暂且不论那些，这里简单写下入选、佳作的标准。

大江满雄、鹤见俊辅、文艺评论家山室静三人，到访过群马县草津的麻风病疗养所栗生乐泉园。这个时候，鹤见突然想起在刚刚战败时的轻井泽见到患麻风病的俄罗斯美少年的事情，就向当地政府打听，得知那个俄罗斯人现在也在这里。

鹤见和大江两人前去探访那个人的家。在辽阔的树林中，有一间他住的小屋，对方拖着假腿出现了。确认两个人之后，他请他们进屋。

一旦进入屋内，就进入了沙俄的世界。屋里摆着圣像，点着蜡烛，剪下来的再现宫廷风俗的图片贴满墙上，书架上摆着古老的俄语书籍。坐在窗户边的老太太和蔼地迎接鹤见他们。这是那位少年（已经是青年了）的外祖母。

他们说俄语、法语、英语。不过因为和附近的人们往来稀少，两个人的日语仍结结巴巴的。

应大江的请求，老太太给他们朗读了普希金的诗。过的虽然不是优渥的生活，但她还是拿出秘藏的伏特加款待两人（不过鹤见不能喝酒），大江拥抱了老太太，表示感谢并告别。

当天晚上他们住疗养所的宿舍，和矢岛良一院长一起吃晚饭。他们问起两位俄罗斯人的事，知道"少年进入这里的时候，老太太说他日语不太好，一个人住在全是日本人的麻风病疗养所太辛苦了，就申请一起进来。但她没有得麻风病，我们这边也不太方便，因此就决定让他们俩住在一处房子里"。

之后数次访问中，老太太跳跃性地讲述了自己的一生。她生于俄国公爵家庭。进入戏剧的世界后，不久嫁给了波兰的一位伯爵，但是丈夫在第一次世界大战中战死，留给她的是广阔的领地与两个女儿。

十月革命爆发时，她们在中国东北旅行，不仅失去了全部财产，而且无法回到故乡。这个时候，日本的女魔术师松旭齐天胜的戏班正在该地演出，因此她央求进入戏班并来到日本。在这里，与戏剧、电影世界的连接支撑着母女三人的生活。长女叶卡捷琳娜也担任松竹的长篇电影女主角，不久与从狱中逃出、夺走红军军舰并逃脱的近卫校官（米哈伊尔·亚历山德罗维奇·特鲁茨切夫）结婚。两人 1928 年在神户生下来的，就是后来刚刚战败时鹤见在轻井泽见到的、患麻风病的美少年。他的名字叫康斯坦丁·米哈伊洛维奇·特鲁茨切夫。

不过，母亲叶卡捷琳娜很快就和前近卫校官离婚。在和一位英国版画家再婚后，她将儿子托付给母亲安娜，和丈夫一起去了美国。他们本来希望不久之后就将两人接到美国，但因日美开战，这条道路断绝。之后，在战争结束后不久，叶卡捷琳娜就早早地病逝于好莱坞。

外祖母安娜和康斯坦丁被转移到作为第三国人士疏散地的轻井泽，在那里迎来了日本的战败。之后，康斯坦丁被怀疑出现麻风病症状，第一次见到帮立陶宛裔医生当翻译的鹤见俊辅。这时，幼时就读过的横滨圣约瑟夫学校的恩师，给他寄来了麻风病的新药普罗明，他成为在日本首位服用这个药的病人。

安娜向鹤见俊辅讲述了这样的事情。不过，自豪于出身的她坚决禁止在其他地方提及她的本名。

另一方面，外孙康斯坦丁不久就开始以"康斯坦丁·特鲁茨切夫"为名，用朴实的日语写诗。（他的第一本诗集是《我的俄罗斯》[昭森社，1976 年]。关于这一家的来历，泽田和彦《女演员斯拉维纳母女的旅程——来日白俄人研究》有详细介绍。）

大江满雄指出，麻风病是在亚洲明显传播广泛的疾病，并关注到通过深重的病痛而将人与人连接起来的力量，写下了《麻风病人的诗》。

第一次《思想的科学》没有诗人的投稿。不过从第二次的《芽》

　　　　　　　　　　　　　　　　　　　　　　　　　　　　鹤见俊辅传

时期开始，关根弘、大江满雄、志树逸马、足立卷一、港野喜代子、片桐让、有马敲、秋山清这些诗人开始加入，改变了这个集团的风格。

1953年岁末，当时是同志社女子大学英语专业大四学生的横山贞子也开始参加京都的"庶民列传之会"。同年11月，鹤见俊辅在该大学演讲，这是横山第一次见到他。后来，横山成为鹤见俊辅的夫人。不过，那是很久之后的事情。

过完年，到了1954年（昭和二十九年），一位叫丹羽佳子（1930年生）、在丰田汽车公司上班的年轻女职员，开始从爱知县挙母市（今丰田市）参加"庶民列传之会"。契机是这位未知的读者给鹤见俊辅寄了一封很厚的信。她说她在《妇人公论》杂志上读到了鹤见和椎名麟三的对谈，但有很多不懂的地方，想请教鹤见，并将不清楚的地方细致地逐一摘录出来。这次对谈（《关于善意》，该杂志1953年10月号），双方自始至终完全没有合拍，一直各说各话，因此鹤见自己重读时也不懂。他客观地回复了一封这样内容的信，对方又回复了一封。在这样的交往中，鹤见告知要在京都举办这样的会，对方就出现了。到了这个时候，"庶民列传之会"的会场移到出町柳附近的常林寺等地。丹羽聚精会神地听取会场上的讨论。之后，她也开始以笔名给《思想的科学》投稿，不久就以评论家上坂冬子之名而为人所知。

第七节　关于污名

　　第三次《思想的科学》以讲谈社为出版社而创刊，是在1954年5月。

　　卷首刊有总编辑竹内好的《给读者的信》。被视作招牌的论文，是梅棹忠夫的《业余思想家宣言》。初版发行一万册，定价一百日元。正文九十页。

　　另一方面，同月，作为其前身的《芽》也出版了停刊号。虽然和上一号之间有半年的间隔，不过《芽》在一年五个月中出版九期并迎来停刊。停刊号的卷首，登载有以出版社"建民社"的名义、被认为是总经理高桥甫完成的规规矩矩的"停刊的话"：

　　　　最终号也拖到这么迟，谨此致歉。

　　　　诚挚感谢诸位自去年出版以来的惠读、支持。

　　　　为《思想的科学》同人轩昂之意气，敝社不惜微力，承担小刊的出版，蹒跚前行，渐至一年。虽然本就未追求盈利，但因我等力量微小，所出杂志迟迟未能铺货下去，面对少数热心的定期读者的希望与持续献身于写作的各位同人的辛苦，我们深感抱歉，痛苦不断。值此之时，这场艰难行军结出成果，带来《思想的科学》将由讲谈社复刊的喜报。新的《思想的科学》页数会增加，内容会充实，装帧也会费心制作，作为独一无二的大众思想杂志，以更有力的资本背景，再次出现在诸位面前。

因此之故，敝社完成历史性使命而从舞台上退下，终止《芽》的刊行。

"芽"最终长出来了，还请诸位开心。

然后，请给予这个新的《思想的科学》迄今为止更多的支持。

（……）

思想的科学研究会事务所已在去年的 1953 年 5 月，从内幸街区幸大厦搬到港区芝车街区（今港区高轮二段）。同年 4 月，父亲鹤见祐辅在参议员选举中当选，回归政界。7 月，太平洋协会也复兴（由太平洋文化协会改为此名），看起来马上就要加速活动。也是配合这种行动，本就是祐辅事务所的幸大厦的房间就物归原主。此后，1954 年 7 月，思想的科学研究会事务所又搬到山手线大塚站附近的丰岛区巢鸭七段（今丰岛区南大塚）。那里临近所谓的"三业地"[1]，能够看到艺伎。

刚好，从这年 7 月 1 日起，面向研究会会员的油印机关杂志《思想的科学会报》开始出版。一开始是月刊，共十页，定价十日元。研究会所在地已经变成巢鸭七段。编辑部负责人三浦勉，以"M"这个姓名首字母[2]写了一篇短短的编辑后记。三浦在东京的平民闹市区长大，小学毕业后就开始工作，靠自学掌握了唯物辩证法。他很长时间靠着排油印版谋生，因此做出了漂亮的"油印刻板"。《思想的科学会报》创刊当初的舒适排版，也是经由三浦之手做出来的。

另一方面，《思想的科学》杂志自这次讲谈社版创刊以后，终于确立了每个月定期出版的月刊杂志体制。

另外，新的出版社定为讲谈社时，有中央公论社总经理岛中鹏二的搭线。岛中是鹤见俊辅小学以来的好友，也是德国文学学者、思想的科学研究会会员。因为被视作父亲雄作的继承人的哥哥晨也英年早逝，他迅速从学者变成出版社员工，在父亲去世后领导中央公论社，此时上任还没多久。可以的话，岛中本人希望在中央公论社出版《思想的科学》，然而那要自己让公司经营更加安定之后才行。

在编辑体制上，以总编辑竹内好为首，下设编辑事务主任多田道太郎，编辑清水三枝子、江藤（加固）宽子、鹤见俊辅三人。

1　即花街。花街通常有饭店、茶室及艺伎家，因此将之合称为"三业"，以"三业地"指代该处。

2　日语"三浦"写作罗马字母时是 Miura，因此首字母是 M。

这些人在编辑会议时碰面。不过，频率只是每月一次。《思想的科学》每月从讲谈社拿到二十万日元的经费，此外，鹤见和多田仍是不拿薪资地积极工作，预先制定各月规划。

杂志的编辑业务，在思想的科学研究会的事务所进行，几乎没有要前往讲谈社那边去处理的事情。反过来，讲谈社安排了一个人担任《思想的科学》的专任负责人，不处理杂志内容方面的事情，而是推进出版进程。

在第三次《思想的科学》创刊号上，鹤见与提议者多田道太郎一起，特别花心思地制作了双色印刷的插页，其中印的是加藤芳郎的漫画版《三教祖列传》和《现代思想的系谱》。以编辑部准备的文案为基础，加藤在《三教祖列传》中自由奔放地画了存在主义的克尔凯郭尔、唯物论的马克思、实用主义的詹姆斯这三位现代哲学最有人气的创立人的三格漫画传记。《现代思想的系谱》可以说是它的 B 面，是"存在和尚""马克思战士""实用绅士"三者相互争斗的漫画版图解。

——然而，结果却只得到了读者惨淡的差评。

同号的特辑页上，刊载了鹤见俊辅撰文、敕使河原宏绘制的《今日的思想》，但读者对此的评价就很好。同样是图解，敕使河原的插画是"前卫艺术"，在允许的范围内。然而，由风格更通俗的热门漫画家加藤芳郎改编应该仰视的马克思、克尔凯郭尔，读者就觉得自己都被他愚弄了吧？

不过，鹤见他们不可能在此处退缩。

在欧美，以飞跃性地高度成熟的大众传播时代为背景——比如纽拉特等人的图像符号、瑞恰慈的《国家与和平》(1947)那种用绘本的形式搭配"基本英语"的开拓工作，以及霍本《从岩画到连载漫画》(1949)等用视觉形象表现的历史叙述——理解新的大众文化的浪潮并开辟学术前线的成果一个接一个地出现。意义是什么？语言是什么？沟通如何能够成立？自身所处时代的这种学问，本来就应该从追溯这些问题的根源上出发。

1954年12月，鹤见俊辅从京都大学人文研副教授，转为东京工业大学副教授。在此之前，《思想的科学会报》等杂志已经告知"转向研究会(负责人 鹤见俊辅)"的活动即将开始，并募集同人。最开始的成员除了鹤见以外，还有判泽弘、今枝义雄、鱼津郁夫、后藤宏行、佐藤惣悦、岛根清、山领建二、高畠通敏、松尾(石井)纪子、西崎京子、仁科悟朗(西胜)、横山贞子，是一个主要以大学生、研究生、刚毕业不久的社会人为中心的年轻班底。

此次鹤见俊辅转入东工大，也是受到在此大学任教的宫城音弥的邀请。成立时的转向研究会班底中，只有比鹤见年长的判泽弘是在米子市的高中任教的社会科目的教师，不过通过鹤见的推荐，成为他在东工大的助手，跳槽到了东京。外面来的人经常会弄错他们俩到底谁是哲学研究室的主事人。

以三十二岁的鹤见为中心，该年11月，转向研究会最初的人员聚齐，经过一段时间的准备，在东工大鹤见研究室开始了定期的研讨会。与将精挑细选的优秀研究者汇集到公立机构的京大人文研"卢梭研究""法国百科全书派研究"(在那里，鹤见属于最年轻一辈)相比，这个研究是未来尚无法预计的年轻人"自带盒饭"的汇聚。不过，这也正是鹤见亲自选出的有野心的团队。

"想做转向的研究，是因为成为海军文职人员后，自己心中也有了协助自己并不相信的战争的状态，也因为想从此处出发，寻找比此前更广泛的看待思想的方法。"（引自鹤见俊辅《作者自己的解读》《鹤见俊辅集4：转向研究》）

在战争时期，打开"批评家手册"，看上面的名单，在自己年少时以自由主义者、和平主义者、社会主义者而知名的大部分人，这时都在主张国体之尊、主张否定欧美文化。接下来，在要来临的战败之后（鹤见认为战败是自然而然的事情），这些人会怎么变化呢？他思考这一问题。

不仅在日本，在同时代的德国和意大利，在苏联，乃至在古代镇压基督教的时代，以及不久将基督教定为国教之后的罗马也是如此，若将它视为与欧洲各国的个人思想变化也相关的东西，通过将视点放在转向之上，也许能够写出世界的思想史。——这是他在战争末期制定"转向"研究计划时的构想，即完成"将大众价值观的变动与知识分子思想的变动合在一起记述的两卷本"研究著作。

不过，与这种草图一起不能忘记的是，"转向"研究在战争结束仅仅九年的时候就开始了。换句话说，成为"转向"研究对象的当事人不仅还活着，而且很多现在仍是在社会中工作的一代人。

学院派的历史研究，一般不会处理如此新的材料。因为对于作为研究对象的材料，在充分确保基础性资料之后，以客观性的方法叙述是历史研究的准则。换句话说，成为材料的时代太近，研究者自己自然也置身于该状况之中，作为材料一部分

上：1955 年 2 月，于东京工业大学的鹤见研究室内。摄影：川濑光男

下：1955 年 2 月，于东京工业大学。助手判泽弘（右）看起来更像上司

的当事人，也围绕在对此的研究周围，无法避免"材料"与"方法"的混淆。

确实如此。不过，如果将研究考察的对象只限定于满足这种条件的东西，这本身也是行使一种选择。也可以说，那只不过是预先就把研究考察的对象限定在极其受限的范围内。

材料，以及将其分析并赋予意义的方法，在现实之中一起被置于同一状况之中，由该状况赋予颜色。换句话说，材料和方法虽然能够做到暂时分离，但也受到在同一状况之中作用这一点制约。

战争体验这种事情，不能仅被视作材料。在鹤见看来，战争体验本身莫不如说是看待战时、战后社会的眼睛、方法。通过在那种地方度过直到战争末期的时光，从状况之外观察内部的"留学生式的思考方法"在鹤见脑海中崩溃。在此形成的方向感，只能从其自身之中汲取方法。在反复思考自己的体验，决定关于这一体验的态度之中，存在一种记忆体验的方式，而且应该可以做出将保持这种记忆的方式直接变成理论的思想方法。

作为这样的人，他置身于非战争亲历者的年轻一代共同研究者的圆环之中。那种经历意味着，自己不仅作为他们的建言者，也作为对他们而言的材料而站在那里。而且，从中寻找出方法就成为共同研究的策略。

仅仅进行了三次研究准备的会议后，平凡社的旧友、编辑铃木均就提出将此出版成书的计划，并开始参加会议。当时约定是一年之内，以五百张左右的满四百字稿纸合成一册，不过和京大人文研的共同研究那种实力强劲的组织不同，此项研究并未按计划顺利进行。结果，这项"转向"共同研究最终花了八年时间，成果体现为大部头双栏的全三卷《共同研究：转向》。在决定书的构成阶段，藤田省三、安田武这两位在年纪上和鹤见俊辅相近的人加入。上卷（1959）出版后，秋山清、桥川文三、松泽弘阳、大野力、大野明男这些帮手也加入其中。

鹤见俊辅在战争末期想到转向研究这一构想时，父亲祐辅战前、战中的行为变迁无疑构成一个范例。

另一方面，俊辅赴任东工大副教授是在 1954 年（昭和二十九年）12 月，而正是在同月，父亲祐辅终于进入第一次鸠山内阁，就任厚生大臣。不过，此后仅一个半月，鸠山就将众议院"天音解散"。祐辅本人除了重新装修了大臣的办公室外，作为厚生大臣没有任何作为就失去了职位。对于政治家鹤见祐辅的经历来说，这是他生涯的顶点了。

1955 年（昭和三十年）后，《思想的科学》成了未曾料到的丑闻新闻的舞台。《周刊每日》3 月 13 日号，以"持续内斗的综合杂志 / 进步的主张哭泣"为题登载了这样的报道：

"从事《思想的科学》杂志编辑实际工作的'某著名政治家的儿子'，对于讲谈社提供的每月二十万日元的编辑费的管理使用很不透明。'根据一种说法，这位有问题的学者疑将一部分编辑费挪用，作为担任编辑助手的某位女性新创立的事业的资金。'而且，'讲谈社对这种状况很生气，已经向该研究会提出以 4 月号为限，断绝与《思想的科学》之间关系的意向'。"

所谓"某著名政治家的儿子"，自然是指鹤见俊辅。而了解编辑现场的人，从文意中也能明白"担任编辑助手的某位女性"应是指清水三枝子。

仅从表面来看，讲谈社和思想的科学研究会之间确实发生过与这则报道相符的事情。

一开始，即该年1月20日，讲谈社向思想的科学研究会提出续签主要内容为继续出版《思想的科学》的合同，双方同意出版该杂志，以一年为期。不过，2月3日，讲谈社突然发来表达不续签合同意向的通知，之后作出说明，说主要是因为经济性问题。换句话说，据此，杂志出版变成了截至该年4月号停刊的状态。《周刊每日》的丑闻报道暗合了这一事情。

《周刊每日》这一号刚刚卖出去的3月10日，思想的科学研究会的竹内好、武谷三男、南博、宫城音弥、鹤见和子向该杂志总编石井提出抗议，认为该诽谤报道毫无事实根据。收到之后，下一周的《周刊每日》(3月20日号)刊载了题为"关于《思想的科学》事件"的更正报道。不过归根到底是误认事实的话，应该一开始就没有成为"《思想的科学》事件"的事情发生，原本就是捉风捕影、混淆事实的报道。

紧接着，同系列的《东京日日新闻》(3月17日)以"杂志《思想的科学》出现纠纷/因为个人的丑闻/5月号无法出版？/讲谈社也停止援助"的标题，刊载了和《周刊每日》同样主旨的丑闻报道。这次登载了"鹤见俊辅氏""清水三枝子"的真实姓名、住所、年龄(包含了不正确的内容)，指出两者存在"同居的事实"，还说清水将自己管理的思想的科学研究会的大部分存款挪用为建设幼儿园的资金，"那个幼儿园是以鹤见氏为首的两三个理事

转向研究会的集会。前排左起依次为判泽弘、藤田省三、安田武、高畠通敏。后排左起依次为横山贞子、鹤见俊辅、西崎京子、后藤宏行、山领健二

1955 年 4 月，于思想的科学研究会大塚事务所。左起依次为饭塚晃东、清水三枝子、竹西宽子、今枝义雄、鹤见俊辅

擅自计划的项目，要作为清水退休之后生活的保障"。而且，它还称思想的科学研究会的"会员通过研究会的协调在《思想的科学》以外的报纸、杂志、广播等地发表文章时，其半数稿费作为研究会的运营费而先行扣除"。

对此，思想的科学研究会当日召开理事扩大会议，此后由竹内好、武谷三男、南博、都留重人等前往各地，进行了详细调查，并保存了证言录音，积累证据，证明这些报道中提到的问题全部毫无根据。

但是，究竟为什么"思想的科学"这一民间团体被构陷为如此浮夸的丑闻的舞台呢？考虑其理由的话，《思想的科学》以讲谈社这家知名出版社作为新出版单位，无疑是很重要的一点。换句话说，《思想的科学》现在已经被视为互相不择手段地快速夺利的大众传媒的一员。就算鹤见如何被看成年纪轻轻就崭露头角的、带有"美国光环"的知识人，日常容易受到批评或嫉妒，但他的杂志的出版方是"先驱社""建民社"这些小出版社时，就不值得构陷这种丑闻报道。因为丑闻报道并不一定必须有可靠的事实关系，反而是只要让读者感觉到"苍蝇不叮无缝蛋"就可以了。而且，为达到这一点，需要男女关系、钱、与众不同。小的媒体无论发表什么意见，都算不上与众不同。正因为是混入大媒体这一舞台的奇特学者，才首次被选中作为丑闻的对象。

另一方面，从《思想的科学》这边来看，这个时期出现这种问题也有其理由。

刚刚战败后，第一次《思想的科学》在还几乎没有社会名气的七位年轻的初始成员手上创刊。1951年，至其停刊时，思想的科学研究会也不过是只有一百二十人的封闭性的知识团体。

但是，这个组织逐渐地在城镇之中向大众社会渗透，打开了封闭性。第三次的讲谈社版《思想的科学》更强化了"大众"化路线，其第二号（1954年6月号）刊载《入会指南》，公告只要支付年会费三百日元（也可以每年分三次交）就可以入会。前文提到的《东京日日新闻》的报道中说"（思想的科学研究会）现在是拥有六百多名会员的大团体，被认为有超过民科（民主主义科学学者协会）的实力"。这个数字正确与否暂且不论，但思想的科学研究会的风格不断快速转变是确定的事。

从初期的班底到如今，出现了代际交替。第二代、第三代出现后，有些人对于初期共有的知识见解有隔阂。此时也出现了作为要写出文章的人的自负心、竞争心等对立的情况。而且，初期是都相熟的人员，但是会员组织膨胀到这个程度后，也有很多互相不认识的人。换句话说，会员组织本身开始带有一个大众社会的广阔性，包括错误理解事实在内的谣言、疑心暗鬼传播的空间也增大了。

比如，这样的事情也可能出现：一直在这个研究会核心位置努力的鹤见俊辅，究竟是什么人啊？

初期的时候没有这种事情。以鹤见为中心运行杂志这件事，是大家认可并要这样做的。但是，随着代际交替，自然也会出现"这个，不有点奇怪吗？"的声音。"站在中心位置的人是谁，不通过更平等的选举决定的话就……"

"本来，鹤见先生就是在超布尔乔亚的家庭中长大的人啊，对于大众的事情不可能懂得嘛。"就会冒出这种背后的闲言，或者批评之类的东西。或者说，这种事情一定是互相之间聊起的，但是对于非常熟悉当事人情况的人，与几乎不知道情况的人，它所含的意义应该相当不同。

比如，多田道太郎就是一个不停地说着轻快的俏皮话、辛辣的批判等各种话的人。作为《思想的科学》杂志编辑事务主任，他也承担着筹款的重责。因此，这个人在事务所一边做着编辑工作，一边说着混有抱怨的空想，给人实际描绘出图景。他常常说《思想的科学》怎么才能存续，比如《思想的科学》事务所就在这里，我们在旁边建一个幼儿园，让清水三枝子当园长，这样就一起赚钱之类。即便附近有外人在，他也会无所谓地好像抱怨似的说着这些事情。

如果之前知道他脾气，就明白这种轻率的话是玩笑。但是，如果是类似路人立场上的新会员，可能会觉得那种也是认真的计划。也许就是这种事情撞到一起了。

《思想的科学》是个贫穷的小杂志，以鹤见俊辅为首的主力成员，都以不拿薪酬的工作支撑其运营。而且，如前所述，这样的杂志也有停刊的时候，此时中心成员拿出在其他杂志上发表文章、出版图书的一半稿费，支撑思想的科学研究会的活动。这种"共营"工作在讲谈社版停止后也仍继续（比如，在《周刊读卖》上由冈本太郎、鹤见和子、南博、日高六郎、望月卫等持续的"世相诊断"栏目。在《中央公论》上由关根弘、武田清子、鹤见俊辅持续的同人杂志评论"日本的地下水"）。不过，可能在之后参加的新一代会员看来，那就是"先行扣除"。虽说如此，这些人应该并没有被强制参与"共营"。那仅仅是主动加入的成员的活动。

不过，在此之中的人心，实际上也出现了相当微妙的动向。前文提到的 3 月 17 日的《东京日日新闻》刊载了四位"相关者的说法"，留下了这种微妙的部分内容。

思想的科学研究会会员 加藤明子

我认识鹤见十年了，因此很清楚他。鹤见这个人是放弃庞大的财产，过着流浪者般生活的人，因此像私吞公款这种事情完全不可能。不过，研究会的运营是近代以前的封建式的，对于研究会的状态，内部完全没有将一般会员的想法向上传递的结构。因此可以想象这种问题早晚会出现。（……）

思想的科学理事 三浦勉

鹤见俊辅作为学者，作为普通人，都做了开拓者性质的工作，而且也认可我的工作，因此我既尊敬又感谢他。不过，关于研究会的现状，年轻的新会员提出的批评、我提出的意见等被误解为是要发动强占研究会的计划，被强硬压下来了。我觉得这是让人非常为难的做法，数次提出抗议。

讲谈社学艺课课长 原田裕

从本社的立场出发，我们只是每个月提供二十万日元，至于如何使用则完全不干涉。援助的合约是自去年 5 月开始持续一年。本社有兴趣保护、培育同人杂志，但实际上那本杂志有五成的退货率，销售成绩不好，使得年度赤字高达一千万日元。因此我们停止了继续援助，而不是所谓内部纠纷云云。

思想的科学研究会理事 南博

所谓内部纷争、内部出现对立的传言毫无事实根据。财务上的事情，我做了会计审查，没有任何不合规的地方。这些全都是一些人思维错乱想出来的东西。真相在 17 号的理事会上查明，因此一切都大白于世。

根据鹤见俊辅的说法，在研究会内部集聚新会员的不满情绪的人是三浦勉。鹤见记得自己在此前的编辑会议上一直支持他。但另一方面，三浦是三浦，他相当强地觉得这次提出异议并不是单纯要阴谋吧。

到了 4 月，扩大职员会议、临时会员全体大会相继举行，南博在该月 16 日的全体大会上发言，指出制造谣言的过程已经清楚，并提议是否要开除对此负责的人（在研究会的会约中有"第三条 对于妨碍研究会活动的人，总会可以决定开除。退会自由"这一条）。南博的发言明显是指三浦。在他说这番话的时候，三浦走近鹤见的席位，哭诉着说"你不觉得这样我太可怜了吗"。鹤见的内心也动摇了。

鹤见在这次全体大会上，做了反对开除提议的发言。最终，南博的提案未到表决阶段就告终了。之后，思想的科学研究会一次也没有使用过"开除"这一条，直至今日。

与之相对，三浦自己在这次全体大会上自行"退会"。根据鹤见的说法，跟随他离开研究会的，"我想有二十人左右"。

总之，持续将尽可能多的收入投入杂志之中，即便如此仍为资金不足而"苦苦挣扎"的自己却偏偏被报道出财务性丑闻，这对鹤见俊辅来说，必定是沉重的打击以及耻辱。《周刊每日》刊载丑闻的那天早上，他可能在东工大的研究室里头都抬不起来。

在这期间，刚好是他们要将京都的"庶民列传之会"持续访谈记录的内容整理成河出新书《民众之座》(思想的科学研究会编)的时候。河出书房的负责编辑是二十五岁的竹西宽子(1929 年生)。这天早上，她送来校正样。

稍后竹西出现在研究室，完全没提丑闻的事，用同往日一样的语调和自己说着话。鹤见觉得不可思议。那天因为有事要外出，两人在东急线的车上并肩站立抓着吊环时，年轻的竹西的侧颜看起来闪耀着光辉。

竹西宽子在故乡广岛上女子专门学校时，经历了原子弹爆炸。不久，河出书房倒闭(1957 年 3 月)，她跳槽到筑摩书房，而在稍早的时候，鹤见就劝她"要不要写一下广岛的事情"。

竹西写的《记录与文学之间——思考原子弹记录的文集》，之后刊载在中央公论社新创刊的第四次《思想的科学》创刊号(1959 年 1 月)上。换句话说，讲谈社版《思想的科学》以前述丑闻为肇端于 1955 年 4 月号停刊，此后近四年间停止出版。但在此期间，鹤见仍将《思想的科学》视作某天会复刊的杂志，持续约稿。此时距竹西宽子以小说家、评论家的身份出道还有好几年。

1956 年（昭和三十一年）5 月，母亲鹤见爱子去世，享年六十周岁。

爱子很早心脏就不好，三年前因脑出血而病倒后，一直与病痛斗争。1956 年春，爱子的肝脏发现癌细胞，最终她因这一疾病去世。

过去也作为疗养地使用的轻井泽别墅，在丈夫祐辅开除公职期间被忍痛卖掉。不过，对于放弃岳父后藤新平遗赠的别墅这件事，祐辅越发地觉得对不住他。在成功回归政界、就任厚生大臣后，他又在轻井泽重新买了别墅。这次的房子更靠近离山，仍在南侧山麓之上。他想让妻子在那里疗养。不过，爱子病情已经很严重，医生判断她不适合空气稀薄的高原，就没有去这处别墅。

这几年长子俊辅固执地离开家，但在母亲的最后时日，他和父亲祐辅及其他兄弟姐妹轮流住在病房。

某天，他坐在母亲病房外的长椅子上，正在吃亲戚送来的鸡肉沙拉时，小自己十一岁的弟弟直辅从外面回来。此时，他是庆应大学经济学院的学生。

哥哥俊辅突然间把吃到一半的鸡肉沙拉连着叉子一起递向他，说"这个，很好吃"。弟弟吓了一跳似的往后退。这一瞬间，让俊辅想到了以下事情。

确实，他们自幼在家受到的教育中，吃别人吃到一半的沙拉是无法想象的。但是，现在自己忘掉了那种习惯。这件事让他意识到自己离家生活的时间太久了。

快到母亲临终时，某天大概是出去吃午饭的时候，家里人几乎都离开病房，留下了空白间隔。在病房中，陪在母亲病床旁边的只有次女章子。她也是有孩子的母亲了。

这时，就像要燃尽的蜡烛突然火苗又强了一下，母亲恢复了意识，看着章子说道："和子、俊辅、直辅的教育方式，各自那样就挺好的。"

说完，不一会母亲的生命之烛就燃尽了。

5月17日下午，告别仪式在青山殡仪馆，由熊野清树牧师主持。仪式结束时，治丧委员会会长加纳久郎（日本住宅公共团体总裁）打开门，大声地喊道："鹤见爱子姐姐荣回天上了。"

然后手里拿着大礼帽引导抬棺。

几天之后，俊辅收到了小说家佐佐木邦的信。自从写了《佐佐木邦小说中展现的哲学思想》（《思想的科学》总卷第8号，1948年2月），将他作为日本自生的实用主义例子讨论其作品以来，俊辅就和这位作家保持些许联系。打开信后，这样的段落映入眼帘。

"从后面看到你站在火葬场那里，但是特意没有打招呼。因为接下来轮到的是我的长子[1]，所以只是默默地站在那里。"

此年11月，久野收、鹤见俊辅共著的岩波新书《现代日本的思想》大卖，据说累计达到了三十五万册左右。在鹤见的著作中，这是本例外好卖的书。

1　佐佐木邦的长子佐佐木仙一此时也因心脏病去世，仪式应该排在爱子之后。

用这挣得的版税，他在葛饰区金街区为清水三枝子新建了一栋房子。1957 年 1 月，她因病从思想的科学研究会辞职。

自从《周刊每日》登载丑闻报道后，姐姐鹤见和子屡屡劝弟弟俊辅离开金街区的挂川尚雄家，回到自己家里。因为她考虑到，既然与同在那里生活的清水三枝子的"同居"被当作丑闻种子，不招来无谓的误会更明智。不过，鹤见俊辅坚决不听，觉得自己没有必要在意毫无事实根据的报道，并从那里离开。因为他强烈觉得，如果那样就变成自己承认了报道的大致内容，对迄今为止一直温柔相待的挂川尚雄一家也非常不礼貌。

能够将偶然获得的大笔资金全部投出，作为对清水三枝子的谢礼，鹤见俊辅大概也觉得心情舒畅了些。

1957 年 3 月下旬出现了一个"事件"，即作为哈佛大学经济学院客座教授而待在美国的都留重人，连续两日被美国参议院治安小委员会传讯去作证。不对，这件事本身算不上什么大事件。但是，大约一周后的 4 月 4 日，他的朋友、加拿大驻埃及大使赫伯特·诺曼（1909 年生）在任地开罗跳楼自杀，其原因则被联系到都留在华盛顿的证言，因此这变成了记者、评论人等在日本的大众媒体上猛烈批评、谴责都留的"事件"。简而言之，一定是在青年时代有过一阵强烈左翼思想倾向的都留，回应了与此相关的证言，证明了朋友诺曼是马克思主义者，因而在红色恐慌盛行的时局下将他逼到自杀。——该"事件"就是由这种解释引发的。

数年前，都留就开始被美国大学邀请。但是，美国政府总是不给签证。原因不清楚，或许是因为都留在战前的学生时代，在日本参加了左翼学生运动。都留也感觉到，在战后被占领期的日本，美国的情报组织应该在频繁地调查自己。最终，签证下来，都留开始在母校哈佛大学讲课，美国参议院的传讯文件到来。他考虑要对邀请自己的国家尽一些礼节，就回应了此事。然而，站在作证的位置上后，他才意识到此时的焦点是他与诺曼的关系。

十五年前，即1942年夏，都留重人夫妇选择自日美开战之下的美国，乘坐交换船"格里普斯霍尔姆"号回日本。在交换地葡属东非的洛伦索马贵斯，擦肩而过的仅几十秒左右，与他搭话的就是旧友诺曼。开战以来，诺曼作为加拿大驻日公使馆的外交官被拘留在东京，此时终于乘坐交换船"浅间丸"来到洛伦索马贵斯。接着，他们在这处东非港口互相交换，都留前往日本，诺曼经纽约回加拿大，各自回国。

在这一瞬的相遇中，都留说了早想告诉诺曼的事情。他想将自己留在剑桥市的藏书送给诺曼。诺曼大概也很期待那些书。

"日本经济史相关的藏书，我想给你，已经拜托塔什斯了。"

如前文所述，仅仅说了这句话后，两人就擦肩而过了。

诺曼之后按照都留的安排，接收了放在剑桥市国际学生协会的书籍。他想确认是不是还有另外留下的书籍，就去都留原来的住处。房东要求他证明身份，诺曼就报上了加拿大外交部的名字，并向当地的联邦调查局及哈佛大学申请帮忙确认。翌日，当他再次前往都留原来的住处时，两位联邦调查局的搜查官到来，称都留的东西全部被调查、扣留，即便他报上了加拿大外交部及自己的姓名，对方也拒绝将书交给他。

此时被扣留的都留的书信等文件，在十五年后的 1957 年也被美国参议院小治安委员会掌握。在传唤证人前不久，他们向都留展示了那些文件，让他感到内心不安。在这些文件中，1930年代后半期那个与现在相比更倾向于激进态度的自己历历显现。换句话说，美国的调查局在获得这些文件后的十五年间，精心整理了各种资料，静静地等待这一刻的到来。不过，实际上都留在美国参议院上的传唤，并没有留下对诺曼不利的证言。他反而是谨慎地保护对方。但是，日本的报纸、杂志、时评家们并没有看到这一点。而且选择将都留视作叛徒，对其进行道德批判更能快速见报。一则报道抢先后，更多的报道及读者就开始追随。

"如果是自己的话，能做什么呢？"——思考历史，就是立足于此，然后推进自己的想法。不过，人们屡屡迷失坐标。

三十四岁的鹤见俊辅注意到，获悉这些报道后，数日之间自己的白发就大大增加了。他觉得他从都留那里得来的收获之大，就反映在这样的身体变化之上。

如果 1951 年斯坦福大学邀请他去做客座研究员的时候，美国政府爽快地给了签证，会如何呢？自己可能也会在那里完成博士论文，快速地走向知美派教授这一道路。

当时的日本还在美军占领之下，而且朝鲜战争仍在继续。美国社会的红色恐慌，发展到连过去父亲鹤见祐辅也参与的太平洋国际学会等民间性的国际交流组织都被视为"危险"的地步。换句话说，他们以敌视的目光看待知识交流本身。顺便一提，自最初的《日本现代国家的成立》(1940) 以来，诺曼核心著作的出版都是托太平洋国际学会来做。而且，美国国会的反共政治风潮，甚至将矛头对准了洛克菲勒财团的扶助项目，认为它援助了太平洋国际学会的"左翼倾向"。都留重人很难说意识到美国发生了如此大程度的社会变化。

更不要说鹤见俊辅这边，在日美战争下被作为无政府主义者关入美国的监狱之中。即便如此，在这个时代，自己比起都留，仍不由得对美国这个国家毫无警戒心。不对，都留应该也是如此，才会在原来的住处留下过去时代的书信。那也可以说是一种于1930 年代罗斯福新政时期这一美国近代史上最自由主义的时代，在美国生活过的人身上留下的生活习惯。

1959 年（昭和三十四年）11 月，父亲鹤见祐辅因脑梗死病倒。此后又过了十四年，于八十八岁的高寿过世。在长卧不起期间，他乐观的性格也未改变，但是发音（说话）的能力并未恢复，是失语症的状态。不过能够正常地听、读，所以在沟通意思时，讲话人只能依次说出符合他意向的语言，直至他同意并点头示意。祐辅很能耐住这种费时的方式，不放弃将自己的意思准确传达给对方。

在病倒不久前，鹤见祐辅接受了为一高时代的友人、已经去世的种田虎雄执笔作传的委托，但是长期未完成。看不过去的长女和子与长子俊辅便代笔将其完成（鹤见祐辅《种田虎雄传》，近畿日本铁道，1958 年）。那是母亲爱子去世时的事情。

鹤见祐辅只让在自家的病床枕边，放上恩师新渡户稻造和原美国总统伍德罗·威尔逊的相片。他准备写一本自己最佩服的政治家威尔逊的传记，将此作为一生的大事，并收集了资料，但是这一计划未能实现。

祐辅病倒数年后，原英国首相丘吉尔去世。于是，祐辅的旧著《温斯顿·丘吉尔》的出版方讲谈社，希望能给它补足丘吉尔最后的部分，作为新版出版。相比于解释清楚老父的身体状况，长子俊辅觉得自己补足终章更好，就看了资料，模仿父亲祐辅的文体写完。这是题为《英雄之死》的一章。

　　　　丘吉尔葬在出生地布伦海姆宫附近的巴拉顿的墓地。

　　　　英国的执政党转到了工党，在丘吉尔逝世时，首相哈罗德·威尔逊这样评价他：

　　　　"丘吉尔在议会中也是真正的战士。他的目的在于伤害，而绝不是杀死，在于施加影响，而绝不是破坏。"

　　　　确实，丘吉尔是最后一位将古典的战士精神传递到今日的人。他的一生被反对党党首如此精彩地理解、评价，体现出英国政治的成熟性，生在这样的英国，是丘吉尔作为政治家的幸运。丘吉尔的逝去，是庄严的落日。

4

缓慢变化
1959—1972

第一节　保守的世界

1959 年（昭和三十四年）2 月。

纸洋片画剧作者加太高次（1918 年生）因电视的急速普及，苦恼工作不顺。

这一天，熟识的纸洋片画剧老板一副借钱的样子，来到位于葛饰区金街区的加太家中。因为自己已经是负债累累、寸步难行，加太就借口有事出门去了。于是，这位男性也跟着他。加太想着见到某个认识的人就上去搭话。那样的话，这位老实人就会放弃并回家吧……

他乘上从金街区站前往市中心的火车。车上没有认识的人。不过，有个人他仿佛见过，好像是东工大副教授鹤见俊辅，似乎故意地将杂志《思想的科学》封面向着乘客拿着，坐在座椅上。之前他们没有见过面。不过对于加太高次的纸洋片画剧，鹤见在杂志及广播节目上数次提及。因此，加太看到他附在著作中

1964 年 12 月，思想的科学研究会的忘年会。鹤见俊辅与加太高次（下图右侧）一起，认真地在舞台上表演《相马的阿金》。于上野本木亭

的照片，记住了他的长相。

"是鹤见先生呀。我是做纸洋片画剧的加太高次。"加太强行搭话，在他旁边坐了下来。鹤见睁大眼睛说，"我以为你年纪该更大呢。我还想着是六十岁左右的人"。

想要借钱的那位老实人看了会儿两人聊天的样子，不久就消失了。

鹤见邀请加太在《思想的科学》上连载自传。因为这次偶然的相会，之后加太甚至担任了思想的科学社总经理，不过那是很后面的事情了。

讲谈社版的第三次《思想的科学》，以发生在鹤见身上的"丑闻"为肇端停止出版（1955 年 4 月），此后近四年中断刊行。之后，第四次《思想的科学》（中央公论社版）终于在刚刚之前的 1 月创刊。鹤见为此非常开心，于是在乘电车的时候，把杂志封面向着车内乘客打开，自己做宣传。

中央公论社总经理岛中鹏二（1923 年生）是鹤见俊辅自小学时期开始的好友，很早就希望能够帮助《思想的科学》。不过，作为出版商，他对鹤见容易走极端的脾气仍觉得不安。因此，等到小学时期的另一个好友永井道雄（1923 年生，教育学者）在 1957 年（昭和三十二年）从京都大学跳槽到东京工业大学做副教授，也参与计划之后，岛中才决定出版中央公论社的《思想的科学》。永井这个人，小学就是优秀学生，对岛中来说，把三个人合在一起也安心了。

因此，鹤见在车内宣传的《思想的科学》应该是 1959 年 2

月号。封面是真锅博的雅致设计，文章阵容则如下：

竹内胜太郎论	富士正晴
对权力的责任	猪木正道
数学和辩证法	远山启
列斐伏尔的辩证法	中村秀吉

*

职场的群像（一）　　　　　　　上坂冬子

上坂冬子是完全无名的作者。《职场的群像》以她自己工作的丰田汽车 1950 年代前半期的劳资争议为背景，描绘行政职员间的错综关系。五年前左右，在京都的"庶民列传之会"同好会上，她将这些文章的原型密密麻麻写在笔记本上并讲述了出来（当时用的是本名丹羽佳子）。这次邀请她在《思想的科学》杂志上进行全新连载的人，也是鹤见。连载开始后，鹤见收到了丰田汽车的工会干部写给他的信，其中推测了《职场的群像》的作者本名，并强烈要求停止刊载。不过，鹤见置之不理，也未告知作者本人。

父亲鹤见祐辅因为脑梗死病倒，是在这一年，即 1959 年 11 月。虽然性命抢救了回来，但是留下了失语症和半身不遂的症状。建立起护理父亲的体制的中心人物并四处奔走的是长女和子。祐辅在东大医院住院近一年间，她卖掉了成城的房子及轻井泽的别墅，将父亲政治生活带来的大额借款全部还清。然后，和子用剩下的钱，在郊外的练马区关街区买了新房子，在自己起居的主屋旁边盖了另一栋房子，作为祐辅的病房，以及雇来的护士、用人的房间。这是两个护士昼夜轮班、两个用人一个住家一个通勤的体制。

和子单身，这年四十一周岁。战前在美国留学期间，和子在哥伦比亚大学正要开始写博士论文时，日美开战，被迫乘坐交换船回国，此后也没有获得正式的教职。即便如此，在决定承担此后照顾父亲祐辅的重任之时，这个时代赋予"长女"这一角色的重任，与对父亲的深深眷恋，自然而然同时发挥了作用吧。

1960 年（昭和三十五年）春，普林斯顿大学社会学教授马里恩·莱维为研究德川社会来到日本，和子担任其在日本期间的研究助理。即便如此，护理父亲的优先性仍排在自己的社会生活之前。随着时节转换到初夏，1960 年安保斗争开始掀起巨大的浪潮。和子自然也尽可能地参加抗议，但并没有参与运动的核心部分。

另一方面，1959 年，筑摩书房的冈山猛找弟弟鹤见俊辅商量大型策划"日本的百年"系列。他希望由神岛二郎、桥川文三、今井清一、松本三之介、鹤见分别担任编辑、执笔，将明治维新以来的一百年写成全十卷的全景现代史。这里面也有竹内好提议的影响，即对于即将到来的"明治百年"，不听任它沦为政府节日，而应该将其作为民间学问的课题来处理。

自 1950 年代前夕开始，鹤见持续着围绕大众文化的研究。"转向"共同研究，再加上细致地阅读从政治到衣食住行的"日本的百年"资料这一工作，给鹤见这一时期的思索带来了某个明确的方向。在历史之中，跨越数个世代而形成的民俗、语言，在身边的小社会中培育出的规范和各种机能，以及植根于此而发挥作用的持续性力量，鹤见对这些事情的注意更深化了。《艺术的发展》(1960年，后收入《边界艺术论》)这篇未完成作品，将柳田国男定为边界艺术 (marginal art) 的研究者、将柳宗悦定为边界艺术的批评家、将宫泽贤治定为边界艺术的创造者，并以宫泽的工作为基础，致力于提炼出此后边界艺术发展的样貌。同时，此处的主张，也构成了鹤见的工作由分析方法转向例示方法的一个分水岭。

孜孜不倦地挖掘坚固地层的行动，自然而然地孕育出变化的征兆。让人想到这一点的还有其他事情。

1954年(昭和二十九年)开始的"转向研究会"，在1959年(昭和三十四年)1月，总算走到了《共同研究：转向》上卷(平凡社)出版的地步。反响比预期要大很多。不久，有人从总理府[1]联系鹤见。双方约在新桥的天妇罗店见面，来的是两位官员。对方提议说，"我们那边留有成堆的解除公职限制申请书，刚好有这个机会，就想也帮个忙"。那是政治家、官员、军人、学者及评论家、实业商人、作家及记者、右翼活动家等在美国占领期间被开除公职的人，为了申请对这一处分的"特别免除"而向政府(总理府的公职资格申述审查会等)提交的辩护书(不过，对这些文件进行实质性审查的是占领军)。对此事特别积极的是股长志垣民郎，同行的科长上司也

1　日本政治机构，负责处理内阁总理大臣直属的事务，并总体协调其他行政机构，2001年改为内阁府。

表示这是该科整体想法，可以给鹤见他们使用。

从他们那里拿到大量资料后，转向研究会的岛根清、横山贞子，加上东京大学学生、社会学专业的见田宗介（1937年生），以及鹤见四人分工阅读了这些文章。鹤见惊讶地发现，那些解除公职限制后语调傲慢的右翼"大人物"，在这里相当不要脸地狡辩说"我从过去一直都是民主主义者，希望解除公职限制"。这些解除公职限制申请书的一部分内容在鹤见俊辅、岛根清共著的《被开除公职之人的辩解》（《思想的科学》1966年8月号）中发表了出来。而且，之后《共同研究：转向》下卷的改定增补版（1978）中，"转向思想史上的人们"的略传也利用这些资料作为出典。

作家梦野久作（1889—1936）是杉山茂丸之子，也被视作福冈玄洋社[1]一派的人。在《脑髓地狱的世界》[2]中，鹤见看到了国粹主义、国权主义向以前的民族主义的转向——换句话说，那是拥有扩大自由民权、寻求亚洲解放这一国际视野的民族主义者的"世界小说"样貌。

而在《黑岩泪香》中，他看到了作为改写备受追捧的外国文学的作家、报纸《万朝报》出版人兼主笔而施展才能的黑岩泪香（1862—1920）身上，有作为不屈不挠的记者的伟大一面。在

---

1 以原福冈藩藩士为中心结成的亚洲主义政治团体，也被看作日本第一个右翼团体。著名的右翼组织黑龙会，最初是玄洋社负责海外事务的分部。杉山茂丸参与创立了玄洋社。

2 《脑髓地狱》是侦探小说家梦野久作的代表作，原名"ドグラ・マグラ"是指代隐匿基督徒咒术的长崎方言，语源不明。

日俄战争之际，因贯彻非战论而辞去《万朝报》记者的堺利彦、幸德秋水、内村鉴三等人自不用说，甚至转为主战论的泪香，也仍然在很大程度上保持自由民权的志向。认可这一点，显示出鹤见通过转向研究展现出来的批评基准的丰富性。

这种见解也与鹤见在临近七十年代时，关注英国作家乔治·奥威尔的保守性格，并给予正面评价的鲜明态度相连。鹤见所述的奥威尔的"保守主义"，是对自己现在的思想抱有怀疑，这种怀疑立足于保守性怀疑主义，而后者也涉及作为自身后盾的国家。在此，保守性并不意味着放弃批判国家的权利，而是相反。它更不可能采取一直支持当前政府定下的政策的态度。

"从战争期间到战后再到现在，我特别关心的是（日本的）保守主义直接放弃了批判国家的权利这一状况。我得到的认识是，理论上能存在别的保守主义，但是现实中那种别的保守主义未能在日本长大变强，使之成熟的社会性基础很薄弱。（……）我们认识到，如果是这样的话，填补这部分缺口的功能，就由保守主义以外的思想潮流代行了。"（鹤见俊辅《战后的下一个时代丢失的东西——答粕谷一希氏》）

第二节　1960年6月15日

鹤见俊辅很早就尊敬的石桥湛山，在就任首相（1956 年 12 月）不久后患病，政权成立仅六十五天就辞职了。1957 年（昭和三十二年）2 月，因为这一原因，岸信介内阁突然出现。因为石桥生病，外务大臣岸信介担任首相临时代理，之后直接负责组建下届内阁。从之后来看，岸信介在石桥政权成立时，便经过党内斗争而提前稳当地成为"首相临时代理"指定人，如果用拳击来说的话，他不愧是比赛专家。

岸信介（1896 年生）是发动太平洋战争（大东亚战争）的东条内阁阁员（商工大臣），作为此前战争中负有开战责任的当事者，战败后仅十年多就东山再起，成为国家最高权力人。在鹤见心里，这件事比此前要进行的安保条约修改问题更具冲击性。

不过，时日须臾即逝。

1960 年（昭和三十五年）5 月 19 日，深夜（20 日零点之后），在众议院全体会议上，《日美新安保条约》由自民党单独（党内反主流派缺席）强行通过。[1] 因此，新的安保条约就走上了在美国总统艾森豪威尔预计访日的 6 月 19 日"自然批准"[2] 的道路了。事后回顾时，鹤见写道，这是"完全的落后"。

5 月 21 日，都立大学教授竹内好向大学提交辞呈。在安保强行表决的前一天，他刚刚作为"安保批判之会"的代表之一，与岸信介首相会面，要求解散国会。竹内好给朋友们寄来了这样的知会文章。

> 我就职东京都立大学教授时，作为一名公务员，进行了以尊重、拥护宪法为旨的宣誓。
>
> 我认为 5 月 20 日以后，作为宪法关键的议会政治消失了。而且，使作为国家权力最高机构的国会丧失功能的责任人，不是别人，正是众议院院长，以及作为公务员之首的内阁总理大臣。在这种无视宪法的状态下，我留在东京都立大学教授这一职位上，就违背了就职之际的宣誓。那也违背了作为教育者的良心。因此，我决心辞去东京都立大学教授一职。
>
> 这个判断是我自己单独做的，没有任何人的意志介入其中。这种做法不是受他人所劝，也丝毫没有劝

1　此时自民党在日本众议院占有的议席超过一半。过去在讨论议题时，习惯上仍争取其他党同意，但此时则不顾其他党意见，直接通过。

2　指众议院通过的议案在限定时期内未获得参议院表决而自动成立。

别人的意思。我有通过文笔勉强维持生计的才能。在此条件下，我深思熟虑之后选择了这一做法，作为自己能做到的抗议手段。

　　因我的辞职而给同僚及学生诸君带来了麻烦的结果，虽有不忍，但仍请谅解。希望今后仍有不变的友谊。

在竹内好提出辞呈的第二天，鹤见在新闻晚刊上知道了这则消息。同月 30 日，他也提交了辞去东京工业大学副教授一职的辞呈。当时，他没有告诉自己聘为助手的判泽弘（1919 年生，转向研究会成员）。如果打招呼的话，连年岁不小的他也会辞职。但是，没有告知就辞职这件事，仍在判泽心中留下伤痛。不管是通知，还是不通知，都无法避免伤害。

提出辞呈的第三天，鹤见在 6 月 1 日的东工大文科教授会上和同事们做了最后的寒暄。

"我辞职的动机，只是 5 月 19 日，议会让警察进入，单独进行安保决议这件事。岸首相采取的态度以及政府机构都不好。这让人感到空虚。在东京工大六年了。感谢各位对我的宽容。"

说完这些，鹤见就退出了。

竹内好给鹤见发来这样的电报：

　　我们走自己的路　一起走　然后再分开走

鹤见在提出辞呈的翌日，即 5 月 31 日，与思想的科学研究会的"主观之会"这个同好会的人一起，前去八王子的管教所旁听。一行人中，有在画室及学校作为讲师教导绘画的画家小林登美（1930年生）。岸首相在三日前放话说，"如果屈服了议院外的反对安保运动，就守护不了日本的民主主义。我相信国民的'无声之声'的支持"。（小林登美《鹤见先生与我》）

在回来的电车上，大家都说着对强行表决新安保的愤慨，众人讨论着"这样默不作声的话就被当成了支持，虽然没有抗议过，不过这次我们去走路吧"，坐在旁边的阿姨突然说：

"要好好干呀！"

新的示威构想就在这个时候产生了。

大家一人出一点钱，买了白色的印花布，制成横幅，上面写着：

> 实行总选举！！
> U-2回去！！ [1]
> 谁都可以加入示威行动的无声之声会
> 请大家加入

全国统一行动的总罢工定在6月4日。自前一天夜晚，鹤见俊辅就在马上要举行总罢工的国铁工人的工会，与要求他们将斗争升级而在品川站前静坐的全学连主流派学生之间，几乎彻夜奔走调停。

这时也有这样一件事。这天，按照约定在正午时分来到位

1　1960年5月美国侦察苏联的U-2侦察机被苏方发现并击落，两国关系跌入低点。

于虎门的社会事业会馆前的，只有小林登美和同代人的电影副导演不破三雄两个人。

气势有些低落，两人跟在安保批判之会的最末尾，拿着横幅开始走。后面一个人都没有。

"第一次参加示威还拿着标语牌，感觉有点羞耻。接近国会议事堂后，横幅后面来了三十人左右，我相当感激。途中，他们呼唤着'一起走吧'，从步行道上一人、两人，渐渐许多人加入了进来，过了一会儿后，这次我也开始呼唤步行道上的人。然后，参加者中自然产生了领导，到新桥解散的时候，已经是近三百人的长队伍了。"（小林登美《那就是这样开始的》）

因为这一天的总罢工，国铁从始发时间停到上午 7 点。全国参加实际行动的工人达到五六十万人。罢工结束之后，在国会议事堂周边有十三万人。全国四百六十八个地方进行了共五十八万人的示威抗议。

"无声之声"的示威游行在新桥解散后，小林登美完全没有回家的心思，就回到国会议事堂前。在那附近，她和思想的科学研究会（她本身也是会员）的人汇合，再次举着横幅开始走向新桥。其间，大批主妇、青年加入，其中也有背着小孩的人，形成长长的队伍。这个时候，有很多参加者开始说下次示威活动也一定要参加，希望能够告知时间和集合地，于是就暂时以《思想的科学》事务局作为联络地点。

鹤见俊辅的日记本上，从这一日起，只是记满了无数的名字、电话、联系方式。即便是第一次见的人，也像互相熟识十年、二十年的朋友一样，从核心事情开始切入的谈话成了自然而然的事情。

鹤见就这样在 6 月 4 日中途加入上午、傍晚两次的"无声之声"示威队伍中，亲身感受到在 5 月 19 日后的两周中，反对岸信介内阁的运动不仅受到部分学生、先锋政党、工会的支持，也变成一般公民支持的运动。白天的那次游行由最初的两个人增加到三百人，傍晚的第二次示威也从二十人增加到三百人以上。人们从道路的两侧不断加入。

而且，鹤见汇总了有战前美国留学经历的十二人的《声明》，在美国大使馆前分发，也客气地走过去递给守卫的警察们。休息中的警察热心地看声明，并把它放到胸部口袋中。这一光景也留在了周刊杂志的照片上（《周刊公论》1960 年 6 月 28 日号，摄影：山田健二）。《声明》中是这样的内容：

声明

5 月 19 日新安保条约被强行表决以后，反对此事的运动达到国民级规模。在这种混乱中，岸内阁邀请美国总统，并非加强日本与美国之间真正意义上的关系。这是给人一种印象，即美国全面支持岸信介内阁以完全无视当前民主主义规则的方式表决新安保条约的做法。

我们学习美国的传统，对美国有着深切的爱意，因此回避当前岸信介政府对美国采取的权宜主义式的连接方式，想寻找真正的日美两国人民的友好之路。

我们希望艾森豪威尔总统的访日，可以在目前的混乱安宁之后重新计划。

1960 年 6 月 9 日

美国留学生团体

阿部行藏、鹈饲信成、川口正秋、加藤秀俊、神谷宣郎、神谷美惠子、斋藤真、武田清子、鹤见和子、鹤见俊辅、细入藤太郎、南博

鹤见给在关西的神谷美惠子打电话，请她参加这个"声明"时，她立刻答应了。鹤见问道："（丈夫）宣郎先生要加入吗？"美惠子回答说："宣郎很胆小呀。"不过，神谷宣郎也加入了。

鹤见也拜访了很年长的坂西志保（1896 年生，原美国国会图书馆亚洲部日本组组长），请她参加。坂西身兼多个与日本政府有关系的委员。此时她正在筑地的日式饭店参加废止死刑制度研究会，就暂停出去，到门外见等在那里的鹤见。看完声明内容后，她回答说："我赞成这份传单的意思。但是我现在已经不信任作为团体一分子的行动了，所以我自己来做些什么吧。"

在 6 月 11 日的示威中，他们分发了用淡色模造纸印刷的传单，上面是以"各位公民一起来走走吧／五分钟也好，一百米也好，一起走走吧"开始的散文诗。13 日夜里，有人提议给它谱曲。他们不想要此前示威游行中唱的那种类似军歌的歌曲，想要童谣风格的轻松愉悦的歌。有人说，邀请以《青鳉鱼的学校》《夏天的回忆》而知名的中田喜直作曲怎么样？于是半夜回去后，

鹤见给连一面之缘都没有的中田打去电话。深夜接到电话后，中田立刻理解了拜托的大意。翌日，他收到歌词，第二天早上（15日）寄来了新写的曲子。

6月15日。这天也有从清晨开始的总罢工，总评[1]、中立劳联[2]派的一百一十一个工会，共五百八十万人参加。这比6月4日的总罢工规模更大。罢工之后，前往国会议事堂周边参加示威行动的人达到三十三万。

傍晚，参加"无声之声"示威行动的人，开始在日比谷公会堂前集合。他们开始准备傍晚6点出发的示威游行，并分发印着《无声之声的进行曲》（作曲：中田喜直；作词：安田武）乐谱和歌词的传单，开始练习这首歌。乐谱的左上方标记有"根据步速"的字样。

> 各位公民
>
> 一起走走吧
>
> 走走吧
>
> 五分钟也好，一百米也好
>
> 一起走走吧
>
> 走走吧
>
> 各位公民

1　日本工会总评议会，战后日本最大的全国性工会的中央组织，1989 年解散。

2　中立工会联络会议，日本工会的中央组织，吸收不加入"总评"及全日本工会会议的中立工会。

鹤见俊辅传

拿出勇气

一起走走

将我们的态度

展示出来吧

后来才知道，这个时候在国会议事堂周围，新剧人及基督徒小组遭到右翼的袭击。

"无声之声"这天的游行，计划是提着灯笼，愉快地边唱歌边游行。但是，卖灯笼的老板走错了路。他们觉得也不能一直在这等他，就让大部队出发，由鹤见俊辅和判泽弘跑去接灯笼。两个人双手抱满灯笼，追着大部队来到国会议事堂前，看到那里是和之前完全不一样的惨状。到处都坐着受伤的人，现场一片混乱，哪个大学生队伍在哪里完全不清楚。某个大学的女学生死了的消息在学生中传播。

鹤见把一大堆灯笼放在附近的墙边，就前去追"无声之声"的大部队，发现他们在经过国会议事堂侧面时，停在了首相官邸前。带着孩子的母亲里面，也有人因为胆怯而开始哭泣。大家点亮灯笼，唱着刚刚学会的《无声之声进行曲》，"一起走走吧……"，开始前进。鹤见第一次看到这个歌词时，对于"各位公民，拿出勇气"这一句理解不了，觉得为什么走一走都需要那样的勇气呢。但是在带着孩子的公民团体，冒着被右翼或者警察袭击的危险前行的状态下，那句歌词增添了实际感受，栩栩如生。

游行通过新桥，走到东京站的八重洲口后，在此直接解散。

参加者中有人说很害怕，身体已经紧绷了。也有人计划召集更多的人来抗议游行。也有人就那样直接返回国会议事堂。

鹤见和其他几人一起，回到国会议事堂前，加入学生之中。途中，他看到一些母亲在学生周围，给他们递手绢、绷带。有位中年女性总是在"无声之声"游行队伍的最后，反复央求路边的人"你要加入吗？你要加入吗？"鹤见和她不期而遇。她说自己的儿子去了早稻田大学，应该在这里的某个地方，因此担心。这样说完之后，她带着不安心的神情，消失在学生群体之中。

这天晚上7点过后，全学连主流派七千名学生拉倒了众议院南侧便门的铁栅栏，将警察作为路障而停成一排的卡车推开，涌向国会前庭院。这是"无声之声"的一队应该快到国会议事堂正门之前的时候。但是，全学连的学生进入国会议事堂内的瞬间，就被警察切断后路，被用警棍毫不留情地暴打，五百人负伤。在此骇人的骚乱中，东京大学学生桦美智子（1937年生）死亡。

学生和警察的对峙一直持续到半夜过后。二十辆警察的卡车被烧毁。日历翻页，凌晨1点不到，警察发射催泪弹，并扑向国会议事堂周边的学生，殴打、踢踹、抓捕。被起诉者达二百二十七人。包括大学老师、媒体人士在内的负伤者不计其数。在国会议事堂前直播的关东广播的播音员，在凌晨1点半左右说道：

"我现在在现场直播，但是警察殴打了我的脸。啊，然后，一把抓住我的脖子，问你现在在干什么。这就是现况。"

政府在午夜零点开始召开临时内阁会议，发表声明，称"此事件是被国际共产主义的企图背后操作的破坏行动"。

参加此时"无声之声"游行的两泽叶子（1925年生，当时是妇女问题研究所员工）后来这样说道："我们来到国会侧面时，学生让我们别走。他们央求说大家一起呀。那时，我们同伴在这里站了一会儿，不过其他工会团体接连通过，我们这一组的领导也要前进，因此就离开了。那个时候，领导的人要是把我们分两队，能留下的就留下，不能留下的就继续游行然后直接解散的话，我想会最合适吧。"

在鹤见俊辅目前听到的观点中，他觉得这位不认识的参加者的意见是最正确的判断。

诗人、评论家吉本隆明（1924年生）在1960年安保斗争之际，以更强势地支持全学连主流派以及与共产党对立的新左翼共产主义者同盟的态度在那里抗议。

他写道：

6月15日夜，国会议事堂和首相官邸周边，被两股示威队伍的潮流包围。一股潮流是全学连主流派与支持他们的无名工人、市民，其前部在国会南门后的场内与警察发生激烈冲突，其尾部则充斥在国会前的路上。接着，头被打破、被挤压负伤的学生一个接一个地被抬向后方，救护车一辆接一辆地到来，将他们带走。

另一股潮流经过刚好与这个潮流呈丁字形的、国会议事堂和首相官邸之间的道路，向坡下走去。刚好在丁字形交点的地方，胳膊上戴着日本共产党袖章的男性拉出隔离线，阻碍这股潮流与在国会议事堂南门场内前部跟警察激烈冲突的第一股潮流汇合。因此，丁字形交点的路上出现了真空。情形变成：一方面，咫尺之地发生流血冲突，负伤者不断出现，另一方面，工人、市民、文化组织的整齐队伍在游荡，而在其边界，日本共产党党员妨碍两股潮流合流。当时，我们一边和游荡的示威队伍诉说今天的战斗在国会，应该越过领导层在国会周边静坐，一边与这个放哨队伍发生小冲突。思考安保过程时，这天晚上的情景带着象征性的意义而复苏过来。（吉本隆明《拟制的终焉》）

这两段描写了前文两泽叶子说的同一地点的情景。也就是说，"丁字形"的一横，其左侧相当于国会正门、日比谷公园方向，其右侧是首相官邸那边。由普通的工会成员组成的"整齐的"游行队伍，从这一横的左侧走向右侧，也就是直接向着首相官邸的方向前进。

另一方面，全学连主流派的学生，在此前进方向的途中右转九十度（以"丁字形"来说的话，就是转到竖钩方向）。往那边走的话，立刻就被国会议事堂南门（众议院南侧便门）的铁栅栏阻挡，突破它的话就到了国会议事堂的范围内了。"丁字形"的竖钩就指这个方向。

在"丁字形"的横向和纵向的交接处，戴着袖章的共产党员站着，为了防止普通工会成员"整齐的"队伍不注意跟随了全学连主流派的学生，拉出了隔离线，将两股"潮流"的前进路线分开。

6月15日夜，全学连主流派学生向着"丁字形"的纵向突进，进入南侧便门前的国会议事堂领域内，在被机动队切断后路的猛烈的"潮流"之中，东大学生桦美智子丧命。

"无声之声"的示威队伍也预定沿这个丁字形的横向，从左向右直行。但是，在丁字形横向和纵向的交接处，负伤的学生们出来，拜托队伍不要走，不要让他们被孤立。"无声之声"的示威队伍犹豫要怎么办好，就暂时停在那里。但是，其他工会的队伍接连走过。自己的领导也说直接走，因此就离开了负伤的全学连主流派学生。

那样做，真的好吗？——两泽叶子回顾道。

有人害怕警察的暴力，想直接那样往前走。这是自然不过的事情。但是，不也有人想留在那个地方，照顾受伤的学生吗？如果是那样的话，不同想法的人在丁字形交接点分开，互相采取自己想做的行动不好吗？此时两泽这样想道。(此后，她以 Morosawa Yōko[1] 为笔名，写了许多关于女性史的著作。)

鹤见俊辅不久就给周刊杂志投了《6月15日夜》这样一篇文章(《周刊中公》1960年6月28日号)。

"一位女学生被杀了。这不是报纸报道中的那种厮杀，也不是公平的吵闹。一方是空着手，一方带着用纳税人的钱置办的

---

1 日语为もろさわようこ，即"两泽叶子"的日文平假名拼写。

尽可能多的武器。在这种装备优劣清晰可见的条件下，为什么学生顶撞警察、烧毁警察的汽车？这是对同伴被杀、被打伤的愤怒吧。不过，我们可以看到它还带有一种在此之上的合理性意图。

"5月19日以来，在报道反对政府的运动时，通过文字表达的内容全被换成对现政府有利的内容，或者就被禁止，没有以原本的形式传到美国。国务卿赫脱在11日美国国会的证词中说，这场反对日本政府的运动没有大众参与。

"那张脸映在日本家庭中的电视机上。拥有庞大情报网络的美国国务卿的断言，在日本，有许许多多的男女可以用自己的一句话将之打碎。

"但是，这些人无论说什么，都传不到美国国民那里。这种状况明显是当前美国驻日大使麦克阿瑟的责任。对于5月19日以来国民级规模的打倒岸信介运动，麦克阿瑟极力阻止相关消息传达到美国。

"只要不理解这一点，就不能理解学生们努力做的事情。语言传达的渠道被关闭时，用行动场景来传达仍有更广阔的余地。通过破坏首相官邸大门，或者造成麦克阿瑟大使及哈格提氏短暂被包围的场面，他们的意志将通过电视传达给美国国民。可惜的是，日本国民将自己持有的对当前政府的强烈不满，恰当地传给美国国民的渠道，只剩下以电影似的、电视似的方式传达行动场景了。"

即便如此，为什么学生们不诉诸长期作为日本特色的暗杀这一方法呢？这里，战后年轻人开辟的合理性和自制力发挥了作用。相比于对肉体加以伤害，他们选择打倒被树立为象征的东西。在这一点上，战前右翼的做事方式，现在则被警察所继承。

"警察的神色有些犹豫。但是，在门旁边站着的自民党议员煽动他们上啊，冲啊。如果考虑到这些自民党议员正是在过去十五年间强行推动日本向中国及美国发动战争的当事人，就会觉得他们今天做的事情极其自然，为了过去骂作鬼畜美英的国家，现在全力在肉体上打杀同胞，要给前者送去礼物，真是历史的讽刺。"

此处所述也可以说是另一个转向研究，是批评作为日本执政党的自民党党员，不，更极端地说，是批评东条内阁阁员岸信介。在此可以看到战后集体"转向"的类型，同时，与之相伴、难以分割的"永续转向"的非转向性隶属心态，构成了阴惨的构图。

对于这一天的事情，吉本隆明回顾道："6月15日，我加入那样的行动，'互相挤压得很痛苦，因此有一刻想到这下我也结束了吧，但又立刻改变了想法，我不能在这里死。不过，事后问了年轻的人，他们却说在那里死了也无所谓。这里存在的代沟，我觉得已经无能为力了'。"（吉本隆明在座谈会"'62年的思想——围绕吉本隆明著《拟制的终焉》"上的发言。出席者还有竹内好、日高六郎、山田宗睦。）

另一方面，鹤见俊辅在数年之后也以吉本隆明为对象，这样说道："从我自己的情感上来说，那个时候决定在那里死去也挺好的。没有感觉到害怕。在之前的战争中非常害怕。我受不了为了那种讨厌的、自己不相信的战争目的而死，所以非常害怕。但是在安保的时候，比起那场战争，它更符合自己的目的，因

此死了也可以。"（在与吉本隆明的对谈"在何处安放思想的依据"上的发言）

在上述座谈会上，山田宗睦（1925 年生）对吉本说："感觉吉本先生的情感逻辑中，有某种玉碎美学似的东西。"但是如果看6 月 15 日各自的行动，稍稍有些意外，感受到"玉碎美学"似的心情的反而是鹤见。

示威游行在翌日，即 1960 年 6 月 16 日，以及接下来的一天仍在持续，18 日国会议事堂周边的示威行动再次达到三十三万人级别。在此期间，16 日，美国表示艾森豪威尔访日延期。另外，岸信介首相反复要求防卫厅长官赤城宗德出动陆上自卫队维护治安，以镇压抗议活动，但被赤城拒绝（同月 15 日、18 日）。

虽说如此，岸信介首相未解散国会，在 6 月 18 日深夜，即19 日零点这一时点，日美之间的新安保条约"自然批准"。包围国会议事堂的示威者之间弥漫着异样的紧张气氛，担心那一瞬间会发生什么事情吧，但实际上，那一刻在安静之中流逝。大约四万人在国会议事堂周边过夜。

鹤见俊辅等思想的科学研究会同人也在这里。

"和'声之会'的人聊了一夜。女性一如既往的多，但我如今才惊讶地反应过来。会中有三分之一是女性。许多人都在这里过夜。"（《事务局日志抄》，《思想的科学会报》第 27 号。作者应是事务局负责人判泽弘。）

这个时候，担任思想的科学研究会会长的久野收（1910 年生）收到作为示威同伴而多次与鹤见一起行动的横山贞子的拜托：

"俊辅这次是舍命抗议，很让人担心，希望老师暗中保护他，不让他前往死地。"。

当时的横山贞子，在这天夜里安静地保持自制、迎来"自然批准"时刻的抗议者脸上，感觉到强烈的延续至未来的意志。这种感想对困乏劳累的鹤见来说是出乎意料的事。不过，正因为如此，它应该也带来了强烈的感铭及慰藉。

6月23日晨，在交换新安保条约的批准书后，岸信介首相发表辞职公告。支撑这一内阁的官房长官椎名悦三郎，如第一章所述，是鹤见俊辅的亲戚。

两天之后的25日，鹤见俊辅迎来了三十八周岁生日。

第三节　结婚前后

1931 年（昭和六年）11 月 9 日，横山贞子出生于群马县北甘乐郡富冈镇（今富冈市）的酿酒家庭。作为最大的孩子，她下面有三个弟弟、三个妹妹。

在少女时代，她沿袭外祖母千（1885 年生）、母亲幸惠（1909 年生）的先例，也在前桥的共爱女学校学习，过着寄宿生活。虽是基督教公理会的学校，但它并不是依靠海外传道部的援助，而是靠地方乡绅志士的捐赠而建立的。贞子进入这所学校学习时，战争正酣。不过，校长是在同志社毕业的台湾出身的周再赐（1888 年生），因此从朝鲜、中国台湾、中国东北来的留学生也很多。宿舍的女生之间流行穿朝鲜的上衣赤古里。

战后，她进入同志社女子大学英语系就读，于 1954 年（昭和二十九年）毕业。在最后一年，横山参加了鹤见俊辅他们的"庶民列传之会"。

大学毕业后，她说服父亲横山库次（1905年生），前往东京的庆应义塾大学研究生院英语系读书。下面的弟弟妹妹们也相继升学，前往东京生活，因此父母在木河区鹰番街区给他们新盖了一栋房子。升入庆应的研究生院后，刚好鹤见俊辅也从京大转到东工大当副教授，在研究室中开办"转向研究会"，贞子也加入其中。在庆应义塾研究生院的硕士生课程结束后，她前往美国伊利诺伊大学大众传播系留学。其间，她停止参加转向研究会，但是回到日本后，在1957年秋天又回归了。

经过1960年春夏的安保斗争后，同年11月9日，鹤见俊辅和横山贞子结婚了。

关于结婚的具体经过，并没有人详细地打听过。不过，从鹤见的口气等方面来看，这两个人从很早的时候就心意相通了。不过，这件事他们连对转向研究会的同伴也没有明确公开。对家人亲戚大概也是如此。

"10月的某天，鹤见的婚礼通知翩然而至。此次与横山贞子共结良缘，小编感慨万千。'鹤见、横山，诚挚恭喜啦！'"（《消息》，《思想的科学会报》第28号。文后署名是"H"这个单字母，因此应该是出自事务局负责人判泽弘之笔。）

同样是转向研究会成员的安田武（1922年生），在文章中写得更直接："1960年秋，从鹤见俊辅那里，突然收到'我要结婚了'这个宛如宣言一样的通知信。晴天霹雳正是形容这种场合吧。而且，'新娘'是我们小组的三朵金花——说三人组，就显示不出来那种温文尔雅了——之一的横山贞子。我慌慌忙忙地给高畠通敏打电话，他过于惊讶，直接把被子抓过来盖着睡觉了。

这是难免的事情。"

　　不管怎么说，对于两人的"结婚"，就连转向研究会的同人，从当事人那里明确获知消息，好像也是在结婚稍前的时候。总之，结婚当天的 11 月 9 日，是横山贞子二十九周岁生日。

　　"'结婚'，要做什么啊？"横山被人问道。

　　"送结婚告知信，申请婚姻登记。就这些。"她回答道。

　　不过，安田武的回想中，也有"鹤见俊辅和横山贞子的结婚酒席，在国际文化会馆举行的时候……"的描述。当时，鹤见俊辅的堂弟鹤见良行在国际文化会馆担任事务局管理人兼住宿管理科科长，使用这一设施很方便。也许对结婚当事人来说，只是请亲朋好友一起吃饭，没有意识到那是"结婚酒席"。

　　总之，对于两个人的结婚，反而是接到消息的一方更张皇失措。在同一篇文章中，安田武继续纠结这件事。

　　"安保斗争过后，因为《周刊公论》的工作，鹤见俊辅、高畠通敏、横山贞子加上我四个人窝在麹街区的旅馆'千代田'。当时，横山贞子中途说要回家。要回家洗澡。她离开之后，我和高畠两个人就开始聊横山贞子。不知道什么原因，爱说话的俊辅当时并没有加入其中。

　　"收到'我要结婚了'的通知后，高畠惊讶地回去，一定是在那个瞬间想起了这个时候的事情。当然，我们没有说她坏话。当时只是讨论她接近神经质的洁癖、基督徒、地方大富豪之女这种'思想性、精神性、客观性考察'而已。但是，俊辅和横山贞子马上就要结婚了，那个时候很稀奇地没有加入讨论中——

似乎以事不关己的表情，埋头工作的俊辅的'沉默'，相当让人害怕。"

还有好几件确定的事情。

一是鹤见和横山结婚以后，称呼对方时用的是第二人称的"汝"。自然，这是老的《圣经》日译本中使用的语言，他们模仿使用。日本丈夫叫妻子的时候是"喂"，妻子叫丈夫的时候是"你"——他们避免使用这种不对等的称呼，因此商量决定这样。这是横山说的。不过就算问鹤见，也许会给出同样的解释吧。旁人听起来会觉得不习惯，但是鹤见一直用到最后生涯。之后长子（也是独子）太郎出生，他们成了一家三口。其家庭中有一种风格，即如果家人之间商量决定后，就算是让人感觉与社会习惯有些不一样，也一直坚持。"汝"这个夫妇之间的称呼，大概就是其中最早出现的例子。（比如，他们宣布不接电话，就执行了相当长一段时间。鹤见说那会给横山的心脏病带来负担，只是不接一直响的电话这件事，想必也是要有相应的忍耐力。不过，鹤见家里，那些让人讨厌的电话，麻烦的电话有很多，所以这对减轻现实性负担是有用的。应该是鹤见和子因脑出血病倒[1995 年 12 月]后，为了防止有紧急的事情，这个宣告就自然而然地废止了。）

另一件事是，11 月 9 日"结婚"之后，他们仍有一段时间，在各自此前生活的房子里分开居住。比如，鹤见在结婚之前，用《现代日本的思想》（与久野收共著）的版税给清水三枝子建了房子（位于葛饰区金街区），其中留了一间，让他以租住的形式生活。清水三枝子的侄女、鹤见很疼爱的小挂川雅代也被领养在这里生活。另一方，横山在目黑区鹰番街区的家里，与弟弟妹妹一起生活。结婚之后仍有一段时间，他们留在这两个地方，各自生活。

因此，结婚后不久的《思想的科学会报》第 28 号（1960 年 12 月 1 日发行）登载的"会员名单"中，他们的联络方式也是并排这样表示：

鹤见俊辅　葛饰区金街区 3—2022　清水
鹤见贞子　目黑区鹰番街区 70　横山

这也和鹤见俊辅开始出现第三次重度抑郁有关。

"那么拼地参加安保抗争，所以我想结婚这种事情也能够做到吧。"鹤见某天用玩笑排解的语气，这样说道。

他心中大概确实有这种心理活动。

在鹤见身上，采取"结婚"行动以抢着将"幸福"抓在手中时，会面对自我惩罚的意识。从很早开始，正因为料想到那些事情，他身上一直有对坚定追求幸福的踟蹰、自控。

虽说如此，无法打破这种作茧自缚的状态，也让他产生另一种愧疚及自我厌恶。在横山贞子的事情上，他以秘密地心意相通的形式，继续让她"等待"。"秘密地"是"不表明"他们之间的关系有确切的约定（比如结婚等）。因为只要意识到渴望结婚的自己，鹤见脑中瞬间就会产生罪责感，被逼向抑郁的方向。他无法忘记过去自己对有过感情交往的女性的举措。

然而，如果继续让横山"等待"，她就要三十岁了。当时那已经是相当晚婚的年纪。如果只是自己，鹤见已经可以不顾世俗常识观念地生活。但是，考虑她的事情时，常识观念就变得沉重起来，压在鹤见身上。至于原因，是因为他也不明白横山贞子真正是如何想的。可能之后她也不会说出请结婚吧之类的话。接下去她也一直是看上去没什么事的冷静表情吧。正因如此，鹤见无法平静。自己一个人前行，压迫感不断累积，焦虑也逐渐增加。

因此，他涌现出一股野心，想借着自己如此天真地投入1960年安保斗争中的余势，在个人生活领域中也一口气解决问题。而且，在为安保斗争四处奔走时，横山对这一问题的态度屡屡让自己感动。也许是自我破坏似的冲入1960年安保斗争，使已消耗殆尽的鹤见心中有了更强的追求她的心情。

在个人生活中追求自身的幸福，就会被罪责感笼罩，然而如果停滞不前，又因为对横山的自责意识而感到自我厌恶。这正是格雷戈里·贝特森所述的"双重束缚"（Double Bind）状态。

鹤见的抑郁越来越严重。

虽然说起来是乘势跑到了"结婚"这一步，但为了避免直视这件事，他发出了想要远离同居的信号。这也许是优柔寡断，或者当断不断。但是，从两个人的生活方式中可以看出来，横山的判断是现在只能接受这种做法。可能也是因为她最害怕将其逼上自杀这一结果。就这样，软弱这一点在两人身上都有。

同年12月，两人前往濑户内海的麻风病疗养机构长岛爱生园进行"新婚旅行"。鹤见每年都担任园内杂志《爱生》在"文艺节"期间公开征集的批评文章的评委。此地的友人，也加入思想的科学研究会的麻风病人、诗人志树逸马，刚好在一年前的1959年12月3日去世，享年四十一岁。其夫人治代还在岛上。鹤见去给他扫墓。而且，他将当地的熟人介绍给新婚妻子横山贞子，内心大概也有带她到岛上游览的想法。

园内的人们准备了一大束红色的玫瑰花，等待着两人。抱着这束花回到东京后，两人没有任何家什，就这样开始在金街区清水家的一个房间中同居。

虽说如此，旅行期间与在一处地方定居生活时的重量是不一样的。鹤见从东工大辞职，也没有钱。在修建清水三枝子的房子时，他们在相邻的建筑用地上也增建了出租公寓，因此还有欠款。现在的他只有不定期收到的稿费以及一些版税。当下承接的工作中，规模大一些的是筑摩书房"日本的百年"系列的策划，但距成书还需要相当多时日。如果快点做，能够获得收入的是从美篶书房接下的翻译赖特·米尔斯的《古巴之声》的工作。这年秋天，原著刚刚出版。鹤见的抑郁也越发严重了。

岁末年终，两人终于又出去旅行。他们先去伊豆汤岛的旅馆小屋住了一段，之后前往沼津，然后前往名古屋。带的钱花完了，年也过去了，就到了1961年（昭和三十六年）正月。因为是陌生的地方，也没有可以借钱的熟人。在旅馆大厅的柜台前有两个像是服务员的男子站着。横山和他们说了事情原委，以承诺回到东京后就把钱打过来的方式获得了房间。

不管是在旅馆的房间，还是在火车的车厢内，陷入抑郁中的鹤见不是非常低落地陷入沉思，就是发脾气乱骂，两种状态交互出现。持续被困在火车的座位上很痛苦。

即便如此，在回东京的火车中，相比于陷入沉思的状态，胡乱发脾气的时间增多，这让横山觉得比之前安心。因为她认为，这表明鹤见的自杀冲动在一点点降低。

刚回到东京，他们筹集了一些钱，直接在日暮里站附近的谷中初音街区租了一间六张草垫大小的公寓。这里还留有东京令人怀念的街区景象，因此鹤见希望在这附近生活。厕所是共用的，没有电话，也没有电视和收音机。几乎是隐居，《思想的科学》杂志的编辑会议以及其他会议也都不参加。不过，在《思想的科学》杂志上，他和武田清子、关根弘三人接续的同人杂志评论"日本的地下水"（原本是在《中央公论》杂志上连载，不过中央公论社版《思想的科学》创刊后，就转继到了这个杂志上）基本上每一期都还在认真进行，稿件应该是邮寄给编辑部的。搬到这处房子（台东区谷中初音街区4—159）的消息在《思想的科学会报》（第29号）的"杂报"一栏登载了，但是除此以外，他们连熟人几乎都没告知。

鹤见的自我厌恶感严重后，想一个人待着。这个时候，横山觉得那样做更好，就在稍微离开一些的地方租了一间三张草垫大小的房间，自己开始在那边生活。然后，她时常去鹤见的住处。前来鹤见住处拜访的记者、编辑也由横山尽可能地阻止，代为接待处理。

工作并获得收入仍是必要的。横山也帮忙处理赖特·米尔斯《古巴之声》的翻译，或者说有七成是她翻译的。鹤见必须完成已经约好的稿子，而且筑摩书房"日本的百年"工作量庞大。《古巴之声》的资料收在横山的屋里，"日本的百年"的资料收在鹤见的屋里，他们习惯上称作"古巴房间""日本房间"，根据着手的工作而来往于两处。

"日本的百年"的工作要求阅读各个时代的衣食住行、政治、经济甚至犯罪等社会史领域的所有资料。因为完成稿件的时间不够，在没有日常家具的房间，横山在腿上放上类似于画板一样的东西，放上稿纸，记下鹤见口述的内容。即便如此，因抑郁而心情差的鹤见，会在横山的记录停下来时责问："这都不知道吗……"不，他应该没打算责备。但是，这一言一语让横山心中感受到辛辣的批评。

不管怎么说，赖特·米尔斯《古巴之声》的翻译飞速进行。上一年秋天原著刚刚出版，鹤见俊辅《译后记》的日期则是此年（1961年）2月25日。接着，它早早地出版，版权页日期是3月25日。

尽管鹤见身陷抑郁，世界仍在以猛烈的速度前行。1960年11月8日，美国总统选举中，约翰·肯尼迪以历史性的微小差距击败理查德·尼克松（如果考虑到时差的话，这正是鹤见他们结婚的当天）。另一方面，美国社会学者赖特·米尔斯作为西方知识分子迅速进入革命古巴，捡拾街头古巴人的声音片段，以通过古巴人的声音述说的文风，飞速完成了这本书。

译者鹤见称这本书是"新的意义上的外交档案"。不经过"国家"，直接与不同社会中生活的人们对话的"外交"也是可能的。鹤见可能将这本多声部的著作，视为帮助那种外交的"档案"。

鹤见俊辅和横山贞子在谷中初音街区的公寓生活，从1961年（昭和三十六年）1月开始，直到同年9月末。之后，他们再次回到葛饰区金街区。

第四节　恐怖时代

1960 年（昭和三十五年）是暴力急速浮现到政治表层的一年。政权居高临下，采取默认警察对反对安保运动采取暴力性管束的态度，导致社会瞬间陷入了暴烈的恐怖行动的连锁之中。

同年 6 月 15 日，高举反对安保口号，涌入国会议事堂领域内的一位学生，即东大学生桦美智子在警察机动队的警棍暴打下身亡。

6 月 17 日，社会党右派人士河上丈太郎，在众议院议员会客厅被右翼青年持刀砍伤。

接下来，7 月 14 日，岸信介首相本人在决定继任人选为池田勇人后，在首相官邸突然被右翼用刀刺伤大腿。

10 月 12 日，社会党委员长浅沼稻次郎在日比谷公会堂演讲中，被十七岁的右翼少年刺杀。

11 月，深泽七郎的小说《风流梦谈》刊登在《中央公论》

12月号（11月10日销售）。报纸专栏及时评一开始都是相对善意的反应。但是，随着谈论的增加，虽是虚构故事题材，但其中皇族有"真名"，而且有被砍头的场面吸引了注意。警察通知出版社，右翼以此为理由已有动作。没过几天，右翼出现在中央公论社。报纸紧跟着刊载了宫内厅对《风流梦谈》表示不快的新闻报道。报纸的论调在此由看待"文艺"作品转为"社会问题"，而且，对作品中对待"皇室"的方式的批评扩散开了。到了这种状况，大型的新闻媒体首先要防止火花落在自己身上。"自己（及这个团体）不容忍这部作品的写作方式"这个前提成为必须内容。人们并没有怎么直接阅读它，只是强化了《风流梦谈》这个作品名称的禁忌化。

《中央公论》杂志的总编辑为此亲自前去向右翼道歉。而且，在翌月的《中央公论》（12月10日销售）上刊载了总编辑署名的公告，"对使用本名的小说的处理欠缺充分考虑，结果""对于徒增世间骚乱之事""向相关方面及读者诸贤表达深刻的遗憾之意"。这样之后，右翼的活动更加活跃了。

次年，即1961年（昭和三十六年）2月1日，右翼少年闯入中央公论社总经理岛中鹏二家中，将岛中夫人（岛中雅子）砍成重伤，而且杀害了前来阻止的女用人（丸山兼），造成了所谓的"岛中事件"。

鹤见俊辅此时还在谷中初音街区的公寓中闭居，房间里没有电视和收音机，也没拿到报纸。事件次日（1961年2月2日）下午3点左右，他去上野站买报纸，才初次知道，立刻去医院看望岛中夫人，之后去岛中鹏二的家里看望他。永井道雄已经来了，鹤见走进岛中自己的房间，三人开始聊天。

岛中将事件之后收到的数叠明信片放在枕边。其中很多是对右翼的袭击感到开心，并且对岛中表达仇恨的内容，给他很大打击。他说自己也是第一次知道这个国家有这么多神社相关者，没有充分考虑到这种事情就将它放在杂志上，作为出版社总经理需要反省。

永井道雄展示了他准备的公告初稿，岛中看完之后表示不满。那份初稿的中心是强烈以言论与恐怖活动对抗。

不久，思想的科学研究会会长久野收，与鹤见良行也一起来了。久野被鹤见胡子乱糟糟的异样风采惊讶到了。他看完永井道雄的公告初稿，觉得这个太漂亮了，鹤见俊辅也拿过去再读一遍，表示再降低一点调子会更好。久野在战前出版反法西斯杂志《世界文化》《星期六》时，一边躲避出版审查（虽然未能成功躲避）一边出版。他实际体验到在没有被逼入牺牲或屈服的二选一状态下，寻找一条"卖艺不卖身"的道理存在无法依赖原则论的困难。

于是，鹤见俊辅在以"中央公论社"之名的"回应"文章中，重新写了这样文意的内容："——深刻反省在对待使用真名的小说时欠缺充分考虑之事，作为出版人，对此表示遗憾之意。"

当然，总经理岛中窝在自己的房间，和鹤见、永井这些社外人士商量中央公论社的公告显得很异常。不过，因为恐怖活动，岛中的家庭生活已经被破坏，在这种因冲击而造成的心理退化状态中，自小学以来三十余年的交往在他们心中复苏了。（这个时候讨论的公关稿，在同年2月5日的主要报纸[《朝日新闻》视之为非商业广告而拒绝刊载]、杂志《中央公论》3 月号［2 月 10 日销售］登载。）

　　2 月 4 日午后，鹤见参加完在护国寺举行的丸山兼的葬礼后，再次回到谷中初音街区的房间里闭居。接着，他再次回到与中央公论社、思想的科学研究会不联系的状态。其间，自己一直无法帮助旧友岛中鹏二这件事成了他沉重的精神负担。

　　从 1961 年 9 月开始，鹤见俊辅被聘到京都的同志社大学文学院，作为社会学系新闻学专业的负责教授并开始上课。作为使者，负责联系看看能否将鹤见请到同志社大学的，是战后自这所大学创立新闻学专业时就担任负责教师的和田洋一（1903 年生）。作为比久野收他们这些人更年长的一代，和田也加入了《世界文化》，不久就因为京都人民战线事件而被调查逮捕（1938）。新闻学专业的教师队伍不足时，他从东大教政治学的堀丰彦（1889 年生）那里听到鹤见辞去东工大教职以来的隐居状况，亲自前去东京，在堀丰彦的家中见到鹤见。后者记得在那条阴暗的走廊慢慢地摇晃着走路的情形。他仍在抑郁症之中，这种见面也须横山贞子陪同。从鹤见来看，和田洋一与自己长期熟识的武谷三男以及久野收一起，也是在战前的京都就加入《世界文化》的人，因此可能确实对他有亲切感。不久，鹤见意识到，在战前京都出版的《世界文化》《星期六》构成了《思想的科学》的源流。

　　顺便一提，此时居间介绍和田洋一与鹤见俊辅认识的堀丰彦，是高畠通敏（1933 年生）在东大法学院学习时的负责老师。同在法学院担任教授的丸山真男，在高畠还是本科生就参加转向研究会崭露头角时，特意叮嘱鹤见"他是秀才，别毁了他"。鹤见将这告诉了高畠。不过，高畠本人不在意丸山的担心，之后也率先担任"无声之声会"的事务局局长，而且作为思想的科学研究会事务局局长四处奔走，呼吁成立越平联（给越南和平！公民·文化团体联合），不断担任新运动的带头工作。

虽说如此，鹤见俊辅赴任同志社大学教授的过程，似乎也不是这么顺畅。根据和田洋一的回想，在最终决定教授聘用的同志社大学文学院教授会中，投票时出现了相当多数的反对票。

在同志社大学的课程开始后，鹤见从东京过来，暂时住在京都站前的法华俱乐部。鹤见的抑郁症依旧持续，仍须横山贞子同行。不久，他在京大人文研所在的东一条路的岔路上租了间面向学生出租的房间，过上了在这里与在东京的租房之间往返的生活。

年末，应该是 12 月 24 日。在《思想的科学》编辑会议上，鹤见依然持续缺席。

永井道雄给鹤见俊辅在金街区的租住处打了封电报，上面写着回个电话。鹤见消极的情绪持续，迟了一天后才用公用电话给他回了电话。于是知道《思想的科学》"天皇制"特辑（1962年1月号，1961年12月25日预计销售）已经印刷好，连样书也做完了，但是中央公论社的高层会议突然决定停止销售，并将其销毁。

此时，鹤见心中最先浮出的想法，是不想逼迫恐怖行动的受害者岛中及中央公论社。

12 月 26 日傍晚 6 点开始，为了决定对此问题的处理，他们召开了思想的科学研究会理事会。出席人有：久野收、矶野诚一、市井三郎、大野力、斋藤真、佐藤中男、关根弘（中途退席）、竹内好、高畠通敏、鹤见和子、鹤见俊辅、鹤见良行、中泽护人、永井道雄、判泽弘、日高六郎、安田武（中途退席）。观察员是渡边一卫、横山贞子。

"天皇制"特辑，是这年8月思想的科学研究会会员、编委斋藤真（1921年生，东大教授，美国政治史方向）策划，由市井三郎总编辑向中央公论社编辑局长报送选题，得到许可。（顺便一提，本年2月的岛中事件以后，根据中央公论社一方的请求，《思想的科学》的编辑内容全部由思想的科学研究会内部任命的编委策划，中央公论社派来的两位员工只负责编辑流程事务。而且，为了清楚划分关于策划内容的责任，研究会从会员中任命一位《思想的科学》总编辑。在这之前，研究会并没有特意设立总编辑这一职位。）

听完这一过程后，鹤见俊辅认为，关于这次特辑的销毁，《思想的科学》向中央公论社提出强烈抗议是正当的。

因此，虽觉得自己作为一年多都没有出席《思想的科学》会议的人有些僭越，但鹤见俊辅还是在会议上提议要感谢出版方中央公论社迄今为止的合作与帮助，并与其分开，今后思想的科学研究会要走向独立道路。换句话说，他的意见是解除与中央公论社的关系，之后寻求以思想的科学研究会自己的力量出版《思想的科学》。

理事会的讨论错综繁杂，一直到次日早上5点，持续了十一个小时。最后以久野收会长的裁定，总算达成这个方向。鹤见俊辅和久野收一起，起草了"我们要更积极地靠自己的努力守卫言论自由"这一内容的确认事项。（《思想的科学会报》第32号）

另一方面，过完年，到了1962年（昭和三十七年），都留重人（当时是一桥大学教授）在《朝日新闻》自己负责的"论坛时评"（1962 年 1 月 22 日）上，不仅对中央公论社，也对思想的科学研究会的回应进行了严厉批评：

> 除了个别例外，报纸上都没有提及，不过本月论坛中发生了一件相当重要的事情。中央公论社在印刷完成后，决定将其承揽下的《思想的科学》1 月号销毁。
>
> 该号去年 8 月已经定为"天皇制"特辑，10 月完成了细目的编辑计划，其间中央公论社一直派一位编辑出席编辑会议，提前旁听编辑内容，直到最后也没有提出意见，但在全部印刷完成准备发行前，中央公论社突然以"业务原因"为由提出将其销毁。印刷装订结束的约一万册杂志被残忍地粉碎，纸型被毁，稿件被退还给原作者。作为编辑主力的"思想的科学研究会"最终好像承认了这一处置。
>
> 中央公论社自己说，"编辑上没有过错，执笔者的阵容上也充分考虑了左右的平衡，并没有特别不对的地方，但……"在这种程度上，决心销毁的唯一理由似乎是那刚好在之前岛中事件的犯人公审期间。在听到当事者双方的详细说明之前，应该避免论评，但是不管怎么说，思想的自由在此扣了一分。责任究竟在哪一方，我们不能忽视追究。

这篇文章发表之后，都留让人带话给鹤见，让他给自己打个电话。电话打通后，都留问道："接下来要怎么处理《思想的科学》？"

就算用油印也要出。鹤见如此回答。

"那不行。因为杂志这个东西就是财产。"都留反对，然后追加了几句，"钱我安排了。你去那里借出资金，好好出一本像样的杂志。"

都留指示的是前往井村寿二（1923年生，金泽的百货店大和百货店经营者，之后是劲草书房总经理）那里借钱。

鹤见据此拜访井村，以十位相关者联名的形式，借到一百万日元作为新公司成立的资金。而且，都留让出了自己从井村那里租的银座的事务所，免费给他们作为《思想的科学》的事务所。那是一间在银座七段包租大厦楼顶上的十张草垫大小的临时屋。

在成为立教大学副教授的高畠通敏的研究室里，召开了针对创立自主出版《思想的科学》的新公司的理事会。新任思想的科学研究会事务局局长的高畠，一边在黑板上用粉笔画出确切的曲线，一边进行详细报告，展望新公司的财务基础。他对未来的现实性预测是"一百万的资金，半年就花完，然后倒闭"。

另一方面，在思想的科学研究会内外，对于与中央公论社诀别并寻求自行出版之事，仍有顽固的反对论调。研究会会员藤田省三（1927年生，思想史学家）在1962年2月分上下两次给《读卖新闻》投稿《"逃避自由"批判》，批判此次研究会的决定在未召开全体大会或扩大理事会的状况下就作出来了（关根弘则在该报发表《反对知识分子苏达拉之歌》[1]一文，反驳藤田的文章是离题的讨论）。非会员的福田欢一（1923年生，政治学者）也是给被销毁的"天皇制"特辑投稿的作者，他认为只是发行延期的话，与销毁处理在问题的维度上是不一样的，坚持原则论。

2月25日午后，思想的科学研究会召开临时全体大会（因未满法定人数而不能成为正式的全体大会，之后被视作"临时会议"）。议长是竹内好。新会长市井三郎报告事情经过后，荒濑丰、藤田省三、福田欢一发表了从各自立场出发的评判，接着转入讨论环节。傍晚休息后，高畠通敏报告了提案，作为今后的方针——研究会会员自愿募集资金，成立新公司"思想的科学社"（暂名），由研究会委托这一公司出版第五次《思想的科学》。接着，讨论继续进行。

最后，议长竹内好发表如下内容，总结集体大会的讨论。

"'天皇制'特辑出版被拒事件，并非单纯的出版惯例问题，而是关于'言论自由'这一事理的原则性问题，对此会员之间再次确认了共识。不过，对于具体的处理方法仍有不同的意见。

"关于研究会对此次事件采取的处理方式，有不予全面性认可的少数意见，将其记录于会议记录之中。

"今后，研究会应采取的措施是：1，发表以下主旨的声明：本会抗议对于言论自由的普遍性压制，也会努力进行拥护言论

---

1 《苏达拉之歌》（スーダラ節）是1961年发表的著名歌曲，最初由"花肇与疯狂猫"（ハナ肇とクレージーキャッツ）演唱，"スーダラ"是他们的口头禅，意义不明。类似海龟先生的"玛卡瑞纳"。

自由的运动。2，尽快将被销毁的'天皇制'特辑独立出版。创办第五次《思想的科学》。"

他将"声明"草案的起草工作委托给藤田省三、荒濑丰、鹤见俊辅、市井三郎。晚上 8 点 15 分，大会闭会。（《思想的科学学报》第 33 号）

3 月 30 日。

第五次《思想的科学》复刊第 1 号（4 月号）特辑"天皇制"，由思想的科学社有限公司出版。一百四十四页，定价一百五十日元。封面设计是岩崎坚司。印量为一万六千三百册。

这是一期将预定为中央公论社版《思想的科学》"天皇制"特辑（1962 年 1 月号）但遭终止出版、销毁处理的内容全部重出，并增加了八页导读的杂志。实际销售率达 97%。

肇始期间，思想的科学社的编辑部由以佐藤忠男（1930 年生，电影评论家）为中心的编委构成，寺门正行作为全职编辑也加入其中。佐藤忠男还在新潟的街区小工厂工作时（那时他二十三周岁），就给《思想的科学》（讲谈社版，刊于 1954 年 8 月号）投过一篇题为《关于任侠》的黑帮电影论文，在杂志上登场。

其妻子佐藤久子在思想的科学社创立之初也作为营业部职员工作，但不久辞职，接替她的是横山贞子。换句话说，丈夫鹤见俊辅定期前往京都的同志社大学上课时，妻子横山这样继续在东京的工作。

新成为思想的科学研究会会长的市井三郎，一边在成蹊大学教授哲学，一边骑着自己喜欢的摩托车，让事务局局长高畠通敏坐在后座，热心地跑纸商、书店，协助日常事务。这样，复刊第1号的市场成绩表现优异，颠覆了当初高畠半年倒闭的预计，思想的科学社的杂志出版也持续下去。

另一方面，横山贞子接替极其繁忙的高畠，负责"无声之声会"事务局及其机关杂志《无声之声的来信》的编辑工作，从1961年12月至1963年5月（第16号至第29号），几乎每月出版一期，之后再度把事务局及编辑工作转交给高畠。

第五节　作为问题的"家"

如前所述，1961年（昭和三十六年）9月，鹤见俊辅就职京都同志社大学教授。

关于鹤见俊辅在京都，我们先从数段溯及前史的相会说起。

1960年（昭和三十五年）秋，鹤见受邀在同志社大学进行公开演讲。安保斗争的余热残存，会场里人满为患，有人抓着窗户外的树枝旁听。对鹤见来说，这也是自己快要结婚的时期。演讲结束后，应《同志社学生新闻》邀请，他参加了座谈会。包括同志社教师在内，参会者都可以说是与他第一次见面。

也有学校外面的人参加，比如这年春季刚刚从同志社大学法学院（冈本清一研究班）毕业、在京都市内的面包公司"进进堂"工作的北泽恒彦（1934年生），市内书店三月书房的年轻老板、运营现代史研究会这一同好会的宍户恭一（1921年生）。对谈以"知识分子在现代的生活方式"为题，登载在创刊八十五周年纪念的小册子版《同志社学生新闻》(1960 年 11 月 15 日号)上。

宍户恭一以更与吉本隆明共鸣的态度攻击鹤见。

> **宍户** (……) 思考安保斗争和鹤见先生、竹内 (好) 先生的行动，从结论上看，我觉得那只是激进知识分子的自慰而已。

对于他断定"无声之声会"是"疑似知识分子组织"之流，鹤见作出了回应。

> **鹤见** (……) 关于"无声之声会"呢，民主本身就是业余者的政治运动呀。(……) 我没考虑过以这个组织为单位参选议员什么的。因为这个组织的特征，就是这些人都讨厌政治嘛。至于为什么我要 (从大学) 辞职，怎么说比较好呢。作为大学教授这件事让我觉得不太舒服。那只是以某个契机回到自然状态而已。

另一方面，对于北泽恒彦来说，这一年就是专注于自己的就业和1960年安保运动。这些叠加在一起，让他的状态有些焦虑。

> **北泽** 对于鹤见先生说的辞职的事情，我是肯定认可。我觉得之后那一刻来临，我还是必须辞去工作。桦女士的逝世、您这边的辞职确实都成为我的精神支柱呀。

这年 6 月 4 日，国铁劳工的总罢工近在眼前，同样都站在天未亮的品川站内，但吉本隆明和鹤见俊辅之间的认识不同。全学连的学生请求在场的国铁工会领导层，希望在规定时限的罢工之后不要停下，而是扩大斗争。吉本支持全学连学生，但是，他大概也觉得对方实际上不会那么做。与之相反，鹤见则介入全学连和国铁工会中间，最终说服学生，解散在站内的静坐。

主持人（平林一） 我感觉鹤见先生的做法和吉本先生的做法之间，有很大的系统差异啊……

鹤见 嗯。同时，我也好，吉本也好，脑海中都有一个类似埴谷雄高[1]那样的人，作为脑中小人（homunculus）存在，但我个人之中还有完全不一样的东西。在品川站，我们基于不同的立场做了对立的事情，但是对方知道我的立场，我也知道他的立场。换句话说，这是以脑中小人为媒介吧。作用不一样。他们可以互相打斗。因为根底上会考虑哪一个好，所以不是政治性的人呀。

（……）我们并不是要成为埴谷，但如果能在我们心中彻底打磨出一个小的埴谷，那就能成为统一战线的媒介。为了打造统一战线的媒介，就在心中培育完成

---

1 埴谷雄高（1909—1997），日本评论家、小说家，1931 年加入日本共产党，后在狱中与康德相遇，发生转向，放弃作为构造性理念的共产主义，而保持其作为引导性理念，成为在这个意义上的"永久革命者"。——编注

一个小人。在那里，不妥协的统一战线就成为可能。
我想这是今后组织的根本所在。

过完年，1961年（昭和三十六年）春，出席京都同志社大学座谈会的北泽恒彦这位青年，远赴东京与鹤见见面。此前，他们已经通过了数次书信。

这个时候，鹤见受抑郁症所困，隐居在谷中初音街区的公寓中。不过，因为有这种交往，鹤见似乎告诉了他自己住处的地址。或许，鹤见感觉到，这位青年身上也出现了有点抑郁的倾向。当天，鹤见开始冲刺从筑摩书房承接的"日本的百年"系列的工作，从谷中初音街区的公寓出来，与横山贞子一起去平河街区的宾馆闭关。他和横山一起，就在宾馆附近的寿司店与北泽见面。

鹤见于秋天前往同志社大学赴任的事情，也已经彻底确定了。

北泽去年春天从同志社大学毕业后刚刚工作，但已经快二十七岁了。这是因为他在京都上高中时正值朝鲜战争期间，他遵照共产党所感派[1]的武装方针，向警察官员家投燃烧瓶，被捕后以沉默应对审问，结果遭到长期拘留，很晚才度过高中、大学的学生生活。虽然经过党内的讯问，已经脱离了共产党，但北泽在升入大学以后依然被审判。这些概略在之前的交流中，

1　共产党所感派是日本共产党在1950年后分裂出来的一个派系，属亲中国派，
　　在当时日共中是主流派。

似乎鹤见也知道了。

1960 年安保之年的秋天，北泽结婚了。换句话说，和鹤见的结婚几乎在同一时间。妻子德子也在同志社大学法学院上学，留有学籍，但这年初夏就要生育。而且，北泽恒彦自出生后就由养父母培育成人，但和亲生父母也有接触。2 月，他知道亲生母亲自杀的事情。鹤见此时虽然还不知道这些个人事情，不过北泽应该是在身处诸多烦恼之中选择去拜访鹤见的。

拜访之时，北泽带去了自己工作的面包公司"进进堂"的社内报纸《队商》。虽然是月刊小册子，每一号只有八页，但它是北泽自己编辑的。他可能知道鹤见在《思想的科学》上持续连载"日本的地下水"这个同人杂志评论，所以想让他看一下。

在《思想的科学》1961 年 5 月号的"日本的地下水"中，鹤见以《面包公司的社内报纸》为题这样写道：

> 做面包的工作以夜班为主，很辛苦。美国的劳工运动就是从面包匠人的罢工开始的。日本的烤面包工厂，也有很多是在阴暗的氛围中工作的吧。其中，京都的面包生产、销售公司进进堂是一样的职场。
>
> 这家公司的社内报《队商》（月刊，八页，京都市中京区竹屋街区寺街区交叉处往东，进进堂股份公司出版，编辑：水本保行、北泽恒彦）的正月号是二百零三名职工的新春感言特辑。

而且，公司经营家族的常务董事续木满那，也在这里写下了《我的二等兵故事》这一连载故事。

在侵华战争期间的1942年（昭和十七年）12月，他以小兵的身份进入在伏见的步兵第109团。入伍后的第十天，他被送到中国，为了练习刺刀和射击，在光天化日之下将活着的中国俘虏绑在树上，奉命刺杀、射杀。

以下是鹤见直接从续木满那《我的二等兵故事》中摘录的段落：

现在也觉得仿如昨日，那是2月的早晨，雪将大地笼罩得一片洁白。在阵地之后的杂树林中，四十个俘虏被排成长长的一列。我们四十个新兵在他们面前三米左右的地方，拿着装上刺刀的步枪，等着排长下达"冲啊！"的号令。头一天晚上，我在床上思考了一整晚。不管怎么想也觉得不能杀人。即便是排长的命令，但只有这个我没法做到。然而，如果不遵守命令的话，谁都知道会有多么悲惨的遭遇。日本军队的惩罚方式是，不仅是自己，同一个班的队友也被残忍处罚。我试着想托病不去杀人现场。胆小的士兵经常逃跑这句话也从头脑中闪过。不过，最后我得到的结论是"去杀人现场，但是不杀人"。

"冲啊！"的号令最终下达。但是，不出所料，没有士兵冲出去。排长的脸变得赤红，又一次吼道，"冲！"五六个人冲了出去。俘虏的悲吼、惨叫和鲜血，一瞬间将雪原化作悲惨的修罗道场。

第五节　作为问题的"家"

正在踌躇的同伴也像被鲜血刺激得发狂，像猛牛一样冲向猎物。我一动不动地站在那里。排长走过来。"续木！！你不去吗？"他乱踢着积雪吼叫道。即便如此，我还是一动不动地站着。排长赤红的脸变得更红了，"没种！"他骂完之后，使尽全力地一脚踢到我腰上，然后从我手中夺过步枪，拿枪托撞我。除我之外，还有一个人不服从排长号令。是从丹波的篠山来的和尚大云义幸。我们两个那天晚上被命令咬着军靴，鼻子喘着粗气，四脚着地在雪中爬行。这好像是说"你们两个连狗都不如"。但是，因为大云和我心里面都觉得"连狗都不如的是你们"，反而为这种比预想要轻的惩罚感到高兴。以此为契机，两条狗成为亲密无间的好友。

此后，鹤见几度提到续木满那这篇文章，大概因为这给他留下了相当深刻的印象。

至于原因，是续木的这种行动，也是鹤见自己在战地要采取的行动。但是，他自己或许欠缺那种勇气。过去在爪哇岛，同事被命杀死俘虏的芥蒂烙印在他心中，仍未消失。——如果当时他们是让自己去杀人，要怎么办呢？

对强迫人杀人的国家领导层的憎恶，仍在他心中。

在"死了也可以"的想法下，反对日美开战时期内阁成员岸信介政权的重整军备路线，也根源于此。如果不那样的话，就不再是自己了。

对鹤见来说，身份认同（自己同一性/像自己）就是这种含义。埃里克森最初使用这一词语时，或许也是如此含义。但是，这个词语渐渐扩展，变成将"自我"与"国家"重叠一起表述的含义。然而，鹤见警惕并顽固地拒绝这种语法的变化方式。

另一方面，北泽恒彦因在面包公司的工作而烦恼。1960年春季入职，几个月都被安排在做面包的车间工作。连续夜班的工作，身体很疲倦。不过，大学毕业的他本来是作为管理人才招聘进来的，所以不久就被调入人事科。这次是做劳务管理，甚至是对应聘人员做背景调查的工作。我的人生，最终就被用来做这样的用途吗？在忧郁烦闷中，他变得神经过敏。此处有日常之中的政治这一问题。工作和转向，或者说假装转向。之后，他将文章《尾崎秀实》投给《思想的科学》（1965年5月号），认为尾崎那种"假装马克思主义者"的存在状态，和他平日作为保守、认真的公共知识人而确立的自身状态水火不容。这种视野看起来也是从北泽自身的日常所处的、与工作及社会的摩擦之中自然浮现出来的构想。

总之，如前文所述，北泽恒彦也是和鹤见一样，在1960年秋结婚，翌年6月15日，长子（北泽恒）早早出世。这天刚好是桦美智子在国会议事堂众议院南侧便门内丧命一周年的日子。

1961年9月，鹤见开始其在同志社大学文学院社会学系新闻学专业的课程。此时他的抑郁症状仍在持续。

在"比较新闻论"的课程中，他眼睛炯炯有神，像熊一样一边在讲台上踱步一边讲课。在"英文书籍阅读"的课上，他用大卫·理斯曼的《孤独的人群》(The Lonely Crowd) 作为教材。鹤见告诉学生，考试中只要写答案就给及格，但作弊而出现多份同样内容的答卷时就判为不及格。

在同志社的课程开始后，不久北泽又到他的研究室拜访。他准备了一张类似摘要的纸条，想着鹤见好不容易到京都工作，因此想办某种定期的研究会。

抑郁症仍在持续，因此鹤见无法立刻回答，只能暂时放在心里思考。不过，自己这样来到京都，在同志社大学也没有其他认识的人。因此，他心里也倾向于尝试做些什么。在思考需要什么题目时，鹤见突然想到，就以"家"为题吧。

自出生以来，鹤见就一直因"家"的问题痛苦。即便是抑郁症也与此有关。那与爱欲紧密相连。迄今为止的三次严重抑郁源自母亲、与家之外的女性交往、结婚，每一次都是以与女性的关系为肇端，而如果再追溯其根源，就可以看到"母亲"的因素，那些问题仍是"家"的变奏曲。

鹤见不想要划分时间阶段、找出结论的研究，而是想投入时间，不断积累、汇集各种方面的讨论。而且，对于北泽来说，"家"这个题目应该也不会很差。

秋天，鹤见以北泽带来的便条为基础，起了鹤见式的名字"家之会"，整理了初期目标等并打印出来。1962 年 1 月 31 日，他带着这些，在川端路和四条路交叉口向东的甜品店"大原女家"开了第一次会议。鹤见也和同志社大学宗教学院院长笠原芳光（1927 年生）说了此事，三人见面。也许横山贞子也加入其中了。

打印纸上写着这样的内容：

"家之会"的目标——"较之个人的思想，家这个单位拥有更大的时间、空间范围。设法找到处理家的思想的方法并反复试验"。

活动的形式——"不拘泥于论文形式的报告。但是，要保留作为团体的活动记录，积累工作，因此不定期地将记录的打印件出版成1号2号"。

诸如此类。

做大学老师这份工作久了，就会从中养成一个习惯，即总觉得写论文是学术的重点。然而，那只不过是一种习惯而已。想要推翻这个想法，是鹤见立下的目标。通过共同研究，带入各人日常生活中的某种东西，应该比发表论文更重要。

"家之会"在京都召开第一次会议的1962年1月31日，应该是东京这边为了《思想的科学》独立出版而东奔西跑最关键的时候。鹤见不顾那些，在前往京都的时候讨论着这样慢悠悠的研究会计划。在东京的同伴看来，较之抢先立功，那更应该算是逃跑吧。

不管怎么说，鹤见这样得到了两种生活方式，东京和京都的时间运行速度完全不一样。对他来说，这可能确实帮助了他从生涯第三次重度抑郁中恢复。直到重获可以一个人前往京都的自信，鹤见出差到京都时的归处都是东一条路市内电车停靠站附近、位于京大人文研后面的一间面向学生出租的狭小房间。北泽恒彦一家，则在距此很近的吉田泉殿街区生活。此后，鹤见终生再未患上像此前三次这么重的抑郁症。

"家之会"由鹤见、北泽、笠原、横山四人开始，北泽邀请了学生时代的几位朋友，妻子德子在初期也加入其中。此后，参加者一点点地增多。

北泽恒彦在同年4月，从面包公司"进进堂"辞职。7月，他参加了京都市政府的税务职员临时招聘考试，被投资局录用。妻子德子也从春天开始在市政府的总务局工作。

另一方面，鹤见俊辅这年开始与安田武、山田宗睦约定每年夏天轮流剃光头。每年8月15日，安田武预约银座一家少年好友的理发店，在全员站着注视之下，用剃刀将当年轮上的那个人的头剃光。他们要持续与十五年战争[1]同样的时间，这一约定就执行了十五年。每人剃了五次光头。

同年11月，前一年开始作为美国肯尼迪政府新驻日大使赴任的埃德温·赖肖尔，为了和鹤见俊辅等人的公开讨论而前往同志社大学。讨论会的主题是"日本的民主主义"。

鹤见此时第一次被学生推上了发动示威行动的一侧。与主张不要与美国大使对话的学生相反，他不觉得在听到赖肖尔的思考之后，从自己这边加以反驳的想法错误。然而，实际的讨论内容很少，赖肖尔也好，他也好，都只是各自发表了此前的一贯看法，相互没有给自己增加任何新的东西。从讨论会场回家的路上，他听到了这一天的第二次辱骂，这次来自示威队伍，

1　日本战后一般称在二战前及战中的战争为"大东亚战争""太平洋战争"，不过鹤见认为日本发动战争始自1931年的"九一八事变"，至1945年战败投降，其间共有十五个年头（实际时间不到十四年），因此称之为"十五年战争"。

上：1962 年 8 月 15 日。从此年开始，在战败日这一天，鹤见、山田宗睦（右）、安田武（左）三人会面，在银座一家安田发小的理发店轮流剃成光头。这个"光头会"持续了十五年

下：在"光头会"十五年中，三人各有五次光头。到头发长出来之前，去哪里都是光头的样子

因此心境更加惨淡。

时间到了 1963 年（昭和三十八年）初夏。

鹤见与之前在群马县草津市麻风病疗养所栗生乐泉园重逢的俄罗斯青年康斯坦丁·特鲁茨切夫（1928 年生，本名康斯坦丁·米哈伊洛维奇·特鲁茨切夫）的交往还在持续。特鲁茨切夫虽然右腿装了假肢，但他是一位爱骑摩托车的快活青年。那天，他知道鹤见在东京，就提议自己骑摩托车前往东京，在那边见面。鹤见第二天早上在同志社有课，必须乘那天夜里的火车。虽然只有傍晚的一点点时间，不过特鲁茨切夫说就在当晚他住的神田美土代街区的基督教青年会大厅见面吧。

鹤见前往基督教青年会后，特鲁茨切夫已经到了那里，但是看起来和前台服务员的交涉不顺。鹤见听完之后知道，是前台服务员觉得他会让别的客人不愉快（除了假肢以外，他脸上还有变形），因此不准他这天晚上住在这里。即便鹤见补充说，用战后的新药普罗明可以治好麻风病，而且特鲁茨切夫带有治愈的证明文件，但仍没有用。没有办法，当天晚上特鲁茨切夫在别的地方住宿，鹤见乘晚班火车去了京都。

翌日，鹤见内心依然憋屈，在同志社的研讨课上和学生说了此事。基督教青年会（YMC）的"C"不是 Christian（基督教徒的）吗？那样的话，把"C"去掉更好吧。鹤见讲述出从昨晚开始的不满。学生们默默地听着。不过，过了一段时间，其中一人（柴地则之）拜访鹤见说道："我们做一个那些人可以自由住宿的家吧。"之后，他加以说明，"有人愿意出借地方。他也知道使用目的"。

这就成为他们在属于古神道一派的奈良大倭紫阳花邑[1]，用心建造麻风病康复者的住宿机构"连接之家"的开始。

1964 年（昭和三十九年）夏末。

鹤见俊辅和横山贞子离开金街区的出租屋，搬到父亲鹤见祐辅疗养的练马区关街区的家中。

1962 年 9 月，在父亲祐辅的疗养生活上最尽力的姐姐和子最终下定决心，前往普林斯顿大学社会学院的研究生院留学，之前在日本将其雇为研究助理的马里恩·莱维答应作为指导教授。此后，主要是妹妹内山章子和俊辅轮流照顾病床上的父亲。弟弟直辅在 1962 年自美国哥伦比亚大学商学院毕业回国后，在这处住宅的主屋里住了一段时间。

不过，此时俊辅夫妇下定决心，住进关街区的家中，承担祐辅的护理工作。以此为契机，横山贞子辞去了思想的科学社的工作。

对于俊辅来说，战后的 1950 年代初期，他因第二次重度抑郁住院治疗时，就决定出院之后再也不回家生活。父亲祐辅的生活方式是，不在意作为公职人员的自己与作为私人的自己之间的裂缝而将其分开对待，作为儿子的俊辅对此有无法原谅的愤慨与屈辱。然而，父亲不带杂念地爱着儿子。正因为知道这一点，

1　古神道意为未受外来宗教影响的神道教，不过一般指幕末及明治时期，吸收过去江户时期的复古神道而创立的一系列新宗教，如出云大社教等。在战败之日（1945 年 8 月 15 日）创立的大倭教也属这一系列。

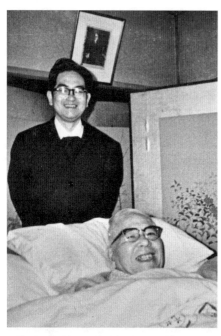

上：1970 年 2 月立春前一天，鹤见俊辅和在练马区关街区的家中休养的父亲祐辅（八十五岁）。每年他们都会撒豆子祈福

下：1958 年 7 月，转向研究会在箱根强罗集合研究。前排左侧是松尾（石井）纪子，右侧是藤田省三。后排左起依次是西崎京子、鹤见俊辅、横山贞子

作为儿子则更加痛苦。父亲的寿命在不久之后要走到尽头了吧。俊辅这边大概也觉得，要彻底解决父子关系就只有现在了。

不知道是什么时候的事情，鹤见俊辅和横山贞子夫妇初次一起去祐辅的病房时，年迈的父亲突然用手势让两个人站在一起。确认还是俊辅稍微高一点点后，祐辅安心似的笑了出来。实际上，俊辅的父母，也就是祐辅和爱子夫妇之间，去世的爱子高一些。爱子注意这一点，走路时也总是避免夫妇并肩之类的情况。祐辅平时似乎没表现出特别在意这一点，但内心应该还是有一些小芥蒂。

鹤见俊辅和横山贞子之间有了长子太郎，是在 1965 年（昭和四十年）7 月 13 日，也就是在关街区这座房子的生活期间。太郎是他们的独子。

翌年，1966 年（昭和四十一年）春，姐姐和子归国，经市井三郎推荐开始在成蹊大学以副教授的身份上课。位于吉祥寺的成蹊大学近在咫尺，从关街区的家中徒步都能走到。俊辅夫妇便被替换了下来，在京都租了一栋独门独户的房子，三个人在那里一起生活。不过，俊辅连去找房子的时间都没有，而是横山当天前往京都定下的房子。那里是北野天满宫稍微北面、靠近敷地神社的北区衣笠大被街区。舒适的房子小巧地立在宁静的街上。

1965 年 2 月后，美军在对越战争中开始轰炸越南北部，当地民众的死亡人数眼看着不断增长。对此，鹤见他们开始了越平联的活动。

第六节　京都，越南

1965 年 3 月，旧友、作家富士正晴（1913 年生）在东京文艺春秋画廊举办为期一周的画展期间，鹤见连日负责接待工作。除了鹤见以外的发起人，只有远比自己年长的中国史学家贝塚茂树（1904 年生）和法国文学学者桑原武夫（1904 年生）。所以，他作为晚辈觉得能做的只是这些。

最后一天，高畠通敏来到画廊。当前支撑美国轰炸北越的是日本及冲绳的美军基地。因此，我们要发动抗议此事的民众运动。他们决定以"无声之声会"为基础，并通知了其他类似的小团体，召开反对轰炸北越的谈话会。此时，民众运动彻底衰微，"无声之声会"的集会有时也只有不到十人参加。

4 月初，谈话会在本乡的学士会分馆举行。众人意见一致，希望在不同于五年前的安保运动的年轻一代中寻找领导人。因此，鹤见提议请小田实（1932 年生）加入号召人之列。小田在 1960

年安保斗争的时候，没有加入表示反对安保条约的年轻文化人的"年轻日本之会"（大江健三郎、石原慎太郎、永六辅、谷川俊太郎、江藤淳、黛敏郎、福田善之、浅利庆太、寺山修司、羽仁进等）。至于原因，是他一直到那年春天都在过着后来成为畅销书《什么都要看看》中描写的世界流浪之旅。回到日本后，他立刻埋头写作这本厚厚的游记，没有卷入 1960 年安保斗争的骚动之中。

小田在两年的流浪旅程中，在墨西哥停留时见到了鹤见的表哥佐野硕。被长时间叫作"Seki Sano"的佐野硕，日语表达能力也变得相当笨拙，不过仍是风度堂堂的年过中年的流亡导演。小田非常受他照顾，甚至被带去看画家西凯罗斯创作壁画的现场。

鹤见打电话问小田的住处，知道在大阪并找到了他。小田回答说愿意做，就在前往东京的时候，在新桥站附近的水果吧与鹤见见面。高畠也加入了，三人就在那里商量了"号召"文章、示威的日期等事情。

新的公众运动的名称，此时定为"给越南和平！公民·文化团体联合"（过了一段时间，在使用这一名称时去掉了不符合实情的"文化团体"，变成了"给越南和平！公民联合"）。高畠定了简称，就叫"越平联"吧。

4 月 24 日，越平联第一次示威活动从赤坂见附站附近的清水谷公园出发，经美国大使馆门前，至新桥站附近的土桥结束，约一千五百人参加。

进入 5 月，京大人文研的助理樋口谨一（1924 年生）给鹤见打来电话，说京都也有想创立越平联的人。鹤见回复说，只要叫作"越平联"就是越平联，所以请自由创立。数日之后，同样是京大人文研助理的山田庆儿（1932年生）四处奔走，创立了京都越平联。

5月22日，京都越平联首次在同志社大学宁静馆集会，约三百人参加。6月12日，第二次集会同样在宁静馆举行。7月、9月、10月则继续举行集会。京都越平联的代表是京大人文研副教授、农业经济学者饭沼二郎（1918年生）。事务局长是北泽恒彦。

同年11月起，越平联开始每月一次的定期示威游行（每月第一个星期一，傍晚6点出发，从京都市政府前至圆山公园），持续至1973年（昭和四十八年）越南战争结束。在集合地京都市政府前，代表饭沼二郎每次都很认真地发表稍稍让人觉得过长的演讲，不过示威游行仍严格守时地出发。

在终点圆山公园，示威参与者依次相对简单地说一下联系事项或呼吁，之后解散。

定期示威这种运动形式也有现实的便利性。相比于东京越平联拥有常设的事务所，京都越平联一直到解散都没有设立事务所，维持低预算运营的方针。而且，京都越平联在相对受限制的市内街区活动，参加者在定期示威时站着闲谈，以及在《思想的科学》读者群"人偶之会""家之会"等人员重合的几个集会场地，能够完成事务联络、碰头磋商等事情。

此处请允许我说些闲话。

担任京都越平联事务局局长的北泽恒彦，是我（黑川）的父亲。换句话说，前文所述1961年6月15日出生的北泽的长子北泽恒，是我的本名。

我记得小时候，父母和他们学生时代的好友每年 6 月 15 日，都会在同志社大学附近的"侘助"咖啡店聚会。我觉得那只是为了庆祝我的生日，而由父母的朋友们举办的派对（实际上，他们确实那样对我），但后来回想才知道，那是纪念"六一五"的小小的聚会，换句话说，是桦美智子逝世的聚会。

平时，我在被父母带着去的地方见到"hè jiàn 老师"[1]。但现在搜寻记忆时，很意外的是，6 月 15 日在同志社大学附近的"侘助"咖啡店的这种聚会，并没有鹤见的身影。至于原因，应该是每年这一天，鹤见必定在东京和"无声之声会"的同人前往国会议事堂，在众议院南侧便门前给去世的桦美智子献花吧。换句话说，6 月 15 日对鹤见来说是"在东京的日子"。这种个人仪式此后经过约半个世纪，一直持续到他很晚年的时候。

这种坚持原则的态度，在其他地方也有展现。

开始组织东京越平联活动时，自己提议并邀请了小田实。因此，为了不背叛这种同伴，他自己也要出现在那里。鹤见心中有很强烈的这种情绪。不久，在决定将东京的示威行动定期化（每月第四个星期六下午 2 点，从清水谷公园出发。之后变成了每月第一个星期六）后，鹤见坐新干线从京都定期来东京参加。较之参加京都的定期示威行动，参加东京的活动对他来说成了更优先的事。

换句话说，他心里是将京都越平联的事情交给担任代表的饭沼二郎等人吧。每次出发前，饭沼总是用正经的表情发表认

1　此处原文用了日文假名，而非汉字，表示小时候他不知道汉字是什么，因此以拼音表达出原文的感觉。

真的讲话(因为不擅长，让人感觉分外冗长)。鹤见则一贯是参与者的样子，带着和蔼的表情与朋友们一边聊着天一边走。这种印象也留在我小时的记忆之中。

在京都，一直以"hè jiàn 老师"为核心的集会，反而在是"家之会""人偶之会"这些团体之中。留有这种印象的人(到现在，当时的年轻人也都成了老人)应该很多。

这样之后，对于"饭沼老师"，孩子们的心里也觉得好像他非常喜欢公民运动，所以才这样尽做抗议的事情。作为一位热心的基督徒，他的秉信广为人知，而这也更加加深了这种印象。

但是，实际上似乎并不是这样。——我终于注意到这一点，是直到近些年的事情。

比如，饭沼二郎这样回顾道：

> 1965 年 2 月，美军没有宣战就开始轰炸北越，以及非战场的城市地区，我感受到难以抑制的愤怒。它使用的炸弹叫作集束炸弹或燃烧弹之类，不夺取人命，而是给人带去长期的痛苦，特别是老人、妇女及儿童受到巨大伤害。我之前几乎没有参加过什么政治运动。因此，我完全不知道如何社会性地表达出这种愤怒才好。刚好，那时同单位的年轻朋友在做抗议轰炸北越集会，邀请我加入发起人之中，我高兴地答应了这一邀请。大概一周之后，那场集会在同志社大学的教室里举办。参加者有三百人左右。

1965 年 6 月 12 日，同志社大学今出川校区，京都越平联第二次集会的日子。中间是作者（黑川），再过三天就四岁了。右侧是其父亲北泽恒彦，三十一岁。左侧是饭沼二郎，四十七岁。摄影：松冈洁

但是，我本来想着对轰炸北越的抗议只有一次。因为不想让那些事情占去（农业经济学专业的）研究时间。我要研究的课题有好几个。一天二十四小时变成四十八个小时都不够。但是，美军轰炸北越完全没有停下，反而越来越残忍。作为抗议的人，我也不能放弃。于是就勉强地以每月一次的程度，持续抗议集会及示威游行。

不过，那也渐渐乏味了。"这样的话，我们这边加入京都市民之中吧。"饭沼提议定期示威游行。因此，他成了定期示威游行的负责人。

每月第一个星期一傍晚6点，在京都市政府前集合，沿着河原街区路、四条路，至圆山公园的电视塔前解散。约一周前，我们前往中立卖公安局申请游行。游行三天前左右，中立卖公安局打电话说通过了，让人去取许可书。我拿着喇叭，在前面领着喊"还越南和平！""越南要交到越南人手中！""日本政府不协助美国的越南政策！"这三个口号。其间，我们则向步行道上的人宣传抗议的主旨，邀请他们参加示威游行。

这场抗议游行，到1973年4月持续了八年［注：1970年代之后，定期示威改成每月第二个星期日］。在此期间，我因为去国外出差而休息了五六次，不过还是走了八十次以上。从开始到结束都有些不愿意。示威游行一周前左右就开始茶饭不思，游行前一天一定会出现精神性的过敏腹泻。站在游行队伍最前面让人感到羞耻。

腹泻在示威游行结束后立刻痊愈。不过，每次游行结束之后的心情都有一种说不出的舒畅。那是因为他觉得自己这种腼腆而胆小的人，也能遵照《路加福音》第十章中耶稣的话（有人为强盗袭击而倒地，不可只从他前面路过）行动。

即便如此，开始京都越平联的活动一两年间，因为运动而耽误研究时间的事情令我非常痛苦。而且，我心里觉得政治运动终究不适合自己。即便是演讲，也完全不是让大家振奋的鼓舞人心的那种。向警察抗议，也反倒是被警察说服而回去。每次这种时候，就会陷入自我否定之中。一个人看书、写论文、听巴赫、爬山，远比这个快乐。

对不起，饭沼老师，原来是这样的啊。
想到这个的时候，其人已经是他界之人了。

第七节　背叛与支援

如果贯彻自己的想法而生活，就会出现对社会的亏欠。反过来，如果没有"背叛"他人期待的觉悟，就很难达成个人意愿。

鹤见说，"我从京大辞职是对桑原（武夫）的背叛，从东工大辞职是对宫城（音弥）的背叛"。但是，在决定这种进退时，从桑原那里受教的知识在心中发挥了作用。桑原曾将"小事问他人，大事自己定"的信条教给鹤见。

总之，桑原看起来并没有因为鹤见从京大辞职那种事情就打算收回对他的背书。毋宁说，在越南战争期间，桑原对鹤见的帮助反而进一步增强了这种背书。

1965 年（昭和四十年）8 月 14 日夜至 15 日晨，越平联策划了"彻夜自学习——思考战争与和平"（teach-in）的活动，由东京 12 频道在电视上直播。活动由三部分构成。

第一部分"越南战争和日本应走之路"（14 日晚上 10 点 30 分

至 15 日凌晨 2 点 57 分）的出场者是以下这些人：自民党的宇都宫德马、江崎真澄、中曾根康弘、宫泽喜一，社会党的胜间田清一、羽生三七，共产党的上田耕一郎，公明党的渡部城克，民社党的麻生良方，以及横滨市长飞鸟田一雄，原陆军中将佐藤贤了，原防卫研修所所长佐伯喜一，学者坂本义和、长洲一二、服部学、日高六郎、星野安三郎，共同通信社国际部次长宍户博，作家饭田桃、小田实、开高健。主持人是桑原武夫、鹤见俊辅、久野收三位。（另外，电视播放预定至 15 日早上 6 点，但是第二部分"回顾战中战后"的主持人无着成恭发表的"比如战争失败的时候，是靠天皇的力量收拾局面的，但如果说现在由天皇的命令再次发动战争，会不会和以前那次一样呢？……占领政策是将他们定为战犯而赶下台来，但是为什么从监狱出来的人能一步步变成总理大臣之类的呢？"这番发言，被电视台视为有问题，在他们的判断下，直播在 15 日凌晨 4 点 8 分时被终止。）

总之，这种也包含了执政的自民党内部人士的阵容，背后是鹤见的推动，以及宫泽喜一等党内少壮派议员的积极响应。但与此同时，对桑原武夫这位素有名望的学者"大鳄"担任讨论主持人的信赖感，无疑也遍及各个政党人士心中。桑原之后依旧不变地亲自担任越平联的监护者角色。

1966 年（昭和四十一年）6 月，越平联邀请两位美国和平与人权运动活动家——波士顿大学政治学、历史学教授霍华德·津恩（1922 年生）和学生非暴力调整委员会（SNCC）的黑人活动家拉尔夫·费瑟斯通（1939 年生）——前来日本，毅然举行自北海道横穿日本列岛至冲绳的系列演讲。

津恩是劳工家庭出身的犹太人，在第二次世界大战中作为

B17 轰炸机的驾驶员而活跃。战后，他充分利用复员士兵的优惠从纽约大学毕业。之后他考入哥伦比亚大学研究生院，取得博士学位，成为大学老师。

作为轰炸机驾驶员，他在 1945 年春欧洲战场结束作战后，回到美国的基地，为攻击日本方面做准备，就在那时知道美军向广岛投下原子弹。那个时候他想到的，只是战争结束了，不用飞过太平洋了。如果自己担任投掷原子弹的人，会引起什么样的事态呢？对自己在欧洲战场上轰炸村镇，杀死没有任何罪名的人的反思，是之后很久他的想象力才触及的事情。

此时，桑原武夫作为京都的主办方也加入演讲阵营，而且在东京和他们一起站在讲台上演讲。

1968 年（昭和四十三年）8 月，京都越平联作为承办方，举行了时长三天的"关于反战与变革的国际会议"（会场：国立京都国际会馆）。在使用这座官方会场的交涉中，打头的也是马上就要退休的京大教授桑原武夫、松田道雄（儿科医生）、奈良本辰也（立命馆大学教授）这三位京都"名士"。国立京都国际会馆馆长高山义三（前京都市长），同他们确认"不会成为什么乱事吧"之后，决定允许使用会场。

桑原武夫在这场国际会议首日召开之际作了欢迎致辞。这个时候，他已经从京大退休，职衔是名誉教授了。

桑原武夫能够理解越平联的运动是植根于"直接行动"之上。

1966 年，在和霍华德·津恩、拉尔夫·费瑟斯通一起站在讲坛上时，他也指出他们体现的是"新的哲学"。对此，他也不避讳地称"哲学学者鹤见俊辅先生对此非常感动",自己也对此"完全同感"。

而且,他会以轻松的语气说出复杂的事情。战争时期,桑原在东北帝国大学任教时,校长将一个安南（越南）名门出身的年轻人秘密地托付给他。战后,这位年轻人自述是安南独立联盟的委员长,因此要返回越南。之后,年轻人被杀。归国之前,桑原在和年轻人稍作讨论时,对方说自己虽然反对马克思主义,但是一旦回国,将首先和胡志明合作。在共同胜利,取得对法独立之后,他再站在反共阵线与胡志明对决。

桑原武夫从自己的见识出发,用温和克制的语气讲述了两三个与越南历史相关的复杂事例,结束了讲演。桑原不会说什么样的人是对的,所以要支持他这种话。不过,这种提及本身能显示出他的关心和好意。我觉得在此如实地展现出他作为教育者,以及能够培育人才的研究者的态度。

津恩和费瑟斯通横穿日本的演讲,从1966年6月2日开始,至同月14日结束。鹤见俊辅也作为翻译,陪同了整个旅程。不过,在美国行政控制下的冲绳演讲时,美国对包括鹤见在内的越平联相关的日本人都没有给进入许可。因此,在冲绳的演讲只有津恩和费瑟斯通从日本渡海过去,在当地的接待之下进行。

这次系列演讲结束不久之后的6月29日,美国飞机扩大轰炸范围,首次攻击北越首都河内及海防地区的城区。

翌日,鹤见俊辅、市井三郎、饭田桃、渡边一卫、大野明男等人以"非暴力反战行动委员会"的名义,立刻对此进行抗议,在美国大使馆门前两次静坐示威，并被警察驱逐。下午2点进行的第一次静坐有三十人参加。傍晚6点开始的第二次静坐有五十二人参加。7月1日，"非暴力反战行动委员会"的四十一人又在美国大使馆前进行了第三次静坐，但仍被警察驱逐。

"非暴力反战行动委员会"是在出现当务之急时，由越平联之中的有志人士组成的小团体，成员做好被逮捕的准备并采取直接行动。

他们制作了"呼吁"的传单，预先在越平联的示威活动时发放。其中说，

1. 美国向北越宣战并开始登陆作战
2. 美国在越南使用核武器
3. 美国轰炸北越首都河内

上述三件事情中如果有任何一件发生，就前往美国大使馆表达反对意志，届时告知集合地点及时间。

这年7月中旬，美国驻日大使赖肖尔一度回到美国，在约翰逊要求的会谈之后宣布辞职。

对于交往四分之一世纪的知己赖肖尔，鹤见采取的那种行动也可以说是一种"背叛"吧？至少赖肖尔那边似乎就是这样理解的。

后来，赖肖尔在写自传（*My Life Between Japan and America*，日译《赖肖尔自传》，德冈孝夫译）的时候，提及鹤见在日美战争时期作为留学生的面貌，仅仅这样写道：

著名的鹤见祐辅的儿子俊辅，因为在被警察盘问时说"自己理论上是无政府主义者"而被拘留。他也上我的读书课，是个有些怪的人，在被拘留期间也按时吃饭睡觉，因为有朋友给他送书，所以虽然在狱中但也从哈佛毕业了。鹤见、都留（重人）都乘1942年夏天的交换船回日本，鹤见成为著名评论家，但一直有强烈的反美偏见。

——赖肖尔很生气呀……

我数次看见鹤见在提到这一点时，露出稍稍寂寞的苦笑。

人生，就这样过去了。

第八节　与美军逃兵一起的日子

　　真正的逃脱美军出现在越平联眼前，是从 1967 年（昭和四十二年）10 月开始的。

　　在横须贺及岩国的美军基地前，他们发放了呼吁士兵从军队中逃走的传单及小册子。不过，应该也没能提前预期到会产生什么结果。

　　在京都敷地神社附近的鹤见家，已经申请了装电话，但是电话线还没架好。因此，10 月 28 日，有人用电报联系他。发件人是东京越平联事务局局长吉川勇一（1931 年生）。

　　　　出现逃兵　紧急回联　越平联

　　鹤见吓了一跳。他想立刻联系，但是回头一想，觉得用住处附近的公用电话危险，就走远一些，前往府立植物园附近的咖啡店"OKU"，给东京的越平联事务所打电话。确认四个年轻海军士兵从停靠在横须贺港的美国"无畏"号航母逃出来后，他立刻坐上前往东京的新干线。

通过越平联相关者的安排，逃兵被转移到鹤见良行在池袋的自家公寓。全都是十九二十岁的白人士兵，据说是在被允许休息上岸时直接离队的。"无畏"号航空母舰 10 月 25 日前往越南的北部湾，已经从横须贺出发了。

10 月 31 日，在东京越平联前事务局局长、电影制片人久保圭之介等的安排下，他们在鹤见良行家中拍摄了四位逃兵的纪录片（16 毫米的纪录片《"无畏"号的四人》）。除了四位逃兵发表自己准备的声明外，四位日本人，即小田实、开高健、鹤见俊辅、日高六郎也出镜了。

四位逃兵在"声明"中这样说道：

"诸位，出现在你们眼前的是四位逃兵，是离开美国军队的四位爱国的逃兵。（……）

"我们认为美国必须停止所有轰炸，从越南撤退，将越南交由越南人自己处理。

"我们为了自己的信念，面临军队的处分。为此，我们寻求日本或者与此战争无关的第三国的政治保护。（……）"

吉川勇一给律师角南俊辅打电话，询问日本人帮助美军逃兵在法律上会怎么样。翌日，角南律师对此回答说，"日本人帮助美国逃兵，不违反日本的任何法令"。因为美国军队士兵、文职人员及其家属进出日本，基于《日美安保条约》中关于美军地位的协议，"不适用关于交通票据及身份检查的日本法令”。

收到这个回复后，吉川勇一开始动员苏联大使馆，为逃兵逃往日本以外的国家提供方便。美国籍僧人布莱恩·维克多·良润也提供了帮助。

四位逃兵中，鹤见俊辅负责留有胡子的克雷格·安德森、戴眼镜的迈克尔·林德纳两人。剩余两人被转移到深作光贞（1925年生，文化人类学者）位于茅崎的家中。鹤见将安德森和林德纳，暂时带到练马区关街区姐姐和子与父亲祐辅生活的家中，让他们在此前自己用的二楼房间住两三晚。第一天天亮后，鹤见将他们介绍给在另一栋房子的病床上养病的祐辅。祐辅知道他们是美国逃兵后，满脸笑容地和他们高兴握手。

战时、战后父亲祐辅在家庭内部，都很理解和子、俊辅所说的事情，几乎一直都是他们意见的支持者。然而，出了家门，作为政治家处世时，他就不断对军队及其偶尔的权势妥协。对此二律背反无所谓的态度，培养了鹤见身上的烦躁与反抗。而且，这种作为政治家的处世方式，构成了鹤见“转向研究”的问题意识原型。虽说如此，祐辅一直深爱着儿女，他们长大之后对此抱有敬意。因此，俊辅身上的烦躁与这种敬意一直不相容。在他心中，这一点构成了对父子关系困惑的主干。不过，现在卧在病床上的父亲已治愈无望，作为政治家的他已经从世界上消失了。

两位逃兵不久开始争吵。林德纳说要放弃逃跑，回到部队。鹤见俊辅没有强行居间调停，而是说夜深了，今天请早点睡，第二天早上给他们准备了早餐。之后，鹤见问他们，好不容易来到日本，有什么想做的事吗？于是，他们说想去澡堂。

鹤见刻意避开附近的澡堂，前往非常远的一家。开店没过多久，阳光落在浴池之中。三人就在那样的温水中泡着。从澡堂出来，走回关街区的家时，说要回部队的林德纳撤回了之前的话，说想这样继续逃跑。

11 月 3 日，鹤见和他们一起乘新干线前往京都，让他们在自家附近的旅馆"平野屋"住了五晚左右。吃饭时，鹤见带他们去自己家，由横山贞子做饭。两岁的儿子看到蓄胡子的安德森的面容后，大哭起来，"大胡子哥哥，太可怕了"。

其间有一天，鹤见必须离开京都。他觉得很难办，就前去见住在大德寺附近的日式房子的美国诗人加里·斯奈德（1930 年生），拜托他照顾两个人一天。斯奈德答应了。

斯奈德那天带两个逃兵去了奈良。参观完寺院的巨大木建筑之后，斯奈德进了饭店，点了生海参让他们吃，吓唬他们说"不吃这个的话，就不能在日本待着了"。

四位逃兵之后再次会合，在 11 月 11 日正午时分，乘坐从横滨港出发前往纳霍德卡的"贝加尔"号离开日本。他们从那里再经莫斯科，前往瑞典。

确认四人乘坐的"贝加尔"号到达公海以后，同月 13 日傍晚，越平联召开了记者会，放映纪录片《"无畏"号的四人》，鹤见也出席了。记者会反响很大。

援助逃兵，在此之后也以各种形式持续。

韩裔美国逃兵金镇洙（英语名 Kenneth C. Griggs，1947 年生）1968 年（昭和四十三年）1 月藏在鹤见家时，由两岁的太郎牵着他的手，在附近散步。如果没有接受他们的各个家庭的全部成员帮助，帮助逃兵是无法实现的。金镇洙因为长相和日本人没有区别，这样带着孩子在附近散步不会引起人们注意，在压力巨大的潜逃生活中得到很好的转换心情的时间。两岁的小孩子，也以这样的形式加入这场运动。

1968 年 4 月，姐姐鹤见和子在练马区关街区的家里，安置了一位黑人逃兵特里·惠特莫尔，让他住在自己一个人住的主屋。惠特莫尔在越南战场上勇猛战斗，不管是人还是家畜全都杀掉，最后身负重伤，由约翰逊总统亲自颁发勋章。但是，即便是肯定能将自己打死的情况下，为什么越南南方民族解放阵线的士兵不发出最后一击呢？考虑到这些时，他想到了——因为自己是黑人，于是就决心逃走。劝他向越平联（帮助逃兵的组织，是作为别动队的 JATEC）求助的，是在横滨面向美国士兵的酒吧中认识的日本女孩，之后也在她的房间住着。

惠特莫尔为逃离日本而离开东京的最后一夜，那个女孩缠着负责偷偷带走他的越平联的年轻人（室谦二，1946 年生；吉冈忍，1948 年生），希望和他见面。两位年轻人对这个女孩没有办法，就小心翼翼地试着拜托鹤见和子，能不能也让女孩和逃兵住在一起。和子爽快地答应了。之后，惠特莫尔在回忆的手记（《兄弟啊，我不再回去了》）中，对当时的鹤见和子（隐去了实名）表达了感谢。

日本人的家庭也不是一直能接纳逃脱的美国士兵。将他们藏在家里，特别会对家庭主妇产生很大负担。因此，家庭内部的关系如果不是很好的话，就很难接受逃兵。因此，我长大的家庭最终就没有逃兵去住过。小田实的家里当时好像也是如此。而且，接受逃兵的家庭中，也出现了导致之后离婚的例子。虽然很难断言这就是原因，但是沉重负担的伤痕想必也留了很久久的影响吧。

1968 年 8 月，在京都召开"关于反战与变革的国际会议"时，也出现了麻烦的问题。为准备本次大会，很多越平联的相关人士被抽调走，导致照顾增加的美国逃兵，变得难以预先安排好。

因此，鹤见想到了一个主意，再次去加里·斯奈德家里和他商量。此前，在和斯奈德围谈时（《佛教和应来的革命》，《思想的科学》1967 年 12 月号），鹤见知道在鹿儿岛县吐噶喇群岛的诹访之濑岛上，有他称作"部族"（嬉皮士族）的朋友们的自治团体。他想着越平联的国际会议在京都召开期间，能不能将逃兵带到那里去。

从鹤见这里听完事情的原委后，斯奈德稍微考虑了一会儿。妻子（玛萨）是日本国籍，他担心被追究与此事的牵连，妨碍她进入美国。不过，最终斯奈德还是接受了下来。

前往诹访之濑岛时，由越平联的阿奈井文彦（1938 年生）作为帮手同行。他本来是同志社大学哲学专业的学生，但是未毕业。当时，他去鹤见的研究室，说"想成为捡破烂的"。"那挺好呀！"鹤见当场赞同，并给他介绍了同一个行业的前辈（松本市寿）。阿奈井就在东京做了一段时间的废品回收人。之后，他前往越南花了约半年在各地走走。

这个事定下来后，斯奈德和鹤见聊起了新的话题。

1967 年或 1968 年，"家之会"在滋贺县三井市集体研讨住宿。前排左起第二人是鹤见俊辅，第三人是北泽恒彦

1972 年 8 月 7 日，对政府非法入屋搜查岩国咖啡店"霍比特"提出国家赔偿诉讼时的记者会。左起依次是代理律师美奈川成章，鹤见俊辅，"霍比特"店长、原告中川文男（六平）

"今晚我这有高级的LSD，要不要试试？"

自己带来了困难的事，对方答应下来，因此对方提出的事情自己也就要试试。鹤见自身也早有这种想法，他很早就通过尊敬的作家阿道司·赫胥黎《知觉之门》，知道了麦司卡林（从仙人掌科乌羽玉属植物中提炼的一种致幻剂）的作用，如果有合适机会就想试试看。即便威廉·詹姆斯，也一直对这种精神扩张性的体验抱有兴趣。对于将借用某种药物的力量作为一种扩展精神世界的方法的文化，鹤见本来就没什么偏见，对尝试踏足其中的抵抗力也很薄弱。

日式建筑的宽敞房间里，只放了一个大枕头。不久药效出现，他的腿无法站住。不过，精神浮在空中，在房间之中游动。

那一刻，他觉得自己好像被困在竹节里。十分微小狭窄的地方。不久，听见砰的一声，竹节被打开，外面什么都没有。

原来如此啊，此前自己也想到过，实际上，存在的对面什么也没有。他心中突然涌现出笑意。在房间一角坐着的导师斯奈德，从感觉相当遥远的地方问道："那个微笑，是什么啊？"

鹤见没有回答，他便自己回答了这个问题："那是神的微笑吧。"

接着，他朗读自己写的散文，声音响彻房间的各个角落。

斯奈德说："这对身体不好。不过，下次，在阳光照射的原野，服下这个之后，就可以看到新的世界。旁边屋子里给你准备了床。那里挂了曼陀罗。趁着药的影响还在时看它，可以看到佛在动。"

等到好不容易能动的时候，鹤见站起来去了厕所，只看见尿液流出，看不见自己。从虚无空白之中，尿液流出来进入壶中。

第二天早上，斯奈德给他冲了咖啡。在夏天的清晨，他站在廊下看向庭院，一只蟋蟀在那里。于是，自己进入蟋蟀之中，从那里看着自己。

离开斯奈德家，走路的时候，这种体验还留在身上。

此时的体验，在鹤见以后的著作中也清楚地留下了痕迹。

也有间谍混入逃兵之中。

可以确定的是 1968 年 10 月向越平联求助的、称作"拉什·约翰逊"的男子。

在和逃兵一起转移时，被称作"搬运工"的越平联的年轻人中，也有很多人觉得他"可疑"。负责照顾他的人去和朋友商议时，会发现在约定的地方，好像有监视他们的便装男子不露痕迹地站着。会不会是"约翰逊"听得懂日语，用无线电将情报传播出去了？随着"搬运工"的年轻人逐渐负责他，这种怀疑也增强了。

但是，并没有决定性证据证明他是间谍。"搬运工"的年轻人认为，还是不管他更好些。不过，统管"搬运工"的负责人栗原幸夫（1927 年生，文艺评论家）没有点头。鹤见俊辅也是如此。陷入怀疑同伴是否是间谍的疑心暗鬼之中，这种情绪会逐步感染，并使同伴彼此孤立，导致内部悲惨的私刑事件。被迫地下活动的人们，过去数度走向这种黑暗的历史。无论如何也要在自己身边切断这种连锁反应。鹤见、栗原这样年长一辈的人心中有着强烈的这种想法。

如果"约翰逊"真的是间谍，那也没有办法。即便因此导致援助逃兵的运动被逼入绝境，也比同伴之间互相残杀好吧……

鹤见也说过上面这样的话。

对此，吉冈忍这些作为"搬运工"的年轻人心中很不痛快。

"鹤见先生、栗原先生的想法很人性、高尚。但是，只靠那些，是没法保护舍命逃脱的士兵的。最后变成对他们见死不救的结果也可以吗？"

不过，吉冈他们仍克制住自己。因为他们考虑到在地下行动中，自己的视野自然会受限。如果现在不遵照负责人的判断，就会四分五裂。

从结果来看，这个时候拥有正确的现实认识的，是年轻的"搬运工"一方。

同年11月后，他们安排"约翰逊"和另一位逃兵，由北海道的根室港出发，使用日本渔船在国后岛海岸换乘苏联的警备艇，从那里再乘飞机至莫斯科，然后前往北欧。

途中，为了调整时间而暂留弟子屈街区时，间谍"约翰逊"逃跑。因为这样，另一位真正的逃兵杰拉尔德·梅耶斯被美军抓回。

间谍"约翰逊"没有抵达应该从日本逃出的地点根室港就中途逃跑，似乎是因为偶然看到"搬运工"、负责驾驶租来的汽车的山口文宪（1947年生）开玩笑地带着的模型枪，以为自己要被杀，就立刻逃跑了。他好像是去向一直秘密跟随他们的美国宪兵求助。

拜此所赐，此事又有了附加事件，山口文宪之后因涉嫌违反刀枪管制法律而被警察闯入屋内逮捕。当然，因为不存在真正的手枪，山口立刻（虽说如此，也是三天以后）被释放了。

这一结果也让鹤见俊辅心中有很大的内疚。因为山口文宪当时作为小号演奏者，是准备考东京艺术大学器乐系的复读生。然而，因为投入越平联的活动，在复读三次后最终被逮捕。这样，他下定决心似的放弃了考大学，以自由撰稿人的方式生活。

鹤见的行动方式给周围的年轻人带来了莫大影响，自然也使得他们的人生道路发生巨大改变。

就鹤见本人来说，他对这些人牵涉之深有些担忧。不过，虽说如此，似乎他并没有多少要慎重对待自己的行动及发言的打算。山口文宪这样的年轻人，在采取了直至被逮捕的行动之后，从优等生的道路跌落，改换了完全不一样的生活方式。对此，鹤见受到冲击是事实，但并未因此而陷入抑郁。这一点，和过去将他卷入抑郁症的自我惩罚式的意识状况不一样。他时常对周围的年轻人感到抱歉，但对只能那样行动的自己这个人已经死心。换句话说，那就是对自身的顽拗（不可操性），也就是对"无可奈何"的承认。因此，这一点是明亮的。大概鹤见是从这一时期开始，身上带有这种特征。

1970 年（昭和四十五年）春，鹤见俊辅辞去同志社大学教授一职。对于六十年代末开始的学园纷争[1]中持续占领大学校园的学

---

1 指日本 1960 年代频繁发生在大学、高中的学生运动。学生结成校内统一组织，在校园设置路障、罢课等以进行抗议。

生，教授会决定请求政府派出警察机动队。俊辅的辞职正是为了对此决定表示抗议。

这不是因为他支持学园纷争中学生们的运动方针。这是对教授会决定让警察帮他们驱逐学生的态度的批判。那些学生不是教授们自己的学生吗？既然如此，为什么自己躲藏在某个地方，而让外人（警察）殴打他们呢？

这是"打，被打，还是让人打？"的问题——鹤见这样说过。

当时，教授的选项大概有这么三种：自己上去打学生（有体力差距，可能会被反打，但是他们事前知道这一点），自己任由学生殴打，或者让其他的谁（警察）殴打学生。在鹤见看来，伦理上最差的是"让（警察）人打"，而同志社大学教授会选择了这个，于是他只能辞职以表示抗议。

不过，如果今天大学的教授会面临同样的问题，会选择哪个选项呢？按照拟剧论来说，第一个选项（打，被反打，瘫倒在地）是喜剧，第二个是悲剧，第三个既不是喜剧也不是悲剧，而是冗长地持续着在日常生活延伸之上的政治剧吧。对选择这最后选项的自制心，可以说比以前增强了吗？

向同志社大学教授会提交辞呈前，鹤见仍没有和任何人商量，而是自己一个人下的决定。

在回家的路上，鹤见心中开始萌发了"糟啦"的心情。得知自己独断地辞去工作，妻子会说些什么吧。他就那样心神不宁地回到了家。

进屋之后，他立刻告诉妻子横山贞子这件事。横山的回答是："真好啊"。

然后，"——我还担心你再不从大学辞职，可能又出现抑郁症呢。"

之后也是令人安心的话。此时，横山自己开始在创立不久的京都精华短期大学（首任校长是冈本清一），担任英语、英美文学的老师。

虽说如此，在当时的同志社大学，也应该有打算上鹤见俊辅的课而入学的学生，这仍是对他们的"背叛"。

中川文男（1950年生）这位年轻人或许就是那样的学生。1969年（昭和四十四年），他考入同志社大学，但是次年春天，鹤见辞去教职，离开了这所大学。

或许就因为如此，他入学不久就把大学的学业放在一边，专注越平联的运动。不过，此时的大学本身持续着被学生占据、大学一方封闭校门的状态，没有正式运行。中川不满足京都的反战运动，甚至去支援山口县内美军基地所在地岩国的越平联。于是，他知道了美军基地军事法庭审判二等兵诺姆·尤因的事情。

诺姆·尤因从岩国的部队逃跑，进入越平联的保护之下，然而他改变了想法，觉得反而应该在美军内部扩大反战运动，就自行返回基地。当时他才十九岁。不久他被作为在队中掀起暴动的主谋抓住，被控犯了"未批准离队"（一开始的"逃走"与归队）以及"扰乱治安"（归队后参加"暴动"）两项罪名。

鹤见俊辅也在此次的军事法庭中为尤因作证（1970年12月9日）。律师小野诚之（1942年生）虽是日本的法律界人士，但也作为尤因的律师立于法庭之上。不管怎么说，这种对于美军军事法庭来

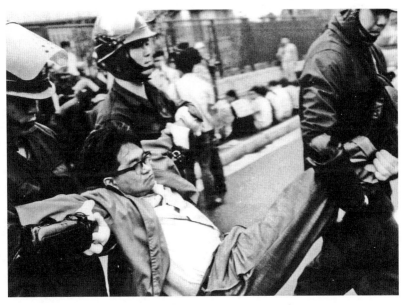

1970年6月21日，在国会议事堂前静坐而被驱逐的鹤见俊辅。这是他加入拒绝安保百人委员会后的非暴力直接行动

说的首次案例，也可以说是鹤见他们援助美国逃兵的活动在此前三年中积累的成果。该年12月17日，法庭判处尤因九个月有期徒刑及非名誉退伍。在战时的日本军队，这是被枪决的罪名，何况此时是两个罪名加在一起，因此这种法庭斗争有相当大的意义。（另外，五年后的1975年，尤因作为军队之外的自发性反战活动家，再次前往岩国。）

这个时候，中川文男更多是以"中川六平"这个假名而为同伴熟识。在大学学业方面，即便是勉勉强强的分数，他还是想办法修完必要的学分，只要能毕业就好。不，也许中川心里觉得毕不毕业都无所谓，但他在意老家新潟的父母。

1971年（昭和四十六年）5月5日，儿童节。他们办了一个放风筝来阻止美军飞机的活动，于是在岩国基地附近的今津川堤岸上，数只风筝飞扬。之后一天，他们也放了气球。点子是反战美军士兵想出来的，这些东西必然会引发飞机驾驶员的神经质。

不过，那天几乎一丝风都没有，风筝总是难以顺利地飞起来。有八十名穿着制服的警察在那里担负警备工作。鹤见俊辅的身影也在场，他抱着六法全书同警察的负责人说话。对方反复说"要是让美军飞机掉下来就是大麻烦"，但鹤见这边说，并没有在法律上限制放风筝的依据。

不久，微风开始吹起来。只有一只风筝高高地飞扬，下面连着浮在河上的小船。小船上的年轻人躺着放风筝。它在遥远的天空，看上去像米粒一样。不久，河里来了一条挂着星条旗的大船，上面有六名日本警察。但是对方船舵打错了，开向浅

咖啡店"霍比特"的火柴盒。插画：长新太

滩，动弹不得。没有办法，一名美国士兵下到河里，在淹到腰窝的水中推船。他们好不容易靠近小船，要伸手抓住船头。瞬间，在小船上放风筝的年轻人，将线割断了。断了线的风筝，乘着风，轻飘飘地缓缓地下落，在快到黄昏时落到河上。在小船上放风筝的年轻人，自然也是同志社越平联的人员，名为甲斐扶佐义（1949年生）。后来，因为没交学费，他被同志社大学取消了学籍。

1972年（昭和四十七年）2月，鹤见俊辅、北泽恒彦、中尾初（1945年）以及当地年轻人也加入一起细致准备的反战咖啡店"霍比特"开业，中川六平成为店长。从岩国基地方向看，这里是隔着今津川的对岸市区。此时，北泽已成为京都市中小企业指导所的中小企业咨询顾问，在"霍比特"的开业时也在经营方面给予了建议。作为赖希《性与文化革命》的译者而知名的中尾初具有木匠的知识，和同一时期自己那边开始准备开业的京都咖啡馆"雪屋"一样，他在这里也带头准备店的外装、内装、家具等。

"霍比特"在开业之初，除了当地民众外，美国士兵顾客数也切实增长，取得了好的开端。但是考验一个接一个地到来：被故意找茬、美军禁止士兵进店、政府捏造嫌疑进屋搜查、判决。

到了3月，老家的母亲让人给中川六平带来便条。

听别人说，你好像"没有住在京都。大学好像也没有上，现在在哪里干什么呢？"——这些字迹让他感动。

中川乘夜班火车回到新潟，和父母聊了两个小时左右。虽然他们没有明确说，但似乎警察去了老家。"总之大学会去上，至少我还是想毕业。"母亲说，"身上这样脏，会被误认为赤军[1]呀"，给了他理发的钱，以及买新的靴子、毛衣、裤子的钱。这样说完之后，中川又回到岩国。

5月，父母最终来到岩国。中川在车站迎接，将他们带到"霍比特"参观。两人在店里瞪着眼睛观看。相熟的岩国教会的牧师前往旅馆，和两位老人打招呼。之后，听闻他母亲说的事情，牧师补充说，"我会说服他，让他大学毕业的"。

翌日，中川带他们参观宫岛、广岛，走过原子弹爆炸圆顶屋周围。父母与孩子之间没有说什么话。父亲孤零零地说了一句，"你大学毕业的话，就能在市政府当公务员了"。

父母住了两晚后，回到岩国。之后，他们决定去京都看看，希望能见鹤见俊辅老师、饭沼二郎老师。

当天傍晚，鹤见俊辅和饭沼二郎一起，前往京都市内的旅

1　日本极左派的武装恐怖组织。

馆见中川六平的双亲。

　　和他们聊天聊到了岩国。儿子在那个镇上那样生活，父母该相当惊讶吧。想到这里，鹤见心情就变得沉重。自己也好，饭沼也好，都是有资格的大人，而且是被称作老师的身份。

　　被追问在做什么是自然而然的事情。

　　不过，去看了以后，中川的父母这样说道：

　　"去了岩国。见了儿子。就让他继续做吧。"

第九节　逃亡与难民

鹤见俊辅的《北美经历再考》(岩波新书)，版权页日期是1971 年 8 月 20 日，目录如下：

换句话说，它以战前留学美国及乘交换船回国为起点，一直写到现在。不过，将其视作抵达现在的中途地来看待，与留学当初鹤见视野中捕获的世界面貌就不一样了。这并不是要将自己留学美国所获得的东西全部否定。只是等到后来，经历了可知的事情，再回头看时，他才发觉当时自己的立足之处虚幻，且浮于肤浅。

经历了红色恐慌的美国。在那里，《美国复兴》作者弗朗西斯·奥托·马西森（1902—1950）自杀。

在留学美国期间，鹤见阅读了刚出版不久的这部大部头著作。那是 1941 年的事情。马西森也是哈佛大学的老师，因此鹤见听过一次他的讲座。

成为马西森主要著作的《美国复兴》是对 1850—1855 年仅五年左右，美国出现了爱默生的《代表人物》（1850）、霍桑的《红字》（1850）及《七个尖角顶的宅第》（1851）、梅尔维尔的《白鲸》（1851）及《皮埃尔》（1852）、梭罗的《瓦尔登湖》（1854）、惠特曼的《草叶集》（1855）这一事实的研究。为何这些作品集中于两百年左右的北美文学史中的五年之中？因为那五年有一股连接这七部著作的思想潮流，而如何在这种潮流与同时代社会生活的连接上理解它，并解读出它对未来能有的意义，则被马西森当作自身的课题。《美国复兴》讨论的五位作家中，爱默生、霍桑、梭罗都住在马萨诸塞州康科德镇，那些作品也以这片土地为基底诞生。这处偏僻的小市镇，是打响美国独立战争第一枪的古战场，也是十六岁的鹤见俊辅进入寄宿制男子预科学校，开始在美国的留学生活的地方。"美国复兴"这一标题不是指过去北美有繁荣的文学传统，而 1850 年代出现了复兴它们的努力。鹤见的理解是，它更指 1850 年代，在北美这片土地上将人类本身所具有的文学传统复苏。

马西森的基督教深受莱因霍尔德·尼布尔（1892—1971）的影响。

因此，他将耶稣以撒玛利亚人的行为为例时说的话，"有人为强盗袭击而倒地，不可只从他前面路过"，理解为通往社会行动的导引。这样，马西森的基督教信仰内含通向社会主义运动的冲动。同时，它应该也带有对社会主义运动容易陷入的道德优越感和权利主义的些许抑制和怀疑。

他不可能持续处于基督教徒和社会主义者这两个分裂的立场之上。而且，或许他还是同性恋。

与他有交流的反战诗人罗伯特·洛威尔在《弗朗西斯·奥托·马西森 1902—1950》一诗中这样写道：

> 被同性恋男子所带的
> 对形式的汹涌的爱
> 与对人类的不在乎外表的爱
> 撕裂

也许就是如此吧。

鹤见俊辅这样记道：

"对形式的爱和对任何一个人类的爱，将《美国文艺复兴》这本批评著作奇妙地扭曲了。

"'艺术的历史是名作的历史，而不是失败之作或者普通作品的历史'，这本书以埃兹拉·庞德的这句话为路标写成。正因如此，他以分析北美文学两百年历史中最伟大的爱默生、梭罗、惠特曼、霍桑、梅尔维尔仅仅五年间创作的几部作品为中心，完成了这部七百页的大作，而书中涉及的爱默生、梭罗、惠特曼三人，都强烈主张他们的作品与民众日常的对话中的连续性。存在与普通作品分割开来的名作的世界，写出名作的大作家的个人世界与大众文化的世界是分开的，而且应该分开。主张这一观点的埃兹拉·庞德，无法忘记他作为墨索里尼法西斯主义的辩护者而在战时意大利的活动。庞德确实是杰出的诗人，但是受庞德格言引导的这本重新发现民主主义文学的著作，内部存在着悲剧性的不平衡。那是和马西森的生活本身中的不平衡相对应的东西吧。"

1966 年，鹤见俊辅和霍华德·津恩、拉尔夫·费瑟斯通这两位人权及和平活动家一起，进行了横贯日本列岛的旅行。不过，在写作《北美经历再考》的 1971 年，费瑟斯通这位黑人青年的肉体，被某人带上他驾驶的车中的大量炸药炸飞（1970 年 3 月 9 日），现在已经不在这个世界上了。

"迄今为止，有很多人亲身进入世界的裂缝之中。我们无法轻快地说，他们给世界带来了什么确定的东西。"

靠着越平联别动队的帮助，从日本安全逃到国外的逃兵有二十人左右。

也有在逃到国外之前被抓，并被带回军队的年轻人。而且，也有像诺姆·尤因那样选择返回部队进行反战活动的人。有很多士兵在未决定是毅然逃走还是留在部队时联系越平联，可能有几百名美国士兵和越平联的相关人员保持某种联系。

藏起逃脱的美国士兵，帮助转移他们的日本人更多。应该足有超过千人参与。在各个家庭中，当时的记忆现在仍以某种程度保存、讲述吧。

另外，从越南战场逃脱的士兵中也有韩国军队的士兵。这是因为当时采取开发独裁型政治体制的韩国朴正熙政权积极向越南派军，作为一种获得外汇的有力政策。

有一位叫金东希（1935 年生）的韩国青年，在应征入伍后，接到成为越南派遣兵的命令，便于 1965 年夏天从釜山逃脱，偷偷渡海到达日本的对马，被警察逮捕。因为违反入境管理令（偷渡入境），他被判处一年有期徒刑，于福冈监狱服刑。其间，他很害怕直接被遣返回国，然后作为逃兵判处枪毙，便再次附上《兵役证明书》，向法务省提交了《避难申请书》。不过，法务省未接受申请，在刑满之后立即执行了"强制离开命令书"，将他送到长崎县的大村非法入境拘留所（1967 年 2 月 19 日）。即便如此，金东希想着无论如何也要避免被强制遣返至韩国，在翌日（2 月 20 日）向日本政府提交了《归国地申请书》，希望能将归国地变成朝鲜民主主义人民共和国。

这件事偶然在电视台报道，被越平联相关人士知道。京都大学研究生、越平联成员盐泽由典（1943 年生）尝试给大村拘留所写信，收到金东希的回信。在同样被拘留的任锡均（1930 年生）的帮助下，两人之间开始通信。金东希也向福冈地方法院提出诉讼，要求"取消强制离开命令书"，并开始审判。不过，在马上就要进行第四次审判的 1968 年 1 月，根据法务省当局的判断，金东希被秘密安排乘坐苏联船只"贝加尔"号从横滨出发，经由纳霍德卡送到朝鲜。虽然这是规避支持者的方式，但金东希的第二愿望得以实现，即如果没法在日本避难，就将其送到朝鲜。

总之，通过这种事件，作为仅拘留、遣返日本旧殖民地中的韩国人、朝鲜人的机构，大村拘留所的歧视性特征也为一般社会所知。（另外，虽然很少，但它也有收容中国人的时期。）

以此为契机，1969 年（昭和四十四年），京都越平联代表饭沼二郎在自己家里挂上了"朝鲜人社"的牌子，开始出版个人杂志《朝鲜人》，副标题定为"为了废止大村拘留所"。杂志渐渐形成邀请朝鲜族知识分子作为每期嘉宾，与鹤见俊辅、小野诚之、大泽真一郎（1937 年生，社会学者）这三位同人一起进行长时间座谈的形式。自第 2 号起，画家须田剋太（1906 年生）绘制每一期的封面插画，并免费提供给杂志。座谈文稿由饭沼自己整理完备，在杂志印刷出来后，他将它们装在登山包中，亲自送到京都、大阪的合作书店，并结算上一期的款项后回去。

创刊时，饭沼定下了出版至第 20 号的目标，并于 1981 年（昭和五十六年）达成。然而，大村拘留所此时仍然存在，并处于只拘留韩国人、朝鲜人的歧视性政策之下。

因此，鹤见俊辅接下《朝鲜人》的出版工作，在自己家门口挂上了"朝鲜人社"的牌子（1975 年，鹤见家搬到左京区岩仓长谷街区）。接着，从第 21 号出到停刊号第 27 号（1991 年）。

在第 27 号能够停刊，是因为 1989 年（平成元年）11 月，大村拘留所只收容韩国人、朝鲜人的这一功能结束了。

翌月（1989 年 12 月），小野诚之律师前往当地，听取所长的说明。据称，"1989 年 8 月 20 日，九十多名韩国人被集体遣送回釜山金海机场。之后，至同年 11 月初旬，两百多名被拘留者自费出狱，从长崎机场飞往韩国。这样，大村拘留所现在已经没有任

杂志《朝鲜人》。鹤见俊辅从饭沼二郎接过编辑、出版人角色后首次出版的第21号（1983年3月），以及停刊的第27号（1991年5月）。"为了废止大村拘留所"这个杂志副标题各期都有。封面插画均为须田剋太绘制

何朝鲜人、韩国人了。今后的强制遣返应该不经由大村拘留所，而是从各地入境管理局直接回国"。

之后，这处机构在入境管理行政上的定位改变了："根据所长的说明，现在，大村拘留所收押了伪装成越南政治难民的海路难民，也就是'中国人伪装的难民'，其人数超过一千五百名。"

（小野诚之《大村收容所——1989年1月》，《朝鲜人》第27号）

大村拘留所正式关闭是在1993年。鹤见俊辅在完成杂志《朝鲜人》后，每次也是装在包中，亲自送往各个合作书店。三月书房的店主宍户恭一，在1960年第一次见面的座谈会上摆出辛辣的辩论态度，说鹤见在做的只是"激进知识分子的自慰"，此时却转变成温和、善意地接待。

1973年（昭和四十八年）1月，《巴黎和平协约》签订，越南战争走向终结。9月初，鹤见俊辅开始了在墨西哥学院为期十个月的授课。他是在上一年（1972年）夏天和妻子一起离开日本远赴墨西哥的。课程的前期讲明治以后的日本文学，后期讲第二次世界大战前后的政治思想。参加课堂研讨的学生中，有四位墨西哥人、一位智利人、一位巴西人、一位古巴人、一位日本人。鹤见上课使用英语，学生根据需要使用西班牙语。在这种程度上，鹤见自己也懂了西班牙语。讲课内容以平装书《近代日本的思想与文学》（墨西哥学院，1980）的形式留存了下来。

表哥佐野硕终生未回日本，已经在当地去世（1966），享年六十一周岁。不过，他们在这里还可以见到和他结婚、离婚并在之后仍一起工作的美国舞蹈家沃尔丁。

"硕是个非常厉害的语言能手，能像美国人一样熟练使用英语俚语。他的西班牙语也很好，也能自由使用俄语、德语、法语。他说话很厉害，一直扣人心弦。平时乐观，不过他的暴脾气实在让人受不了。有些事只能认为是他疯了。

　　"凌晨2点，他会突然起来开始发怒，叫喊'明天我就去日本公使馆自首'之类的。没法觉得这正常。"

　　佐野硕终生持续的内心摇摆，鹤见也在自己身体中感受到了。

　　1939年到墨西哥避难之后，佐野硕第一次公开的工作，是在沃尔丁编舞的现代芭蕾新作《女上校》中担任合唱和表演的指导。波萨达（1852—1913）绘制经常出现卡特里娜骷髅头[1]的政治漫画批判时局，而这部作品就以他的版画为基础构成，作为植根于墨西哥传统且希望社会变革的民众的舞蹈剧，公演获得巨大成功。

　　"我想，将年轻人吸引到佐野硕身旁的，是他有气节的生存方式。因为墨西哥的戏剧节，在他之前没有那样的传统。"

　　即便对比里维拉、奥罗斯科、西凯罗斯、塔马约等大批墨西哥现代画家，鹤见俊辅仍更喜欢年龄大一辈的波萨达的那些骷髅图案。即便是加入墨西哥革命战争的农民形象，在他的笔下也成为骷髅队伍。无论是只身一人旅游，还是多人狂欢作乐，这些骷髅都能表现出来。那种大方的风格，也让人想到水木茂创作的漫画。现在还活着的人，不久都会加入死者之列。波萨

---

[1]　墨西哥版画家何塞·瓜达卢佩·波萨达创造的一个女性骷髅角色，经常用在政治漫画中。

达的画里包含了一种抑制短期决战性运动相伴的肃清、内部暴力，并走向变革的、更有耐心的传统。

另一方面，横山贞子在街旁书店偶然看到的画集上，第一次知道了弗里达·卡罗（1907—1954）的作品，并被其吸引。当时，这位女画家在日本几乎还未被介绍。

弗里达·卡罗用鲜艳的色彩绘制的大多是自画像。她小时候得了脊髓灰质炎（小儿麻痹症），一条腿萎缩了。十几岁时，她经历了严重的巴士事故，身受重伤，脊椎、肋骨、骨盆、右脚骨折，铁质扶手刺入下腹部。因此，其自画像中的人物也被带有金属脊椎的紧身衣固定，或者子宫被伤害，每一幅都带着痛楚。

但是，即便如此，画中的她身着鲜艳的刺绣质地的特瓦纳服装（瓦哈卡市特旺特佩克地区的传统民族服装），目光直直地看向观者。那种色彩与墨西哥的风光相连，仿佛从体内萌生出来。它未被痛苦沾染，鲜艳而澄净。

横山自己身体也不好。以举全家之力反对越南战争的日子为顶点，结婚之后的十多年胡乱生活，大概也损伤了她的心脏。正因如此，遇见弗里达·卡罗，也是她在那些作品里看到了自身心境的体验。

1973年6月末，鹤见俊辅结束了墨西哥学院的课程，和妻子、年幼的儿子一起，从墨西哥向东穿过大西洋，在之后的约一个半月中，仿佛回溯过去佐野硕的流亡旅程一样，取道西班牙、安道尔、意大利、梵蒂冈、圣马力诺、英国、荷兰、丹麦、挪威、芬兰，再返回英国，然后回到日本。

第十节　沉默的礼拜

1973年（昭和四十八年）11月1日下午4点左右，父亲鹤见祐辅以八十八周岁高龄，在练马区关街区的家中去世。

长子俊辅从京都急忙赶来，但是差了一点点，未能赶上年迈父亲的最后一息。

姐姐和子正在多伦多大学社会学院担任客座教授。10月31日深夜，她接到父亲健康状况恶化的国际电话。第二天早晨，和子从温哥华转机飞向羽田。在经过途中加油地安克雷奇附近时，她眺望落入无垠雪原下的庄严落日，感觉到父亲的逝去。到达羽田时，父亲祐辅去世已数个小时了。

这时俊辅五十一周岁，和子五十五周岁。幼子直辅在美国。只有骨肉之亲次女章子，以及医生、护士陪到临终。

鹤见祐辅在七十四岁病倒，稍后长子俊辅查看保险柜，看到里面保存有1937年（昭和十二年）写的遗书。这应该是受到上一年"二二六事件"的影响，为预防今后出现同样事情而留下的。葬礼以禅宗形式。当时的父亲这样写道。现在还是同样的想法吗？也不能向病床上的父亲确认。俊辅就与有交往的京都的市川白弦商量，后者推荐了野火止的平林寺的白水敬山法师。他拜访法师，说了父亲的事情后，对方愉快地接受了。

不过，某天，过去在父亲身边的人，托姐姐和子（将年迈父亲的比画变成语言告诉他）问"老师您的信仰是什么呢？"时，父亲回答说"基督教"，因此不得不重新考虑。再详细打听其宗派，他清楚地用手势告诉，要和他师从的新渡户稻造一样，以贵格会的方式举行葬礼。

鹤见前去向白水敬山法师道歉，法师说按照令尊心里的方式做就好了。

11月6日下午，告别礼拜在三田的普连土学园讲堂举行。除了亲属以外，贵格会信徒、越平联人士、官员、律师、作家乃至举着太阳旗的右翼白发老人也共聚一堂，这个光景好像正映照出鹤见祐辅的人生。

在贵格会重视的"沉默的礼拜"正中，宫内厅的使节捧着勋章"勋一等瑞宝章"出现在会场入口。亲人席上的鹤见和子注意到后，用手肘碰了碰一旁的俊辅，用眼神告诉他是不是应该出去迎接使者，但俊辅并未起身。虽然脸色未变，但他对故意撞上这一仪式的时间派来使者这件事感到愤怒。侧目看到作为亲属代表的鹤见没有起身的意思，其他亲属也都未动。

祐辅生前已经获得了勋二等奖章。那些与政府上层交涉，为了能授予他这一勋章而四处奔走的现众议院议员，也在会场上坐着。他们对祐辅长子的这种态度应该感到不满吧。即便仍在"沉默的礼拜"，他们互相也在交换眼神。

1973 年，杂志《思想的科学》4 月号组稿了一期"现在的孩子在做什么"的特辑。封面上仅仅写着大大的"这一期全部由小孩子写成"几个字。这是在杂志上登载直至小学生的作文，并仅由它们组成的特辑。

根据编委会写的前言《给读者》，寄来稿件的孩子"全部共1689 人，满四百字的稿纸达 2956 页"，其中，选取了"84 人共233 页"刊登于此。

开篇是饭田久（七岁，神奈川县藤泽市）的《世界变得讨厌了》。

"老师，我昨天才注意到，世界变得讨厌了。"他这样写道。很有意思。

实际上，当时上小学五年级的我写的文章，也在这里面。

北泽恒（十一岁，京都伏见区），题目是《思想》。

"上音乐课时，男孩们吵闹，教学崩溃（虽然当时还没有这个说法）。放学后，班主任老师把我叫出去，骂道，你就是主犯吧。

"但是从'我'来看，自己没有认真听课是事实，不过并不记得自己唱《假面骑士》的主题曲导致课堂秩序崩溃，这样被单方面定为主谋让我感到不满。

"我被迫与教音乐的老师直接对抗，最终将错就错，提出了许多问题。"

　　在那里待了十五分钟后，加藤老师［音乐老师］

走进了教师办公室。

我被古川老师［班主任］强迫着向她道歉。

"对不起。"

说完后，我感觉加藤老师的脸上露出一丝微笑。道歉之后，我觉得道歉这件事非常傻。过了一会，我开始一条条地问加藤老师：

"为什么觉得那么傻的事情，自己还必须勉强做呢？

"做也好，不做也好，是我的自由吧。

"人不就是自由、悠闲地做自己觉得好的事情，才最幸福吗？

"为什么大家做了，自己也一定要一起做呢？"

然而，全部问题都被说成接近于无的事情。

"人和其他动物不一样，有规矩的社会，如果不按照它生活，就会偏离人的道路。学校也是，那个练习也是。如果都按照你想的来，之后一定会有'后huǐ'的时候。"

我勃然大怒，又缠住老师问出同样的问题。

但是又被挡了回来。

我感觉到眼眶变热。眼泪就要流出来了。但是，如果在这里流眼泪的话，就输了，所以拼命地忍住，又向老师问出问题。

在重复这种对话中，加藤老师最终回家了。

那之后，班主任的责备与我的抗辩仍继续。

最后，老师说：

"你是无政府主义者。只考虑自己的事情。老师最鄙视那样的人。到和你讲通为止，我每天都要和你说。我没办法把那种人送到社会上。之后每天，到和你讲通为止，放课后就到教师办公室，我不能成为你这种联合赤军的老师。今天我已经必须要回去了。"说完，他就离开了教师办公室。

我不知道无政府主义的意思，但是对被说成"无政府主义"这件事，与其说是担心，不如说是震惊。

之后，我问了爸爸，知道无政府主义者，就是那些认为自由地做自己觉得对的事情就好的人。好像就是中尾初那样的人。

那样的话，我的思想果然和锐眼老师所说的那样，也是无政府主义。

还想说的是，虽然老师说一直到说通为止，每天都要放课后去教师办公室，但是之后我一次也没有因为这件事去那里，以及妈妈因为那件事（音乐课的事情）被叫到学校去，很叹气。

我写了这些事情。

母亲被班主任叫到学校里的时候，好像被这样问道："你家小孩，读了幸德秋水那些人的书吗？"

Xìng dé qiū shuǐ 是什么样的人啊？虽然越来越不明白，但是因为母亲说了好几遍那件事，"幸德秋水"这个带着不稳氛围的人名留在了记忆之中。不过作文里并没有那么深入地写。母亲"很叹气"应该指的就是这个事情。

父母关系这个时候不太好。不过，我感觉正是因为我还在学校惹麻烦，父母更频繁地小声说着好像和这相关的事情。相比于作为当事者的我这个孩子，父母的语气更阴沉。对我来说，班主任平时很温柔、热心，属于我喜欢类型的老师。正因如此，老师与平日不同的非常固执的态度，让我迷惑而不知所措。

"是工会活动家……"

"像共产党员。"

父母之间小声地交换着像是八卦班主任的话。

从长远来看，学校的老师也好，我的父母也好，都是京都市的公务员。通过询问别人，可能知道关于那个人的相当具体的事情。特别是此时父亲声音阴郁，应该是因为存在某种不安吧。纠缠在自己履历上的传闻——过去的"反党分子"、越平联活动家，或者新左翼支持者——会不会辗转影响到还是小学生的儿子的待遇呢？比如，因为自己的越平联活动，儿子在学校被老师说讨厌而回家也还好。但是，自己经历过交织着"托派分子""布朗基派分子"之类语言的审问，现在他们用同样的语法，使用"无政府主义者""幸德秋水"这些语言来说教儿子，还是会很让人害怕并心情沉重。

之后，感觉过了相当长的时间后，我记得鹤见（当时我叫他"hè jiàn 老师"）和年少的我说话。

"我家太郎啊，觉得'恒哥哥很好啊'，很羡慕哦。他还说'恒哥哥写作文，自己赚了稿费。我也想写文章赚稿费'。"说完之后，他很开心地头稍微抬起，哈哈地笑起来。

确实，当时《思想的科学》的稿费是一页稿纸五百日元，我记得那篇作文写了十页，所以的确拿到五千日元。不管是丸山真男写的，还是小学生写的，都是一页稿子五百日元。

鹤见太郎比我小四岁，《思想的科学》在编辑"现在的孩子在做什么"特辑时，他刚七岁。所以，听到这个事情的时候，太郎还太小没法写，应该感觉很遗憾。不过后来想想，这期特辑开篇刊载的饭田久的《世界变得讨厌了》，也是七岁孩子的作品。因此，即便是鹤见太郎，如果想写什么的话，应该也是可以写的。（多说一句，饭田久是饭田桃的长子。）——想到这个的时候，我终于意识到了。

原来如此！编辑那期特辑时，鹤见太郎被父母带着在墨西哥。因此，他很遗憾地错过了投稿的机会。

顺便说，将"现在的孩子在做什么"特辑翻过来，在最后一页上有担任策划的八位编委及编辑人员（大泽真一郎、北泽恒彦、栗原彬、高崎宗司、那须正尚、丸山睦男、山口文宪、吉田贞子）各自写的"编者后记"。

其中，北泽恒彦写的非常短，全文引述——"据说赤军派诸君很多都是老实的孩子。把调皮鬼叫作赤军，是事实错误吧。"

此处再加上一件过去的记忆。

从十五六岁左右开始的高中时代，是和同辈好友一起乱玩的时候，所以和鹤见俊辅、饭沼二郎这些人见面的机会，那几年在我这里几乎都没有。

时隔很久再次见到鹤见俊辅的那天，我现在也还记得。那是1980年（昭和五十五年）夏天，我十九岁了。

那年春天，韩国出现"光州事件"，在军事独裁之下，许多人被杀害。而且，以金大中为首的、致力于民主化的人士全部被关入监狱。同样是春天，我进入同志社大学就读（文学院文化学系日本文化史专业日本史方向），正开始和基础学习（森浩一的课堂研讨）的同学一起学习"日朝关系史"。我不觉得每天正在韩国发展的事态，与我们要学的东西没有关系。因此，我想利用同志社大学校内设施，举办一个对此问题我们也能思考的那种研讨会。

当时我想，能不能请鹤见俊辅作一个相当于提出问题的某种演讲。几年前（1972），鹤见他们带着反对关押韩国诗人金芝河（1941年生）的签名，前往军事政权下的韩国。当时，金芝河被软禁在马山的结核病疗养所，鹤见他们强行闯入一般，成功见到了他。这个时候他们确实以"金芝河氏救援委员会"的名义，收集过签名。那时候，对于鹤见他们一行，金芝河用磕磕绊绊的英语这样回应："你们的运动帮助不了我，不过，我会加入我的声音，以帮助你们的运动。"

这些是后来才知道的。在这次前往韩国期间，鹤见他们带着从日本带来的反对收押金芝河的签名单复印件，去到当时称作"中央厅"的政府办公楼。当时接待他们的韩国政府要员，递上了哈佛大学博士头衔的名片，似乎（用流畅的英语）讽刺地说："据说金大中被哈佛大学邀请去讲课，但是他英语行吗？"

在"中央厅"这座拥有高高穹顶的壮丽建筑中站着，一种什么时候来过这里的感觉袭上鹤见心头。不久，他意识到这座建筑就是过去的朝鲜总督府。八岁的时候（1930年），鹤见作为后人代表之一，被家人带着参加竖立在大连星浦公园的首任满铁总裁、已故外祖父后藤新平的铜像揭幕式。那次旅程途中，他们经停朝鲜京城（今首尔），问候外祖父后藤新平的总角之交、自己叫作"斋藤叔叔"的朝鲜总督斋藤实。——此处正是当时迈入的建筑。

不过，对于自己意识到的东西，鹤见没有和任何人说。他已经很清楚，就算是说了，要想将自己想到的不多不少地传达给对方，是几近绝望的难事。

总之，因为这些事情，我想邀请鹤见俊辅演讲，在1980年夏天，十九岁快结束的夜晚，前往他开办系列课堂研讨的讲课会场。记忆中，会场应该是在靠近京大正门前面的东一条路的日本意大利会馆，不然就是离那稍微远一些的京大乐友会馆。这是围绕"战后思想"而召开的多次课程的第一次，此时是将和辻哲郎作为批评对象。在战争时期，和辻在"尊皇思想及其传统"这一脉络下出版了很多著作，但是战后突然变脸，在《锁国》中说"也就是说，日本缺少航海者亨利王子"，开始进行现在要转向开国派国际主义的说教。鹤见一反常态，用严肃的表情批判这样的和辻哲郎"齿轮对不上吧"。

课程结束后，我在会场前的路上等着，鹤见出来了。

我上去打招呼，报了名姓，他的眼睛一下子睁得很大，笑起来说：“这真是，太惊讶了。长大了啊！”

我说出了自己相求的事情：“我想用同志社的大教室，开一个理解光州事件的研讨会，能否请您说几句话啊？”

瞬间，他的表情又变成严肃的样子。

“我呀，十年前就从同志社辞职了。”

他用克制的声音这样说道。

“教授会让机动队进来殴打学生。我能听到砰砰地用硬铝板盾牌殴打学生身体的声音。让人不快的声音。因此，我不再去同志社，连从它旁边路过都不愿。”

他语气强硬地扔下这句话，就单手稍稍举一下，说“那，回见”，然后像逃跑一样沿着东大路的步行道向北快步走去，消失在黑暗之中。

我无法忘记他逃跑的速度之快。

5

未完成之事的意义

1972—2015

第一节　何谓"世界小说"

　　鹤见俊辅举出梦野久作的《冰之涯》（1933），作为构成日本"世界小说"根源的代表性作品之一。

　　十月革命建立了世界上最初的社会主义政权，作为对此的干涉，日本毅然出兵西伯利亚。其中，被派遣到中国东北北部哈尔滨的一等步兵上村作次郎，在1920年（大正九年）卷入当地日军内部的腐败与权谋。在此旋涡之中，他与有吉卜赛人和科西嘉人血统的少女妮娜成为同伴，一起不断逃亡。

　　靠着一幅地图，他们从哈尔滨乘摩托艇，沿松花江而下，到达伯力，从那里沿乌苏里江进入兴凯湖，再一直抵达海参崴。途中，他们落入白军（俄国的反革命军）手中，被怀疑是间谍，不过妮娜的吉卜赛语发挥了作用，使其被作为难以谋生的流浪者释放。两人靠着表演手风琴和舞蹈，给村庄里的婚礼及节日提供乐子，一直飘到海参崴后街的贫民窟。在美军从干涉战争撤退后，这处街区由日本军队接替占领，区域内的间谍调查也很严格。两个人觉得，不管是红军、白军，还是日军，他们都不想加入了。因此，他们决定之后坐着雪橇喝着威士忌，穿过覆盖在海上的冰雪向海中而去……

一位士兵离开日军部队，穿越到"国家"的外侧。在那里，"国家"这个组织是什么呢？

根据鹤见的说法，"世界小说"不同于描写不同民族间交流而成立的"国家小说"。莫不如说，"世界小说"与之相对，是贯穿将世界作为统一体来理解这一感觉的小说。如果这样的话，和《冰之涯》几乎同一时期的《流浪得克萨斯》中的"美国小日本"，自然也可以说是"世界小说"的居民。后者是在北美各地随心所欲地边工作边移动的古让次的作品。

《冰之涯》中的一等步兵上村也好，古让次描写的流浪者"美国小日本"也好，"国民"这件上衣早已磨损，并从身上脱落，而他们的身体前往"国家"之外的无主之地游荡，有着穿越"国"境的旨趣。莫不如说，这样的姿态就是"世界小说"的境遇。

鹤见俊辅在年少时沉迷梦野久作的作品。因为梦野久作的全集（黑白书房版）被送给了父亲鹤见祐辅。梦野久作（本名杉山泰道，1889—1936）的父亲杉山茂丸（1864—1935）是福冈出身，和构成日本亚洲主义源头的玄洋社的头山满（1855—1944）他们有很深的交流，作为以首任首相伊藤博文为首的政界大人物的得力心腹而声名远扬。他和后藤新平也是亲密的朋友。因此，杉山茂丸、梦野久作父子相继去世后，根据后人的意向，他们就将久作的全集送给也是畅销书作家的鹤见祐辅。不过，祐辅对目标是大众娱乐小说的作品态度冷淡（虽然他自己也是大众风格的人气作家），没有碰这些书。家里只有长子俊辅一个人成为梦野久作的热心读者。

要读懂《冰之涯》这部作品，俊辅这位少年身边就有线索。因为去世的外祖父后藤新平，正是强硬地主张西伯利亚干涉战争的当事人。当时他担任寺内内阁的外务大臣。之后，后藤也承认这个政策失败了，并亲自邀请苏联远东代表越飞访日（1923），以谋求打开局面，建立日苏之间的外交关系。此时，对日本军部在出兵西伯利亚时贪污俄国金条（被革命推翻的罗曼诺夫王朝的国家银行，为了金本位制而保存的金条）的怀疑也逐渐表面化，甚至传言连陆军次官（之后的陆军大臣）山梨半造都好像牵扯了进去。从记事之后，俊辅也在家里听到这种事情。这种无法听之不理的传言，也从杉山茂丸那里传给儿子梦野久作，成为之后《冰之涯》的基础。

关于玄洋社周边的人脉，战后的略图很容易将总帅头山满作为"右翼魁首"来看待，但在鹤见俊辅这里，则没有太多这种预判。身处后藤新平一族这种地位，他从小就在身边看到这一系统的诸人进进出出。比如，被带去两国国技馆看相扑时，后藤新平一家的观看席旁边就是头山满的观看席。秃头、白胡子、戴着眼镜的沉静老人头山满，坐在那里看着相扑台。不喝酒、对地位及财务不显示出欲望、一直笑呵呵的——鹤见自己也看到过这种相关人士眼中的头山满的形象。

鹤见写作《脑髓地狱的世界》时（1962），思想的科学研究会的"共同研究：明治维新"小组活动还在继续。担任负责人的市井三郎（1922年生）考虑也邀请研究会的外部人员参加，先是神道研究家苇津珍彦（1909年生），稍后则有林竹二（1906年生，教育学者）、西春彦（1893年生，前外交官）等从会外加入这一小组。

此时，鹤见俊辅有写杉山家（杉山茂丸、梦野久作等）传记的构想。不过，随着调查深入，更多的是感觉很难写。因此，某天，他拜托苇津珍彦说："听说你和杉山茂丸是亲戚，我对茂丸的儿子泰道（梦野久作）感兴趣，听说泰道有儿子。你能帮我介绍一下吗？"

对此，苇津回答道："久作的儿子中，杉山龙丸是长子，住在福冈唐原的农场，倒是经常来东京长谈，但我不想做你们之间的介绍者。我给你确切的地址，你直接联系怎么样？"

之后他详细讲了不想介绍的理由。

据说，久作的这位长子龙丸（1919年生）当了陆军军官。他在南方战线负重伤，但总算回到了战败的祖国。之后，杉山家的亲朋好友频繁到访他那里。龙丸抱着致力于将印度沙漠绿化的雄伟计划，经常往来于日印之间。

只是，龙丸追慕祖父和父亲的感情很强，虽然身边经常跟随着认真的学者，但在各种资料的解读上很自以为是，很快就和那些学者产生矛盾。因此，苇津不想做那种介绍人。

最终，鹤见这个时候并未与杉山龙丸联系，只是在京都的"家之会"作了口头报告《杉山家两代》就结束了。不过，在《脑髓地狱的世界》发表于《思想的科学》1962年10月号后，不久杉山龙丸本人就来信了。他是从三弟杉山参绿（1926年生）那里知道这篇文章的。之后，杉山龙丸成为到鹤见家"次数最多的人"。办完东京的事情回福冈途中，他总是在京都站下车，在月台买一盒伊势的"赤福"带着去鹤见家。完全不喝酒这一点与其父梦野久作一样。

"因为没通知就来，所以好几次我都在外出，告诉他之后，他就留下赤福回去了。在二十年左右的交往之中，他从来没生过气。《梦野久作全集》变成由三一书房出版时，杉山龙丸突然从九州发来电报，'不要做编委，详情见信'。

"跟着电报之后，快信到了。

"'如果你成为编委，我就必须和你谈钱的事情。我不想让你我之间有金钱纠葛。'

"他以苍劲的笔迹写了这样的主旨。我没有接受担任编委。"

1965 年（昭和四十年）4 月，杉山龙丸也自发地参加了组建越平联的筹备委员会（首次集会），成为"号召"的二十二人之一，头衔是"玄洋社国际部长"。另外，他自己也是伤残军人，从此心境出发的《两种悲伤》这篇令人难忘的文章，留在了《无声之声的来信》（第 43 号，1967 年 11 月）上。

第二节 家与"民艺"

　　前文也稍稍提及过，鹤见俊辅的哲学，在走上与"传记"这种方法相遇的道路后，产生了划时期转变。随着临近可称作其工作后期的时期，传记最终开始在其著作群中占据核心地位了。

　　在"筑摩少年图书馆"这套面向少男少女的图书中，鹤见写了《一个人生下来——五位日本人的肖像》（1972）这本小传记作为其中一册。书中各处插入有整页的、由佐佐木真辉（1946年生）绘制的令人印象深刻的人物像插图。

　　鹤见选择的是以下五人：

　　·中滨万次郎（1827—1898）　土佐渔夫，少年时遭遇船难而漂至美国。

　　·田中正造（1841—1913）　生于下野国（今栃木县）里正之家，长期抗议足尾铜山带来的矿业公害。

·横田英子（1857—1929） 生于信浓国松代（今长野市松代街区）的武士家庭，在官营富冈治丝厂担任传授技术的女工。

·金子文子（1903—1926） 生于横滨的无户籍者，同朝鲜无政府主义者结婚，在狱中自杀。

·林尹夫（1922—1945） 成长于神奈川县横须贺市，升入京都三高、京都帝大，因政府征召学生参军成为飞行员，飞机被击毁后战死。

每个年轻人都察觉到自己在降生到的这个世界中的位置，开始推动社会发展。鹤见聚焦这一时期，写下了这些小传。此时他五十周岁了。

为了去墨西哥学院授课而前往该国，也是在 1972 年（昭和四十七年）夏天。翌年夏天回日本不久后，鹤见就开始在杂志上连载新的传记《柳宗悦记录》（《月刊百科》1974 年 1 月号—12 月号）。

同时，从 1974 年（昭和四十九年）1 月至 1975 年 12 月整整两年间，鹤见也负责《朝日新闻》的"论坛时评"栏目。当时仅仅综合杂志、思想杂志、评论杂志这些就有一百多种。栏目视为对象的文章横跨政治学、社会学、经济学，一直到自然学科的各个分支，因此朝日社给他配有高畠通敏（政治学）、西川润（经济学）、吉川勇一（公民运动）、和田春树（历史学）这些顾问。鹤见自己也阅读新的各类文章并做笔记，持续着宛如美国留学期间"第一病"时代的学习生活。《朝日新闻》东京总公司的办公地，这个时候仍在有乐街区。鹤见和顾问会面商量时，前往这座大厦，经常在走廊中遇到旧识的学者、作家。他觉得每个笑呵呵地走近的人，好像都在用心灵感应术的声音和他说："我最近在杂志上发表的文章，能不能给选上这次的'论坛时评'呀？"

约定的两年结束后，鹤见长舒一口气。在这一点上，这是痛苦的两年。

另一方面，朝日新闻社开始了"朝日评选传"这一传记系列，也希望鹤见能写一些，于是他决定写幕末的兰医、生于奥州水泽的高野长英（1804—1850）。水泽是自己妈妈这一方，也就是后藤新平的故乡，高野长英也是他的远亲。

从墨西哥回国不久的1973年秋（10月下旬），他得到机会，在思想的科学研究会会员、《我的隐秘念佛[1]》的作者、画家阿伊染德美（1935年生于岩手县和贺郡，即今北上市）的陪同介绍下，前往花卷、北上、水泽等地行走。父亲鹤见祐辅去世，就是那刚刚结束的11月1日。对祐辅来说，那里也是"岩手二区"这个数次将他送到众议院的选举区。鹤见俊辅对这片土地及在此成长的人们也兴趣增长了。当然，鹤见心中也有另一种感情，即长英作为"蛮社之狱"后的逃狱人员，持续着逃亡、潜伏的生活，这和自己帮助在越南战争下逃走的美国士兵的经历重合。在如此完成的《高野长英》（1975）中，俊辅从时间的重合中开始讲述水泽这片土地蕴藏的记忆：古代以来的安倍氏与清原氏、基督徒的出现与消长、隐秘念佛、反复的歉收与饥馑。接下来则是长英的事迹，

---

1 隐し念仏，一种带有秘密主义的念佛信仰、民间信仰。和"隐匿佛教"，即由于宗教迫害而必须秘密修行的佛教教派不同。

以及作为逃亡者的传说。

鹤见俊辅的《柳宗悦》(1976)，是在此前连载完结的《柳宗悦记录》之上增补整理而成的。

从墨西哥回国后，柳宗悦（1889—1961）已是他界之人，不过其夫人柳兼子（1892年生，声乐家）仍健在，鹤见便到访她一个人住的三鹰的公寓，听她讲事情。1940年（昭和十五年）夏天，十八岁的鹤见自留学地美国暂时回家，曾前往目黑区驹场拜访柳宗悦，这是时隔三十多年后再度拜访柳家。

十八岁的鹤见对民艺既无兴趣又无知识，主要是向作为威廉·布莱克研究者的柳宗悦请教基督教神秘主义的相关问题，对方却全部从佛教经典中举例回答。此次拜访柳兼子的鹤见，已经年过五旬，几乎和那时候的柳宗悦同龄了。

比如，关于"收藏"。

十八岁的鹤见访问驹场的柳家时，日本民艺馆已经在隔着一条路的对面开馆(1963)，柳宗悦自己担任馆长一职。此次的采访，鹤见从柳宗悦的四子柳宗明（1927年生，园艺家）那里听到下面这个事情。

"想到家里没有盛煮海味的容器时，他有时就会去民艺馆的陈列区。过了一会就带着东西回来了。父亲认为器物越使用越美。"

接下来，鹤见这样写道："在那里有一种观点，即自己的生活本身就是一个收藏，希望将收藏作为那种东西思考。这是和欧洲美术馆不一样的思考方式。"

另外，在先于《柳宗悦记录》连载的1972年6月至7月间，如上章所述，鹤见俊辅带着反对收押诗人金芝河（1941年生）的签名册前往军事政权下的韩国。在首尔市中心的某座带有穹顶的壮丽政府机构"中央厅"，将签名册复印本交给来接待的韩国政府要员时，他突然注意到，这座建筑就是自己八岁时（1930）被带着来问候外祖父后藤新平的总角之交斋藤实时的朝鲜总督府。

在被纳入日本殖民统治下的朝鲜京城（今首尔），朝鲜总督府（1926年竣工）这座带有穹顶的五层官署，好像阻碍似的建在背靠北岳山的朝鲜李氏王朝时代的宫殿（景福宫）前面。宫殿的正门光华门，一开始因为这个工程要被拆除。知道此计划后，柳宗悦立刻写了一篇名为《为了即将失去的一座朝鲜建筑》的文章，发表在《改造》（1922年9月号）上。以此为开端，总算更改了关于光华门的施工方针，将它搬迁到宫廷地界内不干扰施工的地方。

就这样，鹤见自己再访韩国的经历，也发掘出看待柳宗悦这个人的新视角。

1922年（大正十一年），在收录了前文《为了即将失去的一座朝鲜建筑》的著作《朝鲜及其艺术》出版时，柳宗悦本人在序言中已经这样写道：

"日本的同胞们啊，耶稣说过，起于刀剑者亡于刀剑。这是至理之言。早点放弃军国主义吧。凌虐弱者的事情不是日本的名誉。（……）与尊重自己的自由一起，也尊重他人的自由吧。如果践踏了这一人伦，世界都会成为日本之敌。若果那样的话，灭亡的不是朝鲜，而是日本吧。"

还有这样的事情。

那是鹤见俊辅一家前往墨西哥前后，即1970年代前半期的事情。

他们租住的房子位于京都市北区衣笠大被街区，靠近敷地神社，房主突然需要大笔现金，就问他们要不要买下这栋房子。不过，鹤见俊辅在1970年（昭和四十五年）从同志社大学辞职，无定期收入。妻子横山贞子也只是在京都精华短期大学作为讲师教授英语、英美文学而已。然而，如果他们不买的话，房东只能卖给其他人筹钱，因此就说请他们搬到别处。

怎么办才好呢？横山贞子在困扰之中，不觉闯入敷地神社前十字路口旁的信用合作社。虽然觉得会被认为脑子有问题，不过她仍试着拜托工作人员"能不能贷款啊"。幸运的是，她被请到二楼，由支行长听她说。横山努力地说，最后，支行长下了决定，"那么，就贷给你"。

这样，他们买下了敷地神社的房子。之后不久，他们又用此作抵押，购入了左京区岩仓长谷街区的土地。刚好运气好，此时横山从京都精华短期大学拿到副教授的职位。"因此，我在钱上面，一次也没有让老家帮忙。"横山这样讲过。

新房的设计拜托给建筑家三泽博章。此前鹤见俊辅访问过科学史学家吉田光邦在北白川高地的家，很喜欢素净的两层木屋的装修设计。那处房子带有俯视街区的宽阔阳台，采光、空间的安排等方面很时尚，但也是让人觉得即便时光流逝也不会老旧的结构。从墨西哥回到日本后，鹤见又去了吉田家，这次横山贞子也陪同一起，请他介绍设计者三泽博章。

房子的施工不着急，他们和三泽慢慢商量，横山贞子自己也画设计图，将其加入设计之中。楼梯间及采光、庭院的设计、书库的设计方式等，即便地方很小，但也有无数必须纳入考虑的因素。况且，建筑资金只有一点，因此这里不像起伏有致的吉田光邦的房子，而是必须在四四方方的箱子中，将这些要素恰当地融入进去。到这些都清楚确定后，他们在岩仓长谷街区的地块上开始建造房子。桌子、椅子、架子、壁龛等室内家具也定了下来。1975 年（昭和五十年）春天，鹤见一家搬入还有部分工程未完成的房子之中。

建造生活场所的具体性工作，自然也反映在同时期进行的《柳宗悦》的写作之中。

而且，过了一段时间，横山贞子在《思想的科学》上连载《使用者的立场——我的民艺笔记》（1978 年 7 月号—1979 年 2 月号），后将此加工成一本书，即《作为日用品的艺术——从使用者的立场出发》（1975）。

从使用者的立场出发看待日用品，是在此前鹤见俊辅的边界艺术论中几乎看不到的独创性观点。在横山贞子《作为日用品的艺术》中有这样一段：

> 德国建筑家布鲁诺·陶特（1880—1938），在居于日本期间的日记中，对某些民艺运动相关者的农村老屋喜好提出批评。我对陶特的意见感兴趣，并非因为他是著名的建筑家，反倒是因为他在非常小的日式房屋中住了两年多的经历。我在墨西哥生活近一年时，住在钢筋混凝土的公寓里，有电、天然气、自来水、水

冲厕所、淋浴，除去没有供暖设施外，和西欧的房子完全一样。如果将陶特的日式房子体验与此重叠，就是在墨西哥住的房子是用晒干的土坯垒的墙、泥土地、在炉灶中烧玉米杆做饭的房子。在旅行中住几天的话，可能觉得稀奇而好玩，但是在完全未知的居住环境中经营每日生活，是必然要很努力才能适应的沉重体验吧。这种居住的直接体验支持着陶特的日式房屋论、日本文化论。

1933年（昭和八年）3月，眼看着纳粹党在祖国德国掌握政权，布鲁诺·陶特被偷偷告知这样下去可能被作为亲苏联派知识分子而逮捕，于是和夫人艾丽卡一起，慌忙逃到瑞士，再从那里经雅典、伊斯坦布尔、莫斯科，开始了在日本的流亡生活。

作为世界著名建筑家，陶特在刚刚到达日本后，被报社、大学、权势人士的招待、演讲安排得连喘息的时间都没有。不过，等到热度暂时消退后，已经是战争时期的时势了，因此他的名声瞬间笼罩上阴影。陶特一直没有找到建筑方面的工作。有邀请时，也是中途停止。日本政府虽然接受了他作为政治避难者，但考虑到在它后面不久也退出国际联盟的纳粹政府，不愿意积极帮助。对于政府来说，陶特已经是累赘了。

建筑师这个职业，在承接国家、自治体、大企业的纪念碑性建筑时，能够使用巨额资金，名声也随之鹊起。然而，那是有委托人才有的工作。它带有建筑师本身对统治者的要求难以抗拒的软弱性。这种职业上的"特殊性"，和同时代也从西欧社会来到日本生活的陶艺家（初期是蚀刻版画家）伯纳德·利奇（1887—
1979）的状况形成对比。

在陶特来日的翌年，即1934年（昭和九年），利奇受柳宗悦邀请，
再度来日，在这里度过近一年时间。不过，他习惯用很少的收
入和朋友们共同生活，请民艺的旧友引路，没有体验到很不方
便的样子。根据横山贞子所说，在军国主义更加严重的1939年
（昭和十四年），陶艺家河井宽次郎将一位美国人收为居住在自己家
里的徒弟时，也受到"那个男人是间谍"的批评，但是他毫不
介意地过日子。

本来，除了成年后两次长期居住在日本的经历（第一次还包含
了一段在北京生活的时间），伯纳德·利奇年少时期也有在日本成长的
经历，能够使用有他自己特色的日语，较之突然成为流亡者的
陶特夫妇，在日本生活方面有着巨大的优势。据志贺直哉所说，
利奇的日语"用很少的词语反而能表达出非常好的感觉"，因
此"我自己也是词汇贫乏的人，听了利奇的话后，觉得很安心"。
在这一点上，鹤见俊辅在《柳宗悦》中指出，对于"不拘泥于
日本文化细节的限定，在人本位上粗略书写"的"白桦派文风"
的实现，也有伯纳德·利奇的影响。

自1934年夏天开始的两年多，陶特夫妇在高崎市近郊少林
山达摩寺山坡上的山庄（洗心亭）生活。六张草垫、四张半草垫大
小的两间房子，附带狭小的厨房和洗澡间。大房子两边由阴角线
包裹，壁龛背面一墙之隔就是厕所。虽然通了电，但只能用来
照明。做饭、取暖使用木炭和煤球。在仅有两张草垫大小的泥
地房间中，艾丽卡夫人用烧木炭的小炉子做饭想必很辛苦。据

横山贞子说，在这种受限的空间，没办法使用民艺风格的厚重大餐具，而且从陶特夫妇的喜好来看，那应该不是他们会选择的风格。在此度过享受与自然交流的生活方式的经历，给陶特带来了对日本住宅建筑、生活样式的独立而深入的理解与洞察。

不过，在战时色彩浓厚的日本社会，建筑家陶特终究还是找不到能够继续自身职业的立足地。1936年（昭和十一年）秋，土耳其政府邀请他担任国立艺术大学建筑系主任教授，陶特夫妇离开日本（两年后，布鲁诺·陶特在当地因哮喘而客死他乡）。

另一方面，设计过麻布区后藤新平宅邸内西式建筑的捷克裔建筑师安东宁·雷蒙德（1888—1937），此时仍在日本开设计事务所。不过，不久他离开日本（1937）的时刻也来了。

之后，雷蒙德在纽约开了事务所，1943—1944年在犹他州的爆炸试验场，建造燃烧弹试验用的预制日式房屋。此处我直接转引横山贞子《作为日用品的艺术》，对于那份工作，雷蒙德后来自己回顾如下：

"至于原因，是只有我一个建筑师知道日本人建造什么样的房屋。我们从俄国订购杉树木材，从夏威夷订购草垫，在新泽西州的迪克斯堡准备一下，之后将其运送到内华达州。空军组建了非常多日本房屋的模型，进行了多次投弹试验。最终，空军做出符合目的的炸弹。战后我回到日本，请人在自家庭院中挖掘池塘时，匠人还挖出来了一个同样的炸弹。"

战后，雷蒙德夫妇再次回到日本，在麻布笄街区开了一家事务所，兼做自己的家，又在轻井泽开了工作室，建立了晚年事业。战时在他帮助下的美国军方，成功完成了燃烧弹研制，从结果上看，通过在他不在期间的东京大空袭，造成无数人死亡。不过，他对此并没有很在意的样子。

这样，鹤见俊辅的《柳宗悦》和横山贞子的《作为日用品的艺术》作为对日本民艺运动的批评，构成了两个对照的视角。就像《作为日用品的艺术》一书中也克制地提到的，横山是在心脏有些问题的状况下生活的。对此，鹤见内心也有反省，在越南战争时期，援助美军逃兵等麻烦事，持续将家庭生活卷入进去，给妻子增加了太多的负担。

《柳宗悦》出版之后，横山出现了更严重的症状，住院了一段时间。以此为机会，鹤见真正努力开始做饭、洗衣服、购物、清扫、扔垃圾等家务劳动。他说自己"感觉到生存的意义，差不多是在踊跃地承担任务吧"。

对他来说，这是新发现之地，同时也是一种冒险。比如，他注意到家务劳动是没有尽头的："无限地做下去后，如果这里面没有爱的话，就会觉得无比痛苦和厌烦吧。(……)那真是积累黑暗的怨恨啊。"

在这种日常的经历之中，他对"民艺"的看法应该也发生变化了。

第三节　土地神

　　1976 年（昭和五十一年）9 月，现代风俗研究会（首届会长是桑原武夫），在京都的法然院创立。初期核心成员除了鹤见俊辅外，还有多田道太郎（1924 年生，法国文学学者）、井上俊（1938 年生，社会学者）、津金泽聪广（1932 年生，社会学者）这些展示出灵活思考的居住在关西的学者，法然院主持桥本峰雄（1924 年生，哲学学者）也是其中一员。桥本在京都大学（入学时是京都帝国大学）西方哲学专业毕业后，进入佛门，当时既是法然院主持，也作为神户大学教授教哲学、伦理学。

　　这一年，桥本峰雄刚刚出版了《性之神》这本著作，纵横东西古今地论及该主题。由此派生出的"洗澡的思想"这一田野调查，也在不久之后该会的年报《现代风俗》创刊号（1977）上发表。这种治学风格也强烈影响了鹤见俊辅。

　　同一年 9 月 18 日上午 10 点左右，竹内好（1910 年生）没有提前告知，便前往鹤见俊辅位于岩仓长谷街区的新家。对竹内来说，这是自战时"中国文学研究会"开始的盟友武田泰淳（1912年生）刚刚去世的时期（同月5日）。陪同他的是岩波书店编辑田村义也（1923年生）。除了本业的编辑外，田村也很擅长装帧，由别家出版社出版的鹤见俊辅《边界艺术论》（1967年，劲草书房）的装帧，甚至也是他做的（当时，他挑战带函套、压凹、多色印刷这种考究的设计，迟迟没有完成，在鹤见完成作者校对后还让责任编辑等了好几个月）。这年7月，仍由田村负责设计的鹤见的墨西哥游记《瓜达卢佩圣母》（筑摩书房）刚刚出版。

当时鹤见俊辅不在家，妻子横山贞子接待了他们，不过也快到要去京都精华短期大学上课的时间，接下来马上要出去。竹内好那天下午要在京都会馆召开的岩波的文化演讲会上发言，就顺便过来看看。

竹内说想看看书库。房子刚建造后不久，所以书库的收藏空间还有余裕。他说，"羡慕呀。这样不用侧着身子就能在书架间走路，实在是羡慕"。之后，他立刻走出大门，其间罕见地对横山抱怨说，"背疼啊。脖子后面也僵了"。

到了冬天，12月15日，筑摩书房编辑中岛岑夫给鹤见俊辅打来电话，说竹内因为癌症住院，状况不好。年末，鹤见两次前去东京吉祥寺的医院看望竹内好。两次都在病房看到同样生活在吉祥寺的埴谷雄高（1909年生）。埴谷好像每天定时去看望竹内。

鹤见和病床上的竹内说，最近想写"天钿女神的传记"。于是，竹内好回答说，好比唱片有A、B两面，"对于不想听上面的旋律，而想听下面的旋律的人来说，反过来就有另一个中心"。鹤见觉得竹内确切理解了在官僚做出的"国家的神话"背面，还能有另外一个不同的神话这一中心思想。

过完年，到了 1977 年（昭和五十二年），鹤见依然去竹内的病床旁看望他。竹内也对喜欢漫画的鹤见俊辅说，"我不理解漫画，不过自觉还是尊重漫画一代的"。

同年 3 月 3 日，竹内好去世。葬礼在同月 10 日于信浓街区的千日谷会堂举行。

作为中国文学研究会当时同人中的前辈，增田涉（1903 年生）读悼词时，突然咣当一声倒在会场。葬礼委员长埴谷雄高纵身跑过去，把自己带的救心药迅速放在他舌下。另一方面，丸山真男（1914 年生）在鹤见近旁的椅子上凝然坐着，嘟囔着："……武田［泰淳］叫走了竹内，竹内叫走了增田……"

增田涉被送到医院后，就那样去世了。

丸山真男也和竹内、埴谷一样，在吉祥寺生活，因此想到某些想法时，就快步走到竹内好家，几乎是单方面地讲个不停。他和竹内就是这样的朋友关系。

1979 年（昭和五十四年）11 月，鹤见俊辅出版了《太夫才藏传》。这本书不是围绕特定个体的传记作品，就像副标题"贯穿相声的人"一样，它是围绕直至建立起相声这一表演形式的许多无名之人的传记。

参观伦敦的美术馆时，收藏在那里的世界各国器物中，引起鹤见兴趣的是日本的坠饰收藏：蛤蟆仙人、在海螺中狂饮的弁庆、长着香菇的篮子、河童、怀中抱着孩子的丑女人、蹲在莲藕切口上的乌龟……这些坠饰不知道挂在谁的腰间，但是在小小的形状中包含着理想，保持着自由的天地。它们不被纳入权力之网，只是挂在走路人的腰间。这种小小的理想，对鹤见来说是富有魅力的。

"这种想法并不是突然到访，而是每次我想逞能时，它就从后面悄悄靠近，数次将我撞飞。"

日本并非没有伟大的个人。比如，田中正造、宫泽贤治都很杰出，但他们活动的价值也在于和同时代人的连接之中，这种观点莫不如说也适用于世界史上的伟大个体。

给鹤见带来这种想法的一个因素就是相声。因此，他一度追溯其源头，寻找系谱及发展，写下了这本书。

在周刊漫画杂志《少年 Champion》连载的山上辰彦的《少年条子》中，也有相声的形式。

这是以小学生为主人公的漫画（该男孩欲望过多的样子，让当时的大人皱眉），其中有一段故事是在检查身体时，男孩跑到了女孩的房间，被老师骂。于是，两个男孩光着身子背靠背站着，互相用屁股顶对方（其中一个叫小回，是主人公），另一方的男生喊道："human life，小回。"

于是，小回应道："沿海街区的糖尿病。"（两个人的台词都出自当时的电视广告语，是在调侃住丽宝化妆品的"for beautiful human life"，以及资生堂的"沿海街区的葡萄色"。）

在颠覆强调美女模特魅力的广告氛围的这种"恶俗"少年漫画的对口戏中，鹤见也看到"相声"对广告历史的社会批评，觉得很有意思。

作为巡回演出剧团的孩子团长而出名的京蝶蝶（1920年生），后来与徒弟南都雄二（1924年生）在一起，以夫妻相声的形式登上舞台。年龄稍大的妻子的吃苦耐劳和气度很受赞赏，二人靠着主持人生谈话类广播、电视节目"夫妇善哉"（广播是在1955—1970年，电视是在1963—1975年）获得人气，但不久离婚。虽然考虑停止节目，但是制作方朝日广电公司判断，正因为他们夫妇生活失败，所以更适合引导各种夫妇说出故事，就让节目继续下去。后续开始的电视节目"呗子、启助的有趣夫妇"，也是由此前是夫妻的相声组合京呗子与凰启助出演。

鹤见俊辅在艺术风格和实际生活共存的状态中，看到了相声这一形式的独特性，同时，将他们现实生活的失败作为一种魅力而接受的观众群体的出现，也让人看到酝酿出这种状态的历史变迁。

1979年9月至翌年4月，鹤见在加拿大魁北克省蒙特利尔的麦吉尔大学，开设系列讲座。妻子横山贞子、儿子鹤见太郎也一起远赴当地，十四岁的太郎在当地高中上学。魁北克省的官方语言是法语，不过蒙特利尔的街区分为法语圈和英语圈，麦吉尔大学是英语圈的大学。鹤见俊辅也用英语做讲座。

讲座前半期的十三回讲《战争时期日本的精神史：1931—1945》，后半期有九回讲《战后日本的大众文化史：1945—1980》，之后的五回左右由学生报告并给予讨论的机会。

每次听课的只有十人，其中正规学生五人。非正规学生有推荐麦吉尔大学邀请鹤见的该大学副教授太田雄三（1943年生，日本史学家)、在该市法语圈的蒙特利尔大学做日本研究的两位美国人罗伯特·里克茨(1944年生，研究生)和艾伦·沃尔夫(代课讲师)、从日本国立国会图书馆派到蒙特利尔大学东亚研究所出差的职员加藤典洋(1948年生)。在正规学生之中，也有从日本来此留学的大岩圭之助(1952年生，之后是以笔名"辻信一"为人所知的环保运动家、文化人类学者)，不过鹤见一开始以为他是华裔加拿大人。

加藤典洋后来以文艺评论家而知名，自八十年代后半期加入《思想的科学》编委会。辻信一也成为该杂志的主要投稿人之一。另一方面，罗伯特·里克茨是美国军人家庭出身，在前往日本留学后也被征召入伍，不久从科罗拉多州的兵营中逃出，再度逃到日本。在最初的留学日本时期，他看到了从暂时停靠在横须贺港的美国航空母舰上逃出的"'无畏'号四人"的声明，震惊于他们沉静的勇气。在蒙特利尔大学，他写作以"三里塚农民反抗机场运动"为主题的硕士论文，在鹤见讲座结束后成功第三次前往日本，并定居了下来。不久，里克茨也向《思想的科学》投用日语写的稿件。

1979年12月，鹤见俊辅在麦吉尔大学的前半期讲座结束后，一位叫范纽夫的白人研究生出现，邀请他们去北美原住民莫霍克人的聚居地，说自己可以开车带他们。儿子太郎也决定同行。不过，出发之后他们才意识到，这样开车沿着道路前往目的地，途中必须暂时穿过国境线，经过美国境内。鹤见在战后未曾进入美国(更正确的说法是，1951年为前往斯坦福大学就职而被美国政府拒发签证后，他就清楚地意识到这一点，并不再去美国)。

如果自行渡过浅浅的河流，到达对岸，也可以不经过美国领地而抵达聚居地，但这一天很不巧，气温是零下二十度。

范纽夫觉得只是经过一下美国境内，不提供护照也没什么问题，结果被国境海关的警卫挡了回来。虽然已经准备放弃了，不过范纽夫好像用公用电话和在聚居地等待他们的族长联系上了。回来之后，他说："给族长那里打了电话，对方说会来这里。我们就在加拿大一侧的路边餐馆等他们吧。"

过了一会，来了三个男子，都是黑头发、牛仔裤、花衬衫的打扮，一眼看过去和日本年轻人一样。族长叫弗朗西斯·劳伦斯，三十五岁左右，原来好像是拳击手。他加完咖啡后说："要是能去我们那里，就能款待你们了。"

另外两名副官，一个叫拿破仑·波拿巴，一个叫本杰明·富兰克林。当然，他们都有与此不同的莫霍克语名字。据说，他们的任免是按照莫霍克部族自古以来的习惯，由女性长老商量决定的。

弗朗西斯·劳伦斯这样介绍他们：

"我们必须和美国、加拿大这两个国家交涉。因为我们的聚居地是横跨双方领土的一个国家。为此，我们将我们那里的年轻人送到康奈尔大学，让他学习法律。

"范纽夫先生虽然是法裔加拿大人，但对于我们的运动不可或缺，所以我们给他出学费，让他在麦吉尔大学学习公共卫生学。因为这对调查山川、河流污染是必要的。"

来此途中，他们经过了冶铝工厂。虽然被看作这个地方的重要产业，但是从中产生的污染也给聚居地带来公害。

"本杰明·富兰克林（被视作美国开国元勋的18世纪政治家，首任美国

<small>驻法公使）</small>写道，我们莫霍克的部族联合保持了民主主义的政治。富兰克林成为公使，把我们的民主政治带到法国。换句话说，法国大革命中也有莫霍克的血统哦。

"等到天暖了，不经过国界也可以蹚过这条河，到时候请到我们那里。不，沿着这里的路，如果你坐在我们的卡车后面，也可以不被守卫看到就穿越国境了呀。一定没什么问题。你看起来非常像印第安人。"

弗朗西斯·劳伦斯用夹杂着俏皮的语调鼓励鹤见："作为自己国家的代表，去和夺去我们国土的各国代表交涉，静坐示威时，没有这样的干劲可不行呀。"

在圣诞节，一如历年那样，鹤见从蒙特利尔的公寓，给留学美国时期照顾自己的杨格家打电话。

杨格夫人九十岁了，但还很有精力的样子，在电话筒里说："既然都来到蒙特利尔，就离这里很近，穿过国境线来华盛顿见面哈。"

"我没法去美国。"鹤见这样回答。

"那，我去你那边吧。"

鹤见怀疑九十岁的她是否会来，但她真的和次子查尔斯一起来到蒙特利尔。之后，他们在自己的公寓中一起吃了晚饭。第一次见到俊辅的妻子和儿子，杨格夫人特别高兴。

在麦吉尔大学的讲座尾声，鹤见俊辅提及神道学家苇津耕次郎<small>（1878—1940）</small>。

虽然出身于福冈县箱崎宫神官之家，但他在三十周岁时辞去神职，之后一边从事采矿业、寺社建筑业，一边作为在野的神道人士，努力振兴神道。前文中加入"共同研究：明治维新"的苇津珍彦是其长子。

> ……战前日本的国家主义者中，有位叫苇津耕次郎的人。大正时代，日本政府在朝鲜建造神道神社之际，苇津反对将创造日本国土的女神天照大神作为那里的主神祭祀。他认为自古以来，日本的神道都是敬奉当地的神祇，因此在朝鲜建造的神社中，最适合祭祀的应该是朝鲜的神。

对于此事，神社新报社编的《近代神社神道史》中有详细记载。

明治以后，移民台湾岛、桦太（萨哈林）岛、朝鲜半岛、南洋群岛，以及以"满"蒙（中国东北、内蒙古）为首的中国大陆诸地区的日本人增多。与此同时，居住在上述各地的日本人，很多自发建造祭祀乡里氏神等的神社，作为自己心灵的支柱。另一方面，也有不少基于日本政府规划而在当地建造的神社。

其中的代表是以札幌神社（今北海道神宫）为先驱的台湾神社（之后的台湾神宫）、桦太神社、朝鲜神宫、南洋神社、关东神宫（均为官方祭祀的神社）。札幌神社本为开发北海道的守护创建，此后一段时间内，这些神社供奉的神，一般都是基于日本人自古以来的传统神道思想的"国魂神"（该地的神）。但是，自1925年（大正十四年）

创建朝鲜神宫以后，这一惯习被破坏了。

朝鲜神宫的创立自大正时代之初逐步开始，1918年（大正七年），该计划具体成形。朝鲜总督府内部首先提交了祭祀天照大神和明治天皇两神的方针，在得到内务省的同意后，正式决定开始建造官祭神社朝鲜神社（后改为朝鲜神宫）。

对于供奉神祇问题的讨论，出现在要进行迎奉仪式的1925年春。今泉定助、苇津耕次郎、贺茂百树、肥田景之等神道人士强烈主张"朝鲜神宫供奉神，自然应该供奉与朝鲜国土关系深远，也就是其建邦的祖神"，开启运动，头山满等民间志士也予以支持。

特别是苇津耕次郎，在日本吞并韩国（1910）之前，就充分考虑了这件事，前往首任韩国统监伊藤博文赴任途中的下关拜访他（1906年［明治三十九年］2月），主张应该建造"合祭朝鲜两千万民众所有祖神"的神社，作为实现日韩两民族融合的根本之道。而且，后来在与朝鲜总督斋藤实面谈后，苇津在1925年8月提出的《关于朝鲜神宫的意见书》中直率地说道，"在韩国最初的神社（国家神社）中，奉祀皇祖及明治天皇而无视朝鲜建邦之神，是无视人伦之常道的不道德之举，也是无视人情不顾人伦的行为。（……）那样的话，应该作为日韩两族融合之根本的朝鲜神宫，反而成为日韩两族乖离反目的祸根"。

斋藤总督的见识，足以让他倾听苇津耕次郎的意见。但是，此事在前任手上已经开始，作为殖民地高官，他能采取的态度只是"所有的手续都完成了，现在没办法了"。

鹤见俊辅在前面提到的讲座中，继续说道：

这种［苇津耕次郎的］观点，从日本古来的传统来看是正统的，但是在战前及战争时期并没有被统治日本的势力顾及。对于这种传统的重新评价，可以说在 1960 年代之后零星出现了。这些至少比战前战中时期更公开化了吧。

对于此时在麦吉尔大学的讲座课程，后来鹤见以英语的讲座笔记为基础，用日语重新讲了一遍并录音，之后在听记的文字稿中加入文献出处等注释，出版为《战争时期日本精神史：1931—1945》与《战后日本大众文化史：1945—1980》。此处的引用也是出自两书。

另外，原本的英文讲座笔记由伦敦的劳特里奇公司出版为 *An Intellectual History of Wartime Japan, 1931-1945* 和 *A Cultural History of Postwar Japan, 1945-1980* 两册，这两本更加接近讲座的原形。

第四节 入门以前

"要不要在《思想的科学》做一期'大学生'特辑？"

鹤见俊辅和我说起这事，记得是在1981年（昭和五十六年）秋天，那时我二十岁，正在读大二。

自小学五年级，即《思想的科学》在征稿中采用了《思想》这篇作文以后，我偶尔会和编辑部联系，在中学、高中、大学也有投稿（使用本名"北泽恒""北泽ひさし"之后，进入大学短暂用过"洞内和裁"这一笔名）。

在根据地京都出街区的"雪屋"咖啡馆与鹤见俊辅见面时，对于我在《思想的科学》上写的一篇文章，他以严厉的口气让我注意到其中对在同志社大学教文化史专业（我是那里的学生）的K老师的指名道姓的嘲讽段落。

"K先生在《信贵山缘起绘卷》的研究上有出色的成绩。如果对他批评的话，就必须在切实评价这份工作之上，用尽全力批评。"

他说"用尽全力"时，仿佛带着脸都憋红的力气。当时，已经六十岁左右的鹤见，就是这样说话的人。虽然也会突然哈哈地大声笑出来，但在写文章的道德操守上，他对自己十分严格，穷究到底。这种说话方式展示出这种观念。

作为对批评这一行为的个人风格的心得，他说自己想写到"从自己后背插入一把刀，如果刀尖还多出来的话，也就到了别人的身体"的程度。这个比喻相当严肃。虽然经常笑，但他对别人的举措也心知肚明。他在团体场合很受欢迎，但一对一就很难沟通。他在电话中也不附和，只是默默等着对方的话中止。因此，给他打电话的人，对着话筒那一端的沉默，必须一直把事情说完。

大概是再靠后一些的事情——他也说过，在《思想的科学》那样的活动中，"居于中心，怎么都觉得闲言碎语从各个方面涌来"。极端地说，应该是指某些相关人员对他的批判、抱怨、暗中造谣。"因此，这种闲话就停在我这里。不能让它再通向别处。"鹤见说道。而且后来回想时，这些他偶尔提到心得的表达，虽然孤零零的，每次都是只言片语，但它们是类似实务教育一样的东西。他没有说过"请如何如何"这样的话，反而经常是"如果是我的话，会这样这样"，换句话说，在此也是例示的方式。

回到因为嘲讽 K 老师而受到鹤见叱责这件事上。当时我也听到，自己写的文章在大学的教室让"K 老师生气了"之类的传闻。但是，对于学生使用笔名写的文章，此时再查明作者的真实身份，只是更浪费精力和时间而已。与之相比，我突然想到 K 老师反而可能到前同事鹤见那里抱怨过一两句。说起《思想的科学》，世人一般就认为那是鹤见俊辅。三十多年后的现在，我回想起来也觉得如此。鹤见那边非常难办吧。即便如此，他也没有将那些告诉给我。

较之加重谣言或疑心暗鬼，这些事情"就停在我这里"。这就是鹤见的方式。

另外，在这之后，他说了很大方的事情："我想，在《思想的科学》的临时增刊号，做一期'对大学生来说，大学生是什么'的特辑也挺好的。你按你的方式试着做个计划，然后拿到我家里。"

因为有这件事，我常常去鹤见家，推动计划。东京《思想的科学》编辑部那边，鹤见大概帮忙沟通了，我几乎没有打交道。当时，思想的科学社总经理加太高次每月来京都一次，在三条寺街区的"立顿"咖啡馆召开巡回的小会议（出席人员除了加太、鹤见外，还有北泽恒彦、梅则由典、中山容）。我虽然在那里出席了很多次，但是几乎没有提及特辑策划的内容。

"找几位作者，做一个'书中的学生像'的书评小特辑怎么样？"

在鹤见家中对他说编辑计划时，他加了这样的想法。这些也需要费用，因此就给了我三五万日元的"编辑费"。

"在书店集中选一些书买下对吧。之后，就立刻去咖啡馆，把所有的书过一遍，哗哗地翻也行。那样，把内容先记到脑子里，之后就能好好使用，不会浪费了。买了，直接放在那里，很容易无果而终。"

"去采访收集一些话也挺好的吧。你有谁想联系吗？"鹤见说，"丸山真男怎么样？"

"还是别来这么恐怖的人吧。"我回答道。

"哎，你这就很难办了呀。"鹤见笑了出来。

"丸山先生，身体也不是很好……要么，社会学的渡边润怎么样？他的大众传播论让我佩服呢。去听听他说什么怎么样？"

我做了几个采访后，鹤见又提供建议："录音转换成的文字稿，如果一点点删减的话，就很难减到定下的页数。所以，你首先用红铅笔把一定不能错过的观点圈起来，以它为轴，之后用蓝铅笔一点点增加，就很容易凑够定下的页数了。"

收集好约来的稿件后，鹤见也看了一遍。他不在细节的地方啰唆，而是"从这里开始怎么样"，把开头的一两页咔地删掉，干脆地进入正题，或者把絮絮叨叨的文末段落删掉，使之成为爽快收尾的稿件。

稿件达到印刷校样阶段了。

"作者校对，在必要的地方可以加，只是必须不增减一整页行数地调整。如果增减行数的话，各页的排版都会变动，会给排版人员带来麻烦。"

当时还是活字印刷的时代。因此，向鹤见学到的这些注意事项都是必要的。

鹤见也注意稿件顺序。或者更确切地说，他似乎将反复考虑文章顺序作为编辑工作中的乐趣。不考虑作者有无名气，而是让它最好读。这是编辑的声音，因此他喜欢清晰反映出这些的安排。

《思想的科学》的"对于大学生来说，大学生是什么？"特辑，现在确认，是 1982 年 6 月临时增刊号。从此时起，我开始使用"黑川创"这一笔名。

之后，我在京都度过学生生活期间，频频收到编辑部联系，加入写作或采访之中。1984 年（昭和五十九年）春，我大学毕业，在东京找到工作，并搬到那里。以此为契机，他们邀请说也来出席《思想的科学》编辑会议吧，于是就开始参加。当时《思想的科学》编辑部在饭田桥神田川沿岸的一栋老写字楼中，每月一次的编辑会议也在那里召开。

总经理加太高次，加上打工的人一起，有三人左右是常勤的编辑部成员，以鹤见俊辅为首的六人左右是编委，此外，有时也有随机的参加人员，每次十多个人。我一开始什么都不懂，只是在那里待着。不过，过了一段时间，好像被算入"编委"之中了。

本应从傍晚 6 点开始的会议，总是会拖迟一点，其间大家围着附近中餐馆的菜单点不好吃的外卖，而鹤见多半带"竹叶卷寿司""柿子叶寿司"之类的特产出现。他把它们放在桌子中间，一边伸手拿过来大口大口地吃着，一边参加会议。（此外，外卖的便饭他也会认真吃。）

《思想的科学》虽然是月刊，但常常会做五六个月工作量的特辑策划。每月他们也会再提出新的策划，交换作者及约稿的想法。鹤见在发言间隙，一动不动地盯着天花板，然后目光落在笔记本上，不停地记笔记。那多半不是记录在场的某位的发言要旨，而是从那里受到触发，写下自己新想到的东西。以这些为基础，他一个接一个地展开新的想法。有时他还会突然拍着膝盖哈哈大笑。

攒了一个月的投稿，堆在桌子上。于是，鹤见摘掉眼镜，咬着嘴唇，用认真的眼神一篇一篇地看，时不时地说道，"这个，有意思呀。我想登载"。他看未加工稿件的速度也很快。鹤见不是用同一种速度快速阅读，他的方式是最初一两页，好像品味一样慢慢地阅读，渐渐翻稿件的速度就快了，不久到了靠近关键问题的地方，翻页速度就降下来了。

我不习惯在交杂着吵吵闹闹的说话声的环境中看原稿，文字总是进不到脑子去。有次忍不住，就问坐在旁边椅子上的鹤见："为什么你能那么快地看稿子啊？"

"这不就像滑雪一样嘛。"他抬起头，出了口气回答道，"从滑雪场上环视，雪原的全部地形都映入眼中吧？"

这是将文章内容看作"地形"——好像是这样吧。

销量和退货的报告，以及经营状况的资料也会提供给编委。

对此，鹤见默默听着的时候比较多。

对于杂志的特辑策划，负责平日销售成绩的编辑部成员更在意是否能卖，不，应该说是在意这样策划卖不掉怎么办。但是，鹤见表达出的态度是"没事，卖不掉也可以"。

如果真的卖不出去当然很难办，但是作为特辑，要比想做什么更进一步，即如果不做的话，大家特意坚持办这个杂志就没有意义了。实际上，有时候想着卖不掉的反而卖得不差，想着一定会大卖的反而并不是那样。不管怎么说，在《思想的科学》这里，数千读者中的大多数是因为对如何就某一主题讨论感兴趣而购买这本杂志吧，所以并不是特辑的主题就决定性地左右了销量。从整体来看，只要好好地做出内容，不管是什么特辑，销售数字基本是差不多的。

与之相比，漫不经心地做出吊儿郎当的杂志更可怕。鹤见很在意这一点。正因如此，各个特辑在五六个月中每月开会讨论，届时也会增加新的想法，花工夫推进。作为编辑杂志的做法，这也构成了《思想的科学》的一个特征。

每年他们也出版一些单本著作。相比之下，那些行情更好，很长时间都在弥补杂志的亏空。不过鹤见并不喜欢为了赚钱而出版高印数的书，而是经常支持踏实地以小印量不断出版的方针。从结果来看，也可以说这种顽强的态度才让《思想的科学》持续了如此长时间。

并不那么纠缠经营利润的鹤见，也有那么一两次严厉叱责编辑部的情况。一次是请求追加资金填补经营上的赤字时。他说，赤字我明白，如果必须那样做的话，大家同意之后我也会参与。但是撇开这个不提，这种随意的财务管理很让人困扰吧——那次的经营报告好像就有他想表达的问题。

不管什么生意都是如此，因为一点大意，就产生了涣散。比如，出版一本新书时，根据内容使用布面精装等稍微典雅一些的工艺，就需要花时间看效果。然而，在推进这些事情时，如果没有确保当初预计的出版日期，而且放任不管地增加内文页数的话，整体方案就会崩溃，就只能眼看着各种费用膨胀。"费用"是麻烦的象征，如果不投入精力的话，就会成为绊倒人的石头。鹤见似乎觉察到这种危险逼近，就换上了严厉的语气。

这当然是外行人的商道。从专业人士来看，他们做的反正都是无法称得上生意的事情，硬要坚持就一定会出现这种情况。即便如此，遇到这种场面，也会让人感觉到他真正是在努力要将此事业继续下去。经营报告也不会大方地充耳不闻（虽然容易让人那样觉得）。他应该是很认真地听，但平时只是沉默不说而已。

1982年（昭和五十七年），鹤见俊辅满六十岁。从这一年开始，他担任《朝日新闻》的书评委员（至1992年）。《朝日新闻》东京总公司的办公楼已经搬到中央区筑地。书评委员每两周召开一次会议，因此都住在御茶水的山上酒店，而在那前后的日程中，鹤见就尽量安排在东京的其他事情。但是，即便如此也不能完全安排好，每个月必须在京都与东京之间来回三四次的情况依然很多。

稍后，森毅一（1928年生，数学学者）也加入《朝日新闻》的书评委员会（1986年开始）。森的家在京都府南郊，因此在书评委员会召开的当天晚上，也仍要住在山上酒店。他和鹤见一样，完全不喝酒，读书领域极广，且喜欢聊天，因此两人一起从朝日新闻社回酒店后，通常在大厅点一杯咖啡，就那样连续聊两个小时左右。

1984年（昭和五十九年）12月，鹤见俊辅的《杜威》出版。这本书是讲谈社"人类智性遗产"这套全八十卷的传记系列中的一本，是策划委员都留重人邀约的产物。

鹤见的第一本重要著作《美国哲学》（1950）中，没有杜威

（1859—1952）的章节。在当时的日本，提起实用主义哲学家，约翰·杜威是与威廉·詹姆斯并列的绝对有名的人士。然而，年轻的鹤见硬是排斥杜威而完成讨论实用主义的著作，反映出他当时的实用主义观点。

简要来说，杜威这位思想家身上，有显著的对"交流"（communication）的乐观，而且对在此之上的广义的"教育"有过高评价。换句话说，他不在意从交流的失败、无法传达中学习的方式。特别是对年轻时代的鹤见来说，这一点无论如何也难以接受。而且在《思想的科学》创刊号（1946年5月）刊载格特鲁德·耶格《初生者的哲学》这件事，也展示出鹤见作为哲学学者最初出发时的立场。该文章批评杜威的这一点，立足于对人类"顽拗"的认识。

因为以此为出发点，当时的鹤见处于距离马克思主义进步史观最远的地方。后来他断言自己的哲学立场是"反动的思想"大概也是因为这个。日本刚刚战败后的鹤见，同太宰治有同感，而且抱有最初三岛由纪夫身上那种类似悄然伫立于废墟之上的情绪。这种情绪也反映出他们当时共有的、从孤立之处出发的内心风景。（如前文所述，鹤见在1947年《思想的科学》举办"Communication讲座"时，两次前往太宰位于三鹰的家中邀请他讲演，但未见到面。当时，女孩在漏雨的房子里用盆接水玩的样子，映入他眼中。）

对于年轻的鹤见来说，杜威是"头脑不聪明"的思想家。但是杜威极其长寿，到了九十岁重读皮尔士时，又是能够从中重新学习的"头脑很强"的思想家。在鹤见自己身上，随着年龄的增长，杜威的意义也更加深刻。

鹤见称，在西方哲学史上有一席之地的诸位大家中，杜威是极其接近普通人的哲学家。他是不张扬的人。据上过他的研讨课的鹤见和子说，即便是很少几个人的课堂，他也是那种混在其中不知道到底是哪一位的不显眼的人。

久野收（1910 年生）在战时受到马克思和杜威的双方影响，和同人坚持出版反法西斯立场的杂志《世界文化》。即便战后他将反战的伦理与革命的伦理区分开，主张在双方能够合作的地方合作以推进和平运动，在他的身上依然留着两方的影响。

"虽然自己选择的道路只有一条，但关键点之一是，不要忘记围绕着它而能够获得自己支持的选项范围还很大。在现实状况中一直重新选择其范围，就是杜威所说的探求的伦理学吧。不，那并不仅仅是选项的范围。内在地拥有与杜威的方法——在作为孕育出选项范围的母体的状况之中考虑——共鸣的东西更关键。

"从杜威那里继承这种思考方式的时候，日本的哲学从杜威这里毕业了吗？对于这个问题，我想回答：没有毕业，连门都还没有入吧。"

第五节　"正直"的海滩

　　鹤见俊辅的《梦野久作——迷宫中的居民》在 1989 年出版，作为自己也参与策划的"民间日本学者系列"（Libroport，策划人员还有中山茂、松本健一）的一册。

　　杉山泰道（梦野久作）曾祖父的和歌老师二川相近，留下了这样一首福冈民谣。

　　　　若看了樱花照亮的
　　　　吉野春晨
　　　　唐人、高丽人
　　　　都应有大和之心

　　现在的人一看就觉得这是一首日本主义的歌曲，但是梦野久作的解释不一样。他这样向儿子龙丸解释这首和歌。

"将'大和之心'这个词语理解成大家和睦地融合协助怎么样？不把它作为日本这个国家、日本土地上固有的事物，只是刚好因为作者二川相近是日本人，就用了日本的东西来歌颂世界共同的人类的感情，会怎么样？"

龙丸在初中二年级时，被父亲久作带着，参观太宰府天满宫附近的观世音寺。那里有大黑天[1]像，是穷苦百姓的样子，稍微俯视着大地，看着有些悲伤。父亲将儿子带到木造像前，这样说道：

"龙丸，好好看看，这是大黑天真正的样子。但是，这不仅仅是大黑天。这是日本过去天皇真正的样子。日本的天皇，本来也是百姓农夫。你好好记住这个。"

一片土地，有一片土地的神。

这个神或许只是以庶民的样子出现在那里。庶民的先祖才是那片土地的神。

鹤见俊辅写的梦野久作传记，以久作二十八岁时，前去福冈的伯父家看望在那里休养的九十三岁祖母（可能是养母的母亲），唱着有领会的歌谣慰藉她的场面结束。因为想"听富士太鼓"，就唱起那首歌，唱完之后，祖母用双层手帕伸到脸上擦眼泪。

"啊，好久没这么开心了。要是去世的丈夫还在的话就好了。再给我唱一遍。"

久作会唱歌曲后，还没有给人如此大的感动，大概很自豪，

1　婆罗门教中湿婆的化身，后来被佛教吸收成为护法，在密宗中很受尊崇。在日本，大黑天神也是掌管农业五谷丰收与财富的神。

就问这次唱什么呢。

"你知道富士太鼓那首吗？"

"刚刚唱过哦，那首。"

"哪一首？"

"那首富士太鼓。"

"啊啊，那首富士太鼓啊。富士太鼓。我想起来一些了。去世的丈夫非常喜欢它，每天每天都唱。你唱一遍它吧。"

久作疲惫不堪，再唱完一遍后，祖母又擦着眼泪说：

"啊，好久没这么开心了。要是去世的丈夫还在的话就好了。那再给我唱一遍富士太鼓。"（梦野久作《谣曲黑白调》）

鹤见俊辅此前在加拿大麦吉尔大学的系列讲座中，对 1950 年代前半期席卷美国的红色恐慌中，被传唤到众议院非美活动委员会的莉莲·海尔曼（1905 年生）选择的态度这样说道："莉莲·海尔曼在 1952 年 5 月 21 日上午，出席该委员会的传唤。她只回答与自己相关的问题，对关于其他人的问题贯彻沉默的原则。在刮起麦卡锡主义旋风的整个时代，海尔曼成为回答委员会的问题，同时拒绝构陷其他人的第一个证人。（⋯⋯）总之，面对麦卡锡的猎巫行动，率先明确对抗的人士是女性这件事意义非凡。"

作完这份证言后，海尔曼在公私两方面的生活上遭受很大损失。在售卖拥有的庄园、存款全部花净后，她靠着用假名在百货店打零工的方式维持生活。当时海尔曼个人生活中的伴侣，是年长的悬疑小说家达希尔·哈米特（1894—1961，《马耳他之鹰》的作者），但他拒绝说出自身涉及的组织的协作者，被关入牢中，释放之后未回归社会就去世了。

"回顾麦卡锡主义时代，海尔曼说了这样的感想：'因为从我首次前往国会及之后发生的诸多事情，我付出了沉重代价。我对自由主义的信念几乎全部消失了。相反，我获得了某种私人的东西。因为没有更正确的表达方式，所以我想叫它正直。'"

此处所引海尔曼的话的末尾，鹤见译作"正直"的词，参照原文发现是"decency"这个单词。而且，在之后的段落，鹤见也用这个词对应"the sense of decency"（正直感）。

现在，"正直"的阈值降低了，但我们也会觉得自己很难确定有没有那样生活。不如说，取消是否"正直"这一自省，可视为政治统治的话术、社会运营上的技术。

虽说如此，如果阈值降低的话，我们仍只能在那里思考。"正直"的方向盘向下再向下，已经几乎沉入水下，被波浪拍打了。不过，我们普通人的生活，本来也就是这样的状况。只是，就算在那里也会有让人感觉到正直的人，也许之后应该也还会有这样的人。

比如，在年老亲人面前，一遍又一遍地，筋疲力尽但仍尽力唱歌的年轻的梦野久作的那种行为，即便有些傻，但也是"正直"的。老太太脑中的记忆片刻就消失了，所以他的努力很难留下什么。然而，他很难把她一个人留在那里离席而去，仍在唱歌。唱歌具有的意义，就是那种状态吧。一个人活着的意义，最终也不就是那种程度吗？

人走过海滩时，海浪随后一次次冲刷打来，把那足迹抹消干净。不过，普通人并不特别在意自己的痕迹消失。即便如此，眼睛很难看清的那些各自的道路依然确切留在这里。

回到刚才提及的讲座。鹤见这样说道：

"战争时期激烈而高声倡导的思想的方式，（……）将日本的传统理想化，作为具备绝对的普遍原理的东西。那是扭曲看待日本传统的结果。实际上，日本的传统（……）以避免束缚人的那种普遍性判断为特征。这种消极性特征也是日本思想的长处。不勉强主张（These）普遍原理的方式在日本的农村孕育出一种传统，只要他是村内的居民，就不会因为他的思想而被孤立或者其他。（……）那是在西方各国的智性传统标准上不太受尊重的另一种智识状态。

"莉莲·海尔曼遭参议员麦肯锡攻击后，意识到美国知识分子之间自由主义传统的薄弱，反倒是不管知识分子与否，而是很多人共有的自身的正直感支撑了她。她或许拥有和我在此讲述的同样的直觉。通过生活方式而互相获得的正直感，较之为知识分子所用的意识形态工具，在精神上具有更重要的意义。"

鹤见俊辅的《天钿女神传》出版于 1991 年（平成三年）5 月。

它以神话和性为主题，分章节讨论天钿女神这位在日本神话中处于配角级别的女神，构成十二章的变奏曲。

"神话""性"都可以与正面的欢喜相关，但同时也带有反面、凶残的暴力。特别是日本神话，被融入明治之后的国家中，展现出猛烈之势。战场上的性暴力也是它所背负的。马上六十九岁的鹤见将此引入身边，进行自我批判。

十五岁时，第一次待在澳大利亚的阿德莱德，他被邀请进入一个同好会。他们举办以英语意译的《古事记》为教材，学习日本相关知识的学习会。发来的打印稿上写着八百万神集会的样子。其中有打字机之神，也有打谷机之神。打字机之神的真实身份鹤见之后不记得。不过，打谷机之神好像是指天钿女神。

在《古事记》和《日本书纪》中，天钿女神得到发挥作用的契机，是天照大神正在织布时，弟弟须佐之男胡作非为，将剥了皮的死马扔进来。惊慌的织女被织布的工具戳到阴部死去。生气的天照大神躲入山洞，不再见人。整个世界都变黑了，笼罩着不祥的气氛。

于是，八百万神仙集合到河滩，绞尽脑汁想办法。之后，他们让力气大的天手力男藏在洞口旁边，又请天钿女神跳舞。

天钿女神手持竹叶，站在木桶上，袒胸露乳，衣结也一直敞开到阴部以下，踏着脚一边叫着一边忘我地跳舞。

山洞中的天照大神好奇外面发生了什么事，就把洞门打开了一个缝，开始问外面的天钿女神。抓到天照大神探出身子的间隙，藏在一旁的天手力男抓住天照大神的手，把她拉到外面。

瞬间，世界光明了。

鹤见写道，《古事记》和《日本书纪》中，天钿女神出场的地方有两处：

"一处是统治者生气而藏起来后，让她安抚统治者的情绪。另一处是同辈犹豫如何与异族会面时，她一个人大胆地走过去，为与异族交往开了头。在这两处场合，她的做法都是宽衣解带，露出乳房和性器官，借此逗别人笑，消解对方的紧张。"

舞蹈这一行为具有什么样的思想上的作用，并没有怎么被思考。天钿女神的行为是舞蹈，那作为主张来说，可以评价为不合逻辑。有时丈夫会下判断，说妻子"你说的东西不合逻辑"，试图终止家庭内的讨论。这个时候，妻子反问："那种不合逻辑的地方有我的主张啊。"

这时要怎么办呢？

第六节　老聩

《思想的科学》继续出版。

1990 年（平成二年）9 月，思想的科学社董事长一职由加太高次转给上野博正（1934 年生）。

上野是浅草一位印章工匠的儿子，在东京大空袭中勉强活了下来，之后勤学苦读，在文学院上了四年，之后又度过了医学院六年、医学院研究生院四年的学习时光，但并未取得博士学位。不久他连驻院医生的生活也放弃了，在新宿的陋巷中开了"上野青鳉诊所"，一直做着街区医生的职业。给政府的申请书上似乎有内科、精神科、妇产科，但诊所的招牌上并没有写这些。他稍稍有些口吃，说话的时候像咳嗽一样，也是袭用了"鹤贺须磨寿太夫"这一艺名的新内曲 [1] 艺人。

1　由鹤贺新内开创的一种唱派，多在花街演唱，词曲哀怨，很受欢场女子欢迎。

在鹤见俊辅的记忆中，那是 1959 年（昭和三十四年）的事。他寄宿在葛饰区金街区的挂川尚雄家中时，看到正门的玻璃门外有个来来回回的人影，尝试搭话后知道这位叫作上野博正的陌生青年想加入思想的科学研究会。这一年上野二十五岁。当时他还在东京教育大学史学系留有学籍（未毕业）。根据记录，上野加入思想的科学研究会，是在 1962 年（昭和三十七年）11 月。

思想的科学社总经理一职，也由加太高次转给了上野博正。此后，上野和鹤见一起在经济层面上维持这个出版社。除了给全职的编辑部成员的低薪，以及向杂志作者支付满四百字的稿纸一页一千日元外，其他相关人士全都不拿工资。经营这个出版社，就是这样的事情。

1991 年（平成三年），思想的科学社由饭田桥搬到了新宿百人街区的"上野大厦"，也就是上野开"青鳉诊所"的一栋地上三层、地下一层的小楼中。一层是编辑部事务所，地下作为书籍、杂志的仓库。诊所在二层。

从思想的科学社来看，这次搬家使事务所租金和书籍储存费用得以降低。但是，从上野的立场来说，那是租给别人就能获得更合适的预期收入的空间，因此这也是一种展现了忍耐力的经营方式。

鹤见俊辅也在想办法筹款。

姐姐鹤见和子住的练马区关街区的房子，本来是为父亲因脑梗死而病倒时（1959）能够在自家疗养，而在和子的安排下，将此前成城的房子卖掉并购入土地建造的。后来祐辅病逝时（1973），和子叮嘱俊辅"不要放弃继承"，那块地就归到俊辅名下了。俊辅希望以抵押这块地的形式运用它，以补充财政。年轻时曾在日银工作过的饭田桃（1926年生）居中介绍了值得信赖的都市银行支行长，实现了这一方式。

不过，不久泡沫经济破裂，保障财政的土地销售也一下子变得困难，一直到世纪转换，进入21世纪第一个十年，这仍是头痛的根源。

1992年（平成四年）2月，快满七十周岁的鹤见俊辅开始在小本子做的备忘录上写《老聩帖》。在正文开篇，他写下了和歌诗人岛田修二的和歌：

> 1992年
> 2月3日
> 老眼昏花时，诚意只看入眼物

鹤见俊辅从极早的时候，就做好姿态，迎接必然会来的自己的"老聩"。在四十五岁前后，他就早早地发表了题为《退行计划》（1968）的笔记。

"现在回想，8月时青草的热气、虻蚁［蝇］的振翅声，也和近四十年前一样清晰展现，但是与之相伴的感情已经消失了。有很多事情没有写下来、尚不知道就告终了，那些对人来说是什么呢？对自己来说是什么呢？"

鹤见的记忆力极好，近四十年前上小学时某个夏日的情景，坐在路边草丛中，虻蝇嗡嗡地飞着的样子也还记得。他还记得，那个时候像此时这样感受到的情绪，没有记在任何地方就过去了。

这样，四十多岁的自己，在现在时段还记得的事情，也会在之后随着越来越老而逐渐淡薄，加速遗忘吧。

他想写下那些预感与眷恋。

"思考这些事情，什么意义都没有吗?

"我不觉得如此。将存在整体回顾成什么样的事物，决定了我一生的意义。"

而且，"尽管过去之中并不存在对手，但面对着那个不存在的对手而持续的某种比赛,有着自己的人生"。"对于自己来说，自我是什么? 是在持续没有终点的比赛、边界不清楚的场所中的东西吧。"

不过，七十岁开始写《老耄帖》的动机，和四十五岁前后写《退行计划》相比，仍有很大差异。

无论是自己的思绪，还是他人发言或者作品的摘录，他不再拘泥于人我之别，都将其在这个笔记本上作为备忘记下。自我和他人的界线已经模糊。逝者与尚存的自己之间的界线也是如此。

打算记住的事情，也有很多已经忘了吧。此时此地的自己，也马上要被老耄超过了。

但是，在"老耄"之中，仍有未知的领域。此时鹤见的兴趣就在那里，总之，他觉察到如果记下《老耄帖》，好像就能发现某种有意思的东西。换句话说,他有一种智性野心，试图将"老耄"作为一种方法，通过记录日日的碎片，再次参与新的冒险。

现在的自己，或许在那里能够遇到尚未意识到的自己。就像细节的枝叶掉落，粗略的枝干部分就展露了身影。他现在也还是自己的编辑。在此我们看到喜欢计划、策划，身为老人也可实施的、面向未来新计划的方法。

他大概觉得《老耄帖》本身能成为一件作品。同时，有谁约稿的时候，也可以把这个作为材料本使用，获得新的想法。换句话说，因为老耄的功德，一度被遗忘的东西也变成新东西回来。

英国作家爱德华·摩根·福斯特（1879—1970）去世后，出版了 *Commonplace Book*（《摘录簿》）。这是他随时用笔记在手边的"摘抄本"。福斯特是鹤见很喜欢的作家，这本书出版不久他就读到，并深受吸引。这件事留在了他的意识之中。

因此，《老耄帖》的第一册（1992 年 2 月 3 日至 2000 年 3 月 17 日），在扉页上模仿福斯特，用钢笔写下：

Commonplace Book/ 摘抄帐 /1992.2.3

接着，在正文的第二页横着写着：

老耄帖之始。

我有机会练习老迈。抑郁病期间有三次。

这次是正式了。

鹤见俊辅就是在这样的时日中，着手下一部传记《竹内好——某种方法的传记》的准备工作，不久就开始写作。

这本传记从战后不久，鹤见在一本薄薄的杂志上发现并读到竹内好《中国人的抗战意识和日本人的道德意识》（《知性》，1949年5月号）这篇论文开始。

竹内好的这篇论文，以评论《京华烟云》的形式写成。这是中国作家林语堂（1895—1976）渡美生活期间用英语写作、出版并在世界广受阅读的著作。他在日本也是著名作家，因此在战时岁月中，这本书出了三种译本（藤原邦夫摘译的《北京历日》，鹤田知也译的《北京之日》，小田岳夫、庄野满雄、中村雅男、松本正雄译的《北京好日》）。不过，原著对从义和团事件（1900）至侵华战争下的北京的社会和家庭生活的描写，在战时翻译为日语时，有很多段落必然被删除或者有意地歪曲。

竹内好从译文相对较好的《北京好日》中引用以下段落，作为一例：

> "博雅呀，要戒烟瘾的动机很有意思哦。某天他和太太一起逛东安市场，不知哪里的水手跟着他太太摸她屁股，还不停，到第三次的时候他太太也忍不了，喊了起来。博雅大怒，回身看去，于是呢，那个水手突然扇了他一嘴巴，然后哈哈大笑。于是博雅就决心戒掉抽海洛因的行为了。"
>
> 木兰问："那，被打了后，博雅怎么办？"
> "怎么办？怎么都办不了呀。中国的警察也没法碰哪！"
> 木兰吓得要命。

竹内好依照原文，翻译了同一段落，变成了这样：

> "您知道谁让他下决心要戒掉吗？一个日本水
> 手……一天他正同他太太在东安市场闲逛……一个穿
> 日本水手制服的人在后面走……她一回身看，那个日
> 本人还继续摸索。她好害怕，对丈夫低声说。日本人
> 第三次调戏她时，她尖声喊叫，博雅大怒，转回身一看。
> 日本人打了他一个嘴巴，然后哈哈大笑。博雅对日本
> 人的恨深入了骨髓，他心里立刻明白使他抽白面儿的
> 是日本人，就决心戒掉。"
>
> 木兰问："日本人打了他，他怎么办？"
>
> "他能怎么办？中国警察不敢碰日本人。那是治外
> 法权哪！"
>
> 木兰吓得要命。[1]

这是一位女性亲戚在说博雅这位海洛因上瘾的年轻人（他在
天津酒店，听跑堂男孩的劝，无意吸了加入日本产毒品的香烟后开始沉迷），立志
靠自己的力量克服毒瘾的原因。作者用博雅代表中国人。因此，
这里省略了日本人和中国人错综复杂的关系，出现女主角木兰（博
雅的姑妈）"吓得要命"这样一句突兀的话。

---

[1] 此处转引张振玉所译《京华烟云》段落，省略处为本书省略上段译文已出现
的情节，非原文省略。两处日文译本将 Poya 译作"伯牙"，此处依中译本统
一为"博雅"。

中国人读原来的小说，在此明白国人的状况，感受到和木兰一样的痛苦。非中国人的美国人，也是读英文版，所以能够察觉到同样的感情。但是，日本的读者通过日译本阅读这部作品，就被置于这种理解之外了。竹内好在《中国人的抗战意识和日本人的道德意识》这篇论文中这样批评道。

鹤见俊辅在十几岁留学美国期间，读过林语堂的英文著作，但是头脑中只留下相比鲁迅郁屈的文风，林的风格柔和、优美这种稀薄的印象就过去了。正因如此，竹内好从围绕"翻译"的细微之处开始写起，逐渐汇聚为大潮，最终映照出日本人当下问题的论述方式，更让鹤见震惊。

即便到了战后，日本人对于自己发动的战争，也仍有很多地方不清楚。竹内通过指出一处"翻译"的状况，将之曝光。借此，他指出战后的日本人仍然缺少对"战争"的道德性观念。

在此，我也想加上另一个角度的证言。

后来成为社会学者的日高六郎，1917 年（大正六年）出生在中国山东半岛面向胶州湾的青岛。在岁数上，他差不多属于竹内好（1910 年生）和鹤见俊辅（1922 年生）之间的年龄层。

日高的父亲（日高贤吉郎）1875 年（明治八年）出生，作为东京外国语学校（今东京外国语大学）中国语系第一期学生毕业后，一开始在北京的日本公使馆担任翻译。那是义和团运动出现不久前的事情。不久，他从公使馆辞职，开始在天津做贸易商人。日军在第一次世界大战期间（1914）占领德国租界青岛后，他就来到这里。他和中国的民族资本家之间有着深厚的信赖关系。当三菱的当地分公司受总公司嘱托，要大量购买煤炭时，他便居中斡旋。换句话说，他抱持的是希望实现"真正的日华亲善"的亚洲主义者的心情。他坚决禁止自己的孩子使用"支那"这一称呼。

六郎进入当地为日本人开设的中学不久，父亲有次问他："你上的中学是用什么钱建的，你知道吗？"六郎回答说不知道。于是父亲接着说："那是用卖给中国人鸦片赚的钱建的啊。"

另外，中学的补习课可以教中文，六郎告诉父亲自己想上。平时大度的父亲，只在这个时候拒绝了："不能学中文。只要来了中国，日本人就会堕落。你好好看看现在的青岛。他们一味地对中国人耀武扬威、做坏事。在权力、武力之下，人就堕落了。大家都是这样。不要在中国生活。你回日本，在日本学习。"

父亲抱有他自己的国粹主义。但是，19 世纪末以来在中国长期生活的经历，只是加深了他对当地的日本军人以及日本人的幻灭。

日高六郎这样和我说道："……我想父亲的话里面，有着对军方以鸦片换资金（特别是机密费）的做法的批评语调。父亲经常批判日本的药店向中国人偷偷销售鸦片、吗啡。

"因为鸦片或吗啡上瘾非常可怕啊。一旦上瘾，就会把身边的东西全部变卖，最后把自己家的地板都拆了，拿出去换钱买鸦片。日本的药店主要是卖给中国人。当然，也会流向当地日本人，但是其销售额有一条正规渠道，成为军队的机密费。数额巨大。

"战后，竹内好先生在远东军事法庭上揭露鸦片问题，也在《中国人的抗战意识和日本人的道德意识》这篇优秀论文中写出了阅读林语堂《京华烟云》时的惊讶。我读完竹内先生的这篇论文后很受冲击，但是对中国通的竹内先生居然不很清楚日本军国主义如何利用鸦片还是有些惊讶。我中学的时候就从父亲那里听到过。"

竹内好、鹤见俊辅、日高六郎。这三个人的见闻角度稍稍不一样：竹内是在往返于日本本土与留学地北京之间，度过了战争时期的青年时光；鹤见是在战争氛围强化的十几岁时前往美国留学，在那里遇见了作为英语文学的林语堂的作品；日高是在留有旧德国租界风光的青岛出生并长大，带着从外部看"日本"的眼光，前往战争时期的日本开始"留学生活"。

我们无法将这三者的视野都变成自己的视野而生活。竹内好的《中国人的抗战意识和日本人的道德意识》是批评居于日本本土的日本人的"道德意识"持续处在与这三者的视野全都隔开的地方。

在此，它附带上了一个难题，即从一个"国民"的内侧来看，"道德意识"是如何孕育出来的。竹内好这样写道："侵略战争导致国民的价值意识出现混乱，产生了举报林语堂的那种道德麻木症状，这是事实，但同时可以说，国民层面的道德意识低下使侵略有了可能。而且，在今天人们依然没有意识到这一点。（……）如果对人道的罪行，被消解为对和平的罪行，我们的肩头会轻松，但是问题并未解决。如果不在其原本的意义上追究对人道的罪行，直视映在镜子中的自己的野蛮，用自己的力量从其根底找出起死回生的契机，如果不忍耐这种痛苦，我们的子孙就不可能指望加入世界公民之列。"

在《竹内好》这部书稿写到三分之二左右时，鹤见俊辅患上了小脑梗死。那是1993年（平成五年）8月的事情，之后半年多，鹤见反复在京都南医院住院、出院。1994年4月2日，鹤见最终出院。《竹内好》末尾部分，即之后相当于三分之一的书稿由口述笔记写成。

在这期间，鹤见依然勤恳地做着《思想的科学》的编辑工作。比如，就算住进医院，他也找护士和田圆（1966年生）作为新的约稿作者。

在病房的床上，鹤见说："你讲了很有意思的事情呀。要不要写些什么？"知道和田和两位朋友一起做了用订书机装订的同人杂志后，他立刻请求看。当和田问"住院生活很无聊吧"，他讨人喜欢地回答说，"我活到现在，一次都没觉得什么时候无聊呢"。

在这种时期，鹤见也几乎没有缺席过在东京召开的《思想的科学》编辑会议。也许，配合会议的日期，他也尽可能地调整住院的日程。

有一次在《思想的科学》编辑部，恰好只有鹤见俊辅和我两个人，就聊起了九十五岁去世的井伏鳟二的事情。

"三浦哲郎写了井伏的事情呀。"鹤见说道。

他说的是井伏弟子三浦哲郎在《新潮》上发表的追悼文（《长寿之哀》，《新潮》1993年9月号）。文章中说，以写作态度严谨著称的井伏，在最后的岁月要写出条理清楚的文章也很难了，深夜仍在房间里凝然不动地站着。

"那是三浦太尊敬井伏了啊。要是我，就偷偷把不合理的地方改过来，然后交给编辑吧。"鹤见带着玩笑说的话，一直留在我心中。

1994 年（平成六年）7 月 15 日，鹤见俊辅写完《竹内好》一书的后记。但是，好像有些遗憾一样，他又补写了一篇远比后记更长的《后记补记》，落款是同年 8 月 15 日。此时，鹤见七十二周岁了。

不久，出现了紧急状况。

1994 年的事情

9 月 3 日　在南医院住院

9 月 5 日　内窥镜检查，发现癌症。

9 月 7 日　从南医院出院。

……

9 月 13 日　在国立京都医院住院。

9 月 29 日　大肠癌手术。

取出胆结石。

接着，在《老耄帖》的下一页是，

10 月 25 日　出院

现在在这里。

还要想其他什么吗？

第七节　凝视着世界从眼前掠过

1995 年（平成七年）岁暮，12 月 23 日。《思想的科学》特辑"鹤见和子研究"（1996 年 2 月号）的样刊印刷好，通过邮局寄到练马区关街区鹤见和子的家中。

鹤见和子迅速看过，当天夜里给京都的弟弟俊辅打电话，说了感想。声音听起来很高扬，心情不错。

24 日下午 4 点左右，鹤见和子突然感觉到麻木，倒在家中。被送到急诊医院后，医生诊断是脑出血。

这个时候，鹤见俊辅他们已经决定以《思想的科学》出版五十年的 1996 年 5 月号为停刊号。癌症的出现及手术，催促着他对落幕时间作出具体决断。在经营层面上，此时仍有继续出版的余裕。鹤见也想看到自己彻底退出编辑事务，将杂志交由后辈负责。但是，对于过去五十年间《思想的科学》留下的业绩，鹤见的自负比任何人都强。战后，他们看到并行的许多杂志走上没落，不久消失了。《思想的科学》走上同样的道路，对于鹤见来说是难以接受的事情。换句话说，好也好，坏也好，过去半个世纪，这份杂志就是鹤见俊辅的东西。他一直站在编辑的中心，即便在不得已而短期离开（抑郁症、前往海外、癌症）时，留在那里负责编辑的任何人，也都意识到他的不在。

因此，较之放任此后杂志内容走向衰退的风险，还是在此姑且停止。他更倾向于这样的判断。将来要是再有要复刊的气势，那个时候以新的阵容重新出版就行。

姐姐和子病倒两天后，12月26日夜，思想的科学社召开了预定的编辑会议。在这场会议中，我记得鹤见俊辅带着某种愤怒般的紧张表情，以严肃的语气汇报了她的病情。接着，他一件件地高声口述"鹤见和子研究"特辑中"著作年谱"散见的误排、错字，并告知应该修改的地方。这是此前未曾有的行为，可以想到他受到的冲击之深。

应该是比这稍微前一些的事情。不知怎的，鹤见和我聊起了埴谷雄高。我记得当时，鹤见突然故意带着些许坏人的语气说："因为他是被三代女性照顾的啊。"言罢，哈哈地笑出来。

那是说埴谷雄高这个人，一生都被母亲、姐姐、妻子这三位身边的女性非常用心地照顾。听到这个，我反而觉得鹤见是在说自己。

姐姐和子在弟弟俊辅小的时候，就介入母亲爱子无止境的苛责之中帮助他。长大之后，她对作为知识分子的弟弟一直带有强烈的敬意。而且，为了优先他在社会生活上的自由，和子推迟了再次去留学的愿望，照顾起患病的父亲。战后，她最终前去普林斯顿大学社会学院研究生院留学是在 1962 年，此时已四十四周岁。她在该校完成博士论文后回国，获得成蹊大学文学院的副教授职位是在 1968 年，四十八周岁。即便如此，弟弟俊辅戏称她是"好学生"，对于作为学者的姐姐的评价相当冷淡（晚年，这种评价改变很大）。他也意识到，此处持续着从小开始的对姐姐的"撒娇"。自己的那种不成熟，混着悔恨一下子涌上心头，因此在姐姐刚刚病倒后，他才有那样生气的表情吧。

上个月，弟弟鹤见直辅（1933 年生）也因为慢性病恶化，接受切除一条腿的大手术。

但是，鹤见俊辅前往东京的医院看望完弟弟，顺路出席编辑会议时，没有提到这件事。在回去的夜路上，我偶然和他一起走，突然听他这样说道："弟弟病情严重啊，必须切除一条腿。"也就是这种程度。从我来看，或许会觉得第一次才知道这个人居然还有个弟弟。

年老之后，鹤见俊辅在演讲、对谈等场合，变得经常说起自己成长的家庭。虽然现在这种印象可能更强，但我记得至少六十岁左右之前的鹤见不是这样的。

在外祖父是后藤新平、父亲是鹤见祐辅这样权势、名声双全的家庭中成长，自己又希望能自立，因此他不想在人面前说与之相关的事情。换句话说，年老之后，社会对外祖父、父亲的记忆稀释，总算可以无需太多顾虑，可以很容易地讲关于他们的话题了吧。

不过，他不怎么提及弟弟直辅，似乎是因为与这很不相同的事情。俊辅和他年龄差了将近一轮，而且他幼时体弱，常常和哥哥姐姐及父亲分开，在疗养地生活，"像是由护士养育"（二姐章子的话）长大的幼子。随着战况持续恶化，政府发布了学生集体疏散的命令。他先是在轻井泽的国民学校生活，之后也被迫离开母亲，在新潟县内的国民学校过着住宿生活。这段成长期，和哥哥俊辅前往美国留学、作为军队文职人员被派往战地，以及战后在京大任职重合。

"特别在意钱。"鹤见俊辅有次带着相当刺人的语气，这样评价直辅。从弟弟的角度来看，成长时的家庭地位，也可能让他不得不学会那种谨慎小心。而从哥哥的立场来看，难以处理弟弟投过来的视线，也会觉得很焦躁。

不过，并非只是如此。

鹤见直辅在美国哥伦比亚大学商学院留学（取得商学硕士学位）之后，进入三菱商事工作，出版过《工薪人员：工作意义的研究——如何在"接下来"生存》（1982 年，PHP 研究所）。读完这本书，我们会惊讶地发现，其中涉及的话题甚至包括小田实、佐佐木邦、吉田满、漫画家鸟山明的《阿拉蕾》，与哥哥俊辅喜欢的内容重合很多。其中也有"折中主义的建议"这样一章（哥哥俊辅有一本《折中主义的立场》的著作）。或许，他想和这位哥哥聊更多，而哥哥俊辅一直难以接受那些，以强硬的态度回应。这种痛苦，我想，也留在了他的心中。

1996 年（平成八年）2 月 15 日，鹤见直辅以六十二周岁的年龄去世。"次日灵前守夜，再次日葬礼。"哥哥俊辅的《老耄帖》中留下了这些文字。

十多年后，耄耋之年的鹤见俊辅仍这样说道："父亲、母亲都是欲望很强的人，我不喜欢这一点啊。因此，关于弟弟对自己的利益比较敏感这件事，自小学的时候，父母就在给他班主任老师的回信中写上'对损益敏感'。也就是，担心弟弟那方面。

"那是家里的眼神，是父亲、母亲看待弟弟的眼神呀。那本身做得太过了，弟弟虽然是幼子，但是反而因此受到坏的影响吧。我觉得。"

不过，在此他也注意到："弟弟去世后，听侄子侄女说，对于自己建立的家庭，他是一位用心照顾的父亲，通过那个家庭，他重塑了作为新人的自己。我明白那种事情。"

1996 年春，杂志《思想的科学》以该年 5 月号（4 月 1 日出版）停刊。

七位创刊成员之一的丸山真男，对于鹤见的寒暄信，写下了这样回复的明信片：

> 先日特赐信《思想的科学》停刊一事，姑且添言。虽是陈腐之语，所想唯有"感慨无量"四字。非因生意无法维持，于战后半世纪决定停刊，亦觉果然是俊辅先生。虽然说过很多批评，但《思想的科学》杂志及研究会活动在全国留下的遗产，绝非无用吧。鄙人最近结束一月间住院生活（这是患肝癌之后的第五次）回家，明后日仍要去医院局部注射，工作完全不可预计，无奈。匆此。珍重。（1996 年 4 月 8 日，邮戳）

同年 8 月 15 日，丸山真男逝世，享年八十二周岁。

另外，埴谷雄高也于翌年，即 1997 年（平成九年）2 月 19 日逝世，享年八十七周岁。

补充一个话题。这段时期，自 1995 年夏"为女性设立的亚洲和平国民基金"（简称"亚洲妇女基金会"）成立，鹤见俊辅也加入"发起人"之列。亚洲妇女基金会是为此前战争中被强制为日军随军慰安妇的亚洲各国女性提供从民间募集的"补偿金"、以内阁总理大臣之名的"道歉信"，以及由政府预算支持的医疗、福利支援的组织。

这项事业遭到要求日本政府正式道歉的人们的批判，因为"补偿金"不是来自日本政府的财政预算，而是由民间的捐赠支付，因此带有"国民、政府"的"合作"这一暧昧特征。这样的话，对于被强制为慰安妇的人，日本政府不应该在承认责任后道歉吗？

对于鹤见俊辅列入这一事业的"发起人"这一点，也有不少人持反对意见。请求"阻止鹤见先生"的电话甚至都打到我家里。当然，我只能建议"如果对鹤见先生有意见的话，给他本人写信什么的怎么样？"

即便如此，为什么鹤见接受作为"发起人"呢？我试着问过他。

他用比平时稍微慢的语调提到了两点。其一："从现实状况来看，我想原随军慰安妇活着期间无法要到日本政府的国家赔偿。那样的话，即便是以这样的形式给她们提供'补偿金'，之后她们不撤回地继续要求国家赔偿不也可以吗？我想我们只好被（当事者的抗议）持续殴打。"

另一点是："我想，像我这样考虑的人，也进入这种（带有政府性质的）事业内部的话，将来也可能渐渐地改变事业的方向。"

当然，这里面也有另一种感情，即作为亚洲妇女基金会发起人挺身而出的和田春树等人，是他自越平联以来长期信赖的伙伴。"因此我们一起来被扔鸡蛋。"

另一方面，这个时期鹤见称，前往战场这一死地的少年兵，被年长的慰安妇抱着给予安慰的时刻，"我认为那是爱"。这也引起了一些争议。

这一说法见于其新近的自传性长采访集《期待与回想》。在总计十次的采访最终回接近结束时，鹤见自己说："我想要今天最后聊'慰安妇问题'，就来到这里。迄今为止，我对这个问题没有说过什么，所以觉得一定要在某个地方说一下。"

在谈了对亚洲妇女基金会的想法后，他继续说道：

> 慰安所，是日本政府对包括日本在内的亚洲女性进行凌辱的地方。在承认这一点并道歉的同时，我还有其他想说的话。
>
> 我是不良少年，所以在战时完全没有去过军队的慰安所和女人睡觉。从少年时就有男女关系的那种人很自负，不去制度上的慰安所。但是，十八岁左右的极其正派的少年，知道无法从战地回到日本，在当地抱着四十岁的慰安妇，得到仅仅一瞬间的慰藉，对此

他是极度感谢的。那种事情实际上是存在的。这一瞬间所具有的意义很大。

　　我认为那是爱。我因为是不良少年出身，所以会这样想吧。不过，我在这一点上一步也不想让。我想说出这一点。

　　作为熟练的语言使用者，鹤见应该知道说出这样的话会引起反对。反过来说，难道"没有稍微更确切的语言表达了吗？"比如，也可以说被置于慰安妇这一立场的女性给即将在战场上死去的少年兵的，是某种"慈悲"。或者，即便就说是爱，不也是能够使用与爱欲区别的宗教性的"agape"（自我牺牲）这个词吗？我们也可以想到，如果他能谨慎地如此考虑，也许就能避免那么大的反对。尽管如此，鹤见并没有那样做。那么，我们只能理解为，正是在偏偏使用"爱"这个不设限的（也就是说，这里也包含了爱欲的意思）词语中有着他的意愿。

　　在十五六岁时，以客人和打工者的关系，他得到在咖啡馆或花街工作的年长女性的照顾，靠着她们给的爱勉强被救回来，活到了现在。在此与悔恨交织的，是对她们的感谢，这一点他无法忘记。

　　现在鹤见代替他们，代替与自己同龄的奔赴死地的少年兵，向给予自己照顾的慰安妇表达感谢。

　　这或许是错误的做法。但我觉得此时的鹤见知道这些，却仍想留下这种心情。

鹤见说自己在大肠癌手术之后，已经无法写长篇稿子了。不过，之后他开始写《〈死灵〉再读》这篇关于埴谷雄高的长文，发表在《群像》1998年3月号上。而后，他继续写出《晚年的埴谷雄高——观念的培养地》（《群像》2002年2月号）、《埴谷雄高——状况的内与外》（《群像》2002年8月号）、《世界文学中的〈死灵〉》（讲谈社文艺文库《死灵2》导读，2003年），这些和约半个世纪前收入《共同研究：转向》中的《虚无主义的形成——埴谷雄高》等合在一起，结成2005年（平成十七年）出版的论文集《埴谷雄高》。

　　居于这本书核心的，是构成埴谷创作基调的"对同一律的不快"[1]，即根植于他在殖民地台湾出生长大这一经历的对"我是我"这一事实的不快、不安。

　　母亲对自己很温柔。但同样的母亲对待当地的台湾人时，则变成不一样的人。对于婴儿来说，应当安心地包裹他的世界的面貌突然扭曲了。对这种突然间的变形的恐怖和不信任感，在埴谷内心深处燃烧，不再消失。

　　"乘坐人力车，［日本人的］大人说'向左'，往［台湾人］车夫的头上嘣地踢过去。我虽然是小孩，但是看了那些也觉得日本人让人讨厌。"（埴谷雄高、河合隼雄、鹤见俊辅"未完的大作《死灵》是给宇宙人的信息"座谈会，其间埴谷的发言。引自《埴谷雄高》）

1　同一律（The Law of Identity）是逻辑学中的基础法则，要求在同一思维过程中，在什么意义上使用某个概念，就必须自始至终在这个意义上使用它。常见的混淆概念、偷换概念就违反了同一律。此处作者应是指同一个人有两副人格（identity），因此在小孩的认知以及自我审视中无法与同一律共存。

鹤见俊辅自己，不也是抱着与之很相似的"同一律的不快"而成长的吗？

对偶然出生所得的特权待遇的"同一律的不快"。快六岁那年（1928），接到张作霖被炸死的消息后，鹤见听到后藤新平的书生在传"是日本人干的"时，"日本人"就变得让人讨厌。而且，从母亲那里获得的过度的诚意，也给他带来"同一律的不快"的痛苦。

埴谷雄高和鹤见俊辅之间，平日没有私人交往。这样，鹤见应当比较容易写埴谷。不过，埴谷较之是行动者，反而更是长寿的思索者，因此《埴谷雄高》也自然而然地有更浓厚的评论风格，而非传记似的写法。

通过过去在竹内好病房中的多次碰面，鹤见加深了对埴谷雄高"这个人是双重人格"的认识。

在病房出现的埴谷，对卧床的竹内，用积极的口吻净说些乐观的事情。但是，只要踏出病房一步，开始和鹤见一起走后，他就一下子开始了关于竹内葬礼安排的事务性商议。"完全分成两种对话。"

"因为我是双重人格，所以会那样觉得吧。战时我在海军，把在自己肌肤内隐藏着被全体国民谴责的鬼畜美英而不断生存的道路，作为自己最大的志向。做不到那样的时候，就只有自杀了。

"二十岁时的感情，在日本的状况因战败、占领而完全改变后，也仍在我心中存续。在我心中，对日本人，尤其是日本知

识分子的不信任感一直持续。被埴谷雄高吸引也是这个原因。"（鹤见俊辅《状况的内与外》，引自《埴谷雄高》）

同样在《状况的内与外》中，鹤见从埴谷雄高和大冈升平的对谈《两个人的同时代史》中，引出了这场战争产生的"世界小说"的基础。

埴谷 ［陀思妥耶夫斯基的］《死屋手记》描写了各种各样的俄国人。但是，［大冈的］《俘虏记》不仅描写了各种各样的日本人，从觉得在老板面前强奸他妻子会很开心的男人，到关系好的农民出身的士兵，而且活在 20 世纪的大冈比陀思妥耶夫斯基更进一步，他也写了敌人，写了美国人。而且，他描写了多样的美国人啊。有经常给他书的军医，有特意在夜里来和他握手的二十岁的美国人，而且还出现了德裔美国人、西班牙裔美国人。总之，比起陀思妥耶夫斯基的《死屋手记》，20 世纪更加广阔。大冈发现日本人的同时，也发现了世界其他国家。

大冈 因为是第一次出国吧。（笑）

1946 年（昭和二十一年）1 月，埴谷在《近代文学》创刊号上开始连载《死灵》，在 1995 年 11 月发表第九章《"虚体论"——大宇宙之梦》后，未写完就搁笔了。鹤见他们的《思想的科学》同样在 1946 年 5 月创刊，到 1996 年 4 月（5 月号）停刊。二者有半个世纪的同时代史。

长寿，也就意味着要一次次目送旧友去世。在鹤见这里，随着年龄增加，媒体邀请他给那些去世的旧友写"追悼文"的事情也加速增长。年轻时，即便是著名的作者，也很少被邀请写这样的文章，因为需要对某人的长期了解。能够写"追悼文"的人，也就相应地看到了自己的死亡临近。（后来，我编辑了鹤见俊辅的《悼词》[2008]，收入他给一百二十五位人士写的悼词。之后，他写的"追悼文"仍有增加。）

同样得过癌症的非虚构作家柳原和子（1950年生，《癌症患者学》作者）和鹤见俊辅曾在一期电视节目（NHK教育，2001年1月8日播放，ETV2001"生命的对话（1）——由病痛产生的东西"）中，一边看着京都法然院秋天的庭院，一边对谈。

鹤见指着庭院里飘落的树叶说道：

"现在的自己，就在那一枚树叶之中，凝视着世界从眼前掠过的一瞬间。感觉就是那样。"

第八节　最后的传记

战后不久，鹤见开始断断续续地写诗，发表在小的媒体上。对我来说，那里面有很多有趣的东西，作为鹤见的思想表现也很重要。不过，它们并没有被收为一册书籍。在鹤见迎来八十岁时，他考虑要做自己的诗集。不过，如何做是一个问题。

书这种东西，已经到了更加卖不出去的时代。在这样的年代，有没有出版社愿意"激进"地出"哲学学者"而非诗人的诗集值得怀疑。不对，相比这个问题，鹤见俊辅本人对"出本诗集吧"的建议如何反应也让人担心。

妹妹北泽街子、妻子泷口夕美提供了一个方案。

"用手工书的形式出版一本限量的漂亮诗集吧。我们自己装订出版。"她们提议这样做。

选择典雅手感的布面做裱褙，用精装，封面烫印，外面加一个素雅的函套。再做一个篆刻着"狸男"（鹤见的别称）二字的印章,钤上印章。钤印的纸就用和纸。正文选用触感舒服的纸,锁线,做成一本很好翻开的书籍。可以在手上拿着的大小。

如果是手工做出的出版物,鹤见俊辅会相对轻松地同意吧。

2002 年（平成十四年）8 月 15 日傍晚,我和妹妹有事一起去京都岩仓的鹤见俊辅家拜访。每年这个战败之日,他都不吃午饭,做一个小型的绝食行动。早晨大概吃了面汤。总之,他当时是在相当饥饿的状态下等我们。

完成事情期间,他频频地说"好饿啊"。因此,事情一结束,像是难以等到夏日迟迟降临的傍晚一样,我们三人就先出去,在街区的西式小餐厅吃饭。老哲学学者大口大口地吃着饭,之后,平日的健谈状态又恢复了。

我还是很难说出诗集的事情。在这样的时候,鹤见好像察觉到什么。

"我想做一本诗集,就只一次,在我的葬礼上发给大家。"

完全偶然地,鹤见自己说出了要做诗集的事情。我们这边也就顺水推舟,说了关于做书的想法。鹤见接过去。

"只是书名由我定吧。就叫《老耄之春》。翻译的诗也想加进去。"

在他少年时代,屠格涅夫晚年的自选小文集,由生田春月翻译,在新潮社出版。此时,鹤见说起了这件事。屠格涅夫自己在那本文集的书稿封面,用拉丁文草草地写上"*Senilia*"（老耄）。但是,他的责任编辑觉得这是过于谦逊的话,硬是改以《散文诗》这一书名出版。于是,这本小文集就以这个题目为世界所知并固定下来。生田春月作为译者,在新潮社版《散文诗》的末尾说明了这一经过。从那时起，鹤见心中就一直在意书的原名。

在这种情况下，鹤见俊辅的诗集《老聩之春》顺利地面世。出版方的名字用了"编辑小组'SURE'"。这是我父亲北泽恒彦为自己编辑、出版《SURE》这本私人传媒杂志而使用的"小组名"。据说是 Scanning Urban Rhyme Editors（感知街区律动的编辑们）的简称，就读作 SURE。

1962 年鹤见俊辅和北泽恒彦等在京都开启的同好会"家之会"，之后以十几人到二十人左右的规模，以每月一次例会和每年一次住宿研讨的节奏，持续了近四十年。不过，这个时候要让它告一段落了，就在 1999 年春天结束了活动。北泽恒彦也在那年秋天以六十五岁的年龄去世。

这里从鹤见的诗集中，选一篇比较老的作品。

《薤之歌》

猴子剥蕌头
皮、皮
皮堆成山

被堆积的山埋住
一心地继续剥
报复它的时间来了吗?

皮、皮，谎话的皮
谎言的皮不是真的
某人可以说道

扔掉的皮
不会包裹我
某人可以说道

　　幸运的是，《老聩之春》之后也数次以小印量加印（那时已经没法纯手工制作，就借用了机器），现在和未收入的作品合在一起，结为《鹤见俊辅全诗集》。

　　当初只是想做诗集《老聩之春》而已，但随着这种未曾想到的发展，"编辑小组'SURE'"这家依靠直销形式的极小型出版公司延续到现在。本来，我们这个小组想做的较之说是出版，不如说是私塾一样的活动。京大附近的左京区吉田泉殿街区一处已经无人的老旧筒子楼是我家的房子，我们想将它作为事务所，能适当地开办学习会，或者听感兴趣的人说自己事情的集会就好了。如果能够建立作为基础的人际连接，之后不管地方在哪里，作为"看不见的学校"（invisible college），这种集会应该都会受欢迎。

　　总之，我们决定邀请住在京都的作家山田稔（1930年生）来这里，几个人围在一起听故事。鹤见俊辅已经高龄，工作量也应该减少了，因此大概没有出席的打算。不过，他很爱读山田稔的作品，所以我就通知他一下。不承想，鹤见回答说"我会出席"。

当天（2003 年 12 月 28 日），从午后开始，隔着晚饭，一直到夜很深的时候，鹤见一直在座谈的中心。

集会结束后，鹤见说："很有意思呀。下一次要叫谁啊？"

嘉宾的策划，再次陆续由鹤见这边产生，《讨论会系列：围着鹤见俊辅》全五卷，接下来的《系列：思考鹤见俊辅》全五卷由"编辑小组'SURE'"出版。这样，京都的"编辑小组'SURE'"代替了东京的思想的科学社，呈现出"鹤见俊辅手下的出版社"的样子。

2004 年（平成十六年）6 月 10 日，鹤见俊辅加入"九条会"的呼吁人，和加藤周一（1919 年生）、奥平康弘（1929 年生）、小田实（1932 年生）、大江健三郎（1935 年生）等在东京举行创会的记者会。随着伊拉克战争，小泉纯一郎内阁开始派遣自卫队前往伊拉克，宪法第九条的实质动摇。

鹤见自己很早就提出一个方案，即通过国民投票再次决定"一部我们能保护自己的宪法"。京都"自卫官人权热线"从柬埔寨维和行动（1992）起开始活动，在那里，他也说"如果全都反对联合国维和行动，我就赞成"。在对立的讨论中，对方也有几分道理。鹤见的态度是承认这一点，并在各种各样的情况下进行判断。

"我想我们当然有讨论宪法、增加宪法条目的自由。如果说细节的话，我也是这样的意见。（……）但是，我并不会因此站在要修改宪法整体的立场。争论放在保护或不保护第九条这个地方，那我就觉得保护第九条更好。"（2004 年 6 月 10 日，在记者见面会上

2006 年（平成十八年）7 月 31 日，姐姐和子在京都府宇治市的养老院京都悠悠乡度过了约八年八个月后去世，享年八十八周岁。

在 6 月末的 CT 扫描检查显示，和子的大肠癌转移到淋巴结，已经无法手术了，不过俊辅和妹妹商量，未告知本人。主治医生对和子解释说是因为心力衰竭恶化，心脏很脆弱。

8 月 2 日，根据她的遗言，葬礼在京都悠悠乡的集会所内，以非宗教的、仅仅献花的朴素方式进行。按照机构的管理，只有亲属、入住人员、工作员工参加葬礼，其中机构的相关人员穿着平日的服装。

和子本人很早就表示不想把遗骨埋入墓中，而是想撒到海里。在和"促进殡葬自由协会"商量后，他们决定在 10 月 23 日下午将骨灰撒向海中。

那天，在小雨之中，小船从和歌山港出发，在起伏剧烈的海中沿西南方向，向着纪伊水道开去。那片海域挨着田边湾神道海岸，后者与鹤见和子的研究对象南方熊楠有关联。同行的是鹤见俊辅、贞子夫妇及其儿子太郎，妹妹内山章子及其长女友子，"促进殡葬自由协会"的两位工作人员及船长。

"就在这里。"鹤见说道，将放入水溶性袋子中的骨灰投入海中，并在上面撒上花瓣。船绕大圈转了一周，花瓣在船所划出的圆圈中心的海面上缓缓地漂摇。

《思想的科学》停刊之后，思想的科学研究会以及出版社思想的科学社仍存续运作。不过，担任思想的科学社总经理的上野博正，在 2002 年元旦因胰腺癌去世，享年六十七周岁，夫人余川典子接手了这一职位。她也在思想的科学研究会的事务局等处工作。

鹤见俊辅在终止出版杂志《思想的科学》时说："从我来说，接下来还想策划推进三种出版物。"每一种都不是可以简单处理，而是预计需要大规模共同工作的作品。

·杂志《思想的科学》五十年间的总索引
·围绕《思想的科学》五十年历史相关者的讨论集
·《思想的科学》五十年间主要文章的摘要集

以上三种，每一种都预计会成为大部头的书。

鹤见说"想三年做好"，但那终究是不可能的。结果，这些全都由思想的科学社出版成以下三册（我也添加上各自的出版年份）：

·《思想的科学总索引 1946—1996》（思想的科学研究会索引会），1999 年出版
·《从源流至未来——〈思想的科学〉五十年》（鹤见俊辅编），2005 年出版
·《〈思想的科学〉简编 1946—1996》（《思想的科学》五十年史之会），2009 年出版

换句话说，自《思想的科学》停刊，最终花了十三年。

第八节 最后的传记

这种工作，一旦开始着手后，工作量就会比当初预想的多。比如，最晚出版的《〈思想的科学〉简编》，一开始预计要选出一千篇左右的文章作为历年主要论文进行概括。但是，开始实际的选定工作后，就觉得落下哪一篇都很难，最终收入了相当于原计划两倍的两千篇文章。鹤见俊辅自己也负责了其中近百篇文章的概述。

鹤见不是那种只发号令，之后就"交给年轻人"的人，而是自己提议，然后率先行动。因此，"没办法"的其他人也就跟在后面。他一直是这样，所以这份杂志才能持续了约五十年。

就算是最后的《〈思想的科学〉简编》，鹤见自己负责的文章，也有一部分很早就完成了。不过，有几十篇吧，总是难以着手，仍在那里放着。这不仅是因为体力衰退，还因为有很多其他要做的事情。"要不，不做了吧？"或者"把它分给其他人解决怎么样？"这样的话，他和我说过好几次。

可是，鹤见总是未放弃。这大概也是因为那些论文都带有他作为编辑亲自处理的回忆。因此，对于这些到最后都未能着手的论文，他采取了口述笔记的方法。鹤见把资料堆在房间里，约两天内每次几个小时地不停讲述。各篇论文即便有些时间久远，但都还在鹤见的记忆中堆叠。因此，我这边读出论文题目，鹤见在数秒间，咬着嘴唇，像是等着内容从记忆深处涌上来一样。不久，他突然开口，开始讲述"大意"。

忘了那时有没有进入 2008 年，横山贞子给当时我在东京大田区的住处打来电话。

"俊辅说想要在京都召开'竹内好研讨会'。他说的是'让京都的人来做',但是过去的朋友都上了年龄,我想他们已经没有余力承担那种准备工作了。我们夫妇(鹤见、横山)和编辑小组SURE的同人能召开那种会议吗?"

大概就是这样的事情。

平日,横山贞子担忧已过八十五岁的鹤见俊辅的健康状态,始终扮演着阻碍者的角色(与之相对,鹤见每次想到什么企图时,我总是容易转到"共犯"这边,很多时候都觉得对不住)。既然这件事情到了横山来联系的份上,想必他们在家里已经讨论了很多次,而且鹤见情绪急切到已经连横山也无法阻止了。编辑小组SURE的同人(北泽街子、泷口夕美以及我)也就只好试着把能做的都做了,总之和鹤见夫妇再次商量,推进研讨会的准备工作。

在鹤见俊辅看来,《竹内好》一书的最终面貌无法让人满意,他想再度修改。我数度听他表达过这样的想法。但是,实际着手也并非容易。"对于过于保持敬意的对象,很难写他的传记。"鹤见俊辅也这样流露过无法满意《竹内好》的理由。

鹤见与竹内最初相会是1948年(昭和二十三年)7月15日,在银座的菊正大厦。他前去竹内、武田泰淳这些中国文学研究会同人召开会议的地方。次年,思想的科学研究会创立,竹内好从最初就入会了。

不过,竹内在《思想的科学》公开成为投入精力的角色,始于1954年春天讲谈社版(第三次)《思想的科学》,他亲自担任编辑会议的负责人,引导杂志编辑。虽然也被称作"大众化路线",但讲谈社版《思想的科学》多少也与竹内好提倡的"国民文学论"

并行。讲谈社版《思想的科学》的出版，从1954年5月号开始，仅持续一年，出版十二期。如前所述，这期间鹤见俊辅惹上了毫无事实依据的、涉及钱和女性关系的丑闻嫌疑，讲谈社决定停止出版该杂志。对此，在思想的科学研究会内部，以竹内好为首的年长会员执行了彻底、实证的查明事实的程序，通过证明不存在被视为丑闻的事实，不仅维护了鹤见俊辅的名誉，而且给一连串骚动画上了句号。

因此，如果鹤见俊辅的《竹内好》也论及战后竹内好的活动，比如在描述这种状况时，因为作者本人也牵扯其中，就必须放弃正统的"传记"写法。即便避开了这些，鹤见的《竹内好》主要也是注重讲述至战败为止的竹内的"前史"，无法完整地描写出竹内好。鹤见身上有着这种困窘。

不对，还不只是这些。改写《竹内好》的困难还有其他原因。比如，那是因为鹤见相当根源性地理解了竹内的思考。

从鹤见的观点来看，日美开战阶段竹内好说"支持大东亚战争"，其中包括了突破字面意义上的东亚解放理念，解放殖民地朝鲜，然后停止中日战争这一日本职责。归根到底，那也是支持日本在这场战争中被打败并垮台。

而且，竹内虽然强调重视"亚洲"的传统，但并不否定西欧式的现代化。在此意义上，他既将加藤周一那种彻底的西欧式现代主义者作为处于自身相对方向的论敌，也将之视为整体性方法一致的同人。也就是说，竹内认为通过彻底探究西欧式的现代化，"亚洲"这一问题也会从中鲜明地浮现出来。

鹤见追求的，应该就是将这种尚不完全清晰的竹内好像，放入更大的时代脉络中进行叙述吧。

虽然停止在未完成的道路上，但带有这种方向感的探索本身就值得尊重。不过，如果继续处理战后的竹内好，也就必须有与之相符的跨越新维度的"方法"。

如果作为一位思想家来理解的话，鹤见俊辅的生存本身，也是这种对"方法"的贪婪摸索的连续过程。老年的他也没有免除这种倾向。《老聩帖》的提出和实践就指向这一点。

相反，这里也引用一处竹内好关于鹤见的回忆：

> 1960年安保斗争的时候，我从都立大辞职。十天之后，鹤见俊辅先生从东京工大辞职。虽然不是预先商量好的，但结果上是同一步调。
>
> 鹤见先生——这样写觉得一本正经了，叫俊辅先生吧——好像是在看完相扑最后一天比赛的电视转播后回家，在晚报上知道我辞职的事［注：当时周日也出版晚报］。我是在"安保批判之会"的集会上，从媒体人那里听说俊辅先生的辞职。
>
> （……）
>
> 他的辞职将我从孤立感中救出来。第二天我给俊辅先生发了电报：我们走自己的路，一起走，然后再分开走。
>
> （……）
>
> 即便如此，为什么俊辅先生那个时候要做出没有必然性的辞职行动呢？当然，说没有必然性是我的见解，他那里有学问独立这一正当理由，只是这并不能

让我接受。即便是动机的一小部分，也很让人觉得是对我的情分。我这或许是陷入自叙体小说的传统中了吧。

俊辅先生脑中也许会否定它，说完全没有那样的事情。不过，我预料到那种否定，但仍想给后代的研究者提供一个线索。

在第三次的讲谈社时代，思想的科学研究会出现内部纷争，遭遇分裂危机。当时我是会长。我自己什么都没有做，好歹避免了这一危机。说什么都没有做，换个说法就是公私分开。我反复劝解血气方刚的年轻积极分子，用很小的牺牲挽救了研究会的分裂。

与我相比，俊辅先生不注意公私混同，可能也有不畏那种误解的独裁者或者家长的气质。最大程度发挥那种既是缺点又是优点的气质，还是 1960 年安保斗争的时候。他一边参加游行示威，一边喜获爱妻。这种程度的公开的公私混同，也并不多见吧。

鹤见应该觉得，这个人比自己更伟大。写关于这种"恩人"的传记，自然是很困难的。

1976 年 10 月 18 日，病魔缠身的竹内好，在进行生涯最后的演讲（《读鲁迅》，京都会馆）当天，特意走远些，前往京都岩仓的鹤见俊辅新家。当时虽然没有见到，但有这样的亲密，他们互相之间应该也并未远隔吧。

2008 年（平成二十年）12 月 6 日，研讨会"竹内好留下的东西"（编辑小组SURE、思想的科学研究会共同主办）在京大会馆召开。以进行主题演讲的中岛岳志（1975年生）为首，包括大泽真幸（1958年生）、山田庆儿（1932年生）、山田稔、井波律子（1944年生）等发言者由鹤见俊辅逐一亲自联系，提供想让他们讲的主题，取得他们参加的意愿。当日的演讲和讨论，被鹤见俊辅编成《亚洲产生的世界像——竹内好留下的东西》一书。

鹤见俊辅自己在这场研讨会上也有短暂的发言。不过，已经八十六周岁的鹤见说不出太多深刻的话。莫不如说，这一天的他在乐享全部发言者的讨论。

比如说——

"刚刚山田庆儿先生的讲话中，有作为欧洲之母的亚洲这一点，对吧。那个想法出人意料。仔细想想，我们会知道欧洲思想的基础中有亚洲。

"我［19］72年到［19］73年，在墨西哥生活。（……）

"当时，竹内先生和我说，他要是去墨西哥的话，就请我帮他找个能住的地方。竹内先生是国际主义者，所以不是必须在日本待着的人。去墨西哥，继续翻译鲁迅作品然后送到日本的话，在那边也有收入呀。能够养活自己。他那个时候也想过这条路。

"战时的《近代的超克》（1942年，刊载于《文学界》杂志上的专题论文集。参加者有河上彻太郎、龟井胜一郎、下村寅太郎、小林秀雄等），我也试着重读了，但觉得大部分都是无聊的内容，不过竹内先生仍看到了价值呀。我在这种地方感觉到竹内先生超越我的特点。在我觉得无聊的地方，他看到了不无聊的东西。我觉得我比不上他。我现在觉得，日本的大臣啊，国会中的人啊，全都很无趣。日本进入了一百五十年间最无趣的时代。但是，如果是竹内先生的话，可能会觉得还有有意思的地方。

"刚才说到文学死了。中岛［岳志］让人想到日本人经常写大量日记的事情吧。从《土佐日记》开始一直往后，在幕末长大的初代记者岸田吟香也写日记呀。之后，金子文子的《什么让我这样做》，和那个时代的大众文化完全不一样。竹内先生的《浦和日记》也是那样的作品。也就是说，竹内先生虽然也阅读杂志和书籍，但将言论理解为姿态来判断一个家伙能不能信任。总之，不是由日常态度支撑的东西，就不想读了。跑题了呀。（……）

"这样考虑的话，所谓日本文学死了的时候，也就是日本人获得留下来的澄清的文学吧？"

衰老的自身已经没有挥舞长刀的腕力。即便如此，他仍不停地将议论的刀锋指向未来的方向，用指尖一点点修正姿势。这种对年轻一代的刀术指导角色仍在持续。

《老聩帖》的 2008 年 12 月 12 日，这样写道："竹内好的会结束了。再也不会在自己的人生中看到更多的东西了。"

2009 年（平成二十一年）2 月 19 日至 3 月 30 日，鹤见因心房颤动住院。

4 月 20 日至 5 月 15 日，因为心房颤动再发，鹤见再次住院。

应该是这个时候的事情吧。

心脏等器官有慢性病的横山贞子年龄也大了，在持续照顾鹤见俊辅的生活中，开始感觉到体力的极限以及不安。因此，她向鹤见提议要不夫妇一起去养老院。鹤见也同意了。不过第二天，鹤见撤回同意，说还是想在自己家里生活。

"我怎么样你都可以吗？"横山问丈夫道。

"对不起……"鹤见回答道。

2011年（平成二十三年）3月11日。东日本大地震。而且，福岛第一核电站出现了核事故。

那之后的日子，鹤见俊辅持续盯着自家的电视。

同年6月4日。在日比谷公会堂"九条会"的七周年集会上，鹤见作了题为《被动的力量》的演讲。这是在与后藤新平有因缘的市政会馆临时设立的会场。创刊最初的《思想的科学》编辑部，也在同一建筑物（市政会馆旁边）里。因此，不久就八十九周岁的鹤见应该格外期待这场演讲。

演讲的声音听着很有精力，内容也很流畅。

回到京都的家里后，鹤见给我打来电话，声调让人觉得他顺利完成一件大事，心情很好。

2011年11月11日的《京都新闻》晚报上，鹤见俊辅发表了《复数的自我》一文。

"印度人阿马蒂亚·森获得诺贝尔经济学奖的时候，我觉得看了也不会明白，就没有购书来看。然而，这次被《身份与暴力》这本书的文案吸引，购买了日译本（劲草书房）来看。这是一本到处都是我的问题的书。"

比如，19世纪中叶爱尔兰大饥荒的时候，英国将之归因于饮食方法等爱尔兰文化的特殊性。不明白英国人为什么不听爱尔兰人说了什么。英国统治了世界四分之一的地方，但仍然没有管理好爱尔兰。

这样的记忆，在日本历史上也有吗？有，是冲绳。

在日本的领土之中，有当地居民居住的地区，只有这里进行了陆上战争。遵照本土来的军人的安排被逼入集体自杀的情形，过了六十六年仍刻在民众的记忆之中。现在来到这片土地上的美国士兵很难理解吧。发动没有胜利希望的战争，失去了三百万人民，但选择（现今依然选择）将其遗忘，并心怀世界强国的自负的、当前本土的日本人也很难理解。

森不肯放弃印度国籍这件事，包含了要保持过去他们在英国殖民地生活的记忆这一意志。那就是森身体中复数的自我。

还是十一岁的小孩时，他看到印度教徒和伊斯兰教徒之间的流血纷争。

要对敌人施加暴力时，对方就被视作同一人格（自我）。不过，尽管对方现在看上去是如此，但真的只有这一面吗？对方不是和自己一样，也有复数的自我吗？

让十一岁时看到的流血记忆复苏过来的，是许多年前，他结束了短期的海外出差回到英国时（这时他是剑桥大学三一学院院长），机场入境管理官员从他的印度护照上抬起头后提出的问题："你在英国的住处，是剑桥大学的院长家？你和他关系很近啊。"

"这个时候，森意识到自己带有复数人格。现在，森是拥有印度国籍的哈佛大学经济学教授。从上个世纪以来，长期低迷的哈佛大学哲学系，如果得到森这样的教授，也许会恢复活力。而日本人能否走到保持刻在自己记忆之中的复数人格的地方呢？"

这份稿件送给《京都新闻》的负责记者手头后，2011 年 10 月 27 日，鹤见俊辅因脑梗死昏倒。

《复数的自我》成为他生前发表的最后一篇自己写的文章。

第九节　儿童的日子

我的笔记本在 2015 年（平成二十七年）7 月 20 日（星期一）开始的那一周，布满几乎无法阅读的潦草而散乱的文字。

7 月 20 日晚上 10 点 56 分，鹤见俊辅在京都市左京区的民医连第二中央医院，与世长辞。死因是异物性肺炎症状。在此时点，我还不知道他的死讯。在最终之期时，作为本人的遗愿，鹤见表示当下不要告知东京方面的朋友。正因为好友众多，所以他不想惹起轰动，而是想安静地仅由家人送自己吧。

天亮后，21 日（星期二），因为新著《在鸥外和漱石之间》的样书已经印刷好，我前往东京表参道去取。平日我很少有事前往东京都内，不过此时责任编辑快临产，不方便走动，因此就前往编辑部附近的地方，和责任编辑一起吃午饭，拿到两册样书。我已约定 26 日（星期日）去京都拜访许久未见的鹤见，因此打算带着其中的一本。回到镰仓的家中，夏天的傍晚尚未到来。

我不带手机生活。

家里的固定电话里，只留有京都的关谷滋（1948 年生）的两条信息，录音中的关谷没有说事情，只是告诉"有要告诉你的事情，给我回电话"。过去在越南战争时期，关谷滋是援助逃兵的核心成员，他和夫人启子一起，平时常常帮助鹤见俊辅一家处理日常事务。而且，他是没有特别的事情就不会打电话的人。怀着不好的预感，试着给他回电话，但是没有接通。

等了一会后，关谷再次打来电话。

他换了一口气，用平静的声音说：

"鹤见俊辅先生去世了。"

接着，

"我换横山女士来接。"

过了片刻，横山贞子接过电话。说话方式和声音听起来依然如往常一样沉着。

"昨天深夜，俊辅去世了。因为异物性肺炎而持续高烧。按照本人的遗愿，当时不通知东京那边，所以也就没有告诉黑川先生。

"不过，小野先生（小野诚之，律师、杂志《朝鲜人》同人）强烈建议告诉你会更好，我考虑了一下，黑川先生也有京都的 SURE 活动，又在京都和镰仓之间对半生活，因此，还是决定告知您。"

横山说的大意如上。连告知的理由都认真地加上，让人感觉到她的认真，要忠实地执行答应下来的逝者遗志。

"现在我们在殡仪馆。明天上午 11 点开始默默安葬，如果要来的话，接下来也请过来吧。殡仪馆的入口告示处没有写名字，

八十岁后，鹤见做了白内障手术，视力恢复，可以不戴眼镜地生活。2008 年 2 月，八十五岁于京都。

摄影：广濑达郎

所以请直接进来。"

她告知了在京都街区之中的殡仪馆的名字和地址。道谢之后，我挂了电话，立刻收拾后前往京都。即便如此，到达殡仪馆已近夜里10点了吧。

房间里只有逝者的伴侣横山贞子及其儿子鹤见太郎（1965年生）、高桥幸子（1944年生，同志社大学时期鹤见研讨课的学生）、年轻的语言治疗师A女士。我第一次见到A女士，她是三年九个月前鹤见俊辅因脑梗死病倒后，对其进行语言重建的人。

鹤见因为脑梗死昏倒（2011年10月27日），长期住院，转到康复训练医院后，于此年4月出院回到家。

之后，鹤见俊辅也旺盛地阅读书籍。我们说话他也能清楚理解（虽然使用了助听器），并告知回答。只是发音困难，也没法写了。印象中，去看望他时，最开始的一小段时间很难听清，但还是能有某种程度的对话。不过，接着语言就逐渐含糊。他依然旺盛地说着想到的内容，但是就好像中途信号紊乱了一样，对方无法理解那"声音"的意义。从结果看，对话就从模糊地应和，变成了搪塞。鹤见可能敏感地注意到其中出现了某些差错。尽管如此，他仍然带着明朗的表情，认真地说着现在他考虑的事情。不觉挫败地持续那种状态，需要强大的心力。在和家人一起的日子里，似乎也有容易让人抑郁的事情。然而，我从未见他有过那种时候。

听说他们请了A女士前往岩仓家中，热心地继续做语言重建。想必是有些着急，不过和A女士的接触也让鹤见觉得开心吧。如果杂志《思想的科学》继续出版，他应该一定会邀请她写文章。

这天晚上，三位女士用卧室，鹤见太郎和我睡在鹤见俊辅两侧，盖着三人用的被子。不知不觉，我又按小时那样叫他"太郎"，尽管他现在已经是早稻田大学历史学教授了。他有时好像是尝试和父亲沟通一样，一动不动地把手掌放在鹤见额头上。那看起来也像是他从小开始，面对睡着的父亲而一直持续的动作。

我也有一两次在极短的时间碰到了鹤见的额头，但觉得自己的动作非常不自然，无法再做出更多动作。至于原因，是因为我很早就感觉到鹤见俊辅是不愿意和他人有身体接触的人。我没见过他啪地拍一下别人肩膀那样的行为，也未曾看到他像美国人那样主动握手，反而是知道他在写战时被宪兵殴打的事情时，称"被殴打成为让人讨厌的事情，我连身体被他人接触都受不了"（鹤见俊辅《战争给予的词典》）这种内容。那好像也是在说，被"接触"是伤害的第一因，"被殴打"造成的物理性痛苦只是次位的。

天亮后，到了22日早晨，参加葬礼的十人左右集合到殡仪馆。

自己去世的时候，请将它隐瞒一个月——因为留有这种逝者愿望的笔记，所以就遵照这一遗志。大家的态度似乎很一致。不过，我说不可能瞒住媒体那么长时间。

姐姐鹤见和子在养老院去世时，甚至第二天早上就有记者打电话给我确认事实。而鹤见俊辅已经九十三岁高龄，记者也知道几度住院的事情。他们的关注更加严密，应该也和熟人、医院相关人员、邻居打过招呼，如果有可能是变动的事情就请告诉他们。如果他们委托的话，就有人会同意。我们应该没法在那么长的时间内，一直骗过以此为职业的找新闻的人。一旦泄露的话，就算要隐瞒，也只是给亲族带来巨大的负担而已。一个个地应对追踪而来的记者，甚至会危及健康状况已经不怎么好的横山贞子的身体。不如我们哪怕就定个日期，在那个时间点一起告知记者，这样会更减轻亲族的负担吧。我说。

不过，也有人说，因为是逝者的遗志，所以还是稍微晚一点更好。因为也没什么时间，总之就定在去世一周后的 26 日星期日召开记者会，暂时停止了讨论。

拍完葬礼照片后，"无声之声会"的鲜艳蓝色锦旗作为遗物收入棺中。平日帮忙整理藏书的椿野洋美带来了罐装可口可乐，这是鹤见俊辅喜欢的东西。因为不喝酒，他就把这个作为"放荡之味"。可乐倒入纸杯就可以放入棺内，因此就分入小纸杯中，放在棺内四角。

鹤见曾说过，僧侣也好，神父或牧师也好，作为个人来说，都有他喜爱的人。但是，自己死的时候不想叫那些人。在日本这个国家，战争的时候，不管是佛教还是基督教，那些宗教人士都见风使舵地加入其中。自己忘不了那种事情——鹤见叮嘱过我很多次。

原本鹤见想在自己家里简单地做"邻里葬"。——儿子太郎站在家门口，对近邻作简短的寒暄。寒暄就只有这些。参加葬礼的人，从庭前围着房子周围的空地站成一圈。自己的遗骸放在屋里，透过玻璃窗户，从那里最后一次面对参加葬礼的人。家人预备好很多稻荷（豆皮寿司），请参加的人吃，然后结束。对于当天帮助葬礼的人，之后请他们在附近的鳗鱼饭店里吃饭。

鹤见讲过许多次那样的"仪式顺序"。比如有一天，高桥幸子和我被叫到鹤见家里，我想着大概是什么会议，然而鹤见在打开的笔记本上记下的议题标题是"关于我的葬礼仪式"。

不过，那之后他又度过很长的老年时光，其间大概觉得那种事情也没有必要。特别是最后几年，在家人的照顾下，应该已经有了告别的必要时间。

大家在棺材周围逐个完成告别后，已经是出发送往火葬场的时间了。

次日（23日），我白天在东京都内演讲，傍晚开始在镰仓家中接待外国来客，分身乏术。不过，虽然有了心理准备，但从这一天午后左右开始，确认鹤见俊辅逝世的记者电话一刻未停。不管怎么说，看样子是等不到26日召开记者会了。

从深夜开始到天快亮时，我和关谷滋协调联系，天亮之后的24日上午，鹤见太郎也加入，准备在京都召开记者会的事宜。我们拜托鹤见俊辅素来亲密的四条富小路的德正寺，希望能够借用本堂作为会场。天还没亮我就从镰仓的家中出门，坐着新横滨站始发的新干线前往京都。一直到达德正寺之后，我们才完成与各报社的联系。

在记者发布会上，鹤见太郎被问到，鹤见俊辅平日在家里是什么样子，记得他大约这样回答道："从我还是小孩子的时候起，每次和父亲说各种事情，他都会睁大眼睛，说'这么有意思呀！''真厉害啊！''呀，太吃惊啦！'，给予从心底惊讶的反应。所以，我觉得大人就是那样的人。然而，来到外面的世界之后，发现世上的大人对任何事情都几乎没有反应，很受冲击。于是，要怎么才能填补这一鸿沟，成为我相当长时间的痛苦之事。"

鹤见俊辅的墓，位于东京的多磨陵园。

在刻着"鹤见家之墓"的墓地，他现在和母亲爱子、父亲祐辅、弟弟直辅一起安眠。

主要出处

本书执笔时多次参考以下著作：

『鶴見俊輔著作集』全 5 卷，筑摩書房，1975 年 5 月—1976 年 1 月

『鶴見俊輔集』全 12 卷，筑摩書房，1991 年 4 月—1992 年 3 月

『鶴見俊輔集·続』全 5 卷，筑摩書房，2000 年 11 月—2001 年 6 月

此外的出处资料按章列示，出现重复时，第二次及之后仅列作者、书名或文章名。

杂志《思想的科学》所收文章，利用《思想の科学総索引 1946-1996》（思想の
科学社，1999 年 10 月）可方便检索。

第一章　长于政治家庭 1922—1938

秋山清『目の記憶──ささやかな自叙伝』，筑摩書房，1979 年 8 月

鶴見祐輔『壇上·紙上·街上の人』，大日本雄弁会，1926 年 11 月

鶴見祐輔『後藤新平』全四卷，後藤新平伯伝記編纂会，1937 年 4 月～1938 年
7 月（引用时依据新版的《正伝後藤新平》全 8 卷（藤原書店））

椎名悦三郎「私の履歴書」，『私の履歴書』第 41 集（日本経済新聞社編），日

本経済新聞社，1970 年 10 月

新渡戸稲造『偉人群像』，実業之日本社，1931 年 11 月

上品和馬『広報外交の先駆者・鶴見祐輔——1885—1973』，藤原書店，2011
年 5 月

鶴見俊輔「『荘子』」（書評 8），「飛ぶ教室」第 12 号，1984 年 11 月

北岡寿逸「鶴見祐輔さんの思い出——火曜会を中心として」，『友情の人鶴見
祐輔先生』（北岡寿逸編），私家版，1975 年 11 月

丸山眞男「恐るべき大震災大火災の思出」，『丸山眞男の世界』（「みすず」編
集部編），みすず書房，1997 年 3 月

丸山眞男「如是閑さんと父と私——丸山眞男先生を囲む座談会」，『長谷川如
是閑——人・時代・思想と著作目録』（長谷川如是閑著作目録編集委員会編），
中央大学出版部，1985 年 11 月

鶴見俊輔「関東大震災の記憶」，「京都新聞」1995 年 2 月 20 日夕刊

河崎充代『無償の愛——後藤新平，晩年の伴侶きみ』，藤原書店，2009 年 12 月

鶴見俊輔、加藤典洋、黒川創『日米交換船』，新潮社，2006 年 3 月

鶴見祐輔『中道を歩む心』，大日本雄弁会講談社，1927 年 12 月

『太平洋問題——一九二七年ホノルル会議』（井上準之助編），太平洋問題調査
会，1927 年 12 月

鶴見和子「自分と意見のちがう子どもを育てた父親への感謝」，『友情の人鶴
見祐輔先生』

鶴見俊輔「読書年譜」，鶴見俊輔『再読』，編集工房ノア，1989 年 7 月

鶴見和子「カイロのお金——後藤新平のアジア経綸」，「文藝春秋」2000 年 2
月号

駄場裕司「日本海軍の北樺太油田利権獲得工作」，『日本海軍史の研究』（海軍
史研究会編），吉川弘文館，2014 年 12 月

安藤豊禄『韓国わが心の故里』，原書房，1984 年 7 月

草柳大蔵『実録　満鉄調査部』上、下巻，朝日新聞社，1979 年 9 月，10 月

正力松太郎『悪戦苦闘』（大宅壮一編），早川書房，1952 年 11 月

鶴見祐輔，鶴見和子「オー・マイ・パパ——親の幸福、娘の幸福」，「文藝春秋」
1954 年 10 月号

鶴見和子「祖父後藤新平」,「東京」1995 年 1 月号

「『鶴見和子研究』年譜」(制作：能澤壽彦),『コレクション鶴見和子曼荼羅』
　　IX　環の巻,藤原書店,1999 年 1 月

鶴見俊輔『たまたま、この世界に生まれて——半世紀後の「アメリカ哲学」
　　講義』,編集グループ SURE,2007 年 6 月

内山章子『鶴見和子病床日誌』,私家版,2008 年 7 月

鶴見俊輔「恩人」,「教育研究」(東京教育大学附属小学校教育研究所) 1957 年
　　7 月号

鶴見俊輔「六歳からの友」,「婦人公論」1997 年 6 月号

鶴見俊輔「みどりの思い出」,「ガーデンライフ」1971 年 6 月号

鶴見祐輔『欧米大陸遊記』,大日本雄弁会講談社,1933 年 6 月

鶴見俊輔「わたしのアンソロジー」,「現代詩」1959 年 10 月号

内山章子『看取りの人生——後藤新平の「自治三訣」を生きて』,藤原書店,
　　2018 年 7 月

鶴見俊輔『不逞老人』(黒川創記録),河出書房新社,2009 年 7 月

鶴見俊輔「三面記事の世界」(私の地平線の上に 3),「潮」1974 年 3 月号

鶴見和子「おなじ母のもとで」,『鶴見俊輔集』12,月報,筑摩書房,1992 年
　　3 月

熊野濟樹『一切を捨てて』,ヨルダン社,1983 年 10 月

都留重人『都留重人自伝　いくつもの岐路を回顧して』,岩波書店,2001 年 2 月

鶴見俊輔「秋山清——激越な言葉をおさえた戦時・戦後の詩」(回想の人びと
　　5),「潮」2000 年 12 月号

有島武郎「クローポトキン」,「新潮」1916 年 7 月号

有島武郎「クロポトキンの印象と彼の主義及び思想に就て」,「読売新聞」
　　1920 年 1 月 25 日

有島武郎「狩太農場の解放」,「小樽新聞」1923 年 5 月 20 日、21 日

第二章　美国与战场之间 1938—1945

Edwin O.Reischauer, *My life between Japan and American*, Harper &Row,1986.

（エドウィン・O・ライシャワー『ライシャワー自伝』, 徳岡孝夫訳, 文藝春秋,
　1987 年 10 月）

Lawrence Olson, *Ambivalent Moderns: Portraits of Japanese Cultural Identity*,
　Rowman &Littlefield, 1992.（ローレンス・オルソン『アンビヴァレント・モ
　ダーンズ──江藤淳、竹内好、吉本隆明、鶴見俊輔』, 黒川創、北沢恒彦、
　中尾ハジメ訳, 新宿書房, 1997 年 9 月）

F. O. Matthiessen, *Ameircan Renaissance: Art and Expression in the Age of
　Emerson and Whitman*,Oxford University Press, 1941.（F・O・マシーセン『ア
　メリカン・ルネサンス──エマソンとホイットマンの時代の芸術と表現』上、
　下巻, 飯野友幸等訳, 上智大学出版, 2011 年 5 月）

鶴見俊輔『期待と回想』上、下巻, 晶文社, 1997 年 8 月

鶴見俊輔『たまたま、この世界に生まれて』

上品和馬『広報外交の先駆者・鶴見祐輔』

鶴見俊輔、斎藤憐「個人の中に抵抗を残した男──佐野碩」, 斎藤憐作、演出『異
　邦人──ボーダレス・ラブ』公演パンフレット, 1995 年

岡村春彦『自由人佐野碩の生涯』, 岩波書店, 2009 年 6 月

「"赤い伯爵" に続いて / 演出家佐野氏も露都脱出 / 祖国へ帰心矢の如し」,「読
　売新聞」1938 年 5 月 28 日

鶴見俊輔、加藤典洋、黒川創『日米交換船』

石垣綾子「ある亡命者の生涯──佐野碩のこと」,「世界」1981 年 4 月号

鶴見俊輔「マサチユーセッツ州コンコード」（心にのこる風景　9）,「TBS 調査
　情報」1983 年 7 月号

鶴見俊輔「ヤングさんのこと」,「『共同研究・占領』サークル通信」1977 年 5
　月 25 日号

鶴見俊輔「都留重人──哲学の教師として」,「考える人」2006 年夏季号

鶴見俊輔「偏見としての差別意識」,『同和教育の根本問題──1953 年度部落
　問題講習会講演と討論』, 部落問題研究所, 1953 年 12 月

鶴見俊輔「四十年たって耳にとどく」,「図書」1978 年 8 月号

鶴見俊輔「エリセエフ先生の思い出──東と西の出会い」,「図書」2000 年 4
　月号

瀬戸内寂聴、ドナルド・キーン、鶴見俊輔『同時代を生きて』, 岩波書店, 2004 年 2 月

鶴見俊輔『柳宗悦』, 平凡社, 1976 年 10 月

鶴見俊輔「芦田恵之助──まわり道をとおつて」,『回想の芦田恵之助──その人と業績』(実践社編), 実践社, 1957 年 7 月

Elementary Japanese for University Students, prepared by Serge Elisséeff and Edwin O. Reischauer, Harvard-Yenching Institute, 1941.

Elementary Japanese for University Students, compiled by Serge Elisséeff and Edwin O. Reischauer, 2nd enl. ed., published for the Harvard-Yenching Institute, Harvard University Press, 1942, 1944.

Elementary Japanese for College Students, compiled by Serge Elisséeff, Edwin O. Reischauer and Takehiko Yoshihashi, published for the Harvard-Yenching Institute, Harvard University Press, 1944.

武田珂代子『太平洋戦争　日本語諜報戦──言語官の活躍と試練』, ちくま新書, 2018 年 8 月

ドナルド・キーン、河路由佳『ドナルド・キーン　わたしの日本語修行』, 白水社, 2014 年 9 月

南博『学者渡世──心理学とわたくし』, 文藝春秋, 1985 年 4 月

鶴見俊輔『不逞老人』

鶴見和子「自分と意見のちがう子どもを育てた父親への感謝」

『日本郵船戦時船史──太平洋戦争下の社船挽歌』上、下巻, 日本郵船, 1971 年 5 月

鶴見俊輔『北米体験再考』, 岩波新書, 1971 年 8 月

鶴見俊輔「牢獄から見たアメリカ合州国」(心にのこる風景　10),「TBS 調査情報」1983 年 8 月号

星野治五郎『アメリカ生還記』, 皇国青年教育協会, 1943 年 1 月 (版权页中有 "昭和十七年一月十五日初版印刷 / 昭和十七年一月二十日初版発行" 的字样, 但两处年份应该均是错记或误排)

鶴見俊輔「字引きについて」,「国語通信」1965 年 2 月号

鶴見俊輔「木口小平とソクラテス」(私の地平線の上に　2),「潮」1974 年 2

月号

前野喜代治『佐々木秀一先生——その生涯、学問、人格』, 私家版, 1962 年
    10 月

鶴見俊輔「読書年譜」

都留重人「引揚日記」,『都留重人著作集』第十二巻, 講談社, 1976 年 5 月

嘉治真三「前田多門先生を憶う」,『前田多門——その文、その人』(刊行世話
    人代表 : 堀切善次郎), 私家版, 1963 年 6 月

「大東亜戦争関係一件 / 交戦国外交官其他ノ交換関係 / 日米交換船関係」ほか,
    国立公文書館アジア歴史資料センター〔未出版〕

鶴見俊輔「交換船の地球半周」(心にのこる風景 11),「TBS 調査情報」1983
    年 9 月号

都留重人『都留重人自伝いくつもの岐路を回顧して』

樹居孝『太平洋戦争中の国際人道活動の記録』改訂版, 日本赤十字社, 1994
    年 4 月

中野利子『H・ノーマン——あるデモクラットのたどった運命』, リブロポート,
    1990 年 5 月

鶴見和子『里の春』, 私家本 (『コレクション鶴見和子曼荼羅』viii 歌の巻,
    藤原書店, 1997 年 10 月所収)

鶴見俊輔「戦争のくれた字引き」,「文藝」1956 年 8 月号

鶴見俊輔「手帖の中のドイツとジャワ」(心にのこる風景 12),「TBS 調査情
    報」1983 年 10 月号

鶴見俊輔、上野千鶴子、小熊英二『戦争が遺したもの——鶴見俊輔に戦後世
    代が聞く』, 新曜社, 2004 年 3 月

鶴見俊輔「中井英夫のこと」,『中井英夫全集』8, 解説, 創元ライブラリ,
    1998 年 4 月

George Orwell: *The War Commentaries*; Orwell: *The War Broadcasts*, 2 vols.,
    edited by W. J. West, Duckworth: Brisish Broadcasting Corp., 1985. (ジョー
    ジ・オーウェル『戦争とラジオ——BBC 時代』, 甲斐弦, 二澤佳子, 奥山
    康治訳, 晶文社, 1994 年 6 月)

鶴見俊輔「彼がもっとも左翼公式主義に近づいた日々」,『大宅壮一全集』第 1

巻，解説，蒼洋社，1981 年 5 月

青山淳平『海は語らない――ビハール号件と戦犯裁判』，光人社，2006 年 7 月

『世紀の遺書』（巣鴨遺書編纂会編），巣鴨遺書編纂会刊行事務所，1953 年 12 月

鶴見俊輔「『定型』の不思議な魅力」（文芸詩散策――韻文　1），「朝日新聞」
　　大阪本社版 1987 年 6 月 5 日夕刊

鶴見俊輔「退行計画」，「展望」1968 年 3 月号

Rabindranath Tagore, *Sādhanā: The Realisation of Life*, Macmillan, 1913.（タ
　　ゴール「サータナ」，美田稔訳，『タゴール著作集』第八巻，第三文明社，
　　1981 年 7 月）

鶴見俊輔「対話の相手としてのタゴール」，「朝日新聞」1977 年 11 月 15 日

鶴見俊輔「大河内光孝」，『日米交換船』

内務省警保局「昭和十七年中に於ける外事警察概況」（重版为『極秘外事警察
　　概況』8・昭和一七年［内務省警保局編］，龍溪書舎，1980 年 7 月）

中村智子『横浜事件の人びと』，田畑書店，1979 年 4 月

『木戸幸一日記』上、下巻，東京大学出版会，1966 年 4 月，7 月

鶴見俊輔『哲学の反省』，先駆社，1946 年 4 月（引用时依据『鶴見俊輔集』3，
　　筑摩書房，1992 年 1 月所収版本）

内山章子『看取りの人生』

第三章　创立《思想的科学》的时代 1945—1959

鶴見憲「兄の思い出」，『友情の人鶴見祐輔先生』

鶴見俊輔『期待と回想』

Gertrude Jaeger, "The Philosophy of the Once-Born," *Enquiry*, Vol. 2, No.1
　　（April　1944）.（ガートルード・ジェイガー「生まれた儘の人の哲学」，「思
　　想の科学」創刊号〔1946 年 5 月〕）

鶴見俊輔「二つの日付け」（私の地平線の上に　10），「潮」1974 年 10 月号

上品和馬『広報外交の先駆者・鶴見祐輔』

鶴見俊輔「意図をこえる結果」，復刻版『思想の科学会報』第 3 巻（思想の科
　　学研究会編），解説，柏書房，1985 年 1 月

鶴見俊輔「素材と方法——『思想の科学』の歴史の一断面」,「思想の科学」1972 年 3 月号

武田清子「『ひとびとの哲学』を探る」,安田常雄、天野正子編『戦後「啓蒙」思想の遺したもの』(復刻版『思想の科学』·『芽』別巻),久山社,1992 年 6 月

鶴見俊輔「初期の『思想の科学』のこと」,「思想の科学会報」第 18 号,1957 年 5 月

上田辰之助「思想と表現——言語に関する若干の断想」,「思想の科学」創刊号

鶴見俊輔「言葉のお守り的使用法について」,「思想の科学」創刊号

嶋中鵬二「川島次郎先生が担任した風変りなクラス」,「教育研究」1984 年 3 月号

武谷三男「素粒子論グループの形成」,湯川秀樹、坂田昌一、武谷三男『素粒子の探究』,勁草書房,1965 年 5 月

鶴見俊輔「哲学者市井三郎の冒険」『市民の論理学者·市井三郎』(鶴見俊輔、花田圭介編),思想の科学社,1991 年 10 月

石本新「市民の論理学者市井三郎氏の想い出」,『市民の論理学者·市井三郎』

鶴見俊輔「はじまりの思い出」,「思想の科学会報」第 135 号,1994 年 8 月

鶴見俊輔「『思想の科学』六十年を振り返って」(聞き手：黒川創),『「思想の科学」ダイジェスト　1946~1996』(『思想の科学』五十年史の会),思想の科学社,2009 年 1 月

鶴見俊輔「羽仁五郎——一九三〇年代という舞台」(回想の人びと 16),「潮」2001 年 11 月号

太田雄三『喪失からの出発——神谷美恵子のこと』,岩波書店,2001 年 11 月

鶴見俊輔「神谷美恵子管見」,『神谷美恵子の世界』(みすず書房編集部編),みすず書房,2004 年 10 月

神谷宣郎『細胞の不思議——一探究の後をふりかえって』,ブレーンセンター,1989 年 1 月

鶴見俊輔、加藤典洋、黒川創『日米交換船』

鶴見俊輔『不逞老人』

内山章子『看取りの人生』

鶴見俊輔「五十年、九十年、五千年」,木村聖哉、鶴見俊輔『「むすびの家」物語——ワークキャンプに賭けた青春群像』,岩波書店,1997 年 11 月

神谷美恵子『日記、書簡集』(神谷美恵子著作集 10),みすず書房,1982 年 11 月

武谷三男「職能としての学問のために」,『戦後「啓蒙」思想の遺したもの』

武谷三男『弁証法の諸問題——科学、技術、芸術論文集』,理学社,1946 年 11 月

武谷三男『聞かれるまま』(聞き手：北沢恒彦),思想の科学社,1986 年 11 月

鶴見俊輔「武谷三男——完全無欠の国体観にひとり対する」(回想の人びと 3),「潮」2000 年 10 月号

鶴見俊輔「ベイシック英語の背景」,「思想の科学」第二号,1946 年 8 月

土居光知『基礎日本語』,六星館,1933 年 3 月

土岐善麿「国語国字問題の先覚者三人」,「思想の科学」第三号,1946 年 12 月

「ハートランド・ラッセル『西洋哲学史』合評」(まえがき：鶴見俊輔；古代：林達夫；中世：松本正夫；文芸復興：武谷三男；近世：丸山眞男；現代：鶴見和子),「思想の科学」第 3 号

鶴見俊輔「モリスの記号論体系」,「思想の科学」通巻 6 号,1947 年 11 月

鶴見俊輔『アメリカ哲学——プラグマティズムおどお解釈し発展させるか』,世界評論社,1950 年 1 月

研究部〔鶴見俊輔〕「ひとびとの哲学についての中間報告(一)」,「思想の科学」通巻 8 号,1948 年 2 月

研究部〔鶴見俊輔、鶴見良行〕「ひとびとの哲学についての中間報告(二)」,「思想の科学」通巻 9 号,1948 年 3 月

山上行夫〔鶴見俊輔〕「心の山河」,「文藝春秋」1947 年 12 月号

波多野完治「コミュニケイション総論」,「思想の科学」通巻 10 号,1948 年 4 月

鶴見和子「『戦後』の中の『思想の科学』」,復刻版『思想の科学会報』第 1 巻(思想の科学研究会編),解説,柏書房,1982 年 12 月

鶴見俊輔、橋川文三、吉本隆明「すぎゆく時代の群像」上、中、下,「日本読書新聞」1958 年 11 月 24 日号、同年 12 月 1 日号、同年 12 月 8 日号

羽仁五郎、長谷川如是閑、宮本顕治、高島善哉、久野収、鶴見俊輔「二十世

紀思想の性格と展開」,「世界評論」1950 年 1 月号

鶴見俊輔『思い出袋』, 岩波新書, 2010 年 3 月

J. Marshall Unger, *Literacy and Script Reform in Occupation Japan: Reading Between the Lines*, Oxford University Press, 1996.（J・マーシャル・アンガー『占領下日本の表記改革——忘れられたローマ字による教育実験』, 奥村睦世訳, 三元社, 2001 年 10 月）

中生勝美「戦時中のアメリカにおける対日戦略と日本研究——ミシガン大学ロバート・ホールを中心に」,「桜美林論考, 人文研究」第 8 号, 2017 年 3 月

John Dewey, "On membership in a World Society."（ジョン・デューイ「世界政府論」,「思想の科学」第 2 号）

鶴見俊輔、上野千鶴子、小熊英二『戦争が遺したもの』

「きいてわかる学問言葉を作る会」（参加者：南博、小林英夫、ハルパーン、大久保忠利、池田弘子、江実、宮城音弥、今野武雄、宮崎博、石黒修、川島武宜、布留武郎、柳田為正、松坂忠則、三浦つとむ、望月衛、鶴見俊輔）,「思想の科学」通巻 15 号, 1948 年 2 月

チヤールズ・モリス「実験的人間学」（Charles W. Morris, "Experimental Humanistics"）「思想の科学」通巻 17 号, 1947 年 3 月

Charles W. Morris, *Paths of Life: Preface to a World Religion*, Harper and Brothers, 1942.（チヤールズ・モリス『人生の道』, 尾住秀雄・渡辺照宏訳, 理想社, 1966 年 2 月）

鈴木大拙、チヤールズ・モリス「思想における東洋と西洋」,「世界評論」1947 年 2 月号

鶴見俊輔『たまたま、この世界に生まれて』

チヤールズ・W・モリス「アジアへの入口」,「中央公論」1947 年 2 月号

鶴見俊輔「桑原武夫　人と学問について」,「週刊読書人」2008 年 7 月 11 日

鶴見俊輔「この四〇年」,「思想の科学会報」第 22 号, 1988 年 9 月

鶴見俊輔「都留重人、ただ一人の私の先生」（聞き手：尾高煌之助、西沢保）,『回想の都留重人——資本主義社会主義、そして環境』（尾高煌之助、西沢保編）, 勁草書房, 2010 年 4 月

鶴見俊輔「個別にしっかり目をむけて」,『創造的市民講座——わたしたちの

学問』(桑原武夫編)，小学館，1987 年 4 月

鶴見俊輔『プラグマティズム』，河出文庫，1955 年 1 月

鶴見俊輔『プラグマティズム入門』，現代教養文庫，社会思想研究会出版部，
　1959 年 3 月

『人文科学研究所五十年』，京都大学人文科学研究所，1979 年 10 月

鶴見俊輔「下宿の思い出」，「京都新聞」1982 年 1 月 8 日夕刊

鶴見俊輔「漫才との出会い」(太夫才蔵伝 1)，「月刊百科」1978 年 1 月号

鶴見俊輔「自由を守る姿勢を貫く」，「民藝」1981 年 10 月号

土持ゲーリー法一「米国人文科学顧問団に関する一考察」，「戦後教育史研究」
　16 号，2002 年 2 月

福家崇洋「戦後日本思想史の一齣」，「京都大学新聞」2015 年 3 月 16 日号

鶴見俊輔「『思想の科学』の原点をめぐって」(聞き手：藤野寛、伊勢田哲治)，
　「思想」2009 年 5 月号

武谷三男「読者への手紙」〔巻頭コラム欄〕，「思想の科学」1954 年 11 月号 (収
　録在武谷三男『科学・モラル・芸術』〔三笠新書，1955 年 4 月〕中加上了
　標題「うそをついてはいけないか」)

武谷三男「学問の自由と特高警察根性」，「人間喜劇」1948 年 8 月号

鶴見俊輔「私にとつてのソクラテス」，「技術と人間」2000 年 9 月臨時増刊号

鶴見俊輔「宿直の一夜」，「人文」(人文科学研究所所報) 第四六号，1999 年
　11 月

『ルソー研究』(桑原武夫編，京都大学人文科学研究所報告)，岩波書店，1951
　年 6 月

鶴見俊輔「言語自在に風俗研究」，「朝日新聞」2007 年 12 月六日

梅棹忠夫『知的生産の技術』，岩波新書，1969 年 7 月

内山章子『鶴見和子病床日誌』

鶴見俊輔「大淵和夫さん」，「思想の科学会報」第 89 号，1978 年 4 月

鶴見俊輔「三十年前」，「思想の科学会報」第 94 号，1979 年 7 月

辛島理人「戦後日本の社会科学とアメリカのフィランソロピ ――
　一九五〇〜六〇年代における日米反共リベラルの交流とロックフェラー財
　団」，「日本研究」第 45 号，2012 年 3 月

海森直之「ロックフェラー財団と文学者たち――冷戦下における日米文化交流の諸相」,「Intelligence」第 14 号，2014 年 3 月

鶴見俊輔「投稿をとおしてみる『思想の科学』」,『源流から未来へ――「思想の科学」五十年』(鶴見俊輔編)，思想の科学社，2005 年 8 月

小畑哲雄『占領下の「原爆展」――平和を追い求めた青春』,かもがわブックレット，かもがわ出版，1995 年 6 月

鶴見俊輔「桑原先生のこと」,「世界」1988 年 6 月号

鶴見俊輔「この自由を負う」,『井村恒郎・人と学問』(懸田克躬編),みすず書房，1983 年 9 月

掛川恭子「金街区と俊輔さん」,『鶴見俊輔集』3，月報

鶴見俊輔「見事な占領の終りに」,「新大阪新聞」1952 年 5 月 16 日

西村和義「鳥取での出会い」,「思想の科学」1987 年 6 月号

杉村七郎〔鶴見俊輔〕「商家の妻――門田いねの生活と思想」,「中央公論」1953 年 8 月号

『民衆の座』(思想の科学研究会編)，河出新書，1955 年 6 月

『フランス百科全書の研究』(桑原武夫編，京都大学人文科学研究所報告)，岩波書店，1954 年 6 月

多田道太郎「『芽』の時代のこと」,「思想の科学」1982 年 2 月号

鶴見和子「自らを『人殺し』ということのできた人」,「思想の科学」1982 年 2 月号

鶴見俊輔「『もやい』としての『思想の科学』――自主刊行までの編集を中心に」(聞き手：黒川創),『読む人、書く人、編集する人――「思想の科学」50 年と、それから』(記念シンポジウムを記録する会編)，思想の科学社，2010 年 9 月

関根弘『針の穴とラクダの夢　半自伝』,草思社，1978 年 10 月

加藤秀俊『わが師わが友　ある同時代史』,中央公論社，1982 年 10 月

大江満雄「ハンゼン氏病者の詩」,「芽」第 5 号，1953 年 5 月

志樹治代「私の夫の生涯」,「思想の科学」1965 年 6 月号

鶴見俊輔「評論の選について」,「愛生」1955 年 1 月号

鶴見俊輔「大江満雄の肖像」,『大江満雄集――詩と評論』,思想の科学社，

1996 年 7 月

鶴見俊輔「山荘に生きる帝政ロシア——亡命貴族三代記」,「太陽」1963 年 9 月号

沢田和彦「女優スラーヴィナ母娘の旅路——来日白系ロシア人研究」,「埼玉大学紀要」第三二巻第一号, 1996 年 10 月

水津彦雄「東工大辞職のころ」,『鶴見俊輔著作集』第 5 巻, 月報, 1976 年 1 月

「内紛続く総合雑誌 / 進歩的主張が泣きます」〔(つ)との一字署名の記事〕,「サンデー毎日」1955 年 3 月 13 日号

「『思想の科学』事件について」〔(編集部)との署名による短信〕,「サンデー毎日」1955 年 3 月 20 日

「雑誌『思想の科学』がもめる / 個人的スキャンダルから /5 月号の発行不能か / 講談社も援助を打切り」,「東京日日新聞」1955 年 3 月 17 日

竹西寛子「遠くからの謝辞」, 鶴見俊輔『言い残しておくこと』, 付録, 作品社, 2009 年 12 月

竹西寛子「記録と文学の間——原爆記録の文集におもう」,「思想の科学」1959 年 1 月号 (第四次〔中央公論社版〕創刊号)

鶴見俊輔「佐々木邦の小説にあらわれた哲学思想」,「思想の科学」通巻 8 号, 1948 年 2 月 (之后将题目改为 "佐々木邦——小市民の日常生活", 重新收录在《新版アメリカ哲学》社会思想社, 1971 年 3 月〕时附有 "追记", 记述母亲鹤见爱子去世后收到了佐佐木邦的信。)

中野利子『H・ノーマン』

鶴見俊輔「自由主義者の試金石」,「中央公論」1957 年 6 月号

凡都人(都留重人)『米上院喚問問覚書」全二回,「フェビアン研究」1957 年 4 月号、同年 7 月号

佐々木豊「ロックフェラー財団と太平洋問題調査会——冷戦初期の巨大財団と民間研究団体の協力 / 緊張関係」,「アメリカ研究」37 号, 2003 年 3 月

鶴見祐輔『種田虎雄伝』, 近畿日本鉄道, 1958 年 7 月

鶴見祐輔『ウィンストン・チヤーチル』, 講談社現代新書, 1965 年 5 月

第四章　缓慢变化 1959—1972

加太こうじ、山下肇『ふたりの昭和史』，文藝春秋新社，1964 年 10 月

加太こうじ『紙芝居昭和史』，立風書房，1971 年 7 月

鶴見俊輔「芸術の発展」，『講座現代芸術』第一巻（阿部知二ほか編），勁草書房，
　　1960 年 7 月

『共同研究　転向』上、中、下巻（思想の科学研究会編），平凡社，1959 年 1
　　月～1962 年 4 月

鶴見俊輔『期待と回想』

鶴見俊輔、上野千鶴子、小熊英二『戦争が遺したもの』

鶴見俊輔、しまね・きよし「追放された人々の言い分」，「思想の科学」1966
　　年 8 月号

鶴見俊輔「ドグラ・マグラの世界」，「思想の科学」1962 年 10 月号

鶴見俊輔「黒岩涙香」，『20 世紀を動かした人々』第八巻（責任編集：加藤秀俊），
　　講談社，1963 年 1 月

鶴見後輔「オーヴェルの政治思想」，『オーヴェル著作集』第一巻，解説，平凡社，
　　1970 年 7 月

鶴見俊輔「戦後の次の時代が見失ったもの——粕谷一希氏に答える」，「諸君！」
　　1979 年 2 月号

鶴見俊輔「いくつもの太鼓のあいだにもっと見事な調和を」，「世界」1960 年
　　8 月号

「事務局日誌抄」，「思想の科学会報」第 27 号，1960 年 7 月

鶴見俊輔「判沢弘回顧」，「思想の科学会報」第 118 号，1987 年 9 月

水津彦雄「東工大辞職のころ」

竹内好「ともに歩みまた別れて」，『鶴見俊輔著作集』第二巻，月報，筑摩書
　　房 1975 年 5 月

小林トミ「鶴見さんと私」，『鶴見俊輔集』11，月報，筑摩書房，1991 年 9 月

『またデモであおう——声なき声の二年間』（声なき声の会編），東京書店，
　　1962 年 7 月

小林トミ「それはこうしてはじまった」，「声なき声のたより」創刊号，1960

年7月

「元"助教授という名の公務員"」(グラビア記事、撮影：山田健二)，「週刊コウロン」1960年6月28日号

鶴見俊輔「神谷美恵子管見」

鶴見変輔「独行の人」,『坂西志保さん』(『坂西志保さん』編集世話人会編)，国際文化会館，1977年2月

ラジオ関東報道部「六・一五事件・実況中継」,『現代教養全集』別巻(1960年・日本政治の焦点，臼井吉見編)，筑摩書房，1960年9月

吉本隆明「擬制の終焉」，谷川雁ほか『民主主義の神話――安保闘争の思想的総括』，現代思潮社，1960年9月

鶴見俊輔「6月15日夜」,「週刊コウロン」1960年6月28日号

竹内好、吉本隆明、日高六郎、山田宗睦「'62年の思想――吉本隆明著『擬制の終焉』をめぐって」,「思想の科学」1962年12月号

鶴見俊輔、吉本隆明「どこに思想の根拠をおくか」,「展望」1967年4月号

久野収「思想の科学研究会をふり返って」(聞き手：鶴見俊輔、渋谷定輔)，復刻版『思想の科学会報』第三巻(思想の科学研究会編)，解説

魚木アサ、横山貞子「デントン、周再賜――女子教育の伝統」,『同志社の思想家たち』(和田洋一編)，同志社大学生協出版部，1965年11月

阪口直樹『戦前同志社の台湾留学生――キリスト教国際主義の源流をたどる』，白帝社，2002年5月

「消息」("H"との一字署名による短信)，「思想の科学会報」第28号，1960年12月

安田武「実録『転向』研究会」第二回，「思想の科学会報」第47号，1965年7月

安田武「実録『転向』研究会」第四回，「思想の科学会報」第49号，1966年2月

C. Wright Mills, *Listen, Yankee: The Revolution in Cuba*, Ballantine Books, 1960. (ライト・ミルズ『キューバの声』，鶴見俊輔訳，みすず書房，1961年3月)

「雑報」,「思想の科学会報」第29号，1961年3月

鶴見俊輔「『「風流夢譚」事件以後』を読んで」,「思想の科学」1977 年 4 月号

久野収『久野収市民として哲学者として』(聞き手：高畠通敏),毎日新聞社,
　　1995 年 9 月

和田洋一『灰色のユーモア──私の昭和史ノォト』,理論社,1958 年 2 月

鶴見俊輔、横山貞子「概念を生む現場」(聞き手：黒川創),『北沢恒彦とは何
　　者だったか？』(編集グループ SURE 編),編集グループ SURE,2011 年 7
　　月

鶴見俊輔『「思想の科学」私史』,編集グループ SURE,2015 年 12 月

鶴見俊輔「学問と市民運動つないで」,「朝日新聞」2004 年 7 月 8 日夕刊

和田洋一「鶴見さんと同志社と京都」,『鶴見俊輔著作集』第 5 巻,月報

思想の科学研究会「第四次『思想の科学』廃刊にあたり両者間の確認事項」
　　(1961 年 12 月二七日付),「思想の科学会報」第 32 号,1962 年 2 月

都留重人「論壇時評」上,「朝日新聞」1962 年 1 月 22 日

大野力「井村寿二さんと『思想の科学』」,「思想の科学」1988 年 8 月号

藤田省三「"自由からの逃亡"批判」,「日本読書新聞」1962 年 2 月 19 日号

藤田省三「統"由からの逃亡"批判」,「日本読書新聞」1962 年 2 月 26 日号

関根弘「インテリスーダラ節を排す」,「日本読書新聞」1962 年 3 月 12 日号

福田歓一「五・一九の体験は何処に」,「週刊読書人」1962 年 3 月 26 日号

思想の科学研究会「声明」([1962 年]2 月 25 日付),「思想の科学会報」第 33 号,
　　1962 年 3 月

「臨時集会議事録──天皇制特集号廃棄について」,「思想の科学会報」第
　　33 号

平林一、島弘、北沢恒彦、宍戸恭一、鶴見俊輔、池上徳三「現代におけるイ
　　ンテリの生き方」,「同志社学生新聞」1960 年 11 月 15 日号

山口功二「ごく私的な新聞学専攻・メディア学科のメモワール」,「評論社会
　　科学」第 100 号,2012 年 6 月

関根弘、武田清子、鶴見俊輔「日本の地下水」,「思想の科学」1961 年 5 月号

鶴見俊輔、吉田満「『戦後』が失ったもの」,「諸君！」1978 年 8 月号

北沢恒彦「尾崎秀実」,「思想の科学」1965 年 5 月号

笠原芳光、北沢恒彦、鶴見俊輔「『家の会』とは何か」,「思想の科学」別冊 8,

1973 年 10 月

鶴見俊輔「私の家族問題集」,「家の会」機関誌・特別号, 1995 年 11 月

鶴見俊輔「近頃きいたこと」,「声なき声のたより」第 24 号, 1962 年 11 月

木村聖哉、鶴見俊輔『「むすびの家」物語』

鶴見貞子「新年の主役」,『友情の人鶴見祐輔先生』

小田実『何でも見てやろう』, 河出書房新社, 1961 年 2 月

鶴見俊輔「ひとつのはじまり──あるいは, べ平連以前」,『資料「べ平連」運動』
　上巻 (ベトナムに平和を! 市民連合編), 河出書房新社, 1974 年 6 月

飯沼二郎「百姓に学問は必要ですが学歴は不要です」,「京都大学新聞」1982
　年 4 月 29 日号

鶴見俊輔「桑原先生のこと」「戦争と平和を考える──8・15 記念徹夜討論集
　会 (ティーチ・イン) 議事録全文」,「文芸」1965 年 9 月増刊号

飯沼二郎、小田実、北沢恒彦、鈴木正穂、鶴見俊輔「京都べ平連をめぐって」,
　『復刻版ベトナム通信』, 不二出版, 1990 年 7 月

小田実、鶴見俊輔編『反戦と変革──抵抗と平和への提言』'68 年京都国際会
　議からの報告), 學藝書房, 1968 年 11 月

桑原武夫「あるベトナムの独立運動家」, 鶴見俊輔、小田実、開高健編『反戦
　の論理』(全国縦断日米反戦講演記録), 河出書房新社, 1967 年 1 月

小泉英政、川上賢一、黒川創『鶴見俊輔さんの仕事⑤なぜ非暴力直接行動に
　踏みだしたか』, 編集グループ SURE, 2017 年 10 月

Edwin O. Reischauer, *My life between Japan and American* (エドウィン・O・ラ
　イシャワー『ライシャワー自伝』)

『となりに脱走兵がいた時代──ジャテック, ある市民運動の記録』(関谷滋、
　坂元良江編), 思想の科学社, 1998 年 5 月

吉岡忍、鶴見俊輔『脱走の話──ベトナム戦争といま』, 編集グループ
　SURE, 2007 年 4 月

Terry Whitmore, as told to Richard Weber, *Memphis, Nam, Sweden: The
　Autobiography of a Black American Exile*, Doubleday,1971. (テリー・ホイ
　ットモア『兄弟よ俺はもう帰らない』, リチヤード・ウェーパー編, 吉川勇
　一訳, 時事通信社, 1975 年 7 月)

ゲイリー・スナイダー「仏教と来るべき革命」（聞き手：片桐ユズル、鶴見俊輔），「思想の科学」1967 年 12 月号

阿奈坪文彦『ベ平連と脱走米兵』，文春新書，2000 年 9 月

鶴見俊輔「スナイダー——人間の原型に帰ろうとした詩人」（回想の人びと 20），「潮」2002 年 3 月号

本田良一『密漁の海で——正史に残らない北方領土』，凱風社，2004 年 6 月

鶴見俊輔「アメリカの軍事法廷に立って」，「朝日ジヤーナル」1970 年 12 月 20 日号

鶴見俊輔「日本人の中にひそむ〈ほびっと〉」，中川六平『ほびっと　戦争をとめた喫茶店——ベ平連 1970 − 1975　in コイワクニ』，講談社，2009 年 10 月

鶴見俊輔『北米体験再考』

F. O. Matthiessen, *Ameircan Renaissance: Art and Expression in the Age of Emerson and Whitman*（F・O・マシーセン『アメリカ・ルネサンス』上、下巻）

京都金東希を守る会『権利としての亡命を！——金東希問題を考える』，京都金東希を守る会，1968 年 7 月

小野誠之「大村収容所——1989 年 11 月」，「朝鮮人——大村収容所を廃止するために」第 27 号，1991 年 5 月

鶴見俊輔「エル・コレヒオでの一年を終えて」，1973 年 9 月，国際交流基金に提出した報告書（収入『鶴見俊輔集』11）

鶴見俊輔「佐野碩のこと」（メキシコ・ノート 7），「展望」1975 年 4 月号

岡村春彦『自由人佐野碩の生涯』

石谷行「『弱い時にこそわたしは強い』——鶴見祐輔さんの最期」，『友情の人鶴見祐輔先生』

特集〈いま子どもはなにを〉，「思想の科学」1973 年 4 月号

鶴見俊輔「分断」，室謙二編『金芝河——私たちにとっての意味』，三一新書，1976 年 9 月

和辻哲郎『鎖国——日本の悲劇』，筑摩書房，1950 年 4 月

鶴見俊輔「『鎖国』をめぐって——ある知識人の精神史」，鶴見俊輔『戦後思

想三話』，ミネルヴァ書房，1981 年 7 月

第五章　未完成之事的意义 1972—2015

鶴見俊輔「ドグラ・マグラの世界」

夢野久作『氷の涯』，春陽堂，1933 年 5 月

鶴見俊輔、谷川健一「多義性の象徴を生み出す原思想」，『夢野久作全集』3，
　解説対談，三一書房，1969 年 8 月

谷譲次『テキサス無宿』，改造社，1929 年 3 月

鶴見俊輔「夢野久作を語る」，『夢野久作──快人 Q 作ランド』，夢野久作展
　実行委員会，1994 年 5 月

鶴見俊輔「葦津珍彦──日本民族を，私よりはるかに深く愛した人」（回想の
　人びと 7），「潮」2001 年 2 月号

葦津珍彦「『愉しい話をしようよ』」，『鶴見俊輔集』5，月報，筑摩書房，1991
　年 5 月

鶴見俊輔「夢野一族の頌」，鶴見俊輔『隣人記』，晶文社，1998 年 9 月

杉山龍丸「ふたつの悲しみ」，「声なき声のたより」第 43 号，1967 年 11 月

鶴見俊輔『ひとが生まれる──五人の日本人の肖像』，筑摩書房，1972 年 7 月

鶴見俊輔『いくつもの鏡──論壇時評　1974—1975』，朝日新聞社，1976 年
　6 月

鶴見俊輔『高野長英』，朝日新聞社，1975 年 9 月

鶴見俊輔『柳宗悦』

鶴見俊輔、上野千鶴子、小熊英二『戦争が遺したもの』

柳宗悦「失われんとする一朝鮮建築のために」，「改造」1922 年 9 月号

柳宗悦『朝鮮とその芸術』，叢文閣，1922 年 9 月

鶴見太郎「衣笠大披街区の家」，「はなかみ通信」第 50 号，2017 年 1 月

横山貞子『日用品としての芸術──使う人の立場から』，晶文社，1979 年 8 月

志賀直哉「リーチのこと」，「工藝」第 29 号，1933 年 5 月

『アントニン＆ノエミ・レーモンド』，神奈川県立近代美術館鎌倉，2007 年

The Japan Experience, edited, with an introduction, by Ronald Bell, Weatherhill,

1973.（『日本体験——知日外人 18 人の証言』［ラナルド・V・ベル編著］，水野潤一郎訳，日貿出版社，1974 年 11 月）

鶴見俊輔「買いもの考」，「朝日新聞」1978 年 12 月 18 日

鶴見俊輔、粉川哲夫『思想の舞台——メディアへのダイアローグ』，田畑書店，1985 年 9 月

橋木蛛雄『性の神』，淡交社，1976 年 2 月

橋木岬雄「風呂の思想」，「現代風俗」創刊号（「現代風俗 '77」1977 年 10 月）

鶴見俊輔『グアダルーペの聖母』，筑摩書房，1976 年 7 月

『アジアが生みだす世界像——竹内好の残したもの』（鶴見俊輔編），編集グループ SURE，2009 年 5 月

鶴見俊輔「竹内さんのこと——日録から」，「思想の科学会報」第 86 号，1977 年 7 月

埴谷雄高「時は武蔵野の上をも」，「現代思想」1994 年 1 月号

鶴見俊輔『太夫才蔵伝——漫才をつらぬくもの』，平凡社，1979 年 11 月

ロバート・リケット「日米のはざまで，日本に生きて 40 年」其 1，其 2，「社会臨床雑誌」第 23 巻第 2 号（2015 年 10 月）、第 3 号（2016 年 2 月）

鶴見俊輔「二つの国を見わたして」（心にのこる風景 4），「TBS 調査情報」1983 年 2 月号

鶴見俊輔『思い出袋』

『近代神社神道史』（神社新報社編），神社新報社，1976 年 7 月

葦津耕次郎翁還暦記念出版『あし牙』，葦牙会，1940 年 2 月

鶴見俊輔『戦時期日本の精神史一九三一～一九四五年』，岩波書店，1982 年 5 月

鶴見俊輔『戦後日本の大衆文化史一九四五～一九八〇年』，岩波書店，1984 年 2 月

Shunsuke Tsurumi, *An Intellectual History of Wartime Japan, 1931-1945*, KPI, 1986.

Shunsuke Tsurumi, *A Cultural History of Postwar Japan, 1945-1980*, KPI, 1987.

特集〈大学生にとって大学生とは何か〉，「思想の科学」1982 年 6 月臨時増刊号

鶴見俊輔『デューイ』，講談社，1984年12月

鶴見俊輔「二人の哲学者——デューイの場合と菅季治の場合」，『デューイ研究——アメリカ的考え方の批判』（思想の科学研究会編），春秋社，1952年7月〔初出表題は「コミュニケイション」〕

鶴見俊輔、橋川文三、吉本隆明「すぎゆく時代の群像」

鶴見俊輔『たまたま、この世界に生まれて』

鶴見俊輔『夢野久作——迷宮の住人』，リブロポート，1989年6月

沙門崩圓〔夢野久作〕「謡曲黒白談」，「黒白」1917年3月号～1918年2月号

Lillian Heilman, *Scoundrel Time*, Little Brown and Co., 1976.（リリアン・ヘルマン『眠れない時代』，小池美佐子訳，サンリオ，1979年4月）

鶴見俊輔『アメノウズメ伝』，平凡社，1991年5月

鶴見俊輔『「思想の科学」私史』

『思想の科学研究会会員総名簿入会記録1946~2017』，思想の科学研究会，2017年12月

鶴見俊輔『もうろく帖』，編集グループSURE，2010年6月

鶴見俊輔『「もうろく帖」後篇』，編集グループSURE，2017年2月

鶴見俊輔「退行計画」

E. M. Forster, Philip Gardner ed., *Commonplace Book*, Stanford University Press, 1985.

鶴見俊輔、長田弘「方法としてのアレクサンドリア」，E・M・フォースター『アレクサントリア』中野康司訳，晶文社，1988年12月

鶴見俊輔『竹内好——ある方法の伝記』，リブロポート，1995年1月

竹内好「中国人の抗戦意識と日本人の道徳意識」，「知性」1947年5月号

日高六郎「父の思い出」（聞き手：黒川創），「思想の科学」1985年3月号

黒川創『日高六郎・95歳のポルトレ——対話をとおして』，新宿書房，2012年11月

和田円「鶴見さんの入院生活」，『鶴見俊輔集・続』2，月報，筑摩書房，2001年1月

三浦哲郎「長寿の哀しみ」，「新潮」1993年9月号

特集〈鶴見和子研究〉，「思想の科学」1996年2月号

鶴見直輔『サラリーマン　働きがいの研究──「これから」をどう生き抜くか』，
　　PHP研究所，1982年8月

鶴見俊輔『かくれ佛教』，ダイヤモンド社，2010年12月

『丸山眞男書簡集』5，みすず書房，2004年9月

和田春樹『アジア女性基金と慰安婦問題──回想と検証』，明石書店，2016年
　　11月

鶴見俊輔『期待と回想』

鶴見俊輔『埴谷雄高』，講談社，2005年2月

鶴見俊輔『悼詞』，編集グループSURE，2008年11月

ツルゲエネフ『散文詩』，生田春月訳，新潮社，1917年6月

鶴見俊輔『もうろくの春』，編集グループ〈SURE〉，2003年2月

高橋幸子「なぜ，『タヌキが好き』か」，『鶴見俊輔集・続』4，月報，2001年
　　3月

内山章子『鶴見和子病床日誌』

横山貞子「アニミズムのほうへ」，「思想の科学会報」第164号，2007年4月

竹内好「日記」，『竹内好全集』第16巻，筑摩書房，1981年2月

竹内好「ともに歩みまた別れて」

鶴見俊輔「受身の力」，鶴見俊輔ほか『原発への非服従──私たちが決意した
　　こと』，岩波ブックレット，2011年2月

鶴見俊輔「複数の自我」，「京都新聞」2011年11月11日夕刊

鶴見俊輔「戦争のくれた字引き」

鹤见俊辅年谱

1922 年（大正十一年）　0 岁

6 月 25 日　出生。父亲鹤见祐辅，母亲鹤见爱子。姐姐鹤见和子（1918 年生）。住在外祖父后藤新平的府邸，即东京市麻布区三轩街区 53 号（今东京都港区元麻布街区三段）。

1923 年（大正十二年）　1 岁

2 月 26 日　——后藤新平之母后藤利惠去世。

9 月 1 日　——关东大地震。

1924 年（大正十三年）　2 岁

5 月　——鹤见祐辅参选众议院议员（冈山七区，落选）。

7 月　——鹤见祐辅渡美进行"公共外交"（至 1925 年 11 月）。

1925 年（大正十四年）　3 岁

3 月——宫尾重男《团子串助漫游记》（大日本雄辩会讲谈社）

3 月 19 日　——后藤新平的姐姐后藤初势去世。

3 月末　——后藤新平出国旅行，前往中国东北、朝鲜。孙子佐野硕（1905 年生）相伴。在中国东北与张作霖会谈。

1926 年（大正十五年 / 昭和元年） 4 岁

本年 ——鹤见祐辅在冈山七区的众议员补选中再次落选。

1927 年（昭和二年） 5 岁

12 月 7 日 ——后藤新平乘船由神户至大连，再经哈尔滨前往莫斯科（翌年 1 月，同斯大林两次会面，同年 5 月归国）。

1928 年（昭和三年） 6 岁

2 月 ——鹤见祐辅首次当选众议院议员（冈山一区）。

5 月 24 日 ——妹妹章子出生。

6 月 4 日 ——皇姑屯事件。

本年 ——鹤见祐辅《期待英雄论》成为销量 50 万册的畅销书。

1929（昭和四年） 7 岁

4 月 入东京高等师范学校附属小学就读。

4 月 13 日 ——后藤新平去世。

本年 ——鹤见祐辅《母亲》成为销量 24 万册的畅销书。

1930 年（昭和五年） 8 岁

10 月 大连星浦公园竖立后藤新平铜像，参加揭幕式。一行人包括作为后藤新平后嗣的长男后藤一藏及其女儿（利惠子）、长女爱子及其孩子（和子、俊辅）。

1931 年（昭和六年） 9 岁

这一时期 开始和附近的中学生组团偷东西。

11 月 9 日 ——横山贞子出生于群马县富冈街区（今富冈市）。

1932 年（昭和七年） 10 岁

8 月 ——鹤见祐辅在前往欧洲作长期游说的途中，于柏林与戈培尔会面。

1933（昭和八年） 11 岁

9 月 20 日 ——弟弟直辅出生。

1934（昭和九年） 12 岁

秋 一家搬到后藤新平的府邸，即麻布区樱田街区 38 号（今港区元麻布街区三段）一角新建的钢筋混凝土的三层建筑中。

1935 年（昭和十年） 13 岁

4 月 入府立高级中学寻常科就读。

1936 年（昭和十一年） 14 岁

2 月 26 日 ——"二二六事件"。

5 月 ——阿部定事件。

7 月 从府立高级中学寻常科退学。

9 月 编入府立第五中学初中二年级就读。

在此前后 两度自杀未遂，三次进入精神病院治疗。

1937 年（昭和十二年） 15 岁

7 月 从府立第五中学退学，与姐姐和子一起，陪同前往澳大利亚演讲的父亲鹤见祐辅出国（10 月回国）。

12 月 和祐辅一起渡美，此后在华盛顿等停留约三个月。

1938 年（昭和十三年） 16 岁

春 和祐辅一起拜访哈佛大学的施莱辛格教授，接受个人面谈，决定在美国留学的方针。认识了都留重人。

6 月 ——祐辅作为"国民使节"，与妻子爱子、女儿和子一起待在纽约。

9 月上旬 ——被苏联流放的佐野硕经欧洲抵达纽约，被拘留于埃利斯岛联邦移民收容所。

9 月 渡美，进入马萨诸塞州康科德镇的寄宿制男子预科学校米德尔塞克斯中学就读。留学生活开始。

1939 年（昭和十四年） 17 岁

秋 进入哈佛大学哲学系就读，寄宿在剑桥当地的杨格家。

1940 年（昭和十五年） 18 岁

夏　暂时回国，去驹场的柳宗悦家拜访。

夏季结束　回到美国，在洛杉矶机场的移民局被暂时扣押。

整个秋季　和姐姐和子等人协助叶理绥、赖肖尔编日语教科书。

1941 年（昭和十六年） 19 岁

春　开始准备以威廉·詹姆斯为主题的优等生论文。

7 月　——美国政府宣布冻结日本在美资产。

夏　在纽约日本文化会馆的日本图书馆打工，遇见海伦·凯勒。

秋　离开杨格家，开始在剑桥市欧文街 43 号独自过寄宿生活。这个时候开始咯血。

11 月上旬　收到日本驻美公使若杉建议回国的信件。

12 月 7 日　——日美开战（日本时间为 12 月 8 日）。

年末　通过国际红十字会写信，告知在日本的家人大三上学期的成绩位于前列。

1942 年（昭和十七年） 20 岁

3 月 24 日傍晚　联邦调查局搜查官来到剑桥市租住处，搜查屋内。被带走，并拘留在东波士顿移民局的拘留所。尚未完成的优等生论文也被没收，但不久拿回，每晚在拘留所内厕所继续完成论文。

5 月 13 日　被移送到埃利斯岛上的联邦移民收容所，停留两晚。

5 月 15 日　被移送到马里兰州的米德堡收容所，之后收到哈佛大学的来信，获悉教授会评审论文，同意其毕业并授予学位。

5 月 29 日　乘坐交换船回国的名单公布，在确认回国意向时回答说愿意。

6 月 1 日　——在纽约的姐姐和子接到美国国务院电报，询问其回国意向，决定回国。

6 月 10 日　乘火车抵达纽约曼哈顿，进入作为移民局检查、办理出国手续地点的宾夕法尼亚酒店。

6 月 11 日　乘坐交换船"格里普斯霍尔姆"号，18 日深夜从纽约港起航。25 日，在海上迎来二十岁生日。

7 月 20 日　抵达葡属东非的洛伦索马贵斯（今莫桑比克首都马普托）。22 日，从日本出发的交换船"浅间丸"、"康提凡蒂"号抵达此地。23 日，日美双方交换归还者。26 日，"浅间丸"、"康提凡蒂"号起航前往日本。

　　　　　　　　　　　　　　　　　　　　　　　　鹤见俊辅传

8月9日 搭乘的"浅间丸"途中停留昭南港（新加坡），翌日受陆军军政顾问永田秀次郎接待。11日，船只起航前往横滨。

8月19日 "浅间丸"停泊在馆山海岸，宪兵队等涌入船内，乘客遭到严格调查。

8月20日 上午8点前，"浅间丸"抵达横滨港，父母来接。

8月25日 接受征兵检查，第二乙种合格。

1943年（昭和十八年） 21岁

2月初 作为海军文职人员的德语翻译，搭乘从神户港出发的德军突破封锁船，前往印度尼西亚的雅加达。抵达后，就职于雅加达在勤海军武官府。

1944年（昭和十九年） 22岁

3月 日本海军击沉英国商船"贝哈"号，一名葡属果阿出生的印度男性俘虏生病，同属文职人员的同事接到杀害俘虏的命令。

这一时期 胸壁结核恶化，在雅加达的海军医院接受两次手术。此后决定回日本，但抵达昭南港时，美国海军的机动部队在近海活动，很难出港，继续停留。结果，被编入昭南岛的海军通信队，从事翻译工作。

12月初 乘坐"香椎"号训练巡洋舰回到门司。

1945年（昭和二十年） 23岁

4月 在横滨日吉的海军司令部翻译部门工作。

6月，腹膜炎恶化，从军令部暂时停职，在父亲祐辅、姐姐和子疏散前去的热海租住处疗养。

8月15日 日本战败，听到天皇的广播。

12月 和子提议，讨论自己出版杂志。

年末 在占领军中工作的菲利普·塞尔兹尼克来轻井泽拜访。

1946年（昭和二十一年） 24岁

1月4日 ——鹤见祐辅被列为开除公职的对象。

1月7日 同姐姐和子在银座的山叶大厦决定新杂志创刊的步骤。

2月6日 在日比谷的市政会馆召开为准备新杂志创刊的第一次编辑会议。本月，决定杂志名为《思想的科学》。

5月15日 《思想的科学》创刊。

5 月下半月　在轻井泽停留期间，收到附近立陶宛裔医生的电话，希望请帮忙翻译，向县医务官说明一位白俄少年可能患有麻风病。之后少年确诊。

1947 年（昭和二十二年）　25 岁

9 月　——鹤见家在世田谷区成城购买一栋房子。这里成为一家人时隔数年后团圆的家。

1948 年（昭和二十三年）　26 岁

春　接受桑原武夫邀请前去京都大学人文科学研究所新设的西洋部担任副教授。

7 月 15 日　前去竹内好、武田泰淳等中国文学同好聚会的银座菊正大厦。初次见到竹内好。

11 月　在迎接美国人文科学顾问团的关西地区联合会议上，担任京都大学一方的翻译。

1949 年（昭和二十四年）　27 岁

4 月　就任京大人文研副教授。不久，开始共同研究"卢梭研究"课题。

7 月　"思想的科学研究会"开始活动。

1950 年（昭和二十五年）　28 岁

4 月　——妹妹章子与内山尚三结婚。

这一时期　拜访逗留在热海的丸山真男，谈论《思想的科学》运营事情。第一次《思想的科学》以总第 22 号（1950 年 4 月）于实质上停刊。

10 月　——父亲鹤见祐辅解除了公职限制。

1951 年（昭和二十六年）　29 岁

本年　美国斯坦福大学胡佛研究所邀请担任客座研究员，允诺。

5 月　——京大的春季文化节上，医学院、理学院的学生进行了关于原子弹的展览。

5 月　陷入抑郁状态，同桑园武夫商量后停职。

7 月　——京大学生会在京都火车站前的丸物百货店举办"综合原子弹展"，吸引三万人观看。

秋季左右　神户的美国领事馆不发签证，断绝了去斯坦福大学就任的心思。

临近年末　在精神科医生井村恒郎的诊断下住院，接受针对抑郁症的长时间
　　　睡眠疗法（翌年 1 月出院）。

1952 年（昭和二十七年）　30 岁

1 月　开始离家生活。

春　在京大人文研复职。

4 月 28 日　——盟军总司令部结束占领日本。

夏季开始　参加京大学生西村和义倡议的"归乡运动"。本年在鸟取县、次年
　　　在岛根县举办了许多讲座及座谈会。

这一时期　在京都和多田道太郎等人开始了收集记录市井之人故事的"庶民
　　　列传之会"。

1953 年（昭和二十八年）　31 岁

1 月　创立了相当于第二次《思想的科学》的《芽》。

2 月　《哲学论》（创文社）

4 月　——父亲祐辅在参议院选举中当选，复归政界。

岁末　——横山贞子（同志社女子大学英文系大四学生）参加"庶民列传之会"。

1954 年（昭和二十九年）　32 岁

3 月　《大众艺术》（河出新书）

5 月　第三次《思想的科学》由讲谈社创刊。

6 月　桑园武夫编《法国百科全书派的研究》（京都大学人文科学研究所报告，
　　　岩波书店）

12 月　就任东京工业大学副教授。在此之前，公告了"转向研究会"开启之
　　　事（11 月初第一次开会）。

12 月　——父亲鹤见祐辅进入第一次鸠山一郎内阁，担任厚生大臣，但一个
　　　半月后众议院解散，在职时间仅三个月。

1955 年（昭和三十年）　33 岁

春季《周刊每日》3 月 13 日号登载丑闻。

此年开始　接受担任麻风病疗养机构长岛爱生园刊行的杂志《爱生》的"文
　　　艺节"批评文章组评委（至 1969 年）。

1956 年（昭和三十一年） 34 岁

5 月 ——母亲爱子去世，享年 60 岁。

11 月 同久野收合著《现代日本的思想》（岩波新书）

1957 年（昭和三十二年） 35 岁

3 月下旬 ——在哈佛大学经济学院担任客座教授的都留重人在美期间，被美国参议院治安小委员会请去询问。4 月 4 日，加拿大驻埃及大使赫伯特·诺曼自杀。

1958 年（昭和三十三年） 36 岁

5 月《从美国思想中学习什么》（中央公论社）

1959 年（昭和三十四年） 37 岁

1 月 第四次《思想的科学》由中央公论社创刊。

1 月《共同研究：转向》（全 3 卷，平凡社，—1962 年 4 月）

2 月 纸洋片画剧作者加太高次在电车中打招呼，两人开始有交往。

5 月 同久野收、藤田省三合著《战后日本的思想》（中央公论社）

11 月 ——父亲祐辅因脑梗死昏倒。

12 月《误解的权利》（筑摩书房）

1960 年（昭和三十五年） 38 岁

5 月 19 日 ——《日美新安保条约》在众议院中由自民党单独通过。

5 月 30 日 向东京工业大学递交辞职书。

6 月 4 日 加入"无声之声会"的最初示威游行。

6 月 15 日 ——安保斗争中，东大学生桦美智子在众议院南部侧便门内，遭警察队暴行而丧命。

6 月 18 日 ——凌晨，新安保条约"自然生效"。

秋 去同志社大学演讲。

11 月 9 日 与横山贞子结婚。

11 月 座谈会"知识分子在现代的生活方式"（《同志社学生新闻》1960 年 11 月 15 日号）

11 月 深泽七郎《风流梦谈》（《中央公论》12 月号）

12 月　在濑户内海的麻风病疗养机构长岛爱生园，与横山度蜜月。开始出现抑郁症状，之后闭门居住。

1961 年（昭和三十六年）　39 岁

1 月　租住在谷中初音街区（今台东区谷中三丁目）一间六张草垫大小的单间，作为新居（至 9 月末）。

2 月 1 日　——右翼少年闯入中央公论社总经理岛中鹏二家中，女用人被刺身亡，岛中夫人受重伤（岛中事件）。

3 月赖特·米尔斯《古巴之声》（翻译，美篇书房）

9 月　成为同志社大学文学院社会学系新闻学专业教授。

9 月《折中主义的立场》（筑摩书房）

10 月《从废墟之中前进》（筑摩书房，"日本的百年"2）

12 月《新开国》（筑摩书房，"日本的百年"1）

12 月 26 日　中央公论社未通知便决定停止销售《思想的科学》"天皇制"特辑（1962 年 1 月号），并销毁本期杂志。出席思想的科学研究会理事会。

1962 年（昭和三十七年）　40 岁

1 月 31 日　"家之会"在京都的甜点店"大原女家"首次集会。

2 月 25 日　在思想的科学研究会临时全体大会上，设立思想的科学社，决心第五次《思想的科学》自主创刊。

3 月 30 日　出版第五次《思想的科学》复刊 1 号（4 月号）特辑"天皇制"。

8 月 15 日　和安田武、山田宗睦每年这一天轮流剃光头（持续十五年）。

9 月　姐姐和子留学普林斯顿大学

10 月《脑髓地狱的世界》（《思想的科学》1962 年 10 月号）

11 月　出席在同志社大学举行的同驻日大使赖肖尔等人的讨论会。

1963 年（昭和三十八年）　41 岁

1 月《黑岩泪香》（《推动 20 世纪的人们》第 8 卷，讲谈社）

初夏　在东京等待的麻风病康复者康斯坦丁·特鲁茨切夫，入住神田美土代街区的基督教青年会时被拒。翌日，在课堂研讨上将此事讲给同志社大学的学生听，之后开启了给麻风病康复者提供住宿的"连接之家"建设的活动。

1964 年（昭和三十九年） 42 岁

2 月《御一新的暴风雨》（筑摩书房，"日本的百年"10）

夏 从葛饰区金街区的住处，搬到父亲鹤见祐辅疗养中的练马区关街区，即鹤见和子目前不在的家。

1965 年（昭和四十年） 43 岁

4 月初 因美军轰炸越南北部，商量发动反对越南战争的公民运动，请作家小田实作为领导，得到同意。两人与高畠通敏见面，决定了"越平联"（给越南和平！公民·文化团体联合）这一名称。

4 月 24 日 越平联首次示威游行，从清水谷公园至土桥。

5 月 22 日 ——京都越平联首次集会。

7 月 13 日 长子太郎出生。

8 月 14 日 主持越平联举办的"彻夜自学习"（teach-in），在东京 12 台直播。

1966 年（昭和四十一年） 44 岁

春 搬到衣笠。姐姐和子回国，回到练马区关街区的家中，在成蹊大学任副教授。

6 月 2 日—14 日 与越平联举办的霍华德·津恩、拉尔夫·费瑟斯通横穿日本列岛的演讲营同行，担任翻译。

6 月 29 日 美国飞机轰炸越南北部的河内、海防市地区。翌日开始作为"非暴力反战行动委员会"成员，前往美国大使馆前静坐示威，以对此抗议。

9 月 29 日 ——佐野硕被发现在墨西哥的家中去世。享年 61 岁。

1967 年（昭和四十二年） 45 岁

1 月《边界艺术论》（劲草书房）

7 月《日常性思想的可能性》（筑摩书房）

10 月 28 日 发现美国逃兵的急报从东京越平联传到京都家中。

10 月 31 日 四位从美国"无畏"号航空母舰逃走的美国士兵一起用纪录片的形式作证，此后作为电影《"无畏"号的四人》公开。

11 月 11 日 ——四位逃兵乘坐"贝加尔"号由横滨港出国。

1968 年（昭和四十三年） 46 岁

4 月 《不定形的思想》（文艺春秋）

8 月 ——京都越平联举办为期三天的"关于反战与变革的国际会议"。

10 月 ——扮作美军的间谍混入逃兵。之后，援助逃兵的山口文宪也受连累而被逮捕

1969 年（昭和四十四年） 47 岁

5 月 《传续的战后史》（全 3 卷，思想的科学社，—1970 年 8 月）

7 月 加入京都越平联代表饭沼二郎创刊的《朝鲜人》杂志（之后，从第 21 号开始作为其个人杂志继续出版）。

1970 年（昭和四十五年） 48 岁

春 无法同意学园纷争中允许警察机动部队进入，辞去同志社大学教授一职。

7 月 《奥威尔的政治思想》（《奥威尔著作集》第 1 卷解说，平凡社）

12 月 9 日 在逃兵尤因的军事法庭审判中作证。

1971 年（昭和四十六年） 49 岁

5 月 5 日 ——越平联在岩国基地附近的今津川放风筝，阻挠美军飞机。

8 月 《北美经历再考》（岩波新书）

1972 年（昭和四十七年） 50 岁

2 月 ——反战咖啡店"霍比特"在岩国基地附近开业。店长为中川六平。

6 月—7 月 携带反对逮捕金芝河的签名，前往军事政权下的韩国。

7 月 《一个人出生了》（筑摩书房）

9 月初 在墨西哥的墨西哥学院东洋研究中心担任客座教授（至 1973 年 6 月）。

1973 年（昭和四十八年） 51 岁

这一时期 前往柳兼子在三鹰的家中拜访。

5 月 《漫画的战后思想》（文艺春秋）

10 月下旬 在阿伊染德美的带领下，徒步访问岩手县花卷、北上、水泽。

11 月 ——父亲祐辅去世。享年 88 岁。

11 月 6 日 鹤见祐辅的告别仪式在三田的普连土学园讲堂举行。

1974 年（昭和四十九年） 52 岁

1 月 负责《朝日新闻》"论坛时评"栏目（至 1975 年 12 月）。

1975 年（昭和五十年） 53 岁

春 在京都市左京区岩仓长谷街区建造新家，并搬家。

5 月 《鹤见俊辅著作集》（全 5 卷，筑摩书房，—1976 年 1 月）

9 月 《高野长英》（朝日新闻社）

9 月 《在我的地平线上》（潮出版社）

1976 年（昭和五十一年） 54 岁

7 月 《瓜达卢佩圣母》（筑摩书房）

9 月 河多田道太郎、桥本峰雄创立了现代风俗研究会。首届会长是桑原武夫。

1977 年（昭和五十二年） 55 岁

3 月 3 日 ——竹内好去世，享年 66 岁。

1979 年（昭和五十四年） 57 岁

8 月 横山贞子《作为日用品的艺术》（晶文社）

9 月 在加拿大蒙特利尔的麦吉尔大学举办系列讲座（至翌年 4 月）。

年末 在蒙特利尔再次见到 90 岁的杨格夫人及其次子查尔斯。

11 月 《太夫才藏传》（平凡社）

1980 年（昭和五十五年） 58 岁

5 月 《文章心得帖》（潮出版社）

1981 年（昭和五十六年） 59 岁

4 月 《生活在战后的意义》（筑摩书房）

7 月 《战后思想三话》（密涅瓦书房）

1982 年（昭和五十七年） 60 岁

4 月 担任《朝日新闻》书评委员（至 1992 年 3 月）。

4 月《家中的广场》（编辑工房诺亚）

5 月《战争时期日本精神史》（岩波书店）

《思想的科学》特辑"对于大学生来说大学生是什么？"（6 月临时增刊号）

1983 年（昭和五十八年） 61 岁

3 月《朝鲜人》杂志自第 21 号开始作为其个人杂志出版，出版社"朝鲜人社"
　　转到京都市左京区岩仓长谷街区的家中。

1984 年（昭和五十九年） 62 岁

2 月《战后日本大众文化史》（岩波书店）

4 月《明信片的空白处》（东京书籍）

12 月《杜威》（讲谈社）

1985 年（昭和六十年） 63 岁

10 月《电视中的某种风景》（马德拉出版）

1989 年（昭和六十四年 / 平成元年） 67 岁

1 月《思想的陷阱》（岩波书店）

6 月《梦野久作》（图书港）

7 月《重读》（编辑工房诺亚）

1990 年（平成二年） 68 岁

9 月 ——思想的科学社总经理由加太高次改为上野博正。

12 月 与久野收合著《在思想的折返点》（朝日新闻社）

1991 年（平成三年） 69 岁

1 月《语言扩展》（福音馆书店、佐佐木真辉绘图）

3 月《random reader》（潮出版社）

4 月《鹤见俊辅集》（全 12 卷，筑摩书房，一 1992 年 3 月）

5 月 《天钿女神传》(平凡社)

5 月　杂志《朝鲜人》以第 27 号为止停刊。拘留韩国、朝鲜人的机构大村拘
　　　留所结束运作，这本杂志出版的目的达成。

5 月　思想的科学社搬至新宿百人街区的上野大厦。

1992 年（平成四年） 70 岁

2 月 3 日　开始写作《老赜帖》。

1993 年（平成五年） 71 岁

8 月　因小脑梗死而反复住院出院（翌年 4 月最终出院）。

1994 年（平成六年） 72 岁

9 月　发现大肠癌，接受手术。

10 月 25 日　出院。

1995 年（平成七年） 73 岁

1 月 《竹内好》(图书港)

12 月 24 日　——姐姐和子在练马区关街区的家中因脑出血昏倒。

1996 年（平成八年） 74 岁

1 月 《鹤见俊辅座谈》(全 10 卷，晶文社，一同年 10 月)

2 月 15 日　——弟弟直辅去世，享年 62 岁。

4 月 《思想的科学》5 月号停刊。

8 月 15 日　丸山真男去世，享年 82 岁。

1997 年（平成九年） 75 岁

2 月 19 日　——埴谷雄高去世，享年 87 岁。

8 月 《期待与回想》(上 · 下卷，晶文社)

11 月　与木村圣哉合著《"连接之家"的故事》(岩波书店)

1998 年（平成十年） 76 岁

9 月《邻人记》（晶文社）

1999 年（平成十一年） 77 岁

春 "家之会"停止活动。

10 月《思想的科学总索引 1946—1996》（思想的科学社）

10 月《教育再定义的尝试》（岩波书店）

2000 年（平成十二年） 78 岁

11 月《鹤见俊辅集·续》（全 5 卷，筑摩书房，—2001 年 6 月）

2001 年（平成十三年） 79 岁

9 月 11 日——基地组织在美国发动恐怖袭击。

2002 年（平成十四年） 80 岁

1 月——上野博正去世，享年 67 岁。

1 月《鹤见俊辅和中学生》（大家一起思考吧 1—3，晶文社，一同年 5 月）

12 月《回想的人们》（潮出版社）

2003 年（平成十五年） 81 岁

2 月 诗集《老聩之春》（编辑小组 "SURE"）

2004 年（平成十六年） 82 岁

3 月 与上野千鹤子、小熊英二合著《战争留下了什么》（新曜社）

6 月 10 日 "九条会"成立。

2005 年（平成十七年） 83 岁

2 月《埴谷雄高》（讲谈社）

8 月《从源流到未来——"思想的科学"五十年》（思想的科学社）

2006 年（平成十八年） 84 岁

1 月 《课堂研讨会系列：围着鹤见俊辅》（全 5 卷，编辑小组"SURE"，一
同年 9 月）

3 月 《日美交换船》（新潮社）

7 月 31 日 ——姐姐和子去世，享年 88 岁。

10 月 23 日 依照和子的遗志，将其骨灰撒在和歌山近海。

2007 年（平成十九年） 85 岁

4 月 与吉冈忍合著《逃脱的故事》（编辑小组 SURE）

6 月 《偶然地出生到这个世界上》（编辑小组 SURE）

7 月 《鹤见俊辅书评集成》（全 3 卷，美篇书房，一同年 11 月）

2008 年（平成二十年） 86 岁

3 月 《系列：思考鹤见俊辅》（全 5 卷，编辑小组 SURE，一同年 11 月）

11 月 《悼词》（编辑小组 SURE）

12 月 6 日 京都京大会馆召开研讨会"竹内好留下的东西"。

2009 年（平成二十一年） 87 岁

1 月 《〈思想的科学〉简编 1946—1996》（思想的科学社）

2 月 因心房颤动住院（至同年 5 月，两度住院）。

7 月 《不逊老人》（河出书房新社）

10 月 与森毅合著《人生不无聊的智慧》

12 月 《未完的话》（作品社）

2010 年（平成二十二年） 88 岁

3 月 《回忆口袋》（岩波新书）

3 月 《小小的理想》（编辑小组 SURE）

12 月 《隐匿佛教》（钻石社）

2011 年（平成二十三年） 89 岁

3 月 11 日 ——东日本大地震。福岛第一核电站事故。

6月4日 在"九条会"集会（日比谷公会堂）上，发表了题为《被动的力量》的演讲。

8月《大象消失了的动物园》（编辑工房诺亚）

10月27日 因脑梗死昏倒。

11月11日 在《京都新闻》晚报上发表《复数的自我》

2012年（平成二十四年） 90岁

3月《日本人从状况中学习什么》（编辑小组SURE）

4月 出院，回家。一边接受语言恢复训练，一边不变地继续读书。

9月《鹤见俊辅集》（全4卷，河出书房新社，—2013年10月）

2013年（平成二十五年） 91岁

10月《对抗潮流》（编辑小组SURE）

2014年（平成二十六年） 92岁

12月《鹤见俊辅全诗集》（编辑小组SURE）

2015年（平成二十七年） 93岁

7月20日 夜10点56分，于京都市左京区的民医连第二中央医院病逝。

12月《〈思想的科学〉私史》（编辑小组SURE）

（协助 泷口夕美）

后 记

鹤见俊辅晚年，从八十岁之后，要在外留宿时我多有机会与他同行。以前，他提着沉重的旅行包（里面装着对谈对象的著作，上面贴有许多标签，总是咚咚地提着走），去哪里都一个人。即便被劝说"我帮你拿行李吧""你坐在这里吧"，他也总是坚决拒绝。

不过，随着多次大病和手术，鹤见的脚力渐渐靠不住，听力也没那么好了。即便如此，他仍不放弃出门。不仅应邀演讲，他自己也提出新的共同计划，出门号召他人并推进。

虽说如此，在混乱的车站大厅，若是被抢先的旅客撞到就危险了。背后被人推一下，跟跟跄跄，连重新稳定身姿都很难。

我那时住在东京。因此，鹤见从京都来东京，只要彼此时间合适，我就在东京站的新干线月台上等待，送他去事务地点或酒店。这时，在电车或出租车内，或者在酒店大厅，鹤见会聊起当下考虑的事，回忆起过去的事情。如果当时记下笔记就好了，然而现在很多东西可能都从我的记忆中消失了。

2007年秋，蒙伊豆"年长之家"（senior house）的好意，思想的科学研究会在此召开两天一夜的地方集会（《思想的科学》停刊之后，研究会的活动仍在继续），我和八十五岁的鹤见在三岛站的新干线月台上会合。刚好是中午，我们就暂时出了检票口，鹤见带我去商业街广小路的一家历史悠久的鳗鱼饭店。店内没有席位，要暂时在门口等一会，他几次踮起脚尖，透过格子门窥视店里，嘟囔着"看着真好吃啊……看着很好吃啊"。

我们从三岛广小路站乘坐伊豆箱根铁路的电车抵达修善寺站，再换出租车，到达位于山里一条河边的"年长之家"。研究会的报告和讨论从下午开始，第一天的日程结束后，鹤见洗澡、吃饭，之后也处于食堂的畅谈中心。不觉间，夜相当深了。

担心住双人间会被拉着天南海北地聊天，鹤见要求安排单间。陪他到房间后，他已经不怎么说话，换上带来的睡衣，吃完药，去掉假牙，仰卧在床上。

第二天早上吃饭的地方，离这里稍微有些距离。说完"明天早上我来接你"，我就离开了房间。

第二天一早，轻轻敲鹤见的房门，没有反应，确认没有从里面锁上，我进入房间。他以昨天晚上的仰卧姿势睡着，闭着眼睛，发出轻微的呼吸声。被子、被罩都还整整齐齐，看起来连翻身都没有。过了一段时间，我再来看，他还是以那个姿势睡着。鹤见原本是神经敏感的体质，如果有人这样进入卧室，他会立刻醒来。这种持续睡着的姿态，让人想到昨日开始的旅程和安排给他年老身体带来的高度疲劳。

又隔了一段时间再来看时，鹤见还在睡着。我就坐在房间的椅子上，等着他醒来。

不久，他睁开眼。

"如果那个时候自己没有做那样的事情，情况就会和现在不一样吧……"

考虑事情时，某种类似悔恨的记忆片段挥之不去。

这种想法本身，应该可以说是违反事实的条件命题，也就是反事实条件命题。鹤见在美国大学学习哲学时，卡尔纳普教导过这种命题是无法实证的命题，因此将其视为假命题，聪明的做法是从问题域中去掉它。

但是，如果那样的话，立足于这种精确的逻辑实证主义之上的哲学，归根到底不就是从一开始就只把能解决的问题视作对象吗？现实反而是相反的，一个人在某种状况之中，烦恼于当前自己应该选择什么样的行动时，显示出接下来应该选择的行动方向的，就是头脑中萦绕的反事实条件命题。想起自己在战争中的行动（不如说是未行动）后，现在便觉得想更清楚地表达自己的意志，反对战争。如果将这种初生的模糊观念预先排斥掉，哲学不就被斩断根源了吗？在1960年安保斗争的高潮时期，还是三十多岁的鹤见就意识到了这一点。

这是他与卡尔纳普派的哲学最终分别的地方。如果比照方法论，这也是鹤见的工作从分析性手法转向例示性手法的分水岭。

"在战争中，如果自己接到了杀害俘虏的命令，我能始终拒绝执行吗？"

在战后七十年间，这种自问一直在他心中。会拒绝吗？值得怀疑。正因如此，他心中从未失去对命令人"杀了敌人！"的国家这种制度的憎恶与怀疑。

在状况之中考虑——他经常这样说。所谓"状况"，就是将自己置身于历史正中，站在当下这一位置吧。

有属于过去的历史（回想的维度），也有属于未来的历史（期待的维度）。对于"回想的维度"，因为知道结果，所以容易批评或评判。但是，"期待的维度"尚处于看不见的不安和不确定性之中。我们有必要不混淆两个维度地看待世界。关于这种看待历史的方法，鹤见从美国人类学者罗伯特·雷德菲尔德（1897—1958）的《小共同体》（1955）中得到启示。在该著中，作者在考察极小的共同体社会时也使用了历史的方法，展现出从那里到理解整体世界的阶梯。据说协助该书写作的哲学学者米尔顿·辛格（1912—1994）某天拜访鹤见，给了他出版之前的校正样。

思想的科学研究会在伊豆的集会结束第二天上午的日程后，利用休息时间，我催着鹤见俊辅口述对那年夏天逝世的心理学者河合隼雄（1928—2007）的回忆，用录音笔记录了下来。这是某份杂志的约稿，但以他现在的体力，较之回到京都写，还是修改口述内容的负担更小（鹤见对于口述的文稿只会稍作修改）。

"你这样做，帮了我呀。"他小声地说，然后看着天空整理了一段思绪后，用比平日低的声音说了二十多分钟河合隼雄的事情。

鹤见俊辅年轻时的友人，在进入这个世纪以后，一个个像是要超过他似的去世。一起维持思想的科学社的上野博正（1934—2002）、引领无声之声会及杂志《思想的科学》独立出版的高畠通敏（1933—2004），以及这年夏天比河合晚十多天去世的、担任越平联及九条会核心角色的小田实（1932—2007）都是如此。他们都是本应该在某个时候负责鹤见葬礼的人士。被落在后面目送他们，鹤见心中想必有着很深的寂寥。

伊豆集会的日程，之后只剩下午后开始、自由参加的参观伊豆半岛各地的巴士旅行了。鹤见也想参加，不过为了安全，我试着劝他说："我们要不要取消下午的巴士旅行，早点回去啊？"

于是，鹤见很意外地说："那样啊……那就回去吧。"

他轻快地同意了。

我联系了出租车前往修善寺站，不过需要等三十分钟左右。那天天气也很好，我们就坐在院子里的长凳上等待。

鹤见俊辅这个时候说起了大概是最近重读的、他喜欢的英国作家克里斯托弗·伊舍伍德（1904—1986）的《凯瑟琳和弗兰克》（1971）。伊舍伍德虽然是代表20世纪英国的知名作家，但是翻译成日语的作品除了电影《歌厅》的原著《别了，柏林》以外，只有零星几本。《凯瑟琳和弗兰克》也没有日译本。不过，鹤见对这部作品似乎特别深爱，此前数度在文章中提及。

凯瑟琳和弗兰克，是伊舍伍德的母亲和父亲。母亲凯瑟琳自少女时代起就不间断地记日记。父亲弗兰克是军人，在两个人被迫拖延的单身时代，他也常常从战场等地给凯瑟琳写信。双亲过世后过了一段时间，儿子伊舍伍德整理他们的日记、书信等，从中创作出了这部作品。母亲凯瑟琳的日记和父亲弗兰克的书信交替出现，浮现出各自生涯的样子。

第一次世界大战中的 1915 年 5 月，即克里斯托弗才十岁的时候，父亲弗兰克在比利时战死。作为"英雄"的儿子，克里斯托弗在寄宿学校深受称赞，但是很早就有同性恋意识的他，对此有一种不合拍的感觉。另一方面，母亲凯瑟琳不赞成成年儿子的同性之爱，母子之间有着深刻的沉默纠葛（不过，她很热心地阅读克里斯托弗的著作，对他采取的反战行动也感到自豪）。凯瑟琳在丈夫去世后没有再婚，作为最终光荣战死的军人之妻受人敬重，自己的生活也不需要不久就移居美国的儿子克里斯托弗照顾，又得享近半个世纪的寿数，以高寿去世。

母亲去世后，克里斯托弗也将步入老年，他开始整理双亲的日记、书信，发现了父亲并非完全作为模范军人生活的形象。

"据说他还在战场上织毛衣哦。"鹤见眼睛睁得大大的，笑着说。

弗兰克在正被炮弹炸飞的壕沟里，为了保持平静而不停地织衣服。在将此事告知妻子的信中，可以看到不属于在维多利亚时代成长的典型英国绅士形象的另一个男子。

1915 年春，弗兰克又给妻子写信："只要克里斯托弗保持自我、培养个性，按照自己想的道路走，我觉得他学什么都不是什么大问题。"

他告诉妻子凯瑟琳，没有必要强行让儿子成为军人。

跨越半个世纪，克里斯托弗读到这里时，听到了父亲的召唤声。

"不要像我一样活着。我希望你成为我没有完成的所有类型。包括我想做但绝对做不到的事情、我害怕而做不到的事情，请全部去做。如果你被要求考虑那些是什么的话。社会想要你成为和父亲相符的儿子，但请绝对不要成为那样的儿子。那种儿子太无趣了。我希望的是偏离儿子之路的儿子。我希望是让社会大跌眼镜，在人们面前侮辱我名字的儿子。看到那样，我会给你鼓掌。"（鹤见俊辅《伊舍伍德——在小小的政治中放光的人》）

母亲凯瑟琳活到九十一岁。去世是在 1960 年 6 月 15 日。这一天，在远东的日本，桦美智子这位女学生在 1960 年安保斗争中，于国会议事堂内被夺去了生命。

在我看来，《凯瑟琳和弗兰克》是一个围绕"家"中充斥着的几乎过剩的爱的错过与误解、逃离，以及漫长时间之后再会与和解的故事。似乎所有的家庭都是如此，而且，每一个"家"中的爱的难题都不相同。不过，鹤见俊辅确实喜欢从家里出现，最后又留在那里的故事。

这个时期，促使我写作《鹤见俊辅传》的，是切身知道故人正急速减少的现实。之前决心为"大逆事件"牺牲者（大石诚之助）的亲戚、创设文华学院的西村伊作作传时也是如此。那个时候，伊作的子女都已高龄。接到伊作次女板仓由里的讣告（2007 年，九十五岁逝世）后，想到已经没有什么剩余时间，我就决定动笔了。

作为传记作者，最怕的是写了错误的事实关系。当事者、相关者越不在世，这种危险就越悄悄地增加。总之，等到近亲也去世，传记作者对惹上是非的担心确实会变小，但是这种轻松是以传记陷入随意书写为代价的。因此，我一定让自己意识到尽可能以直接相关者还在世为"截止"日期。

虽说如此，我在写书的过程中，并没有四处找相关者求证，反而有意识地与那种手法保持某种距离。之后，我采取查清被作为"事实"对待的事情的出处，并进行验证、积累的方法。换句话说，这是看重历史学中的一手资料，以及对之的史料批判。

前文所述的鹤见的方法，即明确历史中的"期待的维度"与"回想的维度"，也是我自身立足的地方。换句话说，十岁的鹤见俊辅完全不知道未来的他会成为什么样的人物，只依靠生下来十年之间的知识度过那个时候。传记作者写出这样的他。同样，十五岁的他、二十五岁的他也是如此，我想写出只拥有截至该年龄之前见识的人。

鹤见俊辅本人，也是这样度过了九十三年的生涯。如果没有他的话，这个社会的样貌会和现在有一些区别吧。无论如何，因为有了他，有了其他无法替代的每一个人，现在我们的世界才总算成为这样。我们只能从这里出发，并对此进行追问。

感谢回复我诸多提问，并在之后善意地静观不问的鹤见俊辅遗族——其伴侣横山贞子、儿子鹤见太郎、妹妹内山章子三位。他们也给我提供了照片。

负责装帧的平野甲贺、负责编辑的须贝利惠子两位，与我已经持续共事三十多年。连载时照顾我的《新潮》总编辑矢野优，以及一直辛苦的副总编辑兼责编松村正树两位，与我也是有着长达十年以上的友情。在困难不断的情况下，新潮社各部门人士尽力出版本书，在此表示谢意。

2018 年 10 月 17 日　黑川创

人名索引

鹤见俊辅传

鹤见俊辅传

鹤见俊辅传

事项索引

鹤见俊辅传

鹤见俊辅传

出自《新潮》2017 年 7 月、10 月号，2018 年 1 月、4 月、7 月号

一页 folio

始于一页，抵达世界
Humanities · History · Literature · Arts

出品人　范　新

责任编辑　张　涛

特约编辑　任建辉

版权总监　吴攀君

印制总监　刘玲玲

装帧设计　COMPUS · 汐和

内文制作　燕　红

Folio (Beijing) Culture & Media Co., Ltd.
Bldg. 16-B, Jingyuan Art Center,
Chaoyang, Beijing, China 100124

一页 folio
微信公众号

官方微博：@ 一页 folio　|　官方豆瓣：一页 folio　|　联系我们：rights@foliobook.com.cn